과학기술정책론

-거버넌스적 이해-

홍형득

도서출판 대영문화사

이 저서는 2011년도 정부(교육과학기술부)의 재원으로 한국연구재단의 지원을 받아 연구되었음
(NRF-2011-812-2011-1-B00111)(기존 제목: 과학기술정책의 거버넌스적 이해).

머리말

이 책은 저자가 과학기술정책 이론연구와 실무 현장 경험을 바탕으로 오랫동안 고민해 온 내용을 토대로 집필하게 되었다. 이 책에서는 과학기술정책 분야의 이론과 우리나라와 선진 각국의 과학기술정책 거버넌스 구조 및 혁신 기반을 정리해 소개했다. 과학기술정책을 거버넌스 구조와 혁신 기반을 바탕으로 한 이론과 실제를 다루고 있어, 특히 기술혁신 기반의 과학기술정책보다는 정책이론 기반의 과학기술정책을 바라보고 새로운 과학기술정책 패러다임을 다루고자 했다. 과학기술정책 실무자에게는 과학기술정책에 대한 다원적인 접근을 하도록 하는 가이드라인으로서 유용하게 쓰일 것이며, 과학기술정책 및 기술 경영을 연구하는 이들에게는 과학기술 혁신정책을 새롭게 조망할 수 있는 틀을 제공하는 데 기여할 수 있을 것으로 기대한다.

내용은 크게 3부 15장으로 이뤄져 있다. 각 부의 구성은 1부는 과학기술정책 관련 이론, 2부는 선진 각국 과학기술정책 거버넌스와 혁신 기반 분석, 3부는 우리나라 과학기술정책과 혁신 기반 분석 등으로 구성되어 있다.

제1부에서는 과학기술정책과 기술혁신 및 거버넌스에 관한 이론에 대한 소개를 다뤘으며, 이 책을 관통하는 과학기술정책의 이론적 배경과 문제 의식을 정리했

다. 과학기술정책의 현장에 대한 나열식이 아니라 체계적이고 논리적인 이해를 위해서는 먼저 관련 이론적 맥락에 대한 논의가 선행되어야 한다. 제1장에서는 과학기술과 과학기술정책의 개념, 과학기술정책에서 정부 개입의 논리 그리고 과학기술정책과 거버넌스에 관해 다뤘다. 2장에서는 과학기술정책의 범위와 정책 수단 및 유형에 관해 논의했다. 과학기술정책 형성기에서 21세기 지식 기반 경제 하에서의 미래 과학기술정책에 이르기까지 연혁과 과학기술정책의 수단에 관한 논의를 중심으로 이뤄져 있다. 3장에서는 기술혁신이론에 관해 고찰했다. 기술혁신의 개념과 특성, 기술혁신이론의 발전 과정, 그리고 기술혁신과 과학기술정책의 관계 등을 다뤘다. 4장에서는 국가혁신체제론에 관해 다뤘다. 구체적으로 국가혁신체제론의 개념을 정리하고, 제도주의적 틀에서 혁신을 파악하는 국가혁신체제론이 정책을 바라보는 관점, 그리고 국가혁신체제의 요소와 새로운 R&D 혁신과 정책에 관해 논의했다. 5장에서는 과학기술정책의 거버넌스 구조에 관해 다뤘다. 과학기술정책 과정에서 행위자와 제도, 특히 과학기술 혁신 주체로서의 정부, 대학, 출연연구기관 및 기업의 역할과 기능에 관해 다뤘다. 6장에서는 국가혁신체제의 거버넌스 모형으로 조정 메커니즘과 참여 메커니즘을, 그리고 혁신 기반의 구성 요소로서 과학기술 기반(science & technology base)과 혁신 기반(innovation base)으로 구분해 논의한다. 과학기술정책의 거버넌스 구조 분석을 위해 조정 메커니즘과 참여 메커니즘의 두 가지로 구분하고 조정 메커니즘은 수평적 조정 메커니즘, 집행 및 연구비 배분 메커니즘 및 산학협력 메커니즘으로 세분했으며, 참여 메커니즘은 범부처 참여, 민간기업의 과학기술 투자 참여 및 시민 참여 등에 관해 논의했다.

제2부에서는 과학기술 선도 국가들을 중심으로 과학기술정책 거버넌스 구조와 혁신 기반을 다뤘다. 각 국가의 과학기술정책과 거버넌스 구조를 조정 메커니즘과 참여 메커니즘으로 구분해 소개하고, 각 국가의 혁신 기반을 과학기술 기반과 혁신 기반으로 구분해 다뤘다. 주요 대상 국가는 미국, 일본, 영국, 프랑스, 독일, 핀란드 등의 6개 국가를 대상으로 각 국가별로 1개의 장으로 구성했다.

제3부에서는 종합적인 관점에서 우리나라 과학기술정책의 거버넌스 구조의 특성과 발전 과정을 논의했다. 1장에서는 우리나라 과학기술정책 발전 과정과 특징을 다뤘고, 2장에서는 우리나라 과학기술 행정 체제의 변화와 거버넌스 구조의 쟁점 그리고 우리나라 과학기술정책 거버넌스 구조를 정책 조정과 정책 참여 메커니

즘으로 구분해 과학기술정책의 조정 메커니즘과 참여 메커니즘에 관해 역사적 맥락과 변화를 논의했다. 3장에서는 우리나라 과학기술 혁신 기반과 혁신역량에 관해 고찰하고 발전 방향을 논의했다.

이 책을 집필하게 된 계기를 제공해 준 한국연구재단에 감사하며, 집필 과정에서 원고에 대한 비평과 토론 과정에서 고생을 한 강원대학교 조은설 박사와 박광표 박사의 노고에 감사한다. 늘 사랑스런 가족 지현, 원표 그리고 언제나 헌신적인 아내에게 이 책을 바친다. 이 책의 출판을 기꺼이 허락해 주신 대영문화사 임춘환 사장님과 편집 과정에 애쓴 직원들께 감사드린다.

2016년 3월

홍형득

차 례

제 3 부 우리나라 과학기술정책과 거버넌스

제 1 부

과학기술정책이론

제1부에서는 과학기술정책과 거버넌스에 관한 이론적 논의를 바탕으로 분석틀과 관련 이슈들을 정리했다. 제1장에서는 과학기술정책과 거버넌스의 개념을 정리했다. 2장에서는 국가혁신체제론의 개념을 정리하고, 제도주의적 틀에서 혁신을 파악하는 국가혁신체제론이 정책을 바라보는 관점을 논의했다. 3장에서는 기술혁신이론에 관해 기술혁신이론, 기술혁신의 특성과 패러다임 그리고 새로운 과학기술 혁신이론에 관해 논의했다. 4장에서는 과학기술정책의 거버넌스 구조상의 과학기술 혁신 주체인 정부, 대학, 출연연구기관 및 기업의 역할과 기능에 관해 논의했다. 5장과 6장에서는 과학기술정책 거버넌스와 혁신 기반 구조 분석모형에 관해 소개했다.

제 1 장 과학기술정책의 개념과 의의

최근 과학기술이 사회경제적으로 미치는 영향이 커지면서 과학기술정책이 새롭게 많은 관심을 불러일으키고 있다. 과학기술정책의 중요성이 부각되는 이유는 한마디로 과학기술의 영향이 다른 정책 분야에도 미치고 있기 때문이다. 과학기술정책의 본격적인 등장은 제2차 세계대전 이후의 일이며, 과학기술정책의 범위와 효과에 대해서는 지금도 많은 논란이 있다. 그러나 오늘날 어떤 형태로든 과학기술정책이 수행되지 않는 나라는 존재하지 않는다. 거시적인 경제정책의 운용은 물론이고 그 밖의 다양한 정책이 성공적으로 추진되기 위해서는 과학기술이라는 공통적 수단을 활용해야 하는 것이다. 정책별로 지향하는 목표는 다를지 모르지만 그 목표를 달성하기 위해서는 과학기술적 수단이 요구되는 것이다. 결국 과학기술정책의 등장은 과학기술의 활용성과 영향이 사회 전반으로 확대되는 현실을 반영하고 있다(박용태, 1994).

이 장에서는 과학기술정책의 거버넌스적 이해를 위한 이론적 배경으로 가장 기본적인 과학기술정책과 거버넌스에 대한 개념과 이론적 측면을 살펴보고자 한다. 특히 과학과 기술의 개념, 과학기술정책, 그리고 거버넌스의 개념과 그 적용에 대해 살펴보고자 한다.

제 1 절 과학과 기술의 개념과 관계

1 과학과 기술의 개념

과학이란 자연을 실험과 관찰 등 과학적 방법을 통해 객관적인 원리와 법칙 등을 이해하고 찾기 위한 축적된 지식과 이론 체계를 의미한다. 즉, 과학은 우주와 물질・생명 현상에 이르기까지 우리 주위 세계에 대한 이해와 지식을 의미한다. 과학 활동은 인류 사회가 오랜 생활 속에서 끝없이 계속되는 지식을 획득하고 탐구하는 인식 활동을 뜻한다. 따라서 과학은 인류의 역사적 진화 과정 속에서 발전되어 온 것이기 때문에 그 시대의 정치경제 및 사회적 환경에 따라 내용이 달라지고, 지금까지 인간 생활을 풍요롭게 하는 촉매제 역할을 해왔다.

과학(science)의 어원은 라틴어 scientia(지식)로 지식과 안다는 뜻의 접두사 scio-로부터 나온 것으로 보고 있다. 중세기부터 science는 자연에 대한 관찰과 이해를 통해 기록된 체계적인 지식을 가리켰다. 따라서 중세의 과학은 자연철학의 범주에 속해 있었다. 근대에 과학은 자연, 인문사회과학을 아우르는 넓은 범주에서 여러 가지 의미로 사용되고 있다. 경험론자들은 과학은 경험적으로 실증 가능하고 예측할 수 있어야 한다는 주장을 하는 반면, 과학적 실재론은 "과학은 그를 둘러싼 환경과 인과 관계 사이에 있는 현상과 존재를 확인하려는 시도"로 정의한다(위키백과). 인류 문명사에서 합리적 지식 체계로서의 과학의 시작은 그리스 자연철학이었으므로, '지혜 사랑(philosophia)'인 철학과 앎, 즉 '지식(scientia)'인 과학은 기원전 6세기 지중해 연안에서 그리스 천재들이 낳은 '일란성 쌍둥이'였던 셈이다(김명자, 1994).

이제까지 지식의 한 유형으로 과학은 철학과 밀접하게 연결되어 발전해 왔다. '과학'과 '자연철학'은 근대 초기에는 같은 의미로 사용되었으며, 19세기까지 자연철학(오늘날 '자연과학')도 철학의 한 유형으로 간주되었다. 현대에서 '과학'은 지식 그 자체뿐만 아니라, 지식을 추구하는 하나의 방법으로 간주되고 있다. 17~18세기 과학자들은 자연 법칙의 관점에서 지식을 형성하려고 한 반면, 19세기의 과학은 점점 더 물리, 화학, 지질학, 생물학을 포함한 자연 세계를 연구하는 원리로서 과학적 방법 그 자체로 간주되었다. 19세기에도 과학자란 용어는 자연을 이해하고, 지식을 탐구하는 사람들이란 의미로 사용되기 시작했다. 또한 과학은 넓은 의미로 사회과학과 정치학 같은 학문 영역에도 사용되고 있다.

기술(technology)이란 과학적 지식이나 원리를 활용해 인간의 물질적·정신적 수요를 충족시키기 위한 활용 지식의 의미로 사용된다. 기술은 인간의 경제 활동이나 복리 증진을 위한 방법이나 노하우(know-how)로 자연의 법칙을 발견하고 실제로 적용하는 것을 말한다. 따라서 과학은 지식 그 자체나 진리 탐구를 목적으로 하는 활동을 의미하며, 기술은 과학을 통해 유용한 기계나 설비 또는 생산 제품을 만들어내고, 지식과 재화나 서비스의 효율성 향상을 통해 풍요롭고 편리한 사회 구축에 목적을 두고 있는 활동을 의미한다(두산백과).

그림 1-1 과학기술의 전통적 체계도

② 과학과 기술의 관계

앞에서 본 바와 같이 원래 과학(science)과 기술(technology)은 별개의 개념이었다. 과학이란 자연 현상에 대한 관찰이나 이해를 통해 쌓인 지식 자체나 그러한 과정을 의미하나, 기술은 과학적 지식을 응용 및 개발해 향상된 혹은 새로운 제품을 만들어내는 활동을 의미한 것으로 과학과 기술 간의 관계를 선형적인 것으로 이해했다. 지금까지 논의된 과학과 기술의 개념적인 차이는 목적과 대상, 동기와 과정 측면에서 살펴볼 수 있다(Feibleman, 1961; Skolimowski, 1966).

첫째는 과학과 기술의 목적 측면에서 과학은 자연을 이해하기 위해, 기술은 과학으로부터 새로운 제품을 만들고 기존 상품을 개량하기 위해 이뤄진다는 점에서 차이가 있다. 둘째는 대상 측면으로 과학은 자연을 다루기 때문에, 과학의 법칙은 보편적이고 미래 예측적이다. 그러나 기술은 인공적인 대상을 다루고 있기 때문에 기술의 규칙은 특정적이고 처방적이다(Bunge, 1996). 셋째는 동기 측면으로 과학의 동기는 지적 호기심인 반면, 기술의 동기는 실질적인 유용성이라는 점에서 과학과 기술의 관계는 선형적이며, 개념상의 차이가 있다. 넷째는 과정 측면으로 과학은 연역적이고 검증하는 과정을 거치지만, 기술은 과학의 가설을 응용하고 실현시키는 과정을 중시한다.

그러나 오늘날의 과학과 기술은 서로 밀접하게 연관되어 있으며, 과거처럼 과학과 기술을 엄밀하게 구분하지 않고, 과학기술을 묶어서 같이 사용하는 것이 일반적이다. 특히 지식경제(knowledge economy) 하에서는 새로운 과학지식이 기술 개발의 원천이 되고, 기술은 또한 과학을 가능하게 하는 상호 보완성 때문에 양자를 구분하기가 어려울 정도로 밀착되어 있다. 따라서 더 이상 과학과 기술에 대해 선형적인 관계나 그 반대를 전제하지도 않으며, [그림 1-2]에서 보는 바와 같이 상호 보완적인 관계로 사용하는 것이 일반적이다.

현대의 과학과 기술의 특징은 첫째, 과학과 기술 간의 구분이 모호해지고 과학과 기술의 관계가 일체화되어가고 있다는 점이다. 기존 기술은 과학적 지식에 주로 의존해 발달해 왔다. 즉, 기술은 과학으로부터 출발해 개발과 생산까지 기초, 응용, 개발 기술에 이르기까지 선형적 연계를 전제로 한 발전 형태를 생각해 왔다. 그러나 최근 들어 과학적 발명이 기술로 실용화되기까지의 시차가 대폭 단축되고 있다. 산업혁명을 선도했던 방적기가 실용화되는 데는 무려 200년이 걸렸고, 항공기나 전화가 상품화되는 데는 30년이라는 기간이 소요되었다. 컴퓨터는 20년, 트랜지스터는 10년 만에 실용화가 가능했다. 그러나 최근의 첨단 기술의 경우를 보면 과학

그림 1-2 과학기술의 결합 현상

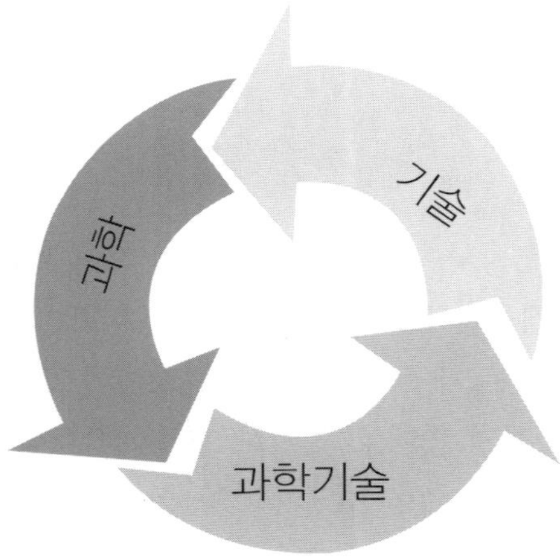

적 발명으로부터 기술 체계로 전환되는 데 불과 몇 년, 심지어는 몇 달밖에 걸리지 않는 경우도 많다. 유전공학과 정밀화학 등 첨단과학 분야에서는 추가적인 생산 공정 없이 과학적 지식 자체가 바로 상품화되는 경우도 나타나고 있어 과학과 기술이 '일체화'되고 있음을 보여주는 것이다.

둘째로, 과학과 기술 관계의 선형모형(linear model), 즉 과학이 먼저이고, 기술이 나중이라는 기존의 관념이 깨지고 있다. 과학적 발명이 기술 개발로 이어지기도 하지만, 기술이 발전함에 따라 기술 개발의 성과가 새로운 과학적 발명의 계기가 되는 일도 일어나고 있어 단순 일방향의 영향 관계가 아니라 쌍방향의 상호작용 관계로 발전하는 것이다. 이처럼 현대적 의미의 과학기술은 과학과 기술이 동반적으로 발전해 나가는 '공진화 현상'이 일반화되고 있는 것이다. 오늘날 과학과 기술을 따로 부르지 않고 과학기술로 붙여 부르거나 그냥 기술이라고 했을 때 여기에는 과학이 포함되는 것으로 이해하는 이유도 바로 여기에 있다.

제 2 절 과학기술정책의 개념

1 정책의 개념

정책은 정부가 사회적 상황이나 조건들을 유지 혹은 변경하고자 사용하는 개입의 수단이다. 라스웰과 캐플란(Lasswell & Kaplan, 1970; 71)은 정책을 "목적, 가치 및 전략을 내포하고 있는 대규모 계획"으로 정의했으며, 다이(Dye, 1978; 3)는 "정부가 하기로 하거나, 하지 않기로 결정한 모든 것"으로 정책을 정의했다. 정책은 주어진 사회환경 속에서 개인, 집단 및 정부의 문제 해결을 위한 결정된 행동경로이며, 이러한 정책환경 하에서 정책은 목표의 실현을 통해 사회문제를 해결하기 위해 이뤄진다(Friedrich, 1963).

따라서 정책이란 궁극적으로 사회가 가지고 있는 공공문제를 해결하고 정책 목표를 달성하기 위해 정부가 직·간접적으로 관여하는 행동의 결정이다. 일반적으로, 정책은 목적지향성, 행동지향성, 변화지향성, 그리고 미래지향성 등의 성격을 가지며, 추가적으로 공익지향성, 그리고 정치 관련성 등의 성격을 가진다. 그러므로 정책은 현실과 미래를 개혁하는 중요한 동인(動因)으로 작용하며, 시대 상황과 함께 넓은 대상과 지역에 영향을 미치게 된다.

2 과학기술정책의 개념

정책은 정부의 기능 영역에 따라 경제정책, 사회정책, 문화정책, 과학기술정책 등으로 구분할 수 있으며, 정책의 일반적인 특성과 각 영역별 특성에 따라 많은 차이가 있다. 과학기술정책(science & technology policy)은 국가 과학기술 발전 및 육성을 위한 국가 전략과 계획 수립, 자원의 동원 및 활용 등을 포괄하는 정부의 결정이라고 할 수 있다. 과학기술정책은 과학과 기술을 통한 혁신 과정에 정부가 개입하거나 혹은 회피하고자 하는 일정한 조건을 갖춘 총체적 활동이라 할 수 있다. 즉, 과학기술정책은 국민생활에 영향을 미치기 위해 정부가 과학과 기술, 기술 혁신 과정에 개입하거나 혹은 회피하고 있는 활동으로 정의할 수 있다(이장재 외, 2011).

과학기술이 국가 경제에 미치는 영향이 증가되면서 모든 국가는 과학기술에 대한 막대한 투자를 하고 있으며, 과학기술의 발전을 위해 직·간접적으로 시장에 개입하고 있다. 과학기술은 새로운 지식의 창출과 산업의 생산 활동의 향상과 국가경쟁력을 제고하는 역할을 하게 됨으로써 과학기술 육성을 위한 국가의 역할이 중요해졌다. 이가종(1992)은 과학기술정책의 의의를 과학기술 발전을 위한 국가의 과학기술 혁신자원의 효율적 배분에 두고 있으며, 따라서 과학기술정책에 대해 "공동사회의 순사회적 이득을 최대화하기 위해 투자 가능한 자원을 효율적으로 배분하는 것"으로 정의하고 있다. 과학기술정책은 과학기술 분야 사회문제 해결과 국가 연구개발 및 활용 메커니즘을 원활하게 함으로써 국가 과학기술 자원을 효율적으로 배분하고, 이를 통한 국가 경제 발전과 경쟁력 향상에 정책 목표를 둔다.

과학기술정책이란 어떤 과학기술 목표를 설정하고, 한정된 국가 자본을 어떻게 동원하고 배분하는지 등이 주요 관심 사항이다. 과학기술정책의 목적은 우선 과학기술의 진흥을 통한 국가 경쟁력 향상을 도모하고 그 성과를 국가경제 발전에 기여하는 데 있다. 이 목적을 달성하기 위해서는 국가는 우선 기본적 목표를 명확하게 세우고 과학기술 각 분야에 제한된 자원을 적절히 배분할 수 있어야 한다. 쿤(Thomas S. Kuhn)은 저서『과학혁명의 구조(*The Structure of Scientific Revolutions*)』(1962)에서 기존의 과학적 지식의 성격과 발전이론에 대한 비판을 통해, 과학의 실질적 발전은 실험적 방법뿐만 아니라 과학집단의 사회적 기능도 많은 영향을 미치고 있다고 주장했다. 이처럼 과학기술의 발전은 단순 과학기술 개발뿐만 아니라 과학기술이 국가 경제 발전에 기여할 수 있는 확산 체계도 중요하다.

과학기술정책의 본질은 크게 국가 과학기술의 '육성(promotion)'과 '통제(control)'의 두 가지로 구분할 수 있다. 한편으로는 국가 이익에 적합한 방향과 수준으로 과학기술의 공급을 통한 국가 발전과 다른 한편으로는 과학기술의 육성 및 발전 과정에서 발생할 수 있는 혹은 첨단 과학기술이 사회에 미치는 부정적 효과들을 최소화시키기 위해 정부 개입이 필요하다는 것이다. 연구개발(R&D)을 핵심으로 한 과학기술 분야의 발전은 일반적인 사업들과는 다른 특성을 가지며, 이러한 특성으로 인해 정부의 개입과 역할이 요구되는 과학기술정책이 중요하다(Tassey, 1997).

3 과학기술의 특성과 과학기술정책

1) 시장실패 요소

과학기술은 특성상 투자의 장기성과 결과의 불확실성, 그리고 과학기술 발전 결과의 공공성으로 인해 시장실패(market failure) 가능성이 높은 영역이다. 시장 기능에 맡기기보다는 정부의 적극적인 역할이 강조되고 있다. 일반적으로 기초연구(basic science) 사업들의 경우 뚜렷한 목표를 정하기 어려울 뿐만 아니라, 연구 사업의 결과가 다른 연구에 긍정적인 외부 효과를 가져다주기 때문에 공공재적 속성을 가지고 있다. 과학기술은 연구 결과에 대한 불확실성 때문에 민간 부문의 투자가 충분히 이뤄지기 어려운 특성을 가지고 있다. 또한 R&D 사업이 가지는 공공재적 속성으로 인해 R&D 사업의 효율성은 사업 측면에서 성공, 실패뿐만 아니라 국가 경제 전체적인 차원에서 장기적인 측면에서 성과평가와 지원 결정이 동시에 이뤄져야 한다.

2) 과학기술의 불확실성

과학기술의 특성상 본질적인 불확실성은 첫째, 연구개발과 관련된 환경의 불확실성, 둘째, 기술 개발 가능성의 기술적 불확실성, 셋째, 개발된 기술의 상업적 성공과 관련된 시장 불확실성 측면에서 살펴볼 수 있다.

첫째는 시간적인 불확실성이다. R&D 사업은 그 효과가 나타나는 데 상당한 시간이 걸린다. 우선 연구개발사업 자체가 짧게는 1~2년에서 길게는 수년까지 걸리는 경우가 많다. 또한 사업 종료 후에도 사업 결과가 구체적인 제품 개발과 같은 성과로 이어지기까지 오랜 기간이 소요된다. 특히 연구개발 결과의 성과가 언제 어디서 어떻게 나타날지 모른다는 사실이다. 예를 들어 당초 군사용 기술로 개발되었던 GPS가 오늘날 자동차 내비게이션이나 지적 및 하수도 등 다양한 민간 분야에서 광범위하게 사용되고 있으며, 레이저 기술은 미국 벨연구소(Bell Laboratories)에서 개발 후 수년간 사장되었으나 최근 광통신, 의료기기 등 다양한 분야에서 핵심 기술로 활용되고 있다.

둘째는 과학기술 가치의 불확실성이다. 개발된 새로운 과학기술의 가치는 기술 자체보다 사회적 맥락을 통해 결정된다. 기술 개발의 성공 여부뿐만 아니라 개발된 기술의 가치는 사회적인 수요와도 시기가 일치되어야 하기 때문에 어느 시기에 개발되었는지도 중요한 기술 가치를 결정하는 요소다. 한편 과학기술이 첨단화되면서 연구개발(Research & Development: R&D) 투자의 규모도 급격하게 증가하고 있으며, 막대한 규모의 투자 필요성은 과학기술 자체의 불확실성과 함께 더욱 개발된 과학기술 가치의 불확실성을 증대시키고 있다.

셋째는 시장의 불확실성이다. 과학기술 R&D사업은 기존 시장이 아니라 새로운 시장의 형성과 시장의 불확실성이 매우 높고, 예측하기 어렵다. 특히 개발된 기술의 상업적 성공은 기술적 요인뿐 아니라 사회경제적 요인에 의해서도 많은 영향을 받는다. 트랜지스터 기술, 레이저 기술은 미국에서 개발되었으나 워크맨으로 상업적인 성공을 거둔 것은 일본이었다. 이는 과학기술의 상업적 성공을 위해서는 과학기술적인 측면과 기술의 사업화를 위한 확산 메커니즘, 그리고 사회의 수요 창출 등 사회 시스템적인 측면을 동시에 고려해야 한다는 것을 의미한다.

제 3 절 과학기술과 정부 역할 영역

과학기술정책에서 정부의 역할 영역은 시장실패, 정부의 책무성, 기술 협력 등의 차원에서 논의되어 왔다(홍형득, 2011). 전통적으로 시장실패 차원에서는 과학기술의 불확실성과 공공재로서의 특성으로 인해 정부의 역할 필요성 논리로 과학기술정책에서 정부의 역할 영역에 대한 지배적인 논리가 되어 왔다. 과학기술정책을 위한 정부의 역할 책무성(mission) 차원은 국가적인 이익을 위해서 혹은 심각한 시장실패가 일어나는 상황에서 정부의 과학기술정책 수립 및 집행 역할이 정당화되는 것이다. 역할 패러다임 철학의 일반적인 적용 영역은 국방과 국가 안보와 관

그림 1-3 과학기술과 정부의 역할 영역 차원

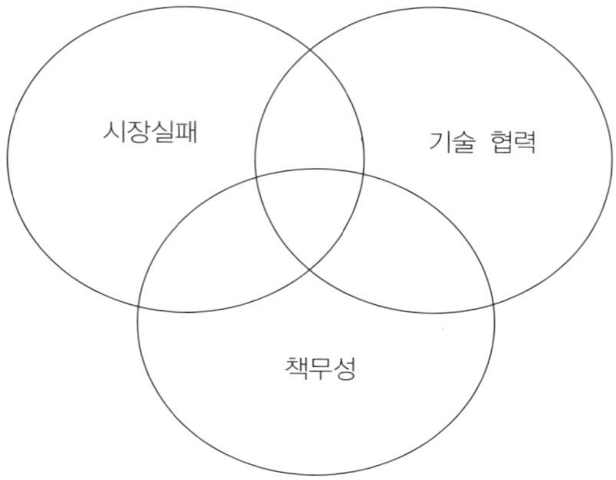

련한 공공재적 성격이 강한 분야의 연구개발이지만 에너지의 생산 및 보존, 의약, 보건, 항공 및 농업 등 분야의 연구개발 역시 불확성이 높고, 개발 후 다른 분야로의 영향 등의 공공성이 강하기 때문에 정부 역할의 정당성이 폭넓게 인정된다. 기술 협력(cooperative technology) 차원에 근거한 과학기술정책과 정부의 역할은 과학기술의 단계적 발전 과정에서 혁신 주체(innovation actors) 간의 협력과 특히 기술의 발전 단계 간의 죽음의 계곡(death vally)을 공공 부문이 연결시켜 줌으로써 기술 발전의 가교 역할과 촉진 역할을 할 수 있도록 하는 데 있다. 협력적 과학기술정책 패러다임은 국가의 과학기술정책의 한 영역으로서 중요한 역할을 하고 있다.

1 시장실패 차원

일반적으로 시장실패 차원에서 정부 역할 영역에 대한 공공정책의 필요성 논리는 과학기술정책에서도 같은 맥락에서 적용된다. 외부의 개입이 없는 완전경쟁시장이 재화와 서비스의 가장 효율적인 분배자이며, 자유로운 완전경쟁시장이 과학기술의 발전과 경제 성장의 최적 상태를 가져다줄 것이라는 전제를 하고 있다. 따라서 시장실패 차원의 접근은 정상적인 시장 기능이 작동되지 못하는 상황, 즉 거래비용이 매우 높고, 시장의 상황을 알 수 있는 정보를 확보하지 못할 때나 그 정보가 왜곡되어 있을 때, 즉 과학기술 영역에서의 시장실패 상황에서 정부의 역할이 필요하다는 것이다(홍형득, 2011).

시장실패 차원에서 보면 과학기술 자원의 공공성과 불확실성 때문에 시장에서 충분한 공급이 이뤄지지 않으며, 특히 최근 과학기술이 국가 경제에 미치는 영향이 커지면서 경제 성장을 위한 정책적 지원이 필요하다는 것이다. 과학기술 혁신 과정에서 민간 부문의 참여는 시장에서 경제 논리에 따라 필요에 의해서만 이뤄진다는 것이다. 시장실패 차원에서 정부의 역할은 주로 적절한 지적재산권 정책, 자유무역협정, 중립적 영향의 조세, 그리고 기업의 제한적 규제를 통해 자유시장에 대한 장애를 제거하는 데 제한되어야만 한다는 주장이다(이도형, 2013). 이처럼 시장실패 패러다임은 국방 및 우주 관련 연구개발이나 부처의 역할과 직접적으로 관련된 연구개발에 대한 지배적인 과학기술정책 지원 논리가 되어 왔다.

최근 과학기술 기반의 지식경제 발전에 정부의 역할이 확대되고 있으며, 이러한 상황은 여전히 과학기술정책의 시장실패 패러다임은 같은 맥락에서 지지된다. 예를 들어 1981년 경제회복세법에 연구개발비의 세금 공제 혜택을 부여한 것이나 클린턴 행정부의 NIST의 ATP(Advanced Technology Program) 및 Manufacturing Extension Partnerships Technology Applications Policy 등이 시장실패 패러다임의 전제 하에 만들어진 것이다(홍형득, 2011).

2 책무성 차원

과학기술정책에 대한 책무성 차원은 정부가 국가 차원에서 수행해야 하는 고유의 역할이 있다는 것을 전제로 한다. 즉, 국방, 보건 및 농업, 에너지 등 민간 부문에서 공급이 되지 않거나 수행하기 어려운 고유한 역할 영역에서 정부가 적극적으로 임무를 수행해야 한다는 것이다. 과학기술정책의 책무성 영역에서 정부의 역할은 정부의 직적접이고 합법적인 업무 영역으로 국한하고 있다. 책무성 차원의 정부의 역할 영역은 광범위한 정책 영역에서 비국방 미션의 성과를 강조하는 것 외에는 시장실패 차원의 정부의 역할 영역과 근본적으로 다르지 않다.

그러나 과학기술정책의 가장 핵심적인 영역은 책무성 패러다임에 따른 정부의 역할 영역이며, 정부의 본래의 역할에 대한 중요성이 강조되고 있다.

미국에서의 임무 패러다임에서 가장 중요한 요소는 국방과 국가 안보와 관련된 R&D나 에너지 생산과 보존, 의약과 공공 보건, 우주 및 농업과 같은 분야로 대학과 연방 연구소의 역할이 확대되어 왔다(이도형, 2013).

3 기술 협력 차원

기술 협력 차원은 산·학·연 및 정부 등 혁신 주체 사이에 협력을 강조하는 가치로 특히 정부의 과학기술정책 역할 영역이 산업화 분야로 확대되었다. 1980년대와 1990년대 초 미국 등 세계 경제의 위기와 각 국가의 정부 주도의 경쟁적인 기술 개발 등으로 과학기술정책의 시장실패 차원에 대한 논리가 강력한 도전을 받으면서 기술 협력 차원에 대한 논의가 본격 등장했다. 따라서 동시에 경쟁적 기술과 인프라 기술의 개발에 경쟁 기업들 사이의 협력을 강조함으로써 정부의 개입과 협력적 과학기술정책 접근에 대한 많은 논란을 불러왔다(Link & Tassey, 1987).

1980년대에는 그동안의 많은 시장실패 논리에 근거한 정부 과학기술정책들이 기술 협력 차원으로 전환이 이뤄졌다(홍형득, 2011). 정부 기술에 대한 민간 사용을 확대하도록 하는 특허 정책의 변화를 가져왔으며, 협력적 연구개발의 강조, 반트러스트 완화, 연구 컨소시엄 확대, 정부 소유 지적재산권의 사용에 대한 가이드라인 변경 등 정책적 변화를 가져오게 한 계기가 되었다. 같은 맥락에서 그동안 지배해 왔던 많은 정부와 공공연구기관의 역할 영역에 대한 원칙들이 재평가되었다. 특히 당시 미국의 클린턴 행정부는 의회와 사회의 공공 부문 과학기술에 대한 역할에 대한 이념적인 논란에도 불구하고, ATP 등 국가기술 프로젝트를 설계하고, 국가 주도의 과학기술 기획 및 협력을 위한 국가적 계획을 수립했다.

당시 기술 협력 차원에서 가장 주목을 받은 과학기술정책은 국내 기술 이전에 대한 강조, 특히 기술사업화를 위한 파트너로서 공공연구기관의 활용을 중요시했다. 그동안 기술의 사업화는 민간에서 이뤄지는 것으로 공공 부문의 기술사업화에

표 1-1 과학기술정책 차원별 특징 비교

구분	시장실패 차원	책무성 차원	기술 협력 차원
핵심 전제	1. 시장이 가장 효율적인 정보와 기술의 분배자 2. 정부 역할은 시장실패에 한정: 높은 외부성, 높은 거래비용, 좁은 역할 영역 3. 혁신은 민간 영역에서 공공 영역으로 흐름.	1. 정부 역할은 기관의 제도화된 미션과 연계 2. 정부 연구개발은 기관의 미션에 국한 3. 정부는 기술혁신에서 민간과 경쟁해서는 안 됨.	1. 시장이 항상 혁신 과정에 가장 효율적인 역할을 하는 것은 아님. 2. 국제 경제는 더욱 중앙집권적 계획과 민간 기술 개발을 위한 광범위한 지원을 필요로 함. 3. 정부는 기술 개발, 특히 민간 부문에서 사용될 경쟁적 기술 개발 역할
정책 사례	규제개혁, 정부 역할 축소, 연구개발 세제 혜택	에너지 정책R&D, 농업실험실, 기타 광범위한 프레임워크	기술 이전과 협력연구를 위해 공공연구기관의 역할 강화
이론적 배경	신고전경제학	전통적인 자유주의	산업정책이론

자료: 홍형득(2011).

대한 관심이 적었으나 1980년대 들어 점차 공공기관의 역할(mission)과 환경에 대한 변화를 통해 공공연구기관의 기업과의 협력을 통한 기술 개발을 강조했다(홍형득, 2011). 지적 소유권에 대한 원칙인 "모든 사람이 소유하고 있다면, 아무에게도 소유된 것이 아니다"라는 것에서부터 점차 정부와 공공연구기관들이 공공 연구에서 기술 개발 파트너로서 기업의 역할을 강조하게 되었다.

과학기술정책을 추진할 때 정부의 역할 영역에 대한 논의를 시장실패, 책무성, 기술 협력 차원에서 핵심 전제와 정책사례 및 이론적 배경을 비교하면 〈표 1-1〉에서 보는 바와 같다.

제 4 절 과학기술정책에서 정부 개입의 논리

과학기술의 육성을 위해 정부의 정책적 개입 논리는 '시장실패(market failure)' 논리와 '시스템 실패(system failure)' 논리로 구분할 수 있다. 시장실패는 시장은 존재하지만 그 시장이 제대로 기능하지 못하는 경우를 의미하고, 시스템 실패는 시장 기능이 작동하는 데 장애가 되는 요인을 제거하고 중계자적 역할로 적극적으로 개입하는 정부 개입의 논리다.

1 시장실패 논리

과학기술정책의 시장실패 원인은 과학기술의 공공재적 성격에 기인한다. 정부의 과학기술에 대한 투자가 이뤄지지 않으면 국가 전체의 과학기술 투자는 개별 혁신 주체들의 투자의 합으로 이뤄진다. 민간 기업의 투자를 유도하기 위해서는 투자를 통해 얻을 수 있는 수익을 그 기업이 독점할 수 있어야만 가능하다. 그러나 현실적으로는 아무리 기술 보호 체제가 잘 갖춰져 있어도 연구개발의 성과는 외부에 유출되게 마련이다. 만일 다른 기업이, 특히 경쟁기업이 아무런 투자 없이 기술 성과를 공유하는 이른바 무임승차 현상이 일어난다면 기술 개발에 투자할 기업은 없을 것이다. 이렇게 되면 사회적 수준의 최적 투자와 개별 기업 수준의 최적 투자 사이에 큰 차이(gap)가 존재하게 된다. 따라서 정부가 개입해 공공 부문의 기술 개발을 통해 부족한 부분을 공급하거나 기술 보호를 위한 제도적 장치를 강화함으로써 민간의 기술 개발 투자를 유인하는 정책 수단이 필요하게 되는 것이다.

시장실패의 경우는 아무런 정부의 간섭 없이 자연스러운 시장의 원리에 맡길 경우 사회 전체 입장에서 바람직한 수준의 과학기술 투자가 이뤄지지 않으므로 정부가 개입해 이를 확대시킬 필요가 있다는 논리다. 과학기술정책 영역에서의 시장실패론은 과학기술 지식의 창출과 이전, 확산, 활용 등 혁신 과정에서 시장실패가 발생하기 때문에 정부 개입의 필요성과 당위성을 주장하고 있다(송위진, 2006). 시장실패론의 관점에서 보면 과학기술 지식은 공공재적인 특성을 지니고 있어, 시장 메커니즘 하에서는 연구개발에 대한 과소 투자가 나타나게 되어 시장실패가 발생하는 것이다. 과학기술 지식은 사회적으로 유용하지만, 과학기술 지식 창출은 사적 수익보다 사회적 수익이 크기 때문에 공공재적 성격이 더 강하다.

따라서 적극적이고 큰 규모의 R&D 투자가 요구되는 과학기술 분야에서 필요한 부분에 충분한 투자가 이뤄지지 않을 가능성이 크다. 이와 같은 R&D 사업의 특징은 〈표 1-2〉에서 보는 바와 같이 민간의 R&D 사업 투자를 어렵게 하는 중요한 요인이 된다.

표 1-2 R&D에서 시장실패의 유형과 원인

시장실패의 원인	파생되는 시장실패	정부 개입
불가분성(indivisibilities)	자연독점, 과소 R&D 투자	경쟁정책
불확실성(uncertainties)	과소 투자, 역선택과 모럴 해저드	지배구조정책
외부성(externalitiies)	과소 투자	산업정책, 환경정책
집단성(collectivities)	과소 투자	공공재 공급

자료: 이우성(2005).

따라서 정부의 과학기술정책을 통해 연구개발 활동에 대한 지원 및 협동연구, 연구개발 결과를 공유할 수 있도록 제도적 메커니즘을 갖춰야만 필요한 최적의 연구개발 활동이 이뤄질 수 있다는 것이다. 따라서 정부는 민간의 연구개발 활동을 촉진하기 위해 지적재산권 제도를 강화하고, 연구개발 활동에 대한 보조금 지급 혹은 세금 감면 등을 통해 민간의 연구개발 투자에 대한 수익성을 높여준다(Metcalfe, 1995; Metcalfe & Georghiou, 1998).

한편 과학기술정책의 통제 기능이 필요한 이유는 과학기술 활동이 가져올 수 있는 '외부 불경제(external diseconomy)' 때문이다. 외부 불경제라는 개념은, 어떤 경제 주체의 활동으로 다른 경제 주체들의 활동이 부정적 영향을 받거나 후생의 크기가 줄어드는 현상을 가리킨다. 자동차의 소음이나 산업폐기물에 의한 수질오염은 외부 불경제의 좋은 예다. 물론 그 반대로 한 주체의 활동에 의해 다른 주체들이 간접적으로 혜택을 보게 되는 외부 경제(external economy) 효과가 나타나는 경우도 많이 있다. 외부 불경제가 문제가 되는 것은 그 결과에 대한 직접적인 책임을 묻기가 어렵기 때문이다. 책임 소재가 불분명하고 또한 시장에서 가격이 형성되지 않는 이상 누구에게 얼마만큼의 보상을 요구할지가 모호한 것이다.

과학기술이 국가 경제를 발전시키고 국민 복지를 향상시키기 위해 필요한 것은 당연하다. 그러나 과학기술의 발전으로 야기될 수 있는 부정적 효과도 무시할 수 없다. 외부 불경제가 나타날 소지가 얼마든지 있는 것이다. 기술 발전과 환경오염은 밀접한 관련이 있다. 첨단무기 개발이 우리 삶의 질을 높인다고 할 수는 없다. 안전성과 보안성이 전제되지 않는 한 기술 발전은 오히려 통제 대상이 되어야 한다. 정부와 과학기술의 관계에 결정적 변화를 가져온 하나의 사건은 제2차 세계대전을 종식시키기 위한 미국의 거대한 원자탄 개발사업인 맨해튼 계획(Manhattan Project)이었다. 이러한 거대한 사업을 수행하는 데는 막대한 자금, 인력, 시설과 조직의 동원이 정부의 개입을 불가피하게 했다. 1957년 소련의 최초 인공위성 스푸트니크(Sputnik)의 성공으로 발발된 미·소 양국의 핵무기 경쟁은 과학기술의 시대를 본격화했다. 1970년초 정치적 동서 화해(détente) 물결과 1973년의 석유파동이 세계 경제에 끼친 커다란 충격은 군사 우선의 과학기술에서 민간 우선의 과학기술 중심으로 변화를 유도하게 되었다(이우성, 2005).

2 시스템 실패 논리

시스템 실패는 체제가 가지고 있는 구조적 문제로 인해 자원을 투입하더라도 소기의 성과를 얻기 힘들고 비효율적인 경우를 의미한다. 따라서 정책적인 노력을 통해 근본적인 개선이 없이 아무리 많은 투자를 하더라도 결국 잘못된 시스템을 계속해서 유지 및 확장시키는 결과를 가져온다는 것이다. 혁신체제론에서는 혁신체제가 가지고 있는 구조적 문제로 인해 혁신의 창출·확산이 제약되는 것으로 시스템 실패를 정의하고 있다. 맬러바(Malerba, 1998)는 기술 발전을 지체시키거나 제약시키는 혁신 체제의 구조적 요인을 시스템 실패로 정의하고 있다. 즉, "과학 형성→기술 선택→유지 및 확산"의 기술 발전 과정을 제약하는 제도적 문제점과 함정들을 시스템 실패로 본다. 정부의 역할은 바로 이 구조적인 시스템 실패를 해소하는 것이다(송위진, 2006). 시스템 실패를 극복하기 위해서는 혁신을 촉진시킬 수 있도록 새로운 제도와 구조를 형성하는 것이 핵심이다. 따라서 시스템 실패를 극복하기 위해서는 연구개발 활동에 대한 비용과 수익을 변화시켜 혁신이 이뤄지는 구조적인 패턴에 대한 수정과 보완이 필요하다(Andersson, 1998; Malerba, 1998; Smith, 1998).

1) 시스템 실패 유형

(1) 스미스의 시스템 실패 유형

스미스(Smith, 1998)는 시스템 실패에 대한 체계적인 논의를 진척시켰다. 그는 시스템 실패 유형을 인프라 구축의 실패, 신기술 패러다임 이행의 실패, 기존 체제에 고착됨으로써 나타나는 실패, 제도 실패라는 측면에서 시스템 실패를 구분하고 있다. '인프라 구축 실패'는 혁신 활동에 필요한 인프라에 투자가 이뤄지지 않아 기술혁신 활동이 제약되는 시스템 실패를 가리킨다. 인프라 특히 지식 인프라가 잘 갖춰져 있으면 개발한 기술들이 쉽게 상업화될 수 있다.

그러나 이러한 시스템 실패에 대한 극복 없이는 아무리 많은 기술적 아이디어의 창출과 투자가 이뤄진다 하더라도 기술혁신과 국가 경제 발전으로 효율적으로 연결되지 않는다는 것이다. 실행의 실패는 사람이나 기업이 자신들이 익숙한 관행과 기술을 견지하려는 경향 때문에 나타나는 실패이며, 새로운 기술 패러다임이 필요로 하는 지식을 획득하는 데 실패하는 것을 의미한다(송위진, 2006). 현재 여러 가지 국가연구개발사업을 통해 현재와 다른 기술 개념을 가진 미래 첨단 기술에 대한 정부의 투자는 실행의 실패를 극복하기 위한 정부의 개입이다. '고착의 실패'는 새로운 기술과 그 사업화를 위해 도입한 새로운 제도가 기존의 제도와 조화를 이루지 못할 때 발생하는 시스템의 실패를 의미한다. 창조적 접근이 필요한 시기에도 계속 과거 기술 전략과 기술 개발 체제를 고수함으로써 나타나는 시스템 실패가 여기에 해당한다(송위진, 2006). 즉, 정상적으로 새로운 제도의 정착이 이뤄지지 않음으로 인해 발생하는 것이다. 예를 들어 현재 통신기술이 발달되어 있음에도 불구하고 차세대 이동통신기술을 끊임없이 도입 · 개발하고자 하는 것도 새로운 환경에의 도전과 기존 기술 패러다임에 안주함으로써 유발되는 시스템 실패와 관련되어 있다. '제도 실패'는 규제, 표준, 지적재산권 제도들의 실패 또는 제도들 간의 보완성이 없거나 모순이 존재할 때 나타나는 실패를 지칭한다.

(2) 울더이스의 시스템 실패 유형

울더이스 외(Woolthuis et al., 2005)는 시스템 실패 유형을 인프라 실패, 제도 실패, 상호작용 실패, 역량 실패로 구분하고 있다(이장재 외, 2011).

① 인프라 실패

일반적으로 인프라는 대규모이며 불가분성과 장기적 운용이라는 특성을 갖기 때문에 민간이 인프라에 투자하는 경우 적절한 수익을 얻지 못한다. 따라서 정부가 인프라 수용에 대응해 이에 대한 부족으로 발생할 수 있는 실패를 방지할 책임을 지게 된다.

② 제도 실패

시스템이론에서 제도는 주요한 요소로 칼슨과 야콥슨(Carlsson & Jacobsson, 1997)은 경(硬, hard)제도와 연(軟, soft)제도로 구분하고 있다. 에드퀴스트(Edquist, 1997)는 의식적으로 창출된 제도와 자연적으로 발생한 제도로 구분하고 있다. 존슨과 그레거슨(Johnson & Gregerson, 1994)은 공식적 제도와 비공식적 제도로 구분하고 있다.

제도들은 정부뿐만 아니라 기업, 지식기관이 뿌리 내려 있는 선택 환경으로 개념화될 수 있다. 제도 실패를 경(hard)제도와 연(soft)제도로 구분해 보면 다음과 같다.

경(hard)제도는 공식적인 제도 메커니즘을 가리킨다. 기술 표준, 노동법, 위험 관리 규정, 정부·기업·지식기관들과 같은 주체들이 체결하는 계약, 고용, 지적재산권과 관련된 일반적인 법적 시스템 등이다. 경 제도 실패는 규제, 일반 법적 시스템의 틀이 과학기술 친화적이지 못할 때 발생한다.

연 또는 비공식적 제도 실패는 정치·문화·사회적 가치와 같은 사회제도가 과학기술 친화적이지 못하는 경우 발생하며, 혁신을 저해하는 암묵적 게임의 규칙을 가진 사회적 규범과 가치, 문화, 기업가 정신, 신뢰성, 위험 회피 등이 포함된다.

③ 상호작용 실패

시스템 접근 방법에서는 혁신 간 연계와 상호작용, 그리고 협력 관계가 분석의 핵심적 요소가 된다. 이들 상호작용은 다른 기업과의 관계뿐만 아니라 정부, 공공지식기관 그리고 전문화된 컨설턴트와 같은 제3자와의 상호작용을 포함한다. 상호작용 실패는 너무 많은 상호작용 또는 너무 적은 상호작용으로 전개될 수 있다. 이를 칼슨과 야콥슨(Garlson & Jacobsson, 1997)은 강(strong), 약(weak) 상호작용 실패로 구분하고 있다.

강(strong) 상호작용 실패는 혁신 주체들이 폐쇄적으로 연결되어 새로운 외부 혁신 관련 발전을 놓치는 무지로 발생한다.

약(weak) 상호작용 실패는 혁신 주체들 사이의 연계 부족에 기인하며, 상호 보완 또는 상호 학습과 새로운 아이디어 창출이 결여된 결과로 발생한다.

④ 역량 실패

기술혁신 메커니즘의 불완전성은 기업들의 경쟁력, 역량 또는 자원 등이 부족한 상태에서도 나타날 수 있는데, 이러한 현상을 역량 실패라고 한다. 이는 기업이 과거 기술에서 새로운 기술 또는 패러다임으로 도약할 능력이 없는 상태를 가리킨다.

특히 과학기술정책에서의 시스템 실패 영역에 대한 논의는 4장에서 살펴볼 국가혁신체제론(national innovation system)에서는 혁신을 효과적으로 창출하고 확산시키는 시스템의 형성을 궁극적인 정책 목표로 하고 있다. 시스템의 보정은 시장 실패의 개선을 통해 혁신이 이뤄지는 구조적인 패턴에 대한 보정을 의미한다. 혁신 체제 속에서 정부가 가지는 혁신조직의 실패, 산학연 혁신 주체 간 연계 네트워크의 실패를 포함한 전반적인 혁신 체제의 불합치를 포함한다.

제 5 절 과학기술정책의 거버넌스적 이해

1 거버넌스의 개념과 본질

거버넌스는 최근 행정학을 비롯한 많은 학문 분야에서 다양한 의미로 사용되고 있다(Mayntz, 2003; 홍형득, 2007). 거버넌스는 지배 구조 유형 변화에 대한 관심과 공사 부문의 경계가 불명확한 지배 유형의 등장으로 나타난 것이다(Stoker, 1998). 거버넌스 이론의 핵심은 바람직한 거버넌스의 가정, 즉 거버넌스 논리에 있다(이명석, 2002). 거버넌스가 추구하는 합리성은 시장이 추구하는 절차적 합리성(procedural rationality)과 국가가 추구하는 실체적 합리성(substantive rationality)

보다는 반성적 합리성(reflective rationality)이라는 것이다. 따라서 거버넌스는 보이지 않는 손에 의한 자동적인 결정보다는 대화와 협상 및 조정을 통한 타협이나 합의에 더 큰 비중을 두고 있다(Jessop, 2000).

거버넌스에 관해서는 지금까지 많은 관련 연구에서 사용되고 있는 "정부로부터 거버넌스로(From Government to Governance)" (Heere (ed), 2004; Mayntz, 2003)와 "정부 없는 거버넌스(Governance without Government)"(Rosenau & Czepiel, 1992) 등의 표현에서 의미하는 바와 같이 전통적인 계층제적 관료제 정부를 대신하는 '새로운 무엇'이란 의미로 사용되고 있다.

거버넌스에 대해 오스본과 게블러(Osborne & Gaebler, 1992)는 더 잘 관리되는 재창출된 정부의 형태로, 그리고 피에르(Pierre, 2000: 3)는 복잡성과 다양성으로 특징지어지는 환경 변화에 대한 반응, 즉 외부 환경에 대한 국가적 적응의 의미로 사용하고 있다. 로드스(Rhodes, 1996: 652)는 정부에 대한 의미의 변화, 새로운 지배 구조와 변화된 지배 규칙, 혹은 사회의 새로운 지배 방식 등의 의미로 거버넌스를 사용한다. 따라서 정부와 거버넌스는 과정의 차이 문제이며, 결과의 차이가 아니다(Stoker, 1998: 17). 윌리엄스(Williams, 2001)는 국가 전체의 정책 목표, 정책 결정, 정책평가 및 환류 등의 메타정책(meta-policy)이 거버넌스라고 정의한다. 한편 바즐레이(Barzelay, 1992), 쿠이먼(Kooiman, 1993) 및 로스(Rose, 1996)는 거버넌스 체계의 1차적인 관심은 공공조직의 가장 이상적인 역할 유형을 찾는 데 있다고 보았다.

지금까지 살펴본 바와 같이 거버넌스에 대한 다양한 논의는 그 개념이나 사용되는 분야에 따라 다른 의미로 사용되고 있다. 로컬 거버넌스와 글로벌 거버넌스를 비롯해 구체적인 정책 영역으로서 IT 거버넌스, 환경 거버넌스, 메타 거버넌스(meta-governance)[1]와 다층 거버넌스(multi-level governance)[2] 등의 다양한 영역에서 지배 구조에 대한 논의가 이뤄지고 있다. 공공 및 민간 부문 주체들 간의

---

1) 메타 거버넌스는 거버넌스의 거버넌스(governance of governance)로 상위 거버넌스를 의미한다(Jessop, 2000; Kooiman, 2000; 이명석, 2002).

2) 유럽연합(EU)의 경우가 대표적인 다층 거버넌스 구조다. 수직적 권위 관계보다는 회원 국가 대표들의 네트워크, 유럽연합 차원의 의사 결정, 공공 부문과 정치적인 차원에서의 공공 분야와 민간 분야 주체들 간의 연계 네트워크 등의 네트워크가 지배적인 구조다(Kohler-Koch & Eising, 1999).

네트워크는 하위 세부 정책에서도 나타나고 있으며, 정책 네트워크의 구성이나 특성은 차이가 있다(Marin & Mayntz, 1991).

2 과학기술정책과 거버넌스

과학기술정책의 거버넌스적 이해를 위해서는 과학기술정책의 다변적인 특성을 고려하고, 과학기술정책의 구성 요소를 중심으로 한 다양한 주체들 간의 관계구조적인 측면에 초점을 두는 것이다. 거버넌스 개념은 '권력과 책임을 동일 행위자에게 부여'하는 전통적 민주정부론에 비해 정치적 과정에 책임성이 없는 행위자가 참여할 수 있도록 허용하고 있다(박상욱 외, 2005). 특히 최근 국정관리 패러다임의 변화에 초점을 맞춰 시장과 시민사회의 성장으로 정부가 아닌 정부, 시장, 사회 간 협력 기제로서 거버넌스 혹은 네트워크 거버넌스에 관한 관심, 그리고 특히 정보통신기술의 발전과 거버넌스의 의미를 혼합한 디지털 거버넌스 등 미래 지향적인 국정관리와 과학기술정책 관점에서 이해되고 있다.

피터스(Peters, 1996)는 〈표 1-3〉에서 보는 바와 같이 공공 부문이 추구하는 '변화'와 개혁'을 위한 네 가지 새로운 거버넌스 모형을 제시했다. 공공 부문이 지니고 있는 근원적인 문제를 보는 시각의 차이를 중심으로 시장형(market govern-

표 1-3 미래의 거버넌스 모형

	시장적 정부모형	참여적 정부모형	신축적 정부모형	탈규제 정부모형
조정의 문제	시장의 보이지 않는 손	상향적 조정	단기적 조정, 통합	보이지 않는 손에 의존
오류 발견 및 수정의 문제	시장의 자율적 교정 메커니즘	다양한 참여	신축성, 조직 외부인 유인	불필요한 규제 제거
공무원제도상 문제	폐쇄적 인사제도 개방, 공사 부문 인사 교류 활성화	종신고용을 통한 참여적이고 솔직한 공직 분위기 조성	임시 고용제 활용	가능한 한 많은 규제 철폐
책임성의 문제	시장 메커니즘에 의존	고객의 불만에 의존		사후적 통제에 의존

자료: Peters(1996).

ment), 참여형(participative government), 신축형(flexible government), 탈규제형(deregulated government) 정부모형으로 분류하고, 이들 모형이 가지고 있는 특성을 조직구조, 관리 방식, 정책 결정 과정, 공익의 다섯 가지 차원에서 분석했다(최유성, 2005).

시장형 거버넌스 모형은 전통적 관료주의 방식을 대신할 시장 메커니즘의 도입을 통해 공공 부문의 효율성을 도모한다는 것이다. 시장형 거버넌스 지향 정부모형은 교정 및 종결 메커니즘의 결핍, 수익과 부담의 분리, 수요와 공급의 왜곡 등을 정부 부문의 주요 결함으로 지적하고 있다(최유성, 2005). 따라서 외부 환경 변화에 적절하게 대응할 수 있도록 관료적 기능을 시장 메커니즘으로 대체해야 한다는 것이다.

참여형 거버넌스 모형은 정책 결정 과정의 민주적 절차를 중요시해 정책 결정 과정에서의 시민과 조직구성원의 참여를 강조하고 있다. 참여 통로의 다양화를 위한 평면 조직구조를 지향하면서 고객과 하위계층의 실질적인 참여를 위한 구조의 틀을 마련하기 위한 노력이 필요하다. 시민의 역할을 증진시키고 투표 이외의 방법으로 민주적 참여를 장려한다는 장점이 있다.

신축형 거버넌스 모형은 변화에 적극적이고 능동적으로 대응하기 위해서는 탄력적이고 신축적인 정부가 되어야 한다는 것이다. 신축형 모형은 인력 운용의 탄력성을 제고함과 동시에, 정부 내에 존재하는 대안적 조직 구조들을 활용함으로써 정부의 비용을 줄이고 결과적으로는 납세자의 부담을 줄이자는 것이다. 정부는 유동적이고 신축적인 조직 형태가 되어야 하며, 피터스(Peters, 1999)는 대안조직으로 '가상조직(virtual organization)'이나 '임시작업단(task force)' 등을 들고 있다.

탈규제형 정부는 규제를 제거하고, 사회의 집합적 후생을 향상시키기 위해 새롭고 창의적인 활동을 시도해야 한다는 것이다. 내부 규제의 완화와 일선 행정공무원에 대한 재량권 부여가 필수라는 것이다. 공공관리에서 자율적인 재량권이 타율적인 규칙이나 규제보다 더 효율적이며, 리더십의 역할에 더 많은 비중을 두는 것이 특징이다. 조직의 목표가 효과적으로 달성되기 위해서는 규칙들이 제거되어 직무가 좀 더 자유로운 조건에서 수용될 경우 구성원들은 업무를 수행하는 데 더 많은 정열과 관심을 쏟을 수 있을 것이라는 전제를 하고 있다. 따라서 피터스(Peters, 1996)는 정부 외적인 요소나 정부의 하드웨어적 요소보다는 '변화'를 위해 통제가 가능한 정부 내적인 요소들과, 미래 지향적 '변화와 개혁' 차원에서 거버넌스 개혁에 대한 접근법을 제시하고 있다는 점에서 미래 거버넌스 방향을 모색하는 데 시사점을 얻을 수 있을 것으로 보인다.

스토커(Stoker, 2006) 등은 미래 거버넌스 패러다임을 네트워크 거버넌스로 설명하고 있다. 거버넌스는 정부 실패에 대한 반성과 시장과 시민사회의 성장으로 네트워크(Peters & Pierre, 1998) 혹은 정부, 시장, 사회 간 협력 기제(김석준 외, 2002)로서 관심이 증대되었다는 것이다(정용덕, 2006; 이명석, 2006; 이승종, 2006). 네트워크는 다양한 영향 관계에 있는 행위자들의 상호작용의 결과라는 개념으로 사용되고 있다. 스토커(Stoker, 2006)의 공공 부문에서의 네트워크적 접근은 세 가지 요소를 전제 조건으로 한다. 첫째, 정책 과정상 목표 달성에 대한 관련 행위자들 간에 상호 의존성, 둘째, 정책은 다수 행위자의 상호작용의 산물, 셋째, 행위자들 간의 의존성과 상호작용 패턴의 강도와 지속성 등이다. 따라서 네트워크는 경직된 공식조직이 아니라 조직 간 관계가 비계층적이고 수평적이며 자발적이어야 한다. 동시에 정형화되고 어느 정도의 연속성을 지녀야 한다. 또한 네트워크에 참여한 집단들 간 유연하게 연계된 의사소통(loosely coupled)이 가능해야 하며, 공식성을 넘어선 통합이 필요하다는 것이다(조성한, 2005). 오툴과 마이어(O'Toole & Meier, 1999)는 네트워크가 계층제에 비해 구조적 유동성과 불확실성이 높기 때문에 조정을 통해 네트워크 관리기술이 필요하다는 것이다.

IT기술을 의미하는 '디지털(e)'과 기존 거버넌스의 의미가 조합된 개념으로 디지털 거버넌스도 미래 거버넌스에 관한 논의의 한 축을 이루고 있다. 디지털 거버넌스는 정보통신기술을 활용해 업무를 전자적으로 처리하고 전자적 서비스 전달을 의미하는 행정관리 방식과 사회 주체들이 정책 과정에 적극적인 참여가 가능한 전자민주주의 단계까지를 포함하는 폭넓은 개념으로 정의되고 있다. 정보통신기술의 발전은 사회 주체들 간의 관계를 적극적이고 직접적 참여 형태로 변화시켰고, 정보의 개방 및 공유 등으로 정부에 대한 감시, 견제 기능이 크게 강화되었으며, 정부는 시민사회의 참여와 협력 방안에 대한 적극적인 모색이 이뤄지고 있다.

특히 과학기술정책의 거버넌스적 이해를 위해서는 과학기술정책 구성 요소와 정책 과정 참여자의 파악이 중요하다. 과학기술정책 참여자가 매우 다양하다. 정책 과정 참여자는 크게 공식적 참여자와 비공식적 참여자로 구분할 수 있다. 공식적 참여자는 대통령과 국회의원, 과학기술부 장관을 비롯한 관련 부서의 정무관, 그리고 해당 부서의 일반 공무원 등이 있다(노화준, 2008). 그리고 비공식적 참여자로는 과학기술자집단과 기업, 각종 단체 및 이익집단, 정당, 언론, 시민단체, 일반 국민 등이 있다. 이들 공식 · 비공식 참여자들은 자신들의 이해와 관심에 따라 다양한 관계망을 형성하고 자신들의 이익 실현을 위해 정책 형성 체제에 요구와 지지를 투입하게 된다. 따라서 이 같은 정책 형성 과정은 대단히 동태적인 특징을 가지게 된다. 그러나 그 동태성의 수준은 한 사회의 정치 · 문화적 환경과 성격에 따라 달라진다. 과학기술정책 과정 참여자의 특징적인 현상은 과거에는 관련 공무원과 전문가집단으로서의 과학기술자들로 구성된 폐쇄적 참여 구조였으나 최근 급격한 시민사회의 성장과 민주화에 따라 참여자가 다양화하고 개방화하는 특성을 보이고 있다. 과학기술의 영역에서도 공식적인 정책 참여자 중심의 제도권 정책 과정을 통한 투입과 시장과 시민에 의한 비제도권 정책 참여가 동시적에 이뤄지는 양상이 나타나고 있다(권기창 · 배귀희, 2006).

이제 거버넌스에 대한 개념이나 이론은 하나의 규범적 가치가 되고 있다. 최근의 관심은 시장 중심적 신자유주의 논리에 따른 통치 구조의 재편 방법에 대한 관심이 모아지고 있으며, 하위 정책 영역에서 거버넌스적 이해를 위한 노력과 거버넌스 구축을 위한 방법에 관한 실질적인 연구들이 이뤄지고 있다. 과학기술정책 분야에서의 거버넌스 연구는 혁신체제론을 중심으로 한 유럽 학자들의 연구와 유럽연합에서의 ERA(European Research Area) 구축을 위한 실질적인 노력을 통해 유럽 국가들을 중심으로 활발한·연구들이 이뤄지고 있다(Erick, Patries, & Patrick, 1996; Erik et al., 2003; Kuhlman & Edler, 2003; Metcalfe & Georghiou, 1998; Technopolis-Group et al., 2002). 최근 국내에서도 2000년 이후 과학기술정책 거버넌스에 관한 연구들이 시도되고 있다(과학기술부, 2002; 권기창 · 배귀희, 2006; 송위진, 2004; 홍성만, 2004). 과학기술정책 거버넌스의 연구는 지금까지 주로 과학기술정책 과정에 시민 참여 방식과 경향에 관한 연구를 중심으로 과학기술정책 거버넌스 연구가 이뤄져 왔다.

과학기술정책 과정에서 거버넌스의 대두에 따른 변화와 중요성은 다음과 같은 이유로 증대되고 있다(Technopolis-Group et al., 2002; 홍형득, 2012). 첫째는 과학기술에 대한 사회적 수요의 증가와 과학 외적인 요인의 참여가 활발해지면서 과학과 사회의 사회적 계약의 본질이 변화되고 있다. 둘째는 행정에서 신공공관리론(NPM)의 지속적인 확산으로 과학기술정책에서도 투명성과 효율성 증대에 대한 요구가 커지고 있다. 셋째는 지식의 생산, 유통 및 활용 방식의 변화로 분야 간 학문적인 연계 및 지식 생산자 간의 연계의 필요성이 증가하고 있다. 넷째는 국가 경제사회적인 발전에 과학기술의 영향이 점차 증대되고 있다. 다섯째는 국제적인 참여자 혹은 지역 참여자가 전체 정책 사이클에서 차지하는 비중이 더욱 커지고 있어 게임의 규칙에의 변화가 요구되고 있다.

과학기술정책의 거버넌스적 이해가 주는 시사점은 다음과 같다(Erik et al., 2003).

첫째, 과학기술 관련자 외의 사회적 행위자와 기관들이 점차 과학기술 범주에 참여하는 경우가 늘어나고 있다. 의제 설정 및 우선순위 결정에 참여하는 이해관계자들의 다양성을 의미한다. 의사 결정과 우선순위 결정에 넓은 관점과 아울러 더욱 전략적인 사고력이 요구된다.

둘째, 거버넌스 메커니즘은 기관 간의 조정을 통한 통일된 정책의 생산을 위해 필요하다. 이것은 다음 세 가지의 수평적인 조정을 의미하는 것이다. ① 과학기술의 사회경제적인 다른 목적을 조정하고 조율, ② 지식 창출과 혁신을 위한 지식 사용의 통합, 혁신 주체들의 협력을 유도, ③ 범학문적인 연구 수요와 접근이 필요한 각기 다른 과학적 이론 지식의 융합이다.

셋째, 거버넌스 메커니즘은 연구개발비 지원 및 성과 시스템에서 변화를 다루는 데 필요하다. 중복되거나 경계가 모호한 경우 변화가 동반되며, 이러한 중복을 제거하는 것이 성과를 향상시키는 것만은 아니다.

넷째, 거버넌스 메커니즘은 결정된 정책의 효과적인 집행을 가능하게 한다.

다섯째, 혁신 체제 실패의 일부는 거버넌스의 실패로 인한 것이다.

제 2 장 과학기술정책의 범위와 연혁

제 1 절 과학기술정책의 범위

기술혁신이 사회 전 분야로 확산되고, 과학기술의 중요성이 커지면서 과학기술 분야에 대한 정부의 개입은 시장실패의 보완이라는 차원을 넘어 좀 더 전략적이고 적극적인 정부의 역할을 요구받고 있다. 이것은 과학기술이 산업의 동태적인 구조조정 과정을 주도해 나감으로써 국가 경쟁력의 원천을 제공하는 역할을 한다는 인식에서 출발한다. 더욱이 현대 과학기술은 우주에 대한 탐험, 생명과학의 발달, IT 기술의 범용화 등 과학기술의 발달로 광범위한 변혁이 이뤄지면서 과학기술정책의 범위 역시 전 사회로 확대되고 있다. 특히 지식 기반 경제(knowledge based economy) 하에서는 더욱 창의적인 지식을 기반으로 하는 과학기술을 육성하기 위한 정부정책의 중요성이 증가하고 있다.

과학기술정책에 관해 OECD는 ① 기초적인 연구개발사업은 그 결과가 매우 불확실하며, 효과가 장기적으로 나타나기 때문에 정부가 지원하는 것이 필요 불가결하다. 이것은 정부의 대학 및 대학과 관련된 연구기관에 대한 적극적인 지원이 필요하다는 것을 의미한다. ② 따라서 혁신 관련 네트워크의 설립을 목표로 하는 정책이 매우 중요해졌다. 따라서 이러한 연관성과 네트워크를 만들거나 강화하는 데 도움을 주기 위한 활동들은 언제나 국가 과학기술정책에서 중요한 요소들이다.

이러한 것은 국가의 경쟁력과 과학기술정책 간의 직접적인 연관성을 표현한 것이라고 할 수 있다. 첫째, 비용 측면에 근거를 둔 가격 경쟁력은 더 이상 국가 경쟁력의 근거될 수 없으며, 경쟁력은 과학기술을 통한 혁신과의 연계 하에 모색되어야 한다는 것이다. 둘째, 기술혁신을 위한 연구개발 활동에서의 정부 개입은 소극적인 의미에서 시장실패의 교정을 넘어서 필수 불가결한 요소로 자리 잡게 되었다는 것이다. 셋째, 이러한 기술혁신 과정과 관련된 과학기술정책은 궁극적으로 혁신을 위한 제도적 환경을 조성함으로써 국가 전체적 혁신 체제의 성립을 목표로 해야 한다는 것이다.

과학기술정책이 다른 정책과 구별되는 대표적인 특징은 다양하고 빠르게 변하고 복잡한 과학기술이 그 정책 대상이라는 점, 정책을 둘러싼 외부 환경이 매우 다원화되어 있다는 점, 국가 발전에 직접적인 영향을 미친다는 점 등이다(황윤원 외, 2000: 229; 권기창 · 배귀희, 2006). 이러한 과학기술정책의 기본 성격과 그 중요성의 변화는 아래와 같은 필요성에서 기인되었다. 첫째, 국익의 증대 수단으로 과학기술의 중요성 인식, 둘째, 과학기술 예산의 대폭 증대, 셋째, 과학기술의 내용이 고도화되고 전문화되어 감에 따른 대(對)국민 이해 문제, 넷째, 과학기술정책 목표 설정과 자원 배분 문제: 어떤 과학기술 목표를 선정하고 제한된 국가 자원을 어떻게 각 분야에 배분할 것인가에 대한 문제, 다섯째, R&D 활동의 효율적인 추진 방법 문제 등이다.

과학기술 분야에서 정부가 개입(intervention)하는 일차적 이유는 과학기술 분야의 '시장실패(market failure)' 때문이다. 과학기술 분야에서 시장실패는 기술 지식의 공공재적 성격, 높은 불확실성, 외부 효과 등으로 인해 민간 부문에서 과학기술 분야에 대한 과소 투자가 발생함을 의미한다. 이를 해결하기 위해 정부는 직 · 간접적인 정책 수단을 동원해 시장실패를 보완하는 역할을 한다. 과학기술 분야에 대한 직접 투자나 보조금 지원 및 세제 혜택 등의 수단을 동원한 민간 투자 촉진 등의 방법들을 동원한다. R&D에 대한 과소 투자가 기술 지식의 과소 생산과 그에 따른 사회적 후생의 감소도 야기하지만, 이는 장기적이고 간접적으로 일어나는 현상이며, R&D의 관점에서 일차적인 문제는 이러한 과소 R&D 투자가 기업 혁신 역량의 정체 · 감퇴 및 성장 동력 상실로 이어지게 된다는 것이다. 따라서 정부 과학기술정책은 민간 부문에서 실행하기 힘든 분야에 과감한 투자를 통한 기업 혁신 역량과 국가 경쟁력을 강화시키고 궁극적으로 국가 경제 성장을 목적으로 하고 있다.

한편 과학기술 분야에 대한 정부 지원으로 인한 추가적 효과, 즉 부가성(additonality)에 주목하고 있다. 부가성은 구체적으로 투입 부가성, 행동 부가성과 산출 부가성으로 구분할 수 있다. 투입 부가성은 정부 개입이 민간 연구개발 투자를 유인 혹은 구축했는지, 행동 부가성은 정부 개입의 결과로 기업 연구개발 행태에 변화가 있었는지, 산출 부가성은 결과적으로 기업의 기술적·경제적 성과가 개선되었는지를 측정하는 것이다(교육과학기술부, 2010). 즉, 부가성은 기업의 연구개발에 대한 투입, 연구개발 행태 변화, 연구개발 성과 측면에서 정부 개입이 추가적으로 유발한 변화의 정도를 나타내는 것이다. 특히 효과적인 과학기술 정책 수립을 위해서는 행동 부가성, 즉 정부 지원으로 인한 연구개발 활성화와 좀 더 도전적인 연구개발사업의 추진 등을 유발했는지에 대한 파악이 이뤄져야 한다(OECD, 2006).

표 2-1 정부 개입으로 인한 부가성

구분	내용
투입 부가성 (input additionality)	정부 R&D 지원이 민간 R&D 투자를 보조(유인) 혹은 대체(구축)한 효과
행동 부가성 (behavioral additionality)	정부 지원으로 인한 기업 R&D 행태의 변화(좀 더 도전적인 연구 수행, 공동 연구개발 강화, 기술 경영 강화 등)
산출 부가성 (output additionality)	정부 지원으로 인해 추가적으로 얻은 기술적·경제적 성과

자료: OECD(2006: 12-13).

과학기술정책은 과학기술의 육성 및 지원과 관련한 모든 정부정책을 포괄하는 개념이다(조만형, 2007). 과학기술정책은 주로 연구개발사업 중심의 정책을 의미했으나 지금은 산업정책 영역, 경제정책 영역까지 포함하는 광의로 해석된다(박기영, 2006). 한편 박중구(2006)는 과학기술정책의 범위를 매우 넓게 설정하고 있다. 과학기술정책은 연구개발을 비롯해 과학기술 기반 조성, 인력 양성, 표준화, 기술 확

표 2-2 과학기술정책의 포괄 범위

영역	세부 영역
과학기술 개발	과학기술 기획, 과학기술 영향평가, 성장 동력 발굴 핵심 부품·소재산업 육성, 미래 핵심·원천 기술 확보
과학기술 기반 조성	혁신 주체 지원(혁신형 중소·벤처기업 육성 등) 공동연구 기반 조성, 지역 혁신 기반 조성, 국제 협력, 과학기술제도 개선, 과학기술 통계 구축, 과학기술 정보화 확충, 과학기술 문화 확산, 국가 표준 설정
과학기술 인력 양성	과학기술 인력 양성, 산·학·연 협력 촉진, 공학교육 혁신
사업화 촉진 및 지원	기술사업화 촉진, 기술 이전 촉진, 지적재산권 확대, 신기술 구매, 기술금융

자료: 박중구(2006) 수정.

산 등 매우 포괄적인 관련 정책을 포괄한다. 과학기술정책을 주로 기술 개발에 한정해서 이와 관련된 정책들을 중심으로 한 범위 설정은 과학기술정책의 범위로는 매우 제한적이다.

과학기술정책을 통해 정부가 투자하는 국가 연구개발은 결국 기초, 원천 연구와 인력 양성 등 공공재적 성격이 강한 분야의 지원을 통해 산업의 기술 혁신을 보완하고, 지원하는 간접적 역할이 강조되고 있다. 과학기술정책의 대상은 기술, 사업, 예산, 성과관리 및 행정 체제 등의 영역으로 구분할 수 있다. 기술 부문은 기초과학을 비롯해 원천 기술, 요소 기술, 미래 기술 등 과학기술 그 자체다. 기술의 확보는 연구개발, 인력 양성, 산·학·연 협력, 과학기술 인프라 구축, 과학기술 대중화, 글로벌 네트워크, 지역 혁신 등을 통해 이뤄진다. 그리고 이러한 사업들을 추진하는 데 예산의 투입과 연구개발 성과관리가 이뤄져야 하며, 과학기술정책의 추진 체제가 갖춰져야 한다.

제2차 세계대전 이후 과학기술정책은 냉전 체제가 시작될 때까지 여전히 전쟁에 의한 영향을 많이 받았다. 이 기간 동안의 과학기술정책의 초점은 과학기술 체제의 공급 측면과 강력한 연구개발 능력 강화에 중점을 두었다. 과학기술이 치중해 온 경제 발전의 목표와 더불어 사회 발전 목표, 즉 과학기술의 대(對)국민 이해를 바탕으로 한 균형된 과학기술정책이 요구되기 시작했다. 이를 위해서는 과학기술정책이 경제정책이나 사회정책 등 다른 분야의 정책과도 긴밀하게 협조해 가야하는 할 필요성이 증가되었으며, 국민 생활 중시의 방향으로 전개되고 있다. 이같이 과학기술정책의 기본 성격이 변화함에 따라 과학기술정책의 분야 또한 확대되어 가고 있다. 종래 과학기술정책과 직접 관계를 가지는 정책 분야는 산업정책과 교육정책이었으나 환경정책, 복지정책, 안보정책 등 국민 생활과 직접 연계된 관련 정책과 밀접한 연계를 가지게 되었다. 아울러 과학기술정책은 산업정책을 포괄하고 있으나 세부 구성 요소별로 구분하면 〈표 2-3〉과 같다.

표 2-3 과학 및 기술과 산업정책

정책	주요 현황	최근 경향
과학 정책	과학적 교육, 대학과 공공연구기관에서의 연구 우주, 원자력 등 거대과학과 대쟁점(big issue)에 초점	전략적 선택(foresight) 글로벌화, 융·복합화, 거대화
기술 정책	전략기술 및 원천 기술 창출을 위한 지원–정보통신기술, 생명공학기술 등, 새로운 첨단기술 기반 구축	전략적 연구 공동연구 규제, 환경문제
산업 정책	기업에 기술 확산 지원 기술 이전 촉진, 특히 첨단기술과 중소기업에 초점	혁신에 대한 체계적인 접근 네트워크 형성, 중간조직 개발, 지역과학기술/지방분권 자원 및 기업 능력 함양

자료: Dodson & Bessart(1996).

과학기술정책의 범위는 과학정책과 기술정책, 그리고 혁신정책 차원에서 구분하기도 한다(이장재 외, 2011). 과학정책(science policy)은 제2차 세계대전 이후 국가 안보와 경제 성장에 기여하는 생산적 요소로서 과학의 중요성에 대한 인식과 함께 정부 차원의 정책적 지원이 본격화되었다.

기술정책(technology policy)은 기술 개발 및 기술 획득을 위한 정책으로 기술 혁신 과정에 영향을 미칠 의도를 가진 정부의 개입 또는 정책(Stoneman, 1987), 신기술을 개발, 상업화, 응용하기 위한 기업의 의사 결정에 영향을 미치고자 의도된 정책(Mowery, 1992) 등의 다양한 정의가 있다. 기술정책의 주된 관심은 '기초과학에서부터 공학으로' 또는 '대학 내부 조직에서 관련 산업과의 연계'로 변화하고 있으며 '기술의 상업화'까지를 포함하고 있다(이장재 외, 2011).

산업정책(industrial policy)은 산업의 육성과 정비, 기업 활동 등과 관련된 정부의 다양한 정책을 총칭한 것으로 국가와 시대에 따라서 다르고, 대내외적인 정책적 요소가 상이하다. 역사적으로 산업정책의 원형은 선행한 영국의 자유주의적 경제 정책에 대해 후발국이었던 독일이 자국의 산업을 지키기 위해 제창한 보호주의적 산업 육성 정책이다. 그러나 제2차 세계대전 후의 맥락은 자유경쟁 원리를 중시하는 미국이나 서독과 대조적으로 일본이나 프랑스 등에서 장기적인 산업 구조의 조정과 경제 성장의 촉진을 위해 강구된 정부의 다양한 산업 육성 정책이 대표적이다(21세기 정치학대사전, 네이버지식백과).

제 2 절 과학기술정책의 연혁

과학기술정책에 대한 관심이 높아지고 과학기술정책이 정부정책의 한 영역으로 정착된 것은 제2차 세계대전 이후부터다. 1945년 최초의 원자탄 개발을 성공한 맨해튼 계획으로 과학기술과 정부와의 관계에 새로운 전환점이 이뤄진 계기가 되었다. 그후 과학기술의 발전은 한 국가의 중요한 자산으로 간주되었고, 연구개발 활동의 방향과 범위, 그리고 연구 인력의 확보 및 동원 과정에 정부가 직접 개입하게 되는 계기가 되었다.

비교적 새로운 분야로서 과학기술정책이 강조되기 시작한 배경을 보면 첫째는 과학기술 활동의 제도화(institutionalization)다. 19세기에 이르러 과학자들은 점점 전문가로서의 직업화된 지위를 얻게 되면서부터다. 특히 과학기술이 고도화·거대화됨에 따라 정부가 과학기술 활동에 대해 정책적으로 개입할 필요성이 커지면서 과학기술정책이 생성되는 기반이 되었다. 둘째로 과학기술정책의 전략적인 성격이다. 제2차 세계대전 이후의 냉전 체제에서 과학기술은 국가 안보 및 국가 경제 발전의 유력한 수단으로 인식되었다. 전략무기의 개발 등을 통해 군사적인 우위를 확보하며 국력을 과시할 수 있는 수단으로서 과학기술 활동이 중요시되었다. 또한 국가 간 기술 경쟁이 심화되면서 경제 발전과 산업의 국제경쟁력을 확보하는 수단으로서 과학기술의 개발 문제도 1960년대 이후부터 거론되기 시작했다. 셋째, 과학기술이 사회에 미치는 영향력이 커짐에 따라 과학기술 발전의 성과가 사회에 긍정적인 효과를 가져올 수 있도록 조정·유도하고 부정적인 효과를 최소화하기 위한 과학기술정책 역시 중요시되었다. 원자력의 평화적 이용, 공해·환경문제의 해결 등 과학기술의 발전 방향을 조정하기 위한 과학기술정책이 요구되었다.

즉, 과학기술정책이 생성된 배경은 ① 국방 및 국위의 확보에 과학기술의 역할이 증대되어 과학기술정책이 필요하게 된 점, ② 거대과학 등의 출현과 더불어 정부가 과학기술 발전에 투자하는 비율이 증대해 그 계획·조정을 조직적으로 행하는 과학기술정책이 필요한 점, ③ 기술혁신이 경제 발전의 원동력이 됨에 따라 경제 발전을 촉진하기 위해 적절한 산업정책 및 과학기술정책이 요청되는 점, ④ 산·관·학의 공동 연구개발 프로젝트가 많아짐에 따라 이를 종합적으로 관리하기 위해 과학기술정책이 필요하게 된 점, ⑤ 공해·환경문제의 발생에 따라 과학기술과 환경과의 조화를 도모하는 데에 과학기술정책의 역할이 증대한 점 등을 들 수 있다. 이러한 과학기술정책의 생성 배경 및 과정을 시대 구분해 보면 〈표 2-4〉와 같다.

표 2-4 과학기술정책의 발전 과정

1940~1950년대	1960~1970년대	1980~1990년대
맨해튼 계획, V1, V2로켓, 군용 항공	경제 성장, 생산성 민간 항공, 원자력	원천 기술, 재료 기술, ICT 생명공학기술, 시장 경쟁,
과학자문위원회	과학기술위원회 및 과학기술 부처	과학기술산업부
물리학자, 화학자	물리학자, 화학자, 경제학, 엔지니어	생화학, 생태학, 사회과학, 경제학
무기 체계, 기초과학, 정부공공연구기관	경제 성장, 무기 체계 산업체 연구 개발 대학 확대 발전	구조적인 변화 환경, 네트워크, 무기 체계
급진적인 혁신	점진적인 혁신	확산
급격한 과학기술 지출 증가	지출 성장 속도 감소	과학기술 지출 감소

자료: Freeman & Soete(1998).

1 과학기술정책 형성 이전 시기

19세기에 이르러 과학자들이 전문 직업인으로서의 위치를 차지하게 되고, 각국에서 독일자연과학자·의사협회, 영국과학진흥협회, 미국과학진흥협회 등 과학자 단체가 설립되었다. 산업혁명에 따른 국민경제의 발전과 민족주의가 대두됨에 따라 과학기술은 국가의 부(富)와 힘을 증대시키기 위한 유력한 수단으로 간주되었다. 이에 따라 국립연구소의 설립, 학술단체에 대한 보조금 지급, 과학기술교육기관 정비 등의 형태로 과학기술에 대한 국가의 지원이 시작되었다.

국가가 과학기술 육성 목표를 설정하고, 과학을 총동원하는 체제는 1914년 제1차 세계대전부터 시작되었으며, 과학과 국가 간에 좀 더 밀접한 관계를 갖게 되었다. 미국에서는 정부 내 과학자를 동원하기 위한 조직으로서 국립연구회의(NRC)를 설립하고, 산·관·학의 광범위한 연구 프로젝트를 시작했다. 영국에서는 1916년 과학기술연구청(DSIR)을 설립해 과학 연구의 산업화를 추진했다. 1920년에 의학연구회(MRC)를 시발로 1931년에 농업연구회(ARC) 설립 등 기술 분야별 연구회를 중심으로 한 과학기술 전통이 그 당시부터 생겨났다. 프랑스에서는 1930년에 국가과학기금의 설립에 이어 1938년에 국립과학연구센터(CNRS)가 설립되었다. 그러나 이 당시의 과학은 특정의 기술적 수요를 충족하기 위한 산발적으로 이뤄져 체계적이거나 전략적이지 못해 과학기술정책이 형성될 수 있는 기반은 취약했다. 제1차 세계대전 이후부터 선진국을 중심으로 국가의 과학기술정책에 관심을 가지기 시작했다고 할 수 있다.

2 과학기술정책의 생성기

본격적인 과학기술정책의 형성은 제2차 세계대전 이후라고 할 수 있다. 미국 과학기술정책의 출발점이 되었던 것은 1941년부터 시작된 맨해튼 계획이다. 맨해튼 계획의 실시를 계기로 과학과 국가의 관계에 커다란 변화가 일어났다. ① 국가를 위해 방대한 과학자와 연구비가 투입된 점, ② 국가가 주도적으로 수행한 점, ③ 계획 수행 중 정부·산업·대학 간의 긴밀한 유대 관계가 가능해진 점, ④ 과학행정의 경험이 쌓여 많은 과학기술 관련 제도와 정책의 수립 등 전후 과학기술정책의 새로운 전기를 마련했다.

1940년 미국 정부는 새로운 과학기술의 개발을 위해 다음해 백악관에 과학연구개발국(OSRD)을 설치했으며, 대규모의 정부자금이 대학과 기업의 연구 활동에 유입되었다.

전쟁 중 및 전쟁 직후에 군사적인 목적으로 추진되었던 과학기술 연구는 광범위하게 응용될 수 있는 새로운 기술의 원천이 되어 원자력, 레이더, 제트 비행기, DDT, 컴퓨터 등이 탄생되었다. 이에 따라 전쟁이 끝난 후 동원된 연구자들의 해체보다는 이들을 국가적 · 국제적 목적을 위한 연구 활동에 이용하기 위한 체계적인 노력이 시작되었다.

이러한 변화에 큰 영향을 미친 것은 과학기술개발처(OSRD)의 책임자였던 부시(Vannevar Bush) 박사가 루스벨트 대통령에게 제출한 『과학: 끝없는 프론티어(*Science, The Endless Frontier*)』라는 보고서로, 기초연구 및 과학교육의 촉진과 지원을 담당할 국가기관의 창설과 과학문제를 특별히 다루는 국가정책의 개발을 제안했다. 1950년 미국에서는 국립과학재단(NSF)을 설립해 국가 과학 연구 및 교육에 대한 국가 정책을 전개하고 추진하게 되었다. 영국에서는 1946년에 과학정책자문회의와 국방연구정책위원회가 설립되었고, 독일은 1948년 막스프랑크연구회를 창설했으며, 1951년에는 기존의 단체를 통합해 새롭게 독일연구회(DFG)를 설립하는 등 과학기술정책의 제도화가 점진적으로 이뤄졌다.

과학기술정책의 형성기는 제2차 세계대전 당시의 원자력 프로그램에 참여했던 과학자(특히 물리학자)들로부터 영향을 받아 정치권에서 연구 활동의 성취감에 도취되어 있던 시절이었다. 과학자들의 지위, 원자력 연구의 성과, 전후(戰後) 문제의 해결에서 과학기술에 대한 일반 국민의 기대 등에 힘입어 새로운 기관의 설립과 정책의 수립 등이 이뤄지기 시작했고, 연구개발조직에 대해 대규모의 아낌없는 재정 지원을 해주면 많은 어렵고 복잡한 사회문제들이 해결될 것으로 기대되었다. 또 이 시대는 과학기술 체계에서 공급 측면, 특히 강력한 연구개발 능력을 강조한 시기였고, 군사 · 원자력 등 거대과학에 관심이 어느 때보다 높았던 시기였다.

3 과학기술정책의 전개기

미국 등 서방 국가들이 과학기술정책에 더욱 적극적인 관심을 갖게 된 것은

1957년 소련의 인공위성인 스푸트니크(Sputnik)가 발사에 성공하고 그로부터 파생된 스푸트니크 충격으로부터다. 특히 냉전 시대 과학기술의 우위를 믿고 있던 미국은 큰 충격을 받았다. 따라서 이 시기는 미국의 자존감을 회복하기 위해 과학기술의 발전에 최대한의 지원이 이뤄진 시기였다. 동년 11월 아이젠하워 대통령에 의해 과학기술특별보좌관이 임명되었고, 동시에 1951년에 설치되었던 과학자문위원회를 대통령직속의 대통령과학자문위원회(PSAC)로 격상했다. 한편 과학기술교육의 진흥을 위해 과학기술교육에 대해 1958~62년까지의 4년간 10억 달러의 국가자금이 투입되었다. 그리고 1958년에는 60년대 과학 연구의 추진체가 되었던 국립항공우주국(NASA)이 설립되어 육·해·공군에 분산되었던 우주개발계획의 일원화했다. 프랑스에서는 1958년 수상 직속의 과학기술연구성(DGRST)을 설립해 과학기술 활동의 전체적으로 계획하고 조정하기 시작했다. 영국에서는 1959년에 과학성이 설립되었다.

이와 같이 세계 주요 국가들은 1950년대까지 과학기술 활동의 지원뿐 아니라 이것을 적극적으로 국가 정책 속에 포함시키기 위한 제도적 장치를 마련해 과학기술정책을 전개하기 위한 기반을 조성했다. 그 후 미국과 소련에서도 과학기술 활동을 위한 체제 정비가 이뤄졌는데, 미국은 1962년 백악관의 과학기술기구를 강화하기 위해 과학기술국(OST)을 신설했다. 소련은 1956년에 과학기술국가위원회가 설치되어 과학기술의 진보와 발전의 기본 방향을 결정하는 임무를 맡게 되었다.

이 과학기술정책의 전개기는 두 기간으로 다시 구분해 볼 수 있다. 첫 번째 기간은 전략적인 측면에 관심이 매우 높아 군사 및 국위 선양 목표가 다른 목표보다 우선하는 시기였고, 공공 자금의 대부분이 군사, 원자력, 우주 개발에 투입된 시기다. 두 번째 시기는 1965년부터 시작되었으며, 과학기술 연구가 국가 경쟁력의 강화에 기여할 수 있다는 인식에서 연구개발 활동의 경제적인 성과에 관심을 기울인 시기였다. 1957년부터 1967년까지의 과학기술정책의 전개기는 과학기술정책의 황금기로서 연구개발 자금이 풍부하고 연구개발 활동의 성과에 대한 기대감이 컸던 시기다.

즉, 연구예산이 대폭적으로 증가했으며 연구 활동에 종사하는 사람들의 수도 제2차 세계대전 이전보다 큰 폭으로 증가되었다. 이 시기는 전후의 긴장과 냉전 또는 전략적 경쟁 그리고 경제 발전에 전력을 기울인 시기였다.

4 과학기술정책의 회의기

1960년대 후반 과학기술 활동에 대규모 자금 투입에 따른 이의 비용과 효과에 대한 관심이 높아지고, 점차 국제 화해 분위기에 힘입어 과학기술에 대한 인식의 변화가 일어났다. 1968~69년경부터 데탕트, 학원 소요, 경제 성장의 한계에 대한 점증하는 인식, 미국의 베트남전에서의 실패 등의 영향으로 인해 과학기술 활동의 효과 및 그 목적에 대한 회의감이 나타나기 시작했고, 1962년부터 시작된 미국의 아폴로 계획도 1968년 유인 우주선 아폴로 11호의 성공적인 달 표면에 착륙과 귀환으로 종료되었다.

이 계획의 성공으로 이제 과학기술이 지구상의 문제 해결에 기여해야 한다는 문제 제기가 있었다. 즉, 과학기술이 원자력의 위협, 전쟁, 자연 및 환경 파괴, 경제 성장의 양적 수요 증대 등 부정적인 인식의 확산으로 과학기술정책의 목표 및 방법에 대한 재검토가 이뤄졌다. 특히 과학기술 발전보다는 과학기술과 사회와의 관계에 관심을 두었다. 미국에서는 우주 관계 예산이 대폭 삭감되었으며, 소음 · 대기 오염 등을 이유로 1971년에 초음속 여객기 개발의 중지 및 닉슨 행정부 마지막 해에 OST와 자문기구들이 해체되었다. 또한 1972년 닉슨 대통령은 새로운 목적 의식과 새로운 연대 의식을 담은 과학기술에 대한 특별한 메시지를 의회에 보냈는데, 새로운 목표 의식은 국제무역 경쟁에 견뎌 건전한 국내 경제와 해외에의 주도적인 지위를 확보하고, 에너지 부족 · 공해 등 생활의 질 향상을 위협하는 요인이 급증함에 대응해 이들 요인을 극복하는 능력을 확대하는 것이 내용이었다. 새로운 연대 의식은 모든 진흥정책이 연방정부에 일원적으로 집중되는 것을 버리고 연방정부가 주정부 또는 지방행정기구 및 민간기업과 제휴해 상기의 목표 의식에 입각해 과학기술을 추진하는 것이었다.

1963년 OECD의 『과학 · 경제 성장 · 정부정책』 보고서에서 과학정책의 기본적 목표를 경제 성장에 둘 것을 강조했지만, 1971년 OECD 『과학 · 성장 · 사회: 새로운 전망(*Science, Growth and Society: a New Perspective*)』 보고서에서는 그 기조가 완전히 바뀌어 사회복지와 생활의 질 향상에 모든 인류의 과학기술정책의 목표가 두어져야 함을 강조했다. 이 보고서에서는 다음과 같은 과학기술정책에 관한 사항이 권고되어 있다. 즉, ① 사회정책, 경제정책, 과학정책의 종합화, ② 과학정책과 전체적 계획, ③ 과학과 저개발 등이다.

유럽에서도 정도의 차이는 있지만 이러한 경향을 나타내어 대부분의 국가에서 그들의 연구 활동의 방향을 경제·사회적 목표의 달성에 두었으며, 영국·프랑스와 같이 원자력 에너지, 항공, 우주, 전자 등에 대부분의 자원을 투입하는 국가에서도 그 방향을 재조정하게 되었다.

한편 과학기술의 진보가 환경문제, 자원문제 등을 현재화시킴에 따라 각종 계획과 기술이 갖고 있는 잠재적인 영향을 될 수 있는 한 초기의 단계에서 점검하려는 움직임이 생겨났다. 미국에서는 1966년 기술평가(technology assessment) 법안이 의회에 제안되고 1972년에 발효되었다. 이것은 기술이 초래할 사회 전체에 대한 영향을 사전에 평가하기 위한 것이었다. 이에 따라 의회의 하부기구로서 기술평가국(OTA)을 설치했으며, 이 기구는 기술의 적용에서 발생하게 될 이익과 불이익을 조기에 파악해 기술이 미치는 영향에 관한 공정한 정보를 의회에 제공하는 것을 목적으로 하고 있다. 이러한 경향의 영향으로 미국이 개발하고자 했던 초음속 여객기(SST) 개발이 중지되었다. 또한 유전자공학의 발달로 유전자 재조합이 기술적으로 가능하게 된 단계에서 이러한 실험에 걱정과 불안을 느낀 과학자들이 1975년 전미과학아카데미(NAS)에서 예상되는 위험을 우려해 봉쇄할 것 등을 결정했고, 다음해에 미국보건연구소(NIH)의 유전자 재조합 실험지침으로 구체화되었다.

이상에서 살펴본 과학기술의 회의기는 과학기술의 사회적인 활용 및 기여에 좀 더 관심이 집중된 시기였다. 즉, 과학기술로 인해 상실된 부분들에 관심이 높아지고, 불확실한 미래를 과학기술의 도움으로 해결하자는 시기였다. 또 국가적 관심이 사회복지, 환경문제에 옮겨감에 따라 과학기술정책의 목표도 종래의 거대과학 및 경제 성장 일변도에서 생활의 질 등 복지 측면의 목표가 부가되는 양상을 띠게 되었다. 또한 집권적 정책 결정 및 정부의 직접적인 방향 주도 등이 비판을 받은 시기다. 그리고 과학기술 활동에 대규모 자금이 투입되고 그 영향력도 커짐에 따라 이에 대한 감시의 눈이 많아지고 이의 비용과 효과에 대해 더욱 예민해진 시기였다.

5 과학기술정책의 재조명기

1970년 전후에 인플레이션, 에너지 위기와 생산성의 저하 등 세계 경제가 장기적인 침체기에 접어들면서 70년대 후반부터 산업 발전 문제가 대두되고, 이에 기여할 수 있는 과학기술의 발전 방안에 대한 다양한 논의들이 이뤄졌다.

특히 일본 등의 도전으로 미국의 과학기술의 경쟁력 우위가 위협받게 되자, 국제적 경쟁력 확보를 목표로 사회・경제적 욕구를 충족시키고자 하는 산업의 발전, 즉 산업기술의 고도화 문제가 부각되었다. 즉, 세계 경제의 침체를 탈피하고 새로운 산업 구조로의 개편과 함께 국제 경쟁력을 확보할 수 있는 기술 개발에 관심이 모아졌다. 혁신적인 산업기술의 개발을 국가 전략적인 차원에서 추진해 미래 사회에서의 주도권 쟁취를 목표로 한 전략적인 과학기술 정책 방향이 제시되기도 했다. 특히 1980년대 들어 이러한 움직임은 가속화되었다. 주요 선진국들은 국가의 전략분야와 전략기술을 설정하고 이를 정부와 산업계, 대학이 총동원된 형태로 공동으로 추진했다. 즉, 정부가 직접 그 방향의 설정 및 지원을 하고, 산업계의 자발적인 참여가 이뤄질 수 있는 여건을 조성했다.

이러한 새로운 과학기술정책의 움직임에서 가장 주목되는 것은 혁신적인 첨단 신기술(new technology)의 개발에 대한 관심이었다. 에너지 및 자원의 유한 상태를 극복하고 새로운 원천 기술을 확보하기 위한 노력으로 마이크로일렉트로닉스, 생명공학, 신소재 등 신기술의 개발에 각국이 경쟁적인 노력을 기울였다. 즉, 새로운 신기술의 개발 없이는 경제 체제 자체를 유지할 수 없을지도 모른다는 우려 속에서 기술 개발이 추진되었다. 특히 정부가 새로운 신기술 개발에 적극적으로 나서게 되었다.

한편 이들 첨단 신기술의 발전 속도가 빠르고, 그 기술이 산업 발전뿐 아니라 국민의 일상 생활에도 광범위하게 영향을 미치고 국가의 경쟁력에서 기술이 중요시되면서 새로운 신기술의 개발에 과학기술정책의 초점을 두게 되었다. 이에 따라 1980년대 이후 과학기술의 발전에서 정부의 역할이 재강조 되었으며, 산・학・연 협동 체제를 중요한 수단으로 산업기술의 고도화를 목표로 했다. 심지어 정부의 지원이 환경・에너지・보건・사회적 서비스 등 분야의 희생을 무릅쓰고 산업기술의 혁신으로 집중되기도 했다.

그러나 당시 과학기술 발전 목표 및 그 수단에 대한 비판도 만만치 않았다. 과학기술의 활용에 따라 야기되는 환경 파괴 및 자원 고갈 문제, 원자력 및 무기 개발 경쟁에 따르는 고용문제와 전업문제 등 과학기술 발전의 부정적인 측면에서 야기되는 저항감도 상당했으며, 이러한 비판적인 의식이 확산되고, 과학기술의 발전 방향을 통제(control)하자는 주장도 높아졌다.

한편 과학기술의 발전과 인간과의 조화 문제가 주요 관심사로 대두되기도 했다. 특히 과학기술의 대중화사회의 도래, 과학기술이 과학기술자의 전유물이 아니고 일반 국민의 일상 생활과 긴밀하게 연결된 사회가 점차 전개됨에 따라, 일반 국민의 과학기술 수용 및 대국민 과학기술 이해 증진에도 정책적 관심을 가지게 되었다. 또 과학기술정책의 수립 및 집행 과정에 일반 국민의 참여에 대한 관심도 증가했다. 1980년대 이후 경제·사회의 발전과 과학기술의 발전이 좀 더 긴밀한 관계를 갖게 되었으며, 이러한 인식도 점차 확산되었다.

6 21세기 지식 기반 경제 하의 미래 과학기술정책

2000년대 들어 과학기술 환경의 급격한 변화로 기초연구에 대한 새로운 강조와 기술의 첨단화, 융합화, 거대화 등이 이슈가 되고 있다. 21세기는 지식·정보·과학기술이 부(富)와 성장의 원천이 되는 지식 기반 시대로 정의하고 있으며, 새로운 기술의 등장과 융합화·복합화에 따른 기술 진보의 가속화가 정치·경제·사회 등 모든 영역의 변화를 가져오고 있다. 지식 기반 사회는 부가 가치 영역이 유형의 제품 생산 중심에서 무형의 과학기술·지식·정보·서비스 중심으로 이동하고 있으며, 과학기술·지식을 근간으로 한 산업구조 개편과 신산업의 등장으로 인한 과학기술정책의 급격한 변화를 요구하고 있다(송용일, 2006). 지식 기반 사회와 혁신경제가 가지는 특징은 과학기술이 곧 국가의 경쟁력을 결정하는 과학기술 중심 사회의 형성을 의미한다.

지식 기반 사회의 도래와 더불어 향후 전개될 과학기술의 발전은 기술의 융합화, 지능화, 극한화로 요약할 수 있다. 과학기술의 융합화는 BT·NT·IT 등 다양한 이종 기술 간 융합을 통해 신제품 및 신산업을 창출하고 기존 제품의 성능을 향상시키는 기술로서, 종래의 과학기술적 한계를 극복해 새로운 지평을 열 수 있을 것으로 기대하고 있다. 기술의 지능화는 지능형 로봇 등 지능형 제품이 점차 시장을 주도하게 될 것으로 전망된다. 또 다른 특징으로는 극한기술의 확대를 들 수 있다. 초고압, 극저온, 소형화 등의 나노기술과 미세 제어기술 등 극한 기술의 등장과 수요가 증가하고 있다.

표 2-5 미래 과학기술의 발전 양상

현황	경량, 정밀, 저전력 소모를 추구하는 소비자 요구에 부응해 초경량, 초정밀, 초저전력 소모 기술 발전	사용의 편리성 및 위험 회피 욕구의 증대로 지능화된 무인 기기 관련 기술 발전	서로 다른 기술 간 결합 및 융합으로 현재 기술 분류에 없는 새로운 기술 분야 등장
	↓	↓	↓
기여 요소	• 휴대성 추구에 대한 기업의 기술 투자 가속 • 나노기술의 발달	• 소비자 요구에 따른 기업 기술 투자 • S/W, 고집적 반도체 기술 • 생체모방 기술 발전	• 정보기술 및 생명기술의 다른 기술 파급 효과 • 서비스 위주의 기술 전개
	↓	↓	↓
전개 방향	극한화	지능화	융합화

자료: 송용일(2006: 55).

제 3 절 과학기술정책의 주요 수단

정책 수단은 의도한 정책 목표를 달성하기 위해 활용할 수 있는 도구를 의미한다. 과학기술정책 수단은 국가 차원의 과학기술 육성 및 지원을 위한 정부의 전략적 수단이다. 과학기술정책의 수단은 정책 수단의 형태와 초점에 따라 유형화할 수 있다.

1 임무 지향적 과학기술정책과 확산 지향적 과학기술정책

국가의 과학기술정책의 두 가지 유형, 임무 지향적 정책과 확산 지향적 정책으로의 구분은 에거스(Henry Ergas, 1987)가 과학기술정책의 패러다임을 임무 지향적 정책과 확산 지향적 정책으로 구분한 데에서 비롯되었다. 임무 지향적 기술정책의 특징은 국가적 중요성을 기준으로 설정된 목표 달성에 초점을 맞추면서 거대 과학기술이나 중요 연구개발사업을 통해 급진적 기술혁신을 추구하고 이로부터 파생되는 신기술, 신제품의 획기적 개발에 정책의 우선을 둔다(김정흠 외, 1997).

따라서 산업 구조적 측면에서는 기존 산업의 현대화, 첨단화보다는 신산업의 기존 산업 대체를 통한 산업 고도화를 추구한다. 이러한 기술개발정책 하에서는 개발된 거대 혹은 고도의 기술 성과가 다른 부문에 파급(spin-off) 또는 유출(trickle-down)되어 광범위한 응용 효과가 나오도록 하는 파급 메커니즘(spin-off mechanism)을 통해 기술 개발을 산업과 연계시킨다. 또한 일반적으로 기술 추진(technology push)의 원리가 적용되며, 연구개발의 투입 비용이나 경제적 효과보다는 기술적 목표 달성을 더욱 중시하는 입장이다. 이에 따라 연구개발의 목표도 중앙정부 또는 임무기관(mission agency)에 의거해 하향식(top-down) 방식으로 설정되고, 이렇게 설정된 프로젝트에 자원이 집중적으로 투입된다. 따라서 의사 결정 구조 면에서 정부가 주도적으로 연구개발사업의 기획, 관리 및 결과의 활용까지 담당하게 되며, 연구개발의 직접 수행은 주로 정부연구기관 혹은 대기업에 의해 집중적으로 추진된다.

확산 지향적 기술정책은 전 산업 분야에 기술혁신력 강화를 기본 목표로 해서 신산업이나 신기술보다는 기존 제품이나 기존 기술의 개선, 효율화 등을 통한 점진적 기술혁신을 추구하는 데 목표를 둔다(김정흠 외, 1997). 이러한 기술혁신 과정을 통해 누적된 기술력을 바탕으로 부가가치를 제고하고 경쟁력을 강화하는 것이 일반적이다. 확산 지향적 기술정책은 기술 개발 투자에서 경제적인 비용과 기술적인 위험도가 낮은 부문부터 공략하고 기술이 축적되면 이를 바탕으로 한 기술 파급 및 확산 과정을 거쳐 한 단계 높은 기술 개발에 도전함으로써 궁극적으로 첨단 기반 기술에 접근해 나가는 전략을 추구한다는 점에서 임무 지향적 기술정책과 차이가 있다. 따라서 이 정책은 시장 원리에 따라 기술 개발 투자를 결정하는 수요 견인의 원리에 따라 사전적 경제분석을 중시하고, 공정혁신을 통한 산업 효율화에 가장 우선적인 목표를 두고 있다.

이처럼 확산 지향적 기술정책은 기업의 광범위한 참여 하에 기술 개발 대상을 결정하고, 중앙정부에서 일방적으로 결정하지 않는다. 그 방식 역시 상향식(bottom-up) 분권주의적인 의사 결정 구조로 이뤄진다. 이 경우 정부는 기술 개발의 확산을 촉진하기 위한 산업 훈련, 기술정보, 협동 연구 지원 등 시장 보완적 지원 기능에 초점을 두고, R&D 수행도 광범위한 기업의 참여 하에 이뤄지는 분권적 · 분산적인 구조를 갖게 된다.

2 정책 수단의 형태별 유형 구분

일반적으로 정책 수단은 설정된 목표를 달성하기 위해 정부가 사용하는 도구들이다. 직접적인 수단과 간접적인 수단, 제도적인 수단과 재정적인 수단, 실질적인 수단과 상징적인 수단, 실질적인 수단과 보조적인 수단 등 다양하게 유형화할 수 있다. 협의의 의미에서의 과학기술 정책 수단은 제도적 지원과 재정적 지원 그리고 과학기술 인프라 구축 등으로 구분할 수 있다. 그러나 광의의 의미에서 보면 협의의 정책 수단과 더불어 연구개발 결과의 공공 구매, 협동연구 등 기술 협력을 촉진하기 위한 수단들, 혁신 주체와 인력을 대상으로 한 교육훈련, 과학기술 연구 및 실험 등에 대한 규제를 포함한다. 이와 같은 과학기술정책 수단들은 그 적용 시기, 정책 대상집단, 지원 분야, 정책의 범위, 기대 효과 등에 따라 매우 다양하다.

1) 직접적인 수단

(1) 제도적 지원 수단

과학기술정책의 제도적 지원 수단은 과학기술 육성 및 지원 제도, 과학기술 관련 공공연구기관이나 준공공연구기관의 설립과 운영에 대한 직접적인 지원을 의미한다(정선양 외, 2006). 이러한 제도적 지원은 전주기적인 과정에서 이뤄지나 초기 기관의 설립과 기초 및 응용연구에 대한 지원 등 초기 기술 개발 과정에 대한 지원인 경우가 많다. 제도적 지원 수단은 결국 기술 개발이라는 공급 측면의 과학기술 육성을 위한 지원으로, 이 같은 지원 결과에 대한 기대가 크게 된다. 제도적 지원 수단은 과학기술 지원 제도 및 공공연구기관의 설립 및 운영 등 기관에 대한 지원이기 때문에 연구개발 활동에 관한 평가 등 제도적인 장치를 마련하고 있으나 지원 결과에 대한 효과가 장기간이 지난 후에 나타난다는 점의 한계가 있다.

(2) 재정적 지원 수단

재정적 지원 수단은 다양한 연구개발 주체들의 일반적 연구개발 능력을 광범하게 향상시키는 데 목표를 두고 있다. 주로 많이 이용되는 지원 수단은 재정보조금, 특별상각, 연구개발비에 대한 조세 감면 등이다. 이 수단은 일반적으로 기술개발 과정에 대한 지원으로, 다수의 연구자와 기관들을 대상으로 일반적인 연구개발 능력 향상을 위해 지원되기 때문에 공급 지향적이다.

재정적인 지원 수단의 일반적인 형태는 직접 기술개발 프로젝트를 지원(project promotion)하는 것이다. 정부가 프로젝트들을 선정해 직접 지원하는 방식이다. 이 지원 수단은 일반적으로 응용연구 및 개발연구와 같은 기술혁신 과정의 초기 혹은 중기의 과정에 적용되며, 가장 대표적인 수혜집단은 연구자들과 공공연구기관과 대학이다. 직접 프로젝트 지원 수단의 중점 지원 분야는 핵심 기술의 연구개발 활동이다. 따라서 이 지원 수단은 공급 측면의 연구개발 능력의 향상을 도모하고 있으며, 기대 효과는 국가 경제에 매우 중요한 핵심 기술의 목표 지향적인 개발에 두고 있다.

2) 간접적인 지원 수단: 과학기술 인프라에 대한 지원

과학기술 인프라는 제도와 재정적인 지원이 동시에 포함되는 부분이기는 하지만, 특히 과학기술 발전을 위해서는 장비, 인력, 문화, 네트워크 등의 인프라의 구축이 수반되어야 하기 때문에 연구개발사업이나 인력에 대한 직접적인 지원보다는 인프라에 대한 지원은 연구개발을 위한 기반 조성이란 점에서 간접적인 지원이라고 할 수 있다. 일반적인 의미의 과학기술 인프라 혹은 연구 기반은 통일되어 있지 않으며, 그 범위 역시 일정하지 않다. 연구 인프라(research infrastructure) 혹은 기술 인프라(technology infrastructure)의 개념 역시 학자에 따라 혹은 사업에 따라 방향을 달리하고 있다.

저스트맨과 튜발(Justman & Teubal, 1995)에 의하면, 기술 인프라란 민간 주도의 기술개발 능력 함양을 위한 제반의 공동 노력 중에서 공공재의 성격을 띠는 모든 것으로 정의하고 있으며, 태시(Tassey, 1992)는 기술 인프라를 "민간기업이 활용 가능한 과학, 공학, 기술적 지식 및 이들이 체화된 인간, 시설, 제도 등의 총체"로 정의하면서, 이에 대한 구체적인 예로 기초적 공유기술, 기반기술, 기술정보, 표준 및 연구·시험설비, 품질관리, 전략적 기획 및 시장 개발 관련 정보, 정부·산업의 공동 기획 및 협력을 위한 포럼, 지적 재산권 문제 등을 포함시키고 있다.

우리나라의 경우 여러 법이나 기본계획 등에서 연구 인프라에 관한 정의를 하고 있다. 과학기술기본법에 근거한 5개년 계획이나 산업자원부의 산업기술백서, 공업 및 에너지기술 기반 조성에 관한 법률 등에 기술 인프라에 관한 정의를 하고 있다. '과학기술진흥 5개년계획'에서는 과학기술 기반 조성으로 부르고 연구기자재, 시설 및 과학기술정보 등 유무형의 하부구조와 과학기술의 국민 이해, 과학기술 세계화, 과학기술 지방화 등 혁신환경 조성의 두 가지로 구분하고 있다. 연구개발 하부구조란 이름으로 인력, 정보, 연구기자재 및 시설 등 유형의 하부 구조와 마인드, 메커니즘, 표준화 등 무형의 하부 구조로 구분할 수 있다.

3 정책 초점별 유형 구분

과학기술정책의 초점을 과학정책, 기술정책, 산업정책으로 범주화했을 때 각 정책의 주요 정책 수단을 보면 다음과 같다(이장재 외, 2011). 과학정책 수단과 기술정책 수단은 직접적인 수단이 많은 반면 산업정책 수단은 간접적인 수단인 경우가 많다.

1) 과학정책 수단

과학정책 수단은 기초 및 응용 연구에 대한 지원과 공공 연구조직과 대학에 대한 자금 지원과 배분, 지식재산권 체계의 설계, 대학과 공공연구기관 등 과학연구기관과 연구 결과 사용자들을 연계하는 메커니즘의 제도적 구축 등이 포함된다. 최근에는 연구평가(research evaluation)도 중요한 정책 도구로 등장하고 있다. 연구자와 연구기관에 대해 효과적인 유인을 제공하거나 공공자금을 배분하는 수단의 한 방법으로 사용될 수 있다.

2) 기술정책 수단

기술정책 수단은 응용 및 개발 기술개발 연구에 대한 지원으로, 특정 기술과 산업 부문을 육성하기 위해 적용 가능한 수단이다. 공공 구매와 보조금 및 세금 감면과 같은 직접적인 경제적 유인을 제공하는 수단을 적용할 수 있다. 또한 상업적 분야에서 신기술의 활용되는 경우 산업 부문 혹은 기술에 특정화된 경제적 유인과 보호주의 무역정책 수단이 결합한 형태의 정책 수단이 추진될 수 있다. 그리고 새로운 기술적 문제를 해결하기 위한 방안으로 기업들을 관련 지식 생산 기관과 연계하는 지원 수단이 유용하게 활용되고 있다.

3) 산업정책 수단

산업정책 수단은 성격상 정부의 직접적인 수단보다는 간접적인 지원 수단들이 많다. 고유한 정책 도구가 미약하기 때문에 주력 수출산업인 제조업의 경쟁력 강화에 초점이 부여된 산업정책의 고전적 정책 수단은 시장 보호를 목적으로 한 관세와 비관세 장벽, 수출보조금, 사양산업 근로자의 전직을 촉진하기 위한 금융 및 재정 지원, 연구개발 보조금, 인적 자본이나 숙련 향상을 위한 프로그램 고안, 산업구조 조정을 촉진하기 위한 반독점 정책, 산업 진흥을 위해 필수적인 금융기관의 조직화, 우대 금리를 적용하는 정책금융과 위험을 공유하는 지급 보증, 자본 투자를 촉진하는 조세정책, 정부의 조달정책 등을 들 수 있다.

산업정책은 경제 성장과 국제 경쟁력 강화를 목적으로 정부가 산업에 대한 지원, 조정, 규제를 통해 산업 일반이나 개별 산업의 활동에 개입하는 경제정책으로서 미시적으로는 기업 간 관계를 규정하며, 중범위적으로는 생산의 유연 전문화를 위한 우호적인 환경을 조성하며, 거시적으로는 국제 경쟁력을 높이려는 목적을 지니고 있다. 이러한 산업정책은 대상에 따라 산업구조정책과 산업조직정책으로 구분하기도 한다(한인섭 외, 2010).

제 3 장 기술혁신이론

과학기술정책의 핵심은 기술혁신과 기술 확산이다. 기술혁신은 기술 발달에 따라 그 개념과 모형이 변화해 왔다. 이 장에서는 기술혁신과 확산의 개념과 모형, 그리고 기술혁신과 과학기술정책에 관해 살펴보고자 한다.

제 1 절 기술혁신의 개념과 유형

1 기술혁신의 개념

기술혁신(technology innovation)은 슘페터(Joseph A. Schumpeter)가 사용한 혁신(innovation)의 의미와 같다. 그는 기술혁신을 기술의 발전으로 공정 및 제품 공급 방식의 변경, 새로운 시장의 개척 등 변화와 이로 인한 새로운 이윤을 발생시키는 행위의 의미로 사용했다. 슘페터의 혁신은 기술의 도입과 확산되는 과정을 포함하고 있다는 점에서 기술혁신과 같으며, 경기 변동 그 자체를 기술혁신의 도입과 그 흡수 과정이라고 보았다.

기술혁신에 대한 초기의 정의는 기술이 체화(體化)된 제품이나 기술의 생산 공정의 발전 과정을 포함하는 개념으로 사용되었다. 그러나 초기 기술 중심의 개념에서부터 이제 경제적 지향성을 포함한 기술의 사회적 과정이란 개념으로 변화되어 가고 있다.

따라서 기술혁신에 대한 정의도 이러한 관점에서 크게 두 가지로 구분해 볼 수 있다. 하나는 신기술이나 공정을 처음 시장 또는 사회적으로 활용하는 협의의 정의로서 기술의 첫 실제적 또는 상업적 적용이라고 정의할 수 있다. 둘째는 기술의 발명 이후 생산, 개량, 이용 등의 모든 과정을 가리키는 광의의 정의로서 기술혁신을 새로운 도구나 기술의 활용으로 정의한다. 프리먼(Freeman, 1982)은 기술혁신을 "경제적 관점에서 신제품, 공정, 시스템 또는 장치들의 첫 번째 상업적 이용과 관련된 일련의 과정"이라고 정의하고 있다. 또한 OECD(1990)는 기술혁신을 하나의 아이디어가 연구개발 과정에서 새롭거나 개선되어 판매 가능한 제품으로 전환되는 현상이라고 하여 기술혁신을 광의로 정의하고 있다. 정책적 의미에서 기술혁신은 광의의 기술혁신 정의로 보는 것이 타당하다. 왜냐하면 기술혁신 정책은 발명과 생산 및 응용 또는 이용 그리고 사회적인 환경과의 상호작용을 통해 이뤄지는 모든 과정과 연계되어 있기 때문이다.

2 기술혁신의 유형

1) 급진적 혁신과 점진적 혁신

기술혁신의 유형은 기술혁신의 속도나 폭에 따라 급진적 혁신(radical innovation)과 점진적 혁신(incremental innovation)으로 구분할 수 있다(Abernathy & Utterback, 1978). 급진적 혁신은 현 기술 수준에서 나타난 획기적인 과학적 진보 또는 지식의 진보로 발생되는 제품과 공정에서의 혁신이 일어나는 경우를 의미한다. 급진적 혁신은 불확실성이 높고 불연속적으로 일어나는 특징을 가지고 있다. 이러한 혁신은 주로 기초과학이 발달한 경우 가능성이 높으며, 조직적인 연구개발에 의해 이뤄지는 경우가 많다.

점진적 혁신은 작은 기술적 노하우 또는 기술의 연속적인 개량 과정에서 나타나는 혁신이라 할 수 있다. 기술 시스템의 근본적인 변화가 아닌 기존 기술 시스템의 개선, 혹은 급진적인 기술혁신 이후의 보완적인 혁신을 의미한다. 점진적 기술혁신은 주로 생산 경험을 바탕으로 한 현장 기술자들의 경험이나 비공식적인 연구개발에 의해 이뤄지는 경우가 많다.

터시맨과 앤더슨(Tushman & Anderson, 1986)에 의하면 기술은 점진적 변화의 기간을 통해 주기적으로 진화하고, 기술적 불연속성(혹은 급진적 혁신)에 의해 새로운 지배제품(dominant design)이 출현하며, 다시 점진적 변화를 거치게 되는 과정을 반복한다고 보았다.

그림 3-1 급진적 혁신과 점진적 혁신

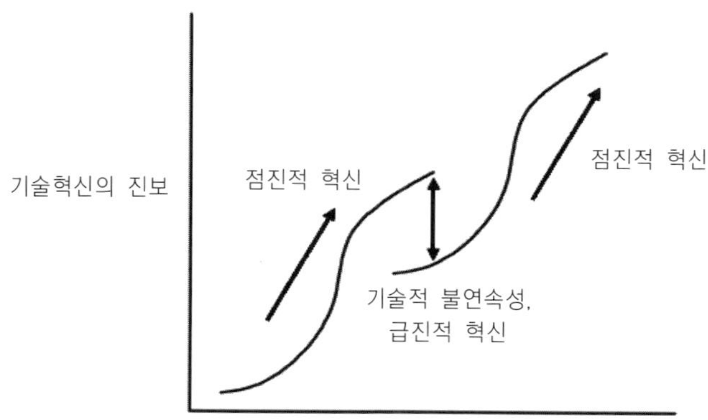

자료: 이재억 외(2003).

급진적 혁신은 새로운 기술적 아이디어의 창출자에게 중요한 기술적 우선권과 시장 지배권을 부여하지만 계속적인 상업적 성공을 위해서는 점진적 혁신과 동시에 지속적 학습 능력이 요구된다. 그러나 현실적으로는 두 종류의 혁신을 명백히 구분하기란 매우 어렵다. 발명과 혁신의 구분과 함께 급진적 혁신과 점진적 혁신의 구분은 뒤에서 살펴볼 기술혁신 연구에서 중요한 의미를 갖는다. 먼저 전자는 기술혁신의 기원과 혁신 촉진 메커니즘에 대한 논의에서, 후자는 기술혁신의 발전 형태에 대한 논의에서 중요한 의미를 가지게 된다.

2) 연속적 혁신과 불연속적 혁신

급진적 혁신 및 점진적 혁신과 유사한 개념으로 연속적 혁신과 불연속적 혁신의 구분이다(Tushman & Nadler, 1986). 연속적 혁신(continuous innovation)이란 점진적 혁신과 유사한 개념으로 기존의 시장과 표준, 고객, 공급자, 투자자들의 형식지(explicit knowledge)를 바탕으로 점진적으로 일어나는 혁신 유형이다. 연속적 혁신은 기존의 전략과 가정들의 변화 없이 기존 시장에서 기존의 지식 위에서 형성되는 특징이 있다. 이에 반해 불연속적 혁신은 새로운 시장과 표준, 그리고 고객, 공급자, 투자자들의 암묵지(tacit knowledge)를 바탕으로 잠재적 니즈(needs) 충족을 목표로 급진적으로 일어나는 혁신 유형을 말하며, 기존의 전략과 가정들을 무의미하게 만든다(Miller & Moris, 1999; 이재억 외, 2003).

3) 제품혁신과 공정혁신

기술혁신의 유형은 기술혁신의 대상에 따라 제품혁신과 공정혁신으로 구분할 수 있다. 제품혁신은 새로운 기술 또는 기술의 조합을 통해 제품의 사용자 혹은 시장 수요를 충족시키고, 상업적으로 활용하는 것을 의미한다. 즉, 제품혁신은 최종 제품으로 나타나는 신제품의 생산을 위한 혁신을 가리킨다. 반면 공정혁신은 최종

그림 3-2 기술혁신과 제품주기의 발전 단계

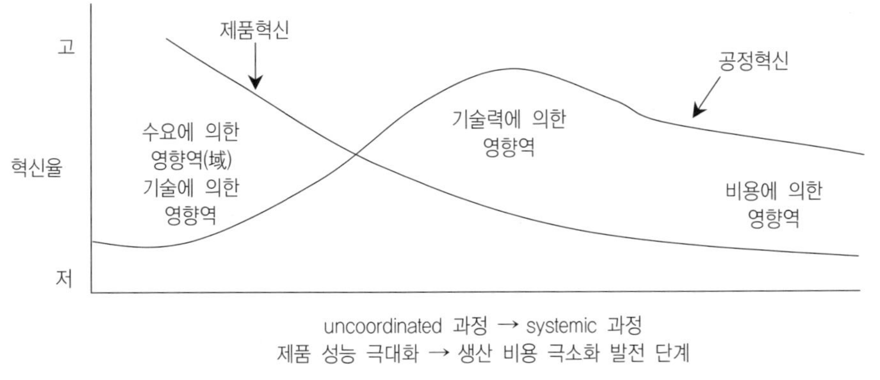

자료: Utterback & Abernathy(1975: 645).

제품을 생산하기 위한 생산장비, 인력, 업무, 투입 재료 그리고 정보 흐름과 같은 생산 체제와 공정의 개선을 통한 혁신을 의미한다. 그러나 일반적으로 양자의 구분은 쉽지 않으며 오히려 상황에 따라 달라진다.

기술혁신을 두 종류로 구분하는 이유는 첫째, 두 혁신은 상호 보완적 관계를 가지며 제품 수명주기 단계에 따라 상호작용의 정도가 다르다는 점이다(정근하 외, 2013). [그림 3-2]에서 보는 바와 같이 제품 수명의 초기 단계에서는 성능을 중요하게 고려해 제품혁신이 가장 중요한 요인이 되지만 점차 제품주기 후기로 갈수록 제품이 표준화로 인한 생산 비용의 절감이 중요시되어 공정혁신이 중요한 비중을 차지한다. 둘째, 공정혁신의 범위는 한정적인 제품혁신과는 달리 기계와 인간 그리고 사회 시스템을 포함하는 매우 광범위하고 다양한 시스템적 혁신을 가져오는 급진적 혁신의 원인이 되기도 한다. 셋째, 두 혁신 모두 기술의 채택 및 이용 측면에서 혁신 과정에 참여하는 행위자 및 행위자의 영향력이 달라진다. 따라서 제품기술의 확산 여부는 최종 사용자나 집단에 대한 마케팅의 문제가 중요하지만 공정기술의 경우는 복잡한 기술에 초점을 맞춘 분석적 모델이 요구된다.

이상과 같이 기술혁신을 제품혁신과 공정혁신으로 유형화해 분석하려는 노력은 혁신 과정의 동태적 분석을 위해 유용할 뿐 아니라 뒤에서 살펴볼 기술혁신 정책에서도 중요한 시사점을 제공하고 있다는 점에서 그 의미가 있다.

4) 개방형 혁신과 폐쇄형 혁신

(1) 개념

체스브러(Chesbrough, 2003)는 개방형 혁신(open innovation)을 기업 내부로의 지식 흐름(inflow)과 외부로의 지식 흐름(outflow)을 적절히 활용해 내부의 혁신을 가속화하고 혁신의 외부 활용 시장을 확대해 가치를 최대화하는 것으로 정의했다. 즉, 개방형 혁신은 기업이 연구, 개발, 상업화에 이르는 일련의 혁신 과정을 개방해 외부 자원을 활용함으로써 혁신의 비용을 줄이고 성공 가능성을 제고하며 부가가치 창출을 극대화하는 기술혁신의 방법론으로 볼 수 있다.

반면 전통적인 R&D 관리모형인 폐쇄형 혁신은 [그림 3-4]에서 보는 바와 같이 R&D 투자를 통해 기술혁신을 이룬 후 신제품을 개발해 수익을 창출하고, 이 수익을 다시 R&D에 투자하는 일종의 선순환 모형에 바탕을 두고 있다.

그림 3-3 개방형 혁신 패러다임

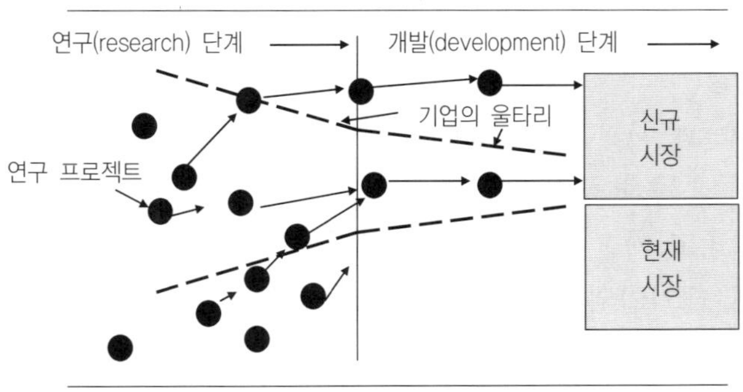

자료: Chesbrough(2006); 김석관(2009) 재인용.

그림 3-4 선순환 과정(폐쇄형 혁신)

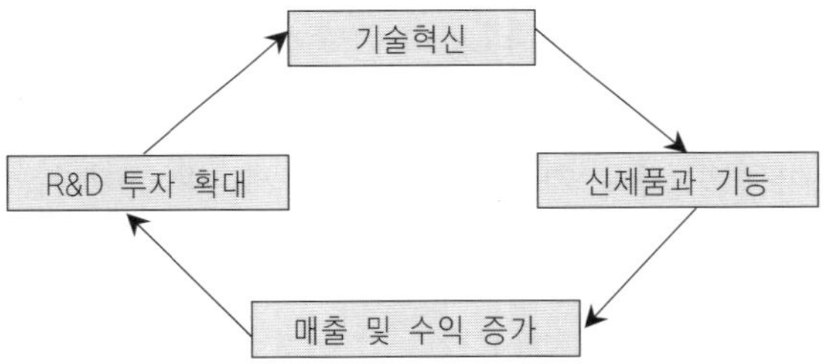

자료: Chesbrough(2004).

그림 3-5 R&D 관리를 위한 폐쇄형 패러다임

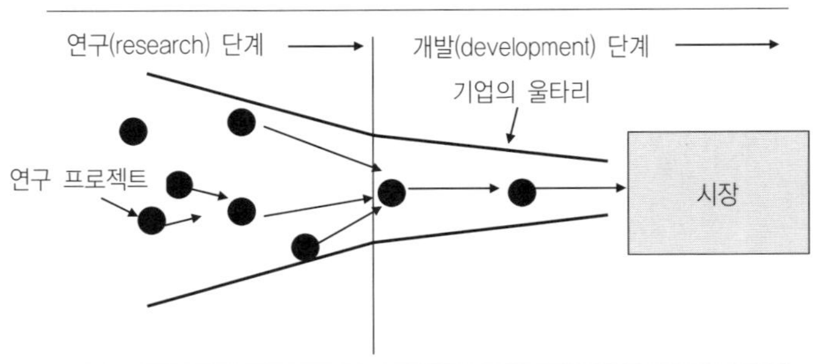

자료: Chesbrough(2006); 김석관(2009) 재인용.

같은 맥락에서 [그림 3-5]의 폐쇄형 혁신 패러다임은 외부 환경보다는 내부적인 투자 및 관리 등의 요인만을 고려한 혁신을 설명한다.

(2) 등장 배경

체스브러(Henry W. Chesbrough)는 개방형 혁신을 추동하는 지식환경의 변화로 대기업의 지식 독점 종언과 지식 원천의 다양화, 인력 유동성 증가 및 벤처 캐피털의 발달 그리고 기술 개발 비용 증가 및 제품 사이클의 단축을 제시했다(김석관, 2009). 첫째, 대기업의 지식 독점 종언과 지식 원천의 다양화는 대학의 지식 생산 역량 강화(제2차 세계대전 후)와 연구집약적 벤처기업의 발달 및 외국 우수 인력의 유입 그리고 지식 중개인(innomediary)의 등장으로 인한 것이다. 둘째, 인력 유동성 증가 및 벤처 캐피털의 발달은 인력 유동성이 증가됨에 따라 사람에 체화된 지식의 이동이 나타나게 되었다. 이러한 인력 유동성의 증가와 벤처 캐피털의 발달은 대기업 기술 독점의 한계를 보이게 되었다. 셋째, 기술 개발 비용 증가 및 제품 사이클의 단축으로 기술 개발 비용의 급속한 증가가 나타나게 되었으며, 제품 사이클의 축소로 인한 전유 기간의 단축이 나타나게 되었다. 이는 비용 증가 + 수익 축소로 혁신 사이클의 지속 가능성을 위협받게 된 것이다.

그림 3-6 선순환의 붕괴

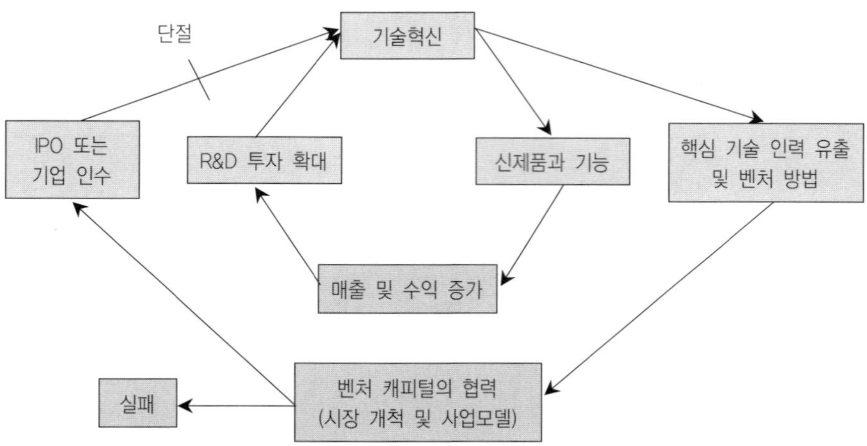

자료: Chesbrough(2004).

최근의 경영환경의 급속한 변화로 이러한 폐쇄형 혁신의 기반이 붕괴되고 있는데, 그 원인으로는 R&D를 담당했던 핵심 기술 인력의 손쉬운 이동, 대학 및 각종 연구교육기관을 통한 지식 확산, 기술을 사업으로 연결시켜 주는 벤처 캐피털의 증가, 제품이나 서비스의 상품화 기간 단축, 고객 및 공급자의 지식 수준 향상, 국경을 넘어 펼쳐지는 글로벌 경쟁 등을 들 수 있다. 기술혁신을 통해 핵심 인력이 개발되고 이러한 인력은 외부로 나가 벤처 창업을 할 수 있으며, 벤처 캐피털의 도움을 받아 기업 공개를 수행한 후 다시 새로운 기술혁신이 나타날 수 있다.

(3) 특징

기업들은 제한된 내부 자원으로 인한 급격한 기술 변화, 짧은 기술 수명주기, 부족한 역량 등의 문제점을 해결하기 힘들기 때문에, 수많은 기업에 흩어져 있는 풍부한 외부 자원의 활용 기회 발견이 중요해졌다. 그리고 협력업체와의 협력과 참여를 통한 새로운 아이디어의 발명과 상업화를 통해 신제품 개발의 위험과 비용이 감소하기 때문에 개방형 혁신의 중요성이 대두되었다. 따라서 R&D의 효율성과 효과성을 증진시키기 위해 외부 기업의 다양한 기술과 지식을 활용할 수 있는 협력 R&D 시스템을 실질적으로 개발하는 것이 필요하다. 이에 따라 개방형 혁신은 시장에 존재하는 풍부한 기술과 지식들을 기반으로 내·외부적인 관점에서 내향형(outside-in) 혁신과 외향형(inside-out) 혁신 전략을 찾고 통합하는 것이 핵심 과제다(Chesbrough et al., 2006).

혁신 활동을 개방한다는 것은 외부의 아이디어와 기술을 적극적으로 활용해 혁신의 원천을 다양화함으로써 내부의 혁신을 가속화(inbound open innovation)하는 것과 내부에서 개발된 기술을 의도적으로 외부로 내보내 새로운 시장을 창출하고 기술의 가치를 제고(outbound open innovation)하는 것으로 구분해 볼 수 있다. 즉, 내향형 혁신은 신제품 창출 능력 향상과 시장 출시 시간 단축을 위해 외부의 자원과 기술을 내부화시켜 활용하는 것을 의미한다. 기업이 내부의 자체 연구개발 결과만을 시장으로 가져가는 것이 아니라, 외부의 탁월한 기술 성과를 기업 내부로 가져오는 유입 중심의 개방형 혁신(inward open innovation)을 혁신의 지속적 창출에 필수적인 요소라고 보고 있는 체스브러는 이를 위한 방법으로 기술 구매, 역(逆)엔지니어링, 외부 과학기술자의 신규 고용, 전략적 제휴 등 다양한 방법의 활용 가능성을 제시했다. 외향형 혁신은 기술 보호가 힘들어지고 수익 창출 경로도 다양화되는 추세를 고려해 내부 기술을 의도적으로 외부로 내보내 가치를 창출하는 것을 의미한다. 체스브러에 의하면 개방형 혁신 기업이 자신들의 연구 성과 중 내부에서 당장 상용화할 수 없는 것은 라이선싱(licensing), 분사기업, 신규 시장 창출 등의 외향형 혁신을 통해 적극적으로 외부로 유출한다는 것이다. 이러한 유출 중심의 개방형 혁신(outward open innovation) 기업은 자신들의 현재 시장과 상이한 제품을 개발한 하위 부문을 분사기업의 형태로 외부로 내보내거나, 자신의 현재 및 잠재 시장과 관련 없는 기술이 외부의 다른 기업의 시장에서 발전할 수 있는 기회를 능동적으로 제공한다. 그리고 벤처 캐피털 활용은 외부의 탁월한 연구 성과를 개방형 혁신 기업으로 합병하거나 반대로 기업의 탁월한 연구 성과를 외부로 유출하는 다양한 활동이 이뤄질 수 있다고 보았다(Chesbrough et al., 2006; 윤진효 · 류건우, 2009).

(4) 개방형 혁신 도입에 따른 기대 효과

개방형 혁신 도입에 따른 기대 효과는 다음과 같이 구분해 볼 수 있다(정성영 · 전효리, 2010).

첫째, 외부 자원 활용 제고를 통한 비용, 시간 절감을 할 수 있다. 더 많은 대안을 비교해 활용 결정을 하기 때문에 더 낮은 비용으로, 또는 더 신속하게 신제품을 개발해 낼 수 있다는 이점을 갖고 있다.

둘째, 내부 자원 활용 제고를 통한 수익원 제고 및 다각화가 가능하다. 사장될 수도 있는 내부 기술 자원을 활용해 라이선싱, 분사, 매각 등을 통해 추가적이고 다각적인 수익원을 확보할 수 있다.

셋째, 시장 지향적, 비즈니스 모델 중심의 객관적 가치 평가를 할 수 있다. 비즈니스의 성패는 시장에서 좌우되는데, 결과적으로 기업 내부 지향적 관점에서 탈피한 가치 평가가 이뤄져 좀 더 객관적인 가치평가가 가능하다.

넷째, 개방형 혁신은 연구개발 인력에게 자신들이 개발한 기술이 사장되지 않고 다른 기업, 다른 업종에서 매출을 창출한다는 자부심을 줌으로써 동기를 부여하고 사기를 진작시킨다.

다섯째, 핵심 역량에 대한 조직 차원의 성찰 및 핵심 역량에 대한 집중을 유도할 수 있다. 자신들이 갖고 있는 역량에 대한 냉철한 판단을 바탕으로 하기 때문에 이 과정에서 조직구성원들이 핵심 역량에 대한 이해를 공유하고 여기에 집중하게 하는 계기가 될 수 있다.

제 2 절 기술혁신의 결정 요인

무엇이 기술혁신을 유도하는가? 기술혁신의 원천 및 결정 요인은 무엇인가에 대해서는 기술 주도와 수요 견인, 그리고 상호작용 측면에서 살펴볼 수 있다.

1 기술주도이론

기술혁신의 기원과 결정 요인에 의해서는 상반된 두 가지 주장이 대립되어 있다. 기술주도이론(technology push theory)과 수요견인이론(demand pull theory)이 그것이다. 기술주도이론의 주창자들은 과학과 기술의 진보가 제품 및 공정의 변화의 주된 요인이라고 주장하고 있으며, 수요 혹은 시장견인이론의 주창자들은 시장 수요가 혁신 행위에 가장 많은 영향을 미치게 되는 요인으로 들고 있다. 양 이론이 기술혁신 정책에 주는 의미는 매우 다르다. 기술주도이론의 경우 정책은 과학과 기술 개발을 위한 직접적 노력과 지원에 초점을 두고 있으며, 수요견인이론의 경우는 주로 시장 수요를 자극하는 정책에 초점을 둔다.

최초 기술혁신에 관한 이론을 정립한 학자는 슘페터(Joseph A. Schumpeter)로, 그는 '창조적 파괴(creative destruction)'라는 한 마디로 혁신의 의미를 표현했다. 혁신에 의한 경제 체제의 불균형을 자본주의 경제 발전의 본질적 요소로 규정하고 급진적 혁신이 새로운 산업의 출현과 경제 발전의 새로운 원동력이라는 사실을 강조했다. 신고전학파와 케인스 경제학파 등 주류 경제학파들은 기업의 성장 및 경제 발전에서 기술혁신, 즉 기술 변화의 역할을 무시했으나 슘페터는 기술혁신의 중요성에 대한 인식을 바탕으로 혁신을 통한 경쟁이 핵심적인 요소이며, 혁신이 기업의 생존에 결정적인 영향을 미친다는 것을 강조했다. 그에 따르면 새로운 기술의 공급이 기존 수요에 대한 적응보다 전략적인 중요성이 크고, 새로운 기술은 기업 발전의 추진력으로 작용하게 된다는 주장이다. 그의 이러한 주장이 기술주도이론 발전의 토대가 되었다. 기술주도이론은 과학 또는 기술의 사전적 진보가 발명이나 혁신 활동을 자극하는 요인임을 강조하고 있으며 과학과 기술의 관계는 상호 보완적 작용을 하는 것으로 주장하고 있다.

기술주도이론을 완전히 지지하는 경험적 연구 결과는 찾기 어려우나 과학과 기술의 진보가 기술혁신의 주된 요인임을 지지하는 연구 결과는 공정설비 공장과 합성재료, 전자산업에서의 혁신을 분석한 프리먼(C. Freeman)의 연구가 있다. 그러나 기술주도이론은 우선 혁신의 요인으로 경제적 요인을 과소 평가하고 있고 과학과 기술에서 생산으로 이어지는 기술 발전을 선형적인 일방향으로 이해하고 있다는 점에서 비판을 받고 있다.

2 수요견인이론

수요견인이론(demand pull theory)은 1960년대 후반 본격화된 기술혁신에 대한 경험적인 연구의 결과로 등장한 혁신이론이다. 수요견인이론은 기술 변화의 주된 요인을 시장에서 인지되는 수요와 같은 경제적 요인으로 보고 있다. 따라서 소비자의 수요가 재화나 서비스에 대한 소비 형태에 변화를 가져오게 되고 이것이 시장 신호로서 생산자에게 인식되어 궁극적으로 혁신 행위가 유발된다는 것이다. 혁신의 원인으로 수요 요인의 중요성을 가장 먼저 지적했던 연구는 쉬무클러(J. Schmookler)의 연구다. 쉬무클러(Schmookler, 1966)는 1840년에서 1950년까지 미국의 자본재 산업인 철도, 정유, 농기계, 제지산업에서 투자·주식·고용·발명 활동을 분석한 결과 투자와 발명 활동의 데이터로 사용된 특허의 시계열이 밀접한 상관 관계를 보이고 있으며, 특히 투자가 특허를 선도하고 있다는 사실을 발견하고 그는 시장의 성장과 잠재력이 발명 활동의 속도와 방향을 결정하는 주요 요인이라고 주장했다.

그러나 모워리와 로젠버그(Mowery & Rosenberg, 1979)는 수요견인이론에 대한 비판으로 시장 수요가 혁신 활동의 주된 요인이라는 확실한 증거를 제공하지 못하고 있다고 주장한다.

첫째, 수요견인이론에 바탕을 둔 연구들이 주장하고 있는 수요 요인들이 너무나 광범위한 개념으로 사용되어 실증하기 어렵다.

둘째, 니즈(needs)와 수요(demands)의 개념적 혼용으로 인한 분석의 결과가 모호하고, 이들의 결과가 수요견인이론을 지지하는 경험적 연구 결과로 받아들이기 어렵다는 주장이다. 도시(Dosi, 1982)는 니즈의 개념이 매우 모호하고 경제적 의미가 존재하지 않는 욕구와 경제적 의미를 갖는 만족의 개념상의 모호성을 지적했다.

셋째, 수요견인이론은 혁신 과정에서 생산자의 수요에 대한 인식이 신제품 창출로 이어진 사례를 증명하지 못하고 있다는 것이다. 수요견인이론은 생산자에 의한 시장 수요의 인식으로부터 혁신이 유발된다는 것인데, 이는 사후적으로 이용할 수 있는 기술적 가능성이 항상 존재하고 있다는 것을 의미하지만 이러한 가정 자체가 비현실적인 것이라는 것이다.

넷째, 실제로 시장 수요와는 무관한 창의적인 과학과 기술의 변화가 존재한다는 사실을 과소 평가하고 있다는 점에서 수요견인이론은 비판을 받고 있다.

3 상호작용 모형

기술주도이론과 수요견인이론은 각각의 장점과 단점을 지니면서 기술혁신의 기원과 결정 요인을 부분적으로 설명하고 있다. 이러한 양 이론의 단점을 보완해 급진적 혁신과 점진적 혁신을 포괄적으로 설명하기 위해 나타난 모델이 상호작용 모형(interactive model)으로 과학과 기술 그리고 시장의 연속적인 상호작용을 기술혁신 행위의 주요 요인으로 가리키고 있다. 시장 수요의 변화와 마찬가지로 과학과 기술의 진보는 상호작용이 나타나고 있으며, 수요에 의해 혁신이 유발되는 한편, 이 과정에는 연구 행위에 의해 나타나는 현상 또는 새로운 과학과 기술이 포함됨으로써 결국 혁신 행위는 기술적 가능성과 잠재적 시장의 '결합' 과정이라는 것이다. 로스웰과 제그벨드(Rothwell & Zegveld, 1985)는 혁신 과정은 기업의 환경

하에서 기술적 능력과 시장 수요의 접점으로 보고 상호작용 모형을 지지하고 있다. 이상과 같은 기술혁신의 기원과 결정 요인에 관한 기술주도이론과 수요견인이론은 어느 것도 전적으로 지지를 받지 못한 채 상호작용 모형으로 흡수되고 있으며, 이러한 논의에 참여하고 있는 대부분의 학자도 기술주도이론이나 수요견인이론의 양극단에 서기보다는 양 이론의 중간 어느 위치에 속해 있다고 할 수 있다.

제 3 절 기술혁신 모형

기술혁신이 이뤄지는 과정 또는 기술혁신 과정의 성격을 토대로 기술혁신 모형을 유형화하면 다음과 같다.

1 선형모형

기술혁신 관련 이론으로 가장 고전적인 모형은 '선형모형(linear model)'이다. 이는 기술혁신의 관점을 아이디어 단계와 기초연구에서 상업화로 이어지는 선형적인 과정으로 파악하는 이론이다. 선형모형은 기술혁신을 위해 기초연구에 자원을 투입하면 자연적으로 기술혁신의 과정을 거치면서 산출물로 이어진다는 것이다. 이 점에서 자원의 흐름이 기술혁신의 파이프라인을 통해 이전되어 간다는 의미로 파이프라인 모형(pipe-line model)으로 불리기도 한다. 선형모형은 기초연구를 통해 기술 개발을 하고, 기술 개발이 상업화를 통해 진화하는 연구(과학) → 개발(기술) → 생산이라는 일방향성을 강조하고 기술혁신에 관계하는 행위자들 사이에 상하 관계를 설정하는 모형이다(송위진 외, 2004). 여기에서 중요한 것은 새로운 지식을 창출하는 연구 활동 또는 과학이다. 이 이론은 기술혁신을 다음과 같은 일련의 단계로 파악한다. 연구개발(R&D)에 대한 구분 및 개념 정의에 대해서는 과학기술 활동에 대한 선형이론에 기반한 OECD의 『프래스캐티 매뉴얼(*Frascati Manuel*)』의 정의를 많이 사용하고 있다. 1994년도 『프래스캐티 매뉴얼』에서는 연구개발을 기초연구, 응용연구 및 실험적 개발연구로 구분하고 각각에 대한 정의를 하고 있다.

첫째, 기초연구(basic research)는 어떤 현상이나 행태의 근간을 이루는 새로운 지식을 얻기 위해 수행하는 이론이나 실험연구로 특정 목적 없이 진행되는 연구를 의미한다. 즉, 기초연구는 어떠한 문제 해결이나 상업적인 목적을 가지지 않는다. 기초연구는 자연의 법칙에 관한 일반적 이해를 목적으로 장기간에 걸친 지식의 창출 과정이 이어지는 연구다.

둘째, 응용연구(applied research)는 기초연구를 바탕으로 하고, 특정 목적을 가지고 새로운 지식을 얻기 위해 행하는 연구이며, 사회적 문제를 해결하기 위한 목적을 가진 연구로서, 성공적인 응용연구는 기술 개발 및 기술 활용으로 이어질 수 있다.

셋째, 개발연구(developmant research)는 기초 및 응용연구 결과를 통해 얻은 지식을 가지고 새로운 제품이나 재료, 도구를 생산하고, 새로운 공정과 체제, 서비스를 구축하거나, 또는 이미 생산되었거나 구축된 것을 향상시키려는 활동이다. 이는 앞에서의 기초연구와 응용연구의 결과를 물리적인 소프트웨어 혹은 서비스 등으로 변환시키는 활동을 뜻한다.

넷째, 생산(production)은 기술적 지식의 제품 및 서비스의 광범위한 변환과 관련된 일련의 활동이며 제조, 통제, 유통 등을 포함하고 있다.

다섯째, 상업화(commercialization)는 소비자로 하여금 기술 및 새롭고 진보된 제품을 받아들이게 보장하는 일련의 활동으로서, 마케팅 조사, 유통 전략, 촉진, 소비자 행위의 조사들을 포함하고 있다.

선형모형의 장점은 첫째, 단순하고 이해하기가 용이해 기술혁신의 중요성에 대

그림 3-7 기술혁신의 선형모형 과정

한 확산에 많은 기여를 했다. 둘째, 파이프라인을 통해 유통시킬 수 있는 인적·물적 기타의 자원이 필요하다는 점을 강조한다. 특히 자원의 확대는 곧 시장에서의 성과의 확대로 이어질 수 있다는 점을 주장한다. 셋째, 선형모형에서 기술혁신이 이뤄지기 위해서는 시작지점인 기초연구에 대한 자원의 투입이 선행되어야 함을 강조함으로써 상대적으로 경시될 수 있는 기초과학(basic research)에 지원을 강조해 혁신 능력 향상에 기여했다.

반면 선형모형은 같은 맥락에서 다음과 같은 단점을 가지고 있다. 첫째, 기술혁신 과정의 각 단계에서 일방향의 선형 과정을 전제로 하기 때문에 환류 과정을 고려하지 않고 있다. 선형모형은 성공적인 기술혁신에 핵심적인 공급자, 수요자로부터의 지식 및 정보의 피드백을 감안하고 있지 못하다. 그러나 처음부터 완벽한 기술혁신은 없기 때문에 기술혁신이 성공하기 위해서는 다양한 부문으로부터의 피드백과 많은 시행착오를 거쳐야 한다. 둘째, 과학(science)에 대한 강조를 하는데 기술혁신에서 과학만이 중요한 것이 아니라 과학과 기술과의 연계 및 기초연구에 의해 창출된 잠재적 혁신도 진정한 혁신이 되기 위해서는 개발의 단계를 거쳐야 한다. 셋째, 생산 과정에서의 학습을 통해 일어날 수 있는 공정혁신의 중요성을 경시하고 있다.

이처럼 기술혁신의 선형모형은 기술혁신 과정을 일방향적인 선형 과정으로 보기 때문에 분석을 위한 틀로서는 편리하나 기술혁신 과정을 지나치게 단순화했다는 비난과 함께 산업계에서 관찰되고 있는 재혁신(re-innovation)이나 재적응(re-adaptation) 과정에 대해서는 설명할 수 없다는 점에서 비판을 받아왔다. 기술혁신은 선형적으로 발전하기보다는 각 과정 간의 동태적 상호작용과 함께 내외부적 기술환경과 시장 메커니즘과도 상호작용하는 비선형(nonlinear)의 발전 과정이라 할 수 있다.

2 나선형 혁신모형

워커(Royce Walker)는 나선형 혁신모형(innovation spiral model)을 제시하면서 기술혁신의 과정이 주기적인 진보의 형태를 띠고 있음을 보이고 있다. 그에 따르면 기술혁신 과정은 기술과 엔지니어링에 연계된 발명·개발 단계, 시장과 수요에 연계된 확산 단계, 교체와 적용 또는 재발명과 연계된 성숙 단계의 3단계가 주기적으로 변화하는 형태로 나타난다. 특히 워커는 제품 및 공정 부문에서 디자인과 재디자인이 새로운 아이디어와 시장 수요를 구체적 형태로 전환시키는 중요한 역할을 수행하기 때문에 기술혁신 과정에서 디자인이 매우 중요하다고 강조했다.

3 사슬연계모형

클라인과 로젠버그(Kline & Rosenberg, 1986)는 성공적인 기술혁신이 이뤄지기 위해서는 [그림 3-8]과 같이 '사슬연계모형(chain-linked model)'을 제안했다. 이 모형은 다양한 사슬과 결과로부터의 지식과 정보의 피드백이 필요하며, 특히 기술혁신은 복잡한 연계 과정을 통해 시장에 도달한다는 점을 강조하고 있다. 한편 이 모형은 혁신 과정에 여섯 가지 혁신 경로가 있음을 강조하고 있는 것이 특징이다.

그림 3-8 사슬연계모형

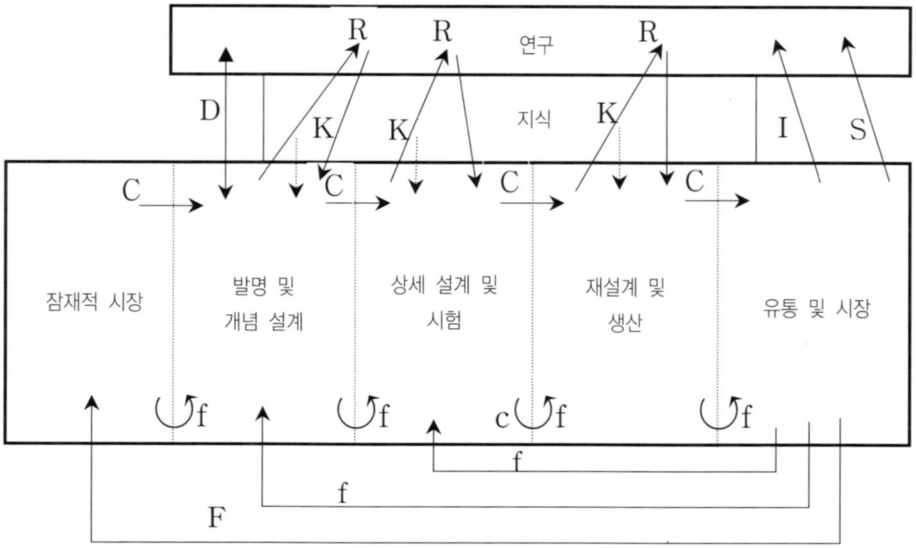

자료: Kline & Rosenberg(1986).

제1 경로는 혁신의 핵심적인 사슬(C: chain)을 의미한다. 이 모형은 기술혁신은 다양한 정보와 지식의 경로를 가지고 있음을 강조한다. 이는 기술혁신은 잠재적 시장 → 발명 및 개념 설계 → 상세 설계 및 시험 → 재설계 및 생산 → 유통 및 시장으로 이어지고, 각 단계는 핵심 사슬로 연결되어 있다는 것이다. 제2 경로는 기술혁신의 각 단계 간의 다양한 피드백(f, F) 연결고리를 가지고 있다는 점이다. 유통 및 시장에서 잠재적 시장으로의 연계는 기술혁신 과정에서 대단히 중요한 피드백이다. 제3 경로는 핵심 사슬과 과학과의 연계(link)로 핵심 사슬과 기초연구 및 과학과의 연계를 통해 기술혁신이 이뤄진다는 것을 의미한다. 이는 핵심 사슬과 같이 긴밀한 연관 관계는 떨어지지만 상당한 정도의 연계가 이뤄지고 있는 K-P와 같은 연계를 나타내는 것이다. 제4 경로는 연구와 핵심 사슬 간의 직접적인 연계로서, 즉 D 유형의 연계를 의미한다. 연구를 통한 새로운 과학은 때로는 급진적 혁신을 창출하기 때문에 일단 창출되면 완전히 새로운 산업을 탄생시키는 경향이 있다. 제5의 경로로는 혁신, 즉 명확하게는 혁신제품으로부터 과학으로의 피드백, 즉 I-유형의 연계다. 즉, 혁신적인 제품이 과학의 발전을 가져온다는 것이다. 제6경로는 제품 영역의 근간을 이루는 과학에 대한 연구로 S유형의 피드백이다.

클라인(Kline, 1985)은 선형모형은 기술주도이론과 수요견인이론이 혁신에 미치는 상호작용을 설명하지 못한다고 주장하면서 연계 모형으로 양 이론의 상호작용을 설명할 수 있다는 것이다. 그는 연구(주로 기초연구를 의미)가 직접 혁신 과정으로 연계되는 것이 아니라 연구와 혁신 과정 사이에는 축적된 인간의 총체적 지식이 존재하며, 축적된 지식을 매체로 해서 연구의 결과가 구체적 형태(즉, 발명·분석적 디자인, 상세 디자인, 재디자인 등)로 진화된다고 강조하고 있다.

4 총체적 과정 모형

총체적 과정 모형(total process model of innovation)은 마이어스와 로젠블룸(Myers & Rosenbloom, 1996)이 제시했다. 클라인과 로젠버그(Kline & Rosenberg, 1986)의 사슬연계모형을 확장한 모형으로서, 총체적 과정 관점에서 혁신을 설명하고 있다는 점이 차이점이다. 이 모형에서 연구관리(research management)는 기술

그림 3-9 총체적 과정 모형

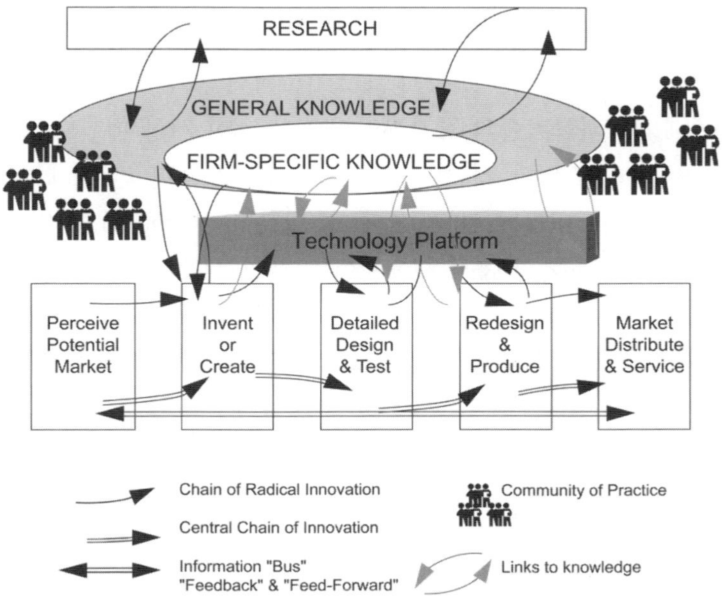

자료: Myers & Rosenbloom(1996); 조현대 외(2005) 재인용.

적 불확실성뿐만 아니라 시장의 불확실성 및 이들 간의 상호작용 모두를 고려해야 한다고 강조하고 있다.

이 모형은 지식 창출·획득·전달·결합 방식 관점에서 볼 때, 사슬연계모형에서 제시한 기존 과학기술 지식 및 자료를 일반 지식(general knowledge)과 기업 특유적 지식(firm-specific knowledge)으로 구분해 제시하는 점과 기술 플랫폼(technology platform)을 모형 내에 명시화해 신기술 개발이 이뤄질 때 기회와 필요의 요소가 됨을 지적하고 있다. 이 모형은 기술혁신의 과정 자체가 본질적으로 기술혁신·학습 과정이라고 주장한다. 환경적 패러다임 관점에서 볼 때, 이 모형은 혁신관리에서 기술의 불확실성, 시장의 불확실성 그리고 이들 간의 상호작용 모두를 고려해야 함을 강조하고 있으며, 신기술의 출현은 신시장을 유도하기 때문에 혁신관리는 기술과 신시장 그리고 이들 간의 상호작용 모두를 잘 관리할 수 있어야 한다고 주장한다(조현대 외, 2005).

제 4 절 기술혁신이론의 발전 과정

기술혁신 정책에서 정부는 전통적으로 기술혁신 과정에 초점을 두고 있었다. 이것은 시장실패, 즉 과학기술의 장기적인 발전을 위한 시장 메커니즘의 한계에 대한 정부 개입의 논리에 의한 것이다. 그러나 지난 몇 십년 간 정책결정자는 기술리더십 그 자체의 획득이라기보다는 기술 경제로의 확산에 더 많은 비중을 두고 있다(Rothwell & Zegfeld, 1985). 성공적인 기술혁신모형은 시장 및 기반 구조와

그림 3-10 기술혁신이론과 지원 체계의 변화 과정

이론 발전 과정	1 기술 push		2 수요 pull	3	4 5 결합(coupling), 복합 시스템
지원 포커스	대형사업		국가 최고기술	중소기업	조세 인센티브
과학기술 정책 수단				경제적·군사적 경쟁	기술 예측 새로운 프로그램 형성 지원 체계 개혁 대학의 개혁 공동연구 프로그램 상업화 Ris, RAs
	1950년대	1960년대	1970년대	1980년대	1990년대

자료: Arnold & Guy(1997).

의 연계와 같은 점차 복잡하고 사회경제적인 요인들과 밀접한 관계를 가진 기술혁신을 특징으로 하고 있다(Rothwell, 1992).

[그림 3-10]에서 보는 바와 같이 1950년대 이래 시대의 변화에 따른 과학기술 정책 이론 및 지원에 많은 변화가 있어 왔다. 로스웰(Rothwell, 1996)은 이러한 과학기술정책의 발전과 초점의 변화를 5세대로 구분하고 있다. 그는 1세대와 2세대 기술혁신모형을 선형모형으로, 제3세대 기술혁신모형은 다양한 요소들 간의 상호작용과 환류 체계를 고려한 연계모형으로, 제4세대 기술혁신모형은 병행모형으로 기업 내의 통합의 중요성을 강조하고 있다. 따라서 이 모형에서는 상류에서는 공급자, 하류에서는 소비자 수요와의 연계를 강조하고, 이들 간의 연계 및 제휴를 강조하고 있다. 제5세대 기술혁신모형은 지속적인 혁신과 통합을 강조하는 통합 모형이다. 이 모형은 시스템 통합 및 포괄적인 네트워킹, 유연하고 고객 지향적인 대응을 통한 지속적인 혁신을 강조하고 있다.

1 1세대: 기술 푸시 모형(1950~1960년대 중반)

1950년대부터 1960년대 후반까지 지배적인 혁신모형은 기술 푸시 모델(technology-push model)이다. 이것은 과학적인 발견으로부터 응용연구 및 기술 개발과 기업에서의 새로운 제품의 생산에서 다시 시장으로 발전하는 단순한 선형모형(linear model)을 전제로 하고 있다. 따라서 시장은 R&D의 열매를 받는 단순한 웅덩이로 보는 것이다. 이 모형의 근본적인 전제는 더 많은 R&D에의 투자는 더 많은 혁신을 가져온다는 것이다.

그림 3-11 제1세대 이론

기초과학 ⇒ 〈설계 및 엔지니어링〉 ⇒ 〈제조〉 ⇒ 〈마케팅〉 ⇒ 〈판매〉

1950~1960년대에는 대부분의 국가에서 대학과 연구 기반 시설을 확충하는 등의 많은 정책적인 노력을 하고 있다. 여기에는 과학기술의 발전이 경제 발전을 가속화시킬 것이라는 믿음 때문이었다. 즉, 선형모형에서 정책적인 의미는 단순하다. 더 많은 혁신을 통한 경제 발전을 원하면 과학에 더 많은 투자를 하라는 것이다(Arnold & Guy, 1997).

② 2세대: 시장 유인 모형(수요 유인, 1960년대 후반~1070년대 초반)

1960년대 후반부터 극심한 국가 간 경쟁과 실질적인 혁신 연구와 혁신에서 시장의 역할을 더 많이 강조하기 시작했다. 이것이 혁신은 고객 니즈의 결과로 일어난다는 혁신의 선형 수요 유인(혹은 시장 유인) 모형이 등장하게 되었다.

카터와 윌리엄스(Carter & Williams, 1957), 쉬무클러(Schmookler, 1966), 마이어스와 마르퀴스(Myers & Marquis, 1969) 등의 실증연구로 인해 혁신에서 시장의 역할에 더 많은 비중을 두게 되었다. 이로 인해 혁신 과정에 대한 시장 유인(market-pull) 혹은 니드풀(need-pull) 모형으로 발전하게 되었다.

그림 3-12 제2세대 시장 유인(수요 유인) 모형

시장 수요 ⇒ 〈개발〉 ⇒ 〈제조〉 ⇒ 〈판매〉

③ 3세대: 연계모형(1970년대 중반~1980년대 초)

1970년대 후반 모워리와 로젠버그(Mowery & Rosenberg, 1978)는 과학, 기술 및 시장 사이에 연계를 강조했으며, 이들의 연계모형(coupling model)은 시장과 과

학기술을 연계하는 연차적인 과정 즉 공학, 기술 발전, 제조, 시장 및 판매 등의 과정으로 이뤄져 있으며, 특히 여러 개의 피드백 루프(feedback loops)와 시간에 따른 변화 등을 추가해 푸시와 풀 메커니즘(push and pull mechanisms)에 관한 하나의 패러다임을 형성했다.

그림 3-13 3세대(연계모형)

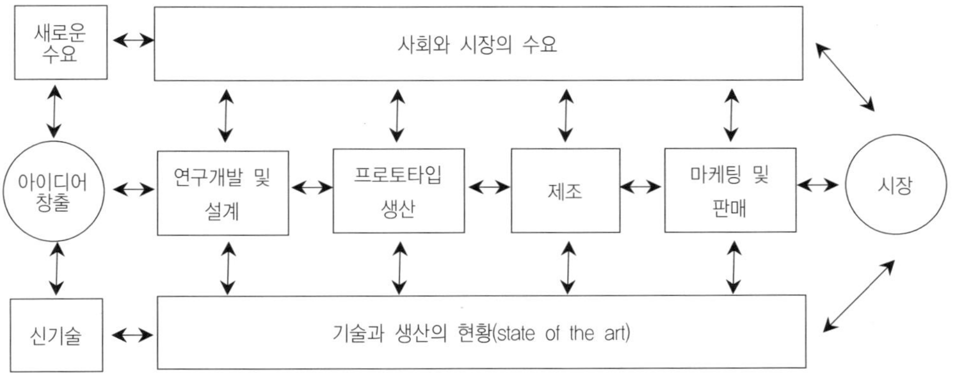

자료: Rothwell(1992).

로스웰(Rothwell, 1992)는 이러한 기존의 혁신모형을 1990년대 모형인 4세대와 5세대 혁신모형을 제안했다. 이는 3세대 모형인 '연계모형'을 복잡하게 변형시킨 것으로, 정책결정자가 성과와 능력의 향상을 위해 사용할 수 있는 단일의 단순한 정책 수단은 존재하지 않는다는 것이다. 점차 산업정책을 담당하고 있는 정부와 고위 정책결정자들 사이에 경제적인 편익을 목적으로 한 연구개발 정책이 관심을 가지게 되었으며, 현대적 국가기술 혁신 체제가 옳다면 그 혁신 체제 차원에서 이러한 문제들을 고려하는 것이 중요하다는 것이다.

1970년대 후반 이후 새로운 기술들의 상업화를 통해 국제 경쟁력 향상과 경제발전을 위해 많은 정부 지원 기술혁신 프로그램이 만들어졌다(Brown et al., 1995). 이러한 프로그램은 재정적 인센티브(낮은 이자율, 연구비 지원), 규제적인 개입(표준화, 코드 등), 공공 수요의 확대(정부 조달 프로그램을 통해), 그리고 정보 제공(기술 네트워크와 유망한 기술에 대한 정보센터) 등 다양한 정책 수단을 사용하고 있다. 1970년대에 홍수를 이루던 대부분의 실증 연구들은 과학기술과 시장 사이에 더욱 일반적인 단순하고 극단적인 혁신 과정의 선형 기술 푸시와 니드 푸시모형을 전제로 한 것들이다(Myers & Marquis, 1969; Rothwell, 1976; Cooper, 1980).

이러한 기술 공급과 시장 수요 사이의 더욱 균형 있는 접근 방법이어야 한다는 비판을 하는 사람이 있으나 여전히 극히 단순한 모형이지만 혁신 과정 모형의 대표적인 모형으로 인정받고 있다. 기능적으로 구분되지만 상호 연계되고 작용하는 단계의 시리즈로 구분되는 전체적인 혁신 과정의 패턴은 커뮤니케이션 과정의 조직 내부의 다양한 기능의 연계와 기업과 광범위한 과학기술적 커뮤니티와 시장의 연계를 포함하는 복잡한 네트워크라고 할 수 있다(Rothwell & Zegveld, 1985: 50).

4 4세대: 통합모형(1980년대 중반~1990년대)

3세대 혁신 과정이 피드백 루프를 가지고 있지만, 그것은 본질적으로 내부 기

그림 3-14 통합 혁신 과정의 예: 닛산의 신제품 개발 과정

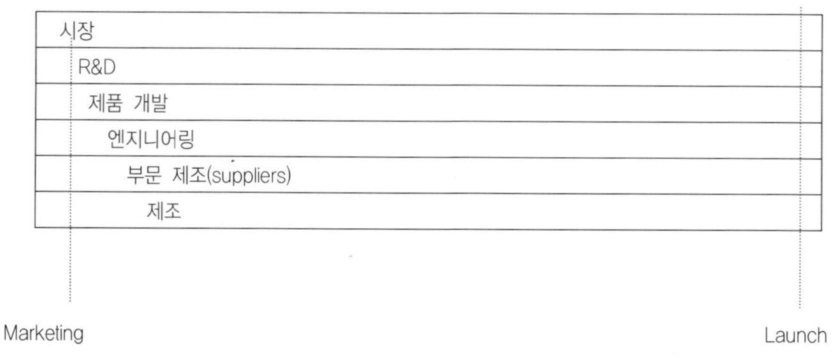

자료: Graves(1987).

능 간의 상호작용과 조정은 있지만 순차적(sequential)인 모형이다. 4세대 통합모형(integration model)에서는 혁신 과정 동안 종합적이고 고도의 기능적인 중복이 있다. 이러한 소위 '럭비팀' 접근 방법(rugby team approach)(Imai, Nonaka, & Takeuchi, 1985)은 평행적일 뿐만 아니라 동시적인 활동과 고도의 기능적인 통합이 이뤄지는 것이 특징이다.

5 5세대: 시스템 통합 및 네트워킹(현대)

5세대 모형은 시스템 통합 및 네트워킹(system integration and networking: SIN) 모형이라 할 수 있다. 현대의 기술혁신은 네트워킹 과정이 매우 중요한 요인이 되었다. 1980년대에는 특히 많은 수평적인 합병이나 협력 연구개발 컨소시엄이 급속히 증가하고 있으며, 본질적으로 더욱 전략화되고 있다.

그림 3-15 3, 4, 5세대 혁신 과정에서 제품 개발 시간과 비용 관계

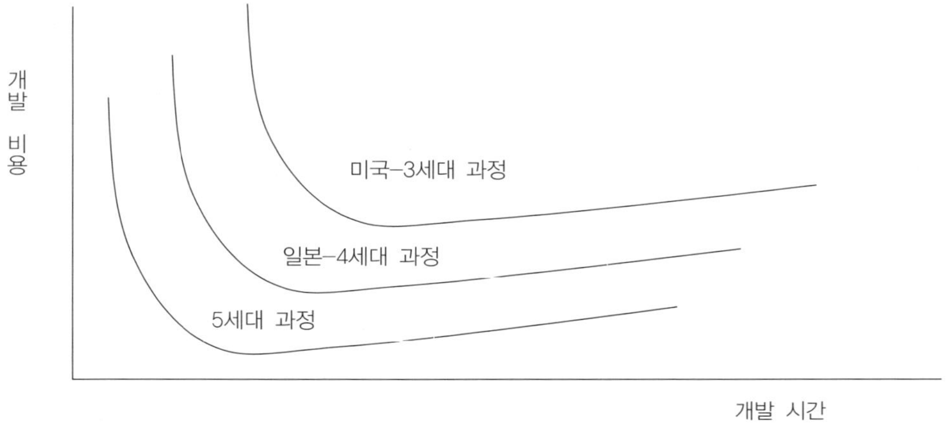

자료: Rothwell(1993).

제 5 절 기술혁신과 과학기술정책

앞에서 논의한 바와 같이 기술혁신 과정은 불확실성 속에서 이뤄지는 기술 공급과 시장 수요의 결합 과정이다. 또한 사회 · 경제적 환경과 국가의 각종 제도는 기술혁신의 환경을 조성하며 아울러 기술혁신의 방향과 정도에 영향을 미치게 된다. 따라서 정부의 혁신 과정에 대한 개입은 우선 기술혁신을 촉진할 수 있는 사회 · 경제적 환경과 제도의 개선 측면에서 이뤄져야 한다.

정부 개입의 방향은 기업의 혁신 능력 촉진이나 기술 가능성의 제공보다는 기술혁신을 촉진시키고 이를 유발시킬 수 있는 기술과 기업 그리고 환경(시장 및 공공 부문과 제도가 포함된)이 결합된 자기발견적인 혁신 지향형의 사회 · 경제 체제 구축에 두어져야 한다.

첫째, 기술혁신의 촉진정책은 기술혁신의 전주기적 과정을 포괄해야 한다. 일반적으로 과학기술정책(S&T policy)은 과학기술적 능력을 향상시키기 위한 연구개발(R&D)정책에 국한되는 경우가 많다. 그러나 기술혁신 과정은 기술과 국가 경제적 환경의 상호작용 과정이라 할 수 있다. 따라서 혁신정책은 과학기술정책과 산업정책이 융합된 과학기술 산업혁신정책(S&T industrial innovation policy)이 되어야 한다.

둘째, 바람직한 기술혁신 정책을 위해서는 공급 수단과 수요 수단의 적절한 결합이 이뤄져야 한다. 기술혁신은 새로운 과학기술의 출현과 사회경제적 수요에 의해서도 탄생하고 촉진된다. 적절한 공공시장의 조성과 시장 수요의 변화를 유도하는 수요 촉진정책을 병행할 필요가 있으며, 아울러 이들과 과학기술 공급정책을 효율적으로 연계할 필요가 있다.

셋째, 기술혁신에 관한 논의는 산업의 발전 단계, 산업의 특성 그리고 기술혁신의 연속성 여부에 따라 정책적 대응이 달라져야 한다. 산업의 초기 단계에서는 과학기술적 지식과 기술 인력의 교육 · 훈련, 새로운 기업과 산업의 창출을 위한 시장 형성과 자본 촉진 등에 중점을 두어야 하며, 산업의 성숙 단계에서 정부정책은 기술정보의 제공, 표준 설정, 설비 투자 촉진 등이 중심이 되어야 한다. 그리고 산업의 사양기에는 설비 투자를 제한하는 정책과 함께 경쟁을 유지하는 정책이 중요해진다. 이와 함께 파빗(K. Pavitt)이 지적했듯이 산업의 종류에 따라 혁신을 유발하는 조건이 다를 수 있다는 사실도 아울러 고려해야 한다. 또한 공공정책은 이미 정의된 기술 경로를 따르는 혁신을 목적으로 한 것인지 새로운 기술 경로를 탐색하기 위한 것인지에 따라 역할이 달라지게 된다.

넷째, 기술혁신 능력은 과학기술적 우위보다도 과학기술 능력을 경제적으로 활용하는 능력에 따라 결정된다. 그러므로 국가 차원에서 기술, 경제 및 사회와 제도적 환경에 맞게 국가의 과학기술 잠재력을 이용 및 확산시킬 수 있는 국가혁신체제의 구축이 요구된다.

제 6 절 기술확산이론

1 기술 확산의 개념

기술 확산은 일반적으로 지식이나 기술이 응용 및 개발 과정을 통해 경제 전체로 확산되어 가는 과정을 의미한다. 따라서 기술 확산은 신기술의 채택을 포함한 기술의 발전 과정을 의미하며, 기술의 불연속적인 채택과 진화적 발전 등을 포괄하는 개념이다.

기술 확산은 장비에 체화된 기술 확산과 체화되지 않은 기술 확산으로 구분된다. 체화되지 않은 기술 확산은 기계류에 체화되는 것이 아닌 다른 경로를 통해 기술혁신의 지식과 노하우가 퍼져 나가는 것을 의미한다. 이는 연구 성과의 파급과 기업의 흡수 능력에 의해 특징지어진다. 연구 성과의 파급은 기술혁신의 결과인 개발된 지식이 다른 기술 개발 주체에 이용 가능해지는 것을 의미한다. 이것은 기술혁신의 특징인 외부성(externality)과 새로운 아이디어나 공정을 개발하는 주체가 그러한 혁신의 성과를 완전히 전유할 수 없기 때문에 생겨난다(김정흠 외, 1997). 흡수 능력은 다른 곳에서 개발된 기술을 사용할 수 있는 기업이나 혁신 주체의 능력을 의미한다. 따라서 R&D에 대한 투자는 신기술 및 신제품의 개발을 가능하게 해줄 뿐만 아니라, 미래의 발전을 예측하고 발전할 수 있는 기업의 능력을 향상시킨다. 따라서 기술 확산 및 흡수 능력의 향상은 신기술의 공급자인 동시에 수요자가 되는 참여자들의 공식적·비공식적 네트워크가 그 과정을 촉진시킬 수 있다. 한편 장비에 체화된 기술 확산은 전통적인 확산 유형으로 기술 집약적인 기계류와 기타 장비의 구매 등을 통해 혁신이 전체 경제로 파급되는 것을 의미한다.

기술혁신 과정과 기술 개발 이후의 기술 확산 과정은 밀접하게 상호 연결되어 있다. 신기술의 공급 측면인 기술혁신과 기술의 수요 측면인 기술 확산은 신기술의 개발과 적용 및 실용화를 단일한 과정의 두 가지 측면이다. 기술 확산을 촉진하기 위한 방법으로는 물적 자본에 대한 투자보다는 무형자산(연구개발/훈련/인적 자본 등)에 대한 투자가 중요하며, 이러한 투자로 인해 신기술의 경제적 잠재력을 배가시키는 데 중요한 역할을 한다. 또한 무형 투자의 효율성은 하부 구조로서의 환경과 혁신의 체계적이고 동태적인 특징과도 관련이 있다.

2 기술 확산의 형태

기술 확산의 한 형태로 체화되지 않은 기술 확산은 기업이 특허권을 판매하거나 라이선스(license)를 허용할 때 이뤄진다. 한 혁신조직이 개발한 지식이 다른 조직에게 이용 가능하게 되어갈 때, 체화되지 않은 기술 확산은 바로 그 조직의 혁신적 활동의 결과이며, 전달 경로는 주로 연구 인력을 통해 이뤄진다. 지식의 전달 경로는 다양하다. 지식의 전달은 경쟁 기업의 제품을 역(逆)엔지니어링(reverse engineering)함으로써도 이뤄진다. 전달되는 지식은 출판물이나 특허신청서 등에서 흔히 볼 수 있는 신제품이나 신공정의 설명서에 포함되어 있기도 하며, 세미나 혹은 회의에서 배포되기도 한다. 한편 연구 인력이 보유한 인적 자본의 일부로서 지식의 형태로 전달될 수도 있다. 그것은 기업 간 흡수합병이나 합작 투자, 기업 간 협력의 부산물로 이뤄지기도 한다. 초기의 확산이론은 주로 정보가 파급되는 방식, 기대수익률의 영향, 기업의 규모 등에 초점을 맞춰 확산 패턴을 설명하고 있다.

맨스필드(Mansfield, 1985)는 100개의 미국 기업을 연구한 결과 중요한 신제품이나 공정의 개발 결정에 대한 정보가 평균적으로 12~18개월 내에 경쟁 기업의 수중에 들어간다고 했다. 기업이 외부에서 개발된 기술을 채택하기 위해 수행해야 하는 노력을 연구 성과 측면에서 살펴보면, 이러한 체화되지 않은 기술 확산의 다양한 유형과 결정 인자를 설명하는 데 두 가지 중요한 개념이 중요하다. 첫째, 연구 성과의 확산 파급(research spillovers)으로서 이는 특정 기술의 전유 가능성을 반영하는 것이다. 이러한 성과의 확산 과정은 특정 조직에 의해 개발된 새로운 지식이나 기술이 어떻게 다른 기업이나 산업 등 조직에서 이용 가능해지는가를 설명해준다. 둘째, 흡수 능력(absorptive capacity)은 조직이 외부에서 개발된 기술을 이해하고 습득할 수 있는 소화 능력을 의미한다.

연구 성과의 파급은 연구 과정에서 생성된 성과들을 다른 경제 주체가 이용 가능하게 되는 모든 과정이다(Cohen & Levinthal, 1989). 그러므로 지식과 관련된 파급은 혁신이 전형적인 공공재적 특성을 가지기 때문에 생긴다. 어느 정도 공공재적 특성을 갖고 있음에도 불구하고, 지식과 기술은 R&D나 기타 기술 개발 활동에 투자하는 기관에 의해 공급된다. 혁신 지향적 정책은 혁신 주체의 혁신 활동을 촉진시킴과 동시에 혁신의 결과가 최대한 확산될 수 있도록 하는 환경에 대한 제공 등 두 가지 상반된 목표를 조화시켜야 한다. 혁신 과정에서 연구 성과의 파급 효과는 공식적 혹은 비공식적 네트워크의 형성에 달려 있다. 기술혁신은 기술 확산으로 이어지고, 확산은 다시 혁신 활동에 영향을 미치게 된다.

반면 장비에 체화된 기술 확산은 산업이 신기술 공급자로서의 역할을 한다. 기술 확산 과정에 대한 전통적인 해석은 신기술을 체화한 기계류 및 부품의 생산 과정에 도입·전파되는 과정으로 설명하고 있다. 한 산업에서 개발되어 장비에 체화된 기술이 다른 산업으로 전파되는 메커니즘은 사용자 산업 부문이 그들의 연구개발 집약적 투입물에 대해 지불하거나 또는 소비자가 연구개발 집약적 제품에 대해 지불하는 가격이 중요한 역할을 한다.

제 4 장 국가혁신체제론

이 장에서는 과학기술정책의 중요한 개념적 구성 요소 중의 하나로 최근 부각되고 있는 국가혁신체제론의 개념에 대한 이해와, 제도주의적 틀에서 혁신을 파악하는 국가혁신체제론의 특징과 요소에 관해 논의하고자 한다.

제 1 절 혁신체제론의 등장 배경과 특징

1 혁신체제론의 등장 배경과 발전 과정

혁신 체제(innovation system)라는 용어는 그동안 이미 폭넓게 사용되어 왔다. 혁신이론은 혁신과 지식의 본질에 대한 고민에서 시작되었으며, 연구개발-경쟁력-시장으로 이어지는 단선 모형에 대한 의심을 바탕에 깔고 있었고, 신고전파 경제학의 경제 성장, 지식, 단선 모형에 대한 반발로 시작되었다(박상욱 외, 2005). 기술체제(technological system)라는 용어도 기술 자체가 갖는 복잡성으로 일찍이 사용되어 왔다. 1987년 프리먼(Freeman, 1987)의 연구 이후 기술혁신 연구에서 일어나고 있는 또 하나의 유행은 기술혁신을 국가 단위에서 이해하려는 움직임이다. 미시 단위의 기술 체제 개념을 일반적인 기술혁신에 적용시킨 것이 기술혁신 체제(technological innovation system)다.

혁신체제론은 슘페터(Joseph A. Schumpeter)의 전통에 따라 혁신을 통한 자본주의 경제의 진화와 발전에 관심을 두고 있으며, 계속해서 변화하고 진화하고 있는 시스템이다. 경제 시스템이 지속적으로 진화·발전하는 동력은 혁신 체제로부터 나오므로, 경제 시스템은 곧 혁신 체제 그 자체라고 할 수 있다(송위진, 2006). 기술지식 창출을 목표로 하는 연구개발 활동뿐만 아니라 일상적인 생산 활동이나 마케팅 등에서도 혁신적인 새로운 지식이 창출될 수 있다.

혁신은 실행을 통한 학습과 같이 일상적인 활동을 통해 제품이나 서비스가 생산되면서 지식이 창출되는 혁신, 특정 목적을 달성하기 위해 기존 지식에 바탕해서 제품이나 생산 과정을 변화시키는 혁신, 특정 목적을 달성하기 위해 새로운 지식을 창출하는 혁신 등으로 구분할 수 있다(Johnson, 1992). 또한 혁신체제론에서는 기존의 경제 시스템을 변화시키는 '혁신 능력(innovating capability)'이 경제 시스템의 진화와 성과에 결정적으로 중요하다고 파악하고 있다(송위진 외, 2002). 혁신 능력은 시스템 내·외부에 있는 자원과 조직 루틴(organizational routine)을 통합해 새로운 자원과 루틴을 형성하는 능력으로서, 동태적 능력(dynamic capability)이라고 할 수 있다(송위진, 2002; Nelson & Winter, 1982; Teece et al., 1997; Pavitt, 2002). 따라서 혁신 능력이 뛰어난 혁신 체제는 환경 변화에 유연하게 대처할 수 있고, 지속적으로 경쟁 우위를 확보할 수 있는 능력을 갖춘 것이다.

혁신체제론은 체제론적 기술혁신 과정에 정부의 역할을 강조하고, 이상적인 목표의 설정과 목표 달성을 위해 다양한 주체의 참여와 참여자의 이해 관계에 의해 조직화된 시장을 전제로 기술 변화의 내생성을 강조하고 있다는 점이 특징이다. 혁신체제론의 기본 전제는 국가 내 여러 혁신 주체를 조직하고, 제도적인 뒷받침을 통해 국가 혁신 역량을 극대화하며, 궁극적으로 국가 경제에서 창출되는 혁신의 양을 극대화할 수 있다는 것이다(정복철, 2007).

따라서 정부는 혁신 체제의 약점을 보완하는 노력을 통해 혁신 주체인 대학, 연구소, 기업의 역량을 극대화하고 그 역량을 적극적으로 끌어내며, 네트워킹을 통해 혁신 주체들 간의 상호작용이 원활하게 일어날 수 있도록 유도해야 한다. 한편 정부를 포함한 모든 혁신 주체가 완벽하지 않기 때문에 정부 조직 및 정책결정자 집단 역시 혁신의 주체이자 객체가 된다.

영국의 프리먼(Freeman, 1987)은 국가 과학기술의 다양한 요소를 포함시킨 혁신체제론을 발전시켜서 1980년대 일본의 경제 성장을 설명하기 위해 국가혁신체제를 분석틀로 사용했다. 상호 협력을 통한 신기술 창출이나 기술을 확산하는 공사 네트워크로 국가혁신체제를 정의하고 있다. 프리먼은 혁신환경의 구성은 혁신 주체 간 상호작용과 학습을 통한 지식 이전 정도가 중요하며, 특정 국가의 혁신 성과는 개별 혁신 주체들과 네트워크로 구성된 하나의 시스템으로서 전체 시스템에 의해 결정된다고 보는 혁신체제론의 기본 관점을 정립했다.

즉, 혁신체제론은 불확실한 상황 속에서 다양한 혁신 주체들의 연계망 속에서 혁신을 이해하고, 혁신 체제의 외적 환경의 변화에 조직이 적극적으로 대응하는 변화 과정에 초점을 맞추고 있다. 나아가 기술의 변화를 제도와 조직의 진화 과정과 연결시켜 하나의 시스템의 동학으로 파악하고 있다.

프리먼의 혁신 체제에 대한 연구 이후 다양한 국가혁신체제에 대한 연구가 지속적으로 이어져 오고 있으며, 관점을 달리하는 많은 혁신 체제에 대한 정의와 접근들이 있다. 넬슨과 윈터(Nelson & Winter, 1982)는 "상호작용을 통한 국가 내 기업의 혁신 성과를 결정하는 조직들의 집합체"로 국가혁신체제를 정의하고 혁신 주체가 어떤 제도적인 상황 속에서 더 많은 혁신 성과를 만들어내는지에 관심을 보였다. 자본주의 국가의 혁신 체제를 규정하는 요인으로 기업의 혁신에 영향을 미치는 신기술의 개발 과정, 신기술 개발과 관련한 다수의 혁신 원천의 존재, 동일 시장 내에 기업들의 기존 혁신 성과에 대한 의존성을 제시하고, 미국의 기술 발전을 뒷받침하는 제도 요인의 중요성을 강조했다.

룬드발(Lundvall, 1992)은 혁신 체제를 국가라는 시스템의 경계 안에 존재하는 포괄적이고 일반적인 생산 방식과 관련 요소들 간의 연계된 가치사슬의 상호작용으로 설명했다. 그는 경제적으로 유용한 새로운 지식을 생산하고 확산하는 과정에서 구성 요소들 간의 상호 관계로 혁신 체제를 정의했다. 개별 요소들의 독립적인 활동보다 요소들 간 상호작용을 통해 더 많은 혁신이 창출될 수 있다고 보았다. 특히 그는 사용자와 생산자 간의 상호작용과 이러한 상호작용을 통한 상호 학습이 혁신 체제를 형성하고 발전시키는 원동력임을 강조했다. 그는 혁신 체제의 내부 조직과 조직 간 연계, 학습 과정, 조직 간 상호 협력과 경쟁을 통한 상호작용, 연구개발 시스템과 자원 동원 능력, 공공 부문과 정부 정책 등을 국가혁신체제의 중요한 구성 요소로 제시했다. 넬슨과 로젠버그(Nelson & Rosenberg, 1993)는 국가혁신체제를 혁신 주체들의 집합으로 정의하고 있다. 특히 국가혁신체제는 이들 혁신 주체가 국가의 기술혁신 과정에 주된 역할을 수행하며, 기술혁신 과정에서 혁신 주체들의 역할과 이들 간의 상호작용의 중요성을 강조하고 있다.

파빗(K. Pavitt)은 국가혁신체제는 기관들의 역량을 총체적으로 나타내는 것으로 기술 획득의 방향과 정도에 대한 결정 및 인센티브 구조, 그리고 공유되는 지식을 바탕으로 한 기술의 자생적인 개발에 초점을 두고 있다. 한편 멧칼프(Metcalfe, 1995)는 국가혁신체제를 정부의 기술혁신정책 수립과 실행에 영향을 미치는 다양한 기관들의 집합체로 정의하고, 국가혁신체제 내 혁신 주체들은 기술 개발과 확산에 공동 혹은 개별적으로 영향을 미치고 있음을 강조했다.

2 혁신체제론의 특징

혁신체제론이 공통적으로 갖는 특징은 다음과 같다(Edquist, 2005).

첫째, 혁신체제론에서는 학습 과정을 통한 혁신을 중요시한다. 따라서 혁신체제론은 경제 주체들 간의 상호 연계를 담당하는 기관 및 프로그램의 개발·운영이 중요하다. 여기서 혁신은 혁신 주체의 내생적 요인으로 내부적 과정을 통해 일어날 수 있다고 보기 때문에, 외생적 요인으로 기술 변화를 보는 신고전파의 성장모형과 차이가 있다. 한편 모든 정보를 공유하고 있다고 전제하는 완전경쟁시장 모형과 달리 상호 이질적인 혁신 주체들이 상호 학습을 통한 자기 진화가 가능하다고 보고 있다. 특히 혁신 주체들의 학습 능력과 학습 과정이 혁신 성과의 결정 요인으로 중시되고 학습을 가능하게 하는 다양한 연계 및 지식 흐름을 강조한다.

혁신체제론에서는 다양한 주체들 간의 상호작용과 이러한 상호 학습 과정을 통한 진화와 적응 활동이 이뤄진다. 혁신 체제 내 혁신 주체들의 다양성과 상호작용을 바탕으로 한 변화 과정은 생물학적 진화 과정과 유사하다. 특히 시스템 내 비효율적인 자원 배분을 억제하는 조정 메커니즘은 개별 주체들의 상호 학습을 통해 억제된다.

둘째, 혁신체제론은 학제간 협력의 성격을 가지고 있다. 혁신은 경제적 요인뿐만 아니라 조직적·사회적·정치적 요인들이 동시에 작용하고, 개별 요인들 간 연계 속에서 혁신을 파악하고 있기 때문에 혁신체제론은 전체적이고 종합적이며, 제반 학문이 복합적으로 작용하는 학제적 성격을 가진다.

셋째, 혁신체제론의 관점은 역사적이고 진화적인 접근을 하고 있다. 혁신체제론은 혁신 주체들의 혁신 활동은 늘 변화하고 또 투입, 전환 및 산출 그리고 환류 과정을 거치면서 더욱 발전된 형태로 진화해 나간는 점을 강조하고 있다. 따라서 시간과 공간이 다른 혁신 체제를 비교하기도 하고, 혹은 계획 대비 목표 달성, 그리고 체제의 과거와 현재 및 미래의 비교를 통해 혁신 체제의 영향 요인과 정책 방향을 도출하기도 한다.

넷째, 혁신체제론은 조직 및 제도를 포함하는 포괄적인 혁신정책의 이론적 기반으로서의 역할을 한다. 혁신체제론은 모든 조직과 다양한 혁신 유형에 적용 가능한 이론이다. 단순 기술혁신이나 제품 혁신뿐만 아니라 조직 혁신과 제도 혁신을 포괄한다. 전통적인 혁신 연구는 고난이도의 기술적 위험을 바탕으로 한 제품 혁신에 초점을 두었으나 혁신체제론은 제품, 공정뿐만 아니라 조직 및 제도의 혁신을 포함하는 일반적인 혁신정책을 포괄하는 이론적 기반으로서의 역할이 가능하다.

다섯째, 혁신체제론은 혁신의 체제 내외의 환경과 함께 개방 체제 기반의 시스템적 특성을 전제로 하고 있다. 그러므로 혁신체제론에서 혁신은 체제 내뿐만 아니라 환경과 지속적인 상호 교류를 하면서 발전하는 유기체로 간주한다. 따라서 혁신은 전체 시스템을 구성하는 조직들뿐만 아니라 주변 환경들과 상호작용을 통해 이뤄진다는 전제로 하고 있다. 즉, 혁신 주체들의 혁신 활동은 일반적으로 주체 간 혹은 주체와 환경 간 그리고 조직과 제도 간 상호작용 과정을 통해 이뤄진다고 본다. 따라서 건강한 혁신 체제가 되기 위해서는 혁신 주체들 간의 호혜성, 평판, 신뢰와 협력 기반의 높은 사회적 자본(social capital)의 축적이 필요하다. 한편 혁신 체제는 혁신에 초점을 둔 공식적·비공식적 모임 혹은 규칙적인 의사소통을 강조한다. 혁신 체제 내 네트워크 조직과 혁신 주체들은 혁신의 유형이나 종류에 적합한 학습, 비판 혹은 수행할 수 있는 교류의 장을 지속적으로 마련해야 한다. 다만 이러한 교류는 가상공간에서 이뤄질 수도 있으며, 굳이 면대면(面對面) 만남일 필요는 없다.

혁신체제론 관점에서 혁신 주체들 간 연계 방식은 다양하나, 경쟁과 거래, 네트워크 등이 대표적이다.

경쟁이란 혁신의 성과 배분 방식에 영향을 미치는 요인에 대한 동종 업체(라이벌) 간의 상호작용 생산과 분배가 이뤄지는 경제환경을 나타내는 말로서 독점에 대립해 쓰인다. 경쟁의 정도는 완전경쟁시장 조건에 따라 다음 네 가지 기준을 사용한다(네이버 지식백과). ① 기업가적 재능만 있다면 누구든지 언제나 용이하게 자금을 조달할 수 있어야 한다. ② 자본과 노동이 자유로이 참여할 수 있어야 한다. ③ 동일 산업에 속하는 생산자의 시장에 공급하는 생산물이 동질적이어야 한다. 이것을 동질화 상품의 기준이라 한다. ④ 어느 생산자의 손에도 시장 지배력이 장악되지 않을 만큼 동일한 생산물을 공급하는 생산자의 수가 충분히 많아야 한다. 이것을 독점력 배제의 기준이라 부른다.

거래는 일반적으로 재화 또는 서비스를 대상으로 하여 상인과 상인, 또는 상인과 고객 사이에서 이뤄지는 행위로 여러 종류의 조건 하에 이뤄지는데, 이들 조건을 거래 조건이라고 한다.

네트워크는 공식적인 공동 연구나 혁신 주체들 간의 교류를 통해 학습과 지식 전달 등 혁신을 위한 소통이 이뤄지는 상호작용을 말한다. 네트워크는 다양한 혁신 주체의 참여를 통해 혁신 활동의 효율성을 증가시키고, 혁신 성과의 배분 및 공유된 목표 설정이 가능하다.

그런데 이러한 시스템적 혁신 과정은 제도화된 패턴을 따라 이뤄진다(장하준, 1996). 혁신 체제에서의 혁신 활동은 항상 다양한 대안들을 탐색 발굴하고, 대안들을 비교·검토를 통해 최적 대안을 선택하는 등의 방식으로 이뤄질 뿐만 아니라, 혁신 주체들이 가지고 있는 규범이나 규칙에 따라 이뤄지기도 한다. 따라서 혁신 체제 내에서 기술 지식이 창출되고 공유되는 패턴 등 기술혁신이 이뤄지는 다양한 패턴에 대한 분석 등이 혁신체제론의 중요한 연구 대상이다.

제 2 절 국가혁신체제론의 개념과 요소

1 국가혁신체제론의 개념

국가혁신체제에 대한 거시적인 접근은 국가혁신체제론(Freeman, 1987; Nelson, 1993; Lundavall, 1992; Poter, 1990; Nelson & Rosenberg, 1993; OECD, 1997; Patel & Pavitt, 1998) 및 삼중나선모형(triple helix model)(Etzkowitz & Leydesdorff, 2000) 등 제3세대 과학기술 혁신정책이론 등과 함께 개방형 혁신 체제와 기술혁신 플랫폼 등 새로운 개념들이 다양하게 등장하고 있다(홍형득, 2011).

국가혁신체제론은 1980년대 후반에 등장한 이론으로 프리먼 이후 국가 차원에서 기술혁신이 일어나도록 하기 위해 정부의 역할이란 측면에서 기술혁신의 성과가 국가마다 차이를 보이는 근본적 원인을 파악하기 위한 연구들이 그동안 많이 이뤄졌다.

국가혁신체제론은 영국의 SPRU(Science Policy Research Unit)의 연구자들을 중심으로 발전한 기술혁신 연구와 넬슨과 윈터(Nelson & Winter, 1982)로부터 시작된 진화론적 경제학을 이론적 자산으로 한 제도주의 경제학, 그리고 자원 기반 전략경영론(Barney, 1991; Teece et al., 1997) 등과 혁신이론과 함께 발전해 왔다(송위진 외, 2004). 국가혁신체제론은 현재 OECD나 EU 등에서 국가 과학기술정책을 비교하고, 국가적 차원에서 혁신 성과에 미친 영향을 분석하기 위한 모형으로 주로 활용되고 있어, 기술혁신과 과학기술정책을 분석하는 지배적인 패러다임이 되고 있다(OECD, 1992; 1997).

국가혁신체제론은 정부의 적극적인 기술혁신과 과학기술정책을 주문해 정부의 시장 개입에 부정적이었던 기존의 신고전파 경제학적 접근 방법과는 다른 시각에서 접근하고 있다(Lundvall, 1992; Nelson, 1993; Tidd et al., 1997; Metcalfe, 2001).

국가혁신체제는 혁신 체제를 기반으로 하여 혁신 주체(innovation actors)의 역할과 혁신 주체들의 상호작용 그리고 혁신 주체들의 직접적인 지원이나 혁신환경 조성 등 각종 제도적인 요인들로 구성되어 있다(Carlsson & Jacobsson, 1994).

그림 4-1 국가혁신체제의 핵심 주체

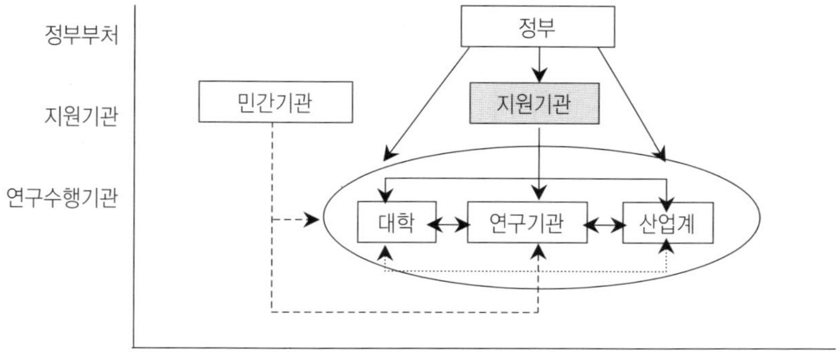

자료: 홍형득 · 조만형(2005: 960).

이처럼 국가혁신체제는 국가라는 하나의 커다란 체제 속에서 다양한 요소와 환경을 바탕으로 개방형 체제 하에서 기술혁신을 파악하기 위한 개념적 틀이다. [그림 4-1]에서 보는 바와 같이 국가혁신체제의 핵심 주체는 정부를 포함한 기업 · 대학 · 공공연구기관 등을 포괄하며, 핵심 주체와 주체들 간의 연계 협력 및 지원 메커니즘, 외부 환경과의 상호작용 등 종합적이고 집합적인 개념이다. 아울러 국가혁신체제에는 기술혁신에 체제적으로 접근해, 기술혁신에 대한 메커니즘, 기술혁신의 성공 요인 및 인과 관계 등 역시 혁신 체제의 주요 고려 요인이다. 이들 혁신 주체들의 혁신 활동과 이들 간의 상호작용, 그리고 혁신 주체들을 직접적으로 지원하거나 기술혁신 지향적인 환경을 조성하기 위한 각종 제도적인 장치들로 구성되어 있다(Carlsson & Jacobsson, 1994). 따라서 국가혁신체제의 핵심은 이러한 혁신 체제를 구성하고 있는 정부를 중심으로 한 혁신 주체들의 역할과 네트워킹에 초점을 둔다.

2 국가혁신체제와 구성 요소

앞에서 살펴본 바와 같이 국가혁신체제의 주요 구성 요소는 혁신 주체(innovation actor), 제도(institution) 및 네트워크(network)로 이뤄진다. 일반적으로 혁신 주체는 분명한 목적을 가진 공식적인 조직 및 행위자를 의미한다. 국가혁신체제론에서 중요한 혁신 주체는 기업, 대학, 연구소, 벤처 캐피털, 혁신정책의 집행 주체인 공공기관 등이 있다. 혁신체제론은 혁신적인 기업가의 역할을 중시했던 슘페터의 관점과 달리 혁신 기업뿐만 아니라 대학, 금융조직, 중앙 및 지방정부 등과 같이 기업의 혁신 활동 및 기술 파급을 지원하는 비기업 조직에 대해서도 중요하게 고려하고 있다. 즉, 국가혁신체제론에서 혁신 주체에 대한 논의는 혁신 주체와 함께 주체 간 공식 및 비공식적인 협력 관계와 상호작용, 그리고 혁신 주체들 간의 상호교류를 통한 지식의 확산 등을 포함한다. 제도는 일반적으로 혁신 주체들 간의 관계를 규정하는 '경기규칙'이다. 혁신 체제의 구성원 사이의 혁신 활동을 중심으로 한 규범(規範)이나 가치 체계에 바탕을 두고 형성되는 복합적인 규칙으로 혁신 체제 운영 원칙이나 혁신 주체들 간의 상호작용 메커니즘을 직·간접적으로 규율하는 행동 양식이나 규범, 규칙, 법령 등을 말한다. 혁신체제론은 조직뿐만 아니라 제도의 진화를 통한 혁신 체제의 발전적 혁신환경 조성 역시 체제의 중요한 목표이기 때문에 제도의 중요성이 강조되고 있다. 특히 혁신정책의 수립 및 집행을 위한 제도 변화는 그 파급 정도가 크기 때문에 혁신 체제 분석의 중요한 고려 대상이다(박상욱 외, 2005). 네트워크는 사람들의 고정적인 분업 관계를 계통적으로 정리한 관료제적 조직과는 달리, 주체성을 가진 자율적인 참가자가 '전체와 부분의 일체화'를 이루려고 하는 구조적 특징을 가진다(두산백과).

한편 기술혁신을 위해서는 기술의 원천 지식을 공급하는 연구자, 그 기초기술을 개발하는 개발자, 응용기술을 활용해서 제품을 개발하는 주체, 그 제품의 사용자 등 다양한 주체들이 관여하는데, 이들 혁신 주체와 제도 및 네트워크 등을 포함해 기술혁신 과정을 체계적으로 분석할 경우 기술혁신 체제라고 하는데, 이처럼 국가혁신체제(national innovation system)는 기술혁신 체제의 개념을 국가 단위에 적용한 것이다. 이러한 기술혁신을 핵심으로 한 국가혁신체제의 개념적인 구조와 체계는 [그림 4-2]와 같이 나타낼 수 있다.

기술혁신이나 과학기술정책에서는 국가의 역할이 중요하고, 국가가 기술혁신에 결정적인 영향을 미치기 때문에 국가 단위의 기술혁신 체제인 국가혁신체제가 특히 주목받고 있는 것이다. 국가라는 틀 안에서 사람들은 오랜 역사를 통해 독특한

그림 4-2 국가혁신체제와 요소

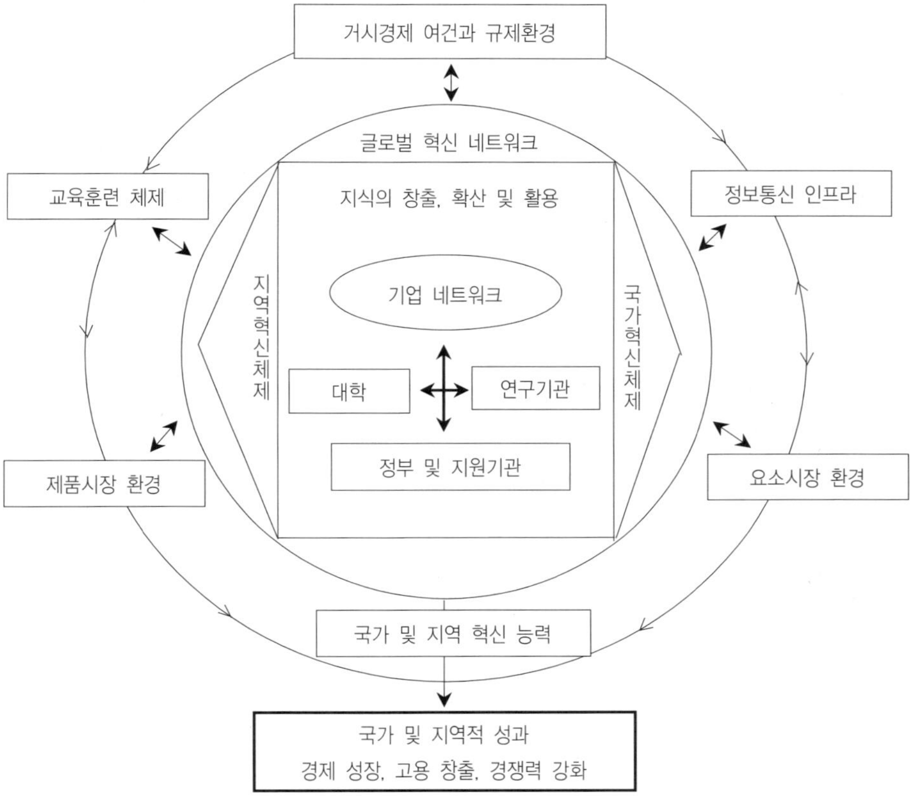

자료: OECD(1999), 이공래(2000) 수정.

제도와 문화를 형성하게 되며, 다양한 혁신 주체가 기술혁신을 유발하게 하는 상호작용적 학습을 효율적으로 수행하는 데에 큰 영향을 미친다는 것이다(이공래, 2002).

최근에는 지방자치의 발전과 지역 단위의 전략산업 육성 등 지역이 혁신 주체로서의 역할이 강조되면서 국가혁신체제가 지역 단위의 지역혁신체제와 지역과 지식의 개념이 포함된 지역 단위의 혁신 클러스터로 발전하고 있다. 지역혁신체제에서는 지역 혁신과 지역 단위의 지식의 생산 및 활용을 강조하고 있다.

지역혁신체제는 국가혁신체제의 지역 차원의 이론으로 역시 하나의 체계(system) 속에서 지역 내 산학연 및 공공지원기관 등으로 구성된 혁신 주체들 간의 개별적인 역할과 이들 간의 복합적인 연계 관계의 집합체로부터 지역 혁신이 일어난다는 것이다(OECD, 1999). 여기서의 혁신 체제는 개방적인 체제로 위로 국가혁신체제와 글로벌혁신체제와도 연계하고 있다. 역시 지역 혁신은 지역의 혁신 주체들을 중심으로 한 주체들의 상호작용의 결과이며, 그의 외적 환경과 상호작용하는 개방 체제를 전제로 하고 있어 새로운 지식과 기술을 창출하는 데 환경의 영향과 환류 메커니즘이 중요하다(정선양, 1999).

[그림 4-3]에서 보는 바와 같이 김영호(1997)는 한국의 국가혁신체제는 산·학·관 간의 협동 시스템이 구축되어 있지 않고, 각 혁신 주체의 내부적 연계 시스템이 잘 구축되어 있지 않아 매우 비효율적 체제라고 비판하고, 기술혁신의 주체, 기술혁신의 지역, 기술혁신의 산업 분야의 세 가지 축을 중심으로 한 국가혁신체제의 큐빅모형을 제안하고 있다(서정해, 2001).

그림 4-3 국가혁신체제의 큐빅모형

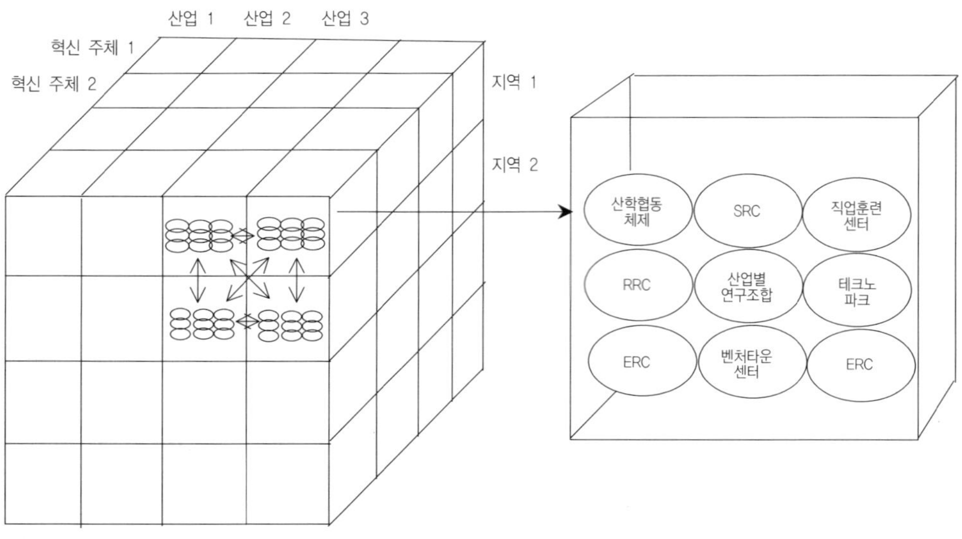

자료: 김영호(1997); 서정해(2001: 5)에서 재인용.

기술혁신의 주체를 나타내는 축은 중앙 및 지방정부, 대학, 소비자, 노동자, 금융계, 교육기관 등으로 이뤄져 있다. 이들 기술혁신 주체들 간의 상호작용은 특정 산업(기업)을 중심으로 이뤄지기 때문에 산업축에 나타나 있다. 그리고 혁신 주체 축과 산업축이 공간에서 결합되는 지역축이 있다. 지역축은 지역의 혁신공간으로 지역 특유의 문화 및 인적 환경이 조성하는 지역의 혁신환경 속에 혁신 주체와 산업(기업) 간의 다양한 행동양식과 결합해 지역혁신체제를 이루고 있다.

이처럼 주체, 산업 및 지역의 세 가지 축에 의해 형성되는 기술혁신 단위(innovation unit)는 RRC, ERC, SRC, TBI, 테크노파크, 벤처지원센터, 직업훈련센터 등이 있다. 이들 기술혁신 단위는 지역 간 연계와 상호작용을 하면서 지역 단위의 클러스터를 형성한다. 각 클러스터들은 각각 상호작용을 하면서 지역혁신체제(Regional Innovation System: RIS)의 구축을 가능하게 한다. 아울러 이러한 지역혁신체제(RIS) 간의 네트워크와 상호작용으로 국가혁신체제를 구성하는 한 축으로서의 역할을 하게 된다.

여기서는 지방화가 세계화로 연계되는 핵심으로 상정되고 있으며, 지역 단위의 RIS는 서로 분리되어 있지 않고 정보화를 기반으로 한 지역 간 네트워크를 통해 시너지 효과를 발휘하는 분산형 혹은 네트워크형 NIS로 결합된다(서정해, 2001). 따라서 규빅모형의 각 셀(RIS)은 독립적이며, 자율성을 가지고 수평·수직으로 이동해 국가혁신체제 내에서 다른 지역혁신체제와 연계를 한다. 기술혁신 단위에서 지역혁신체제와 국가혁신체제가 상호작용하는 과정에서 지방자치단체의 자율성과 중앙정부의 조정력 발휘 여부가 중요하다. 중앙정부의 조정 기능은 사회간접자본 투자, 국가정보 네트워크, 혁신지원제도와 규제 완화 등에 의해 수행될 수 있다. 따라서 큐빅모형은 지역혁신체제의 국가혁신체제 구축을 통한 글로벌화(지방 기술혁신 단위 → RIS → NIS → Global NIS)의 논리적 체계를 그리고 있다(서정해, 2001: 3-5).

3 국가혁신체제의 하위 체계

국가혁신체제의 구성 요소는 [그림 4-4]에서 보는 바와 같이 크게 네 개의 주체로 구성되어 있다. 세 개의 직접적인 혁신 주체와 혁신 주체들의 혁신 활동을 촉진 및 조정하고 관련된 정책을 결정하는 정부를 포함한다.

그림 4-4 국가혁신체제의 하위 구성 요소

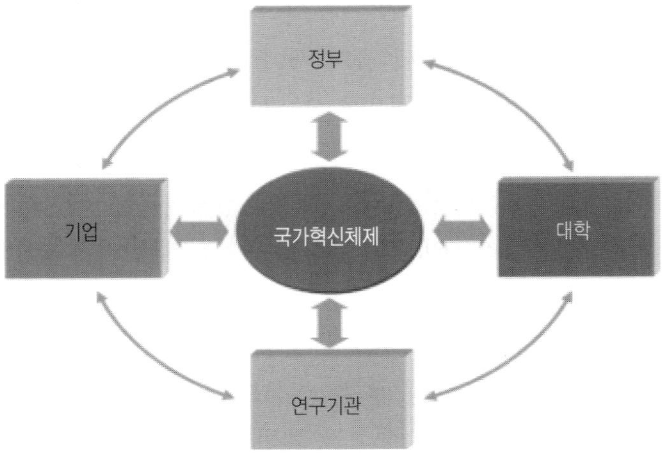

국가혁신체제의 하위 구성 요소로서 혁신 활동을 하는 직접적인 주체는 과학기술인들을 대상으로 한 교육 및 연구를 수행하고 있는 대학, 기술 개발 결과의 산업화를 통한 국가 경쟁력의 향상에 직접적인 기여를 하는 수많은 기업, 대학과 기업의 중간에 위치해 기초연구와 응용연구의 가교 역할을 하고, 응용연구와 개발연구의 효율적인 연계를 담당하고 국가의 과학기술 싱크탱크로서의 역할을 수행하는 공공연구기관으로 나눠 볼 수 있다. 국가혁신체제의 네 번째 구성 요소는 국가 발전의 장기 비전을 가지고 조정·감독하는 국가 전체적인 혁신 활동을 조정하고 장려하는 정부 부문으로, 이는 중앙정부와 지방정부로 구분해 그 역할을 살펴볼 수 있다. 그 밖에 국가혁신체제에는 혁신 주체들의 활동을 지원하고, 네트워킹 등 기술혁신을 보조하는 다양한 기타의 기관들이 있다.

산·학·연과 같은 혁신의 직접적인 주체들 간의 관계는 혁신의 직접적인 주체로서 지식과 기술의 생산자와 공급자의 역할을 담당하며 상호작용적인 학습을 통해 진화해 간다. 일반적으로 기초연구와 응용연구를 수행하는 대학과 연구기관들이 지식과 기술혁신의 유도자가 되고 기업들이 생산된 지식과 기술혁신의 사용자가 된다. 그러나 최근의 첨단기술의 발달과 융합 현상 및 수명주기 단축 등으로 인해 이들 모든 혁신 주체가 전주기적인 혁신 과정에 참여하고, 혁신의 생산자와 사용자의 역할을 동시에 하는 경우가 일반적이다. 여기에 혁신을 둘러싼 다양한 구성 주체들 간의 상호작용적인 정보의 교환과 흐름이 강조되고 있다. 효과적인 국가혁신체제의 구축과 작동 메커니즘을 위해서는 중앙 및 지방정부의 역할이 중요하며, 혁신 주체들의 혁신 활동을 지원하고, 지방정부 간의 갈등이나 주체들 간의 갈등 조정과 중앙정부의 조정 역할이 매우 중요하다.

혁신 체제는 글로벌혁신체제(global innovation system), 국가혁신체제(national innovation system: NIS), 지역혁신체제(regional innovation system: RIS) 등 계층적인 구분과 기술 분야나 산업별 혁신 체제와 같이 부문별 혁신 체제(sectoral innovation system: SIS)로 구분할 수 있다.

지리적 조건을 기준으로 한 혁신체제론은 국가혁신체제에서 글로벌혁신체제와 지역혁신체제로 구분해서 개방적인 체제를 전제로 논의가 이뤄지고 있다. 반면 부문별 혁신 체제는 기술의 자생적 발전 양상에 좀 더 초점을 두고, 지식의 공유 영역과 기반을 바탕으로 기술 등 부문별 특성에 따른 혁신 체제를 설명하고 있다.

국가 수준의 영역을 대상으로 할 경우 지적재산권, 반독점 규제 등과 같은 제도의 역할에 대한 혁신 체제의 초점을 두는 반면에 기술적 영역을 바탕으로 하는 부문별 혁신 체제 분석은 외부 지식에 대한 혁신 주체의 접근성 및 기회를 강조하고, 주체의 혁신 역량에 좀 더 초점을 맞추고 있다. 지방정부 수준에서는 각 지역의 특성에 따라 차별화된 제도를 구축할 수 있기 때문에 지역을 기초로 한 지역혁신체제 분석이 확대되고 있다. 여기서 국가(지역)혁신체제와 부문별 혁신 체제는 상호 배타적이기보다는 상호 영향을 주고받으며 선순환 구조로 발전할 수 있도록 유도해야 할 것이다.

이처럼 국가혁신체제의 하위 체제로 세부적인 영역은 특정 산업, 특정 기술, 특정 지역을 중심으로 한 하위 체제들(sub-systems)의 총합으로 파악할 수 있다. 따라서 혁신 체제는 그 차원을 기업 수준의 기술혁신에 적용할 경우 기업혁신체제(corporative innovation system), 산업 수준에 적용할 경우 산업 부문별 혁신 체제(sectoral innovation system), 지역 수준에 적용할 경우 지역혁신체제(regional innovation system) 그리고 국가 단위에 적용할 경우 국가혁신체제(national innovation system)가 된다(이공래, 1996).

1) 산업혁신체제

국가혁신체제는 특정 산업 분야를 중심으로 한 개별 산업혁신체제(sectoral innovation system)의 총합으로 구성되는 것으로 파악할 수 있다(정선양, 1996). 즉, 한 국가 경제의 주요 산업 분야 혁신 체제들의 총합은 국가혁신체제를 구성하게 된다. 현재 대부분의 국가의 경우 주요 산업에는 어떤 형태로든 기술 및 혁신을 둘러싸고 사용자-생산자의 관계가 형성되어 있다. 산업의 분류 방법에 따라서 공업혁신체제, 농업혁신체제 등의 명칭으로 형성되고 분석될 수 있을 것이다.

한 국가 경제에서 산업의 경쟁력을 확보하기 위해서는 혁신 체제의 구성 요소들 간의 상호작용과 연계가 잘 이뤄져야 가능하다. 이 같은 연계가 부족할 경우 특히 생산자의 기술 능력의 부족이나 수요 부족 등이 발생하면 어떤 형태로든 이들 산업 분야는 국제시장에서 매우 낮은 경쟁력을 갖게 될 것은 자명하다.

2) 기술혁신체제

국가혁신체제를 구성하는 하위 체제로 특정 기술을 중심으로 한 구체적인 혁신 유형을 중심으로 한 기술혁신체제를 구분해 살펴볼 수 있다. 기술혁신의 유형을 프리먼과 페레즈(Freeman & Perez, 1988)의 논의처럼 정태적 기술과 점진적 기술혁신, 동태적 혁신과 급진적 기술혁명으로 구분해 본다면, 정태적 기술과 점진적 기술혁신의 경우와 급진적인 혁신 중 일부는 기술을 매개로 한 혁신 체제의 구축이 쉽지 않다. 이들 기술은 이미 기존 산업의 유형 속에 흡수되어 그 산업의 범주 내에서 이미 다양한 사용자-생산자의 관계가 구축되어 있기 때문에 결국 이들 기술 유형을 바탕으로 하는 혁신 체제는 특정 산업혁신체제로 분석되어야 할 것이다.

그러나 어떤 기술혁신의 유형이 대단히 급진적이거나 혁신들이 기술혁명의 경우와 같이 군집이 되어 발생할 경우에는 이 기술을 바탕으로 새로운 기술혁신체제의 구축이 가능할 것이다. 새롭게 대두되고 있는 첨단기술 분야는 국가 경제에 매우 높은 부가가치를 창출하고 있음에도 불구하고 특정한 산업으로 분류가 어렵기 때문에 산업별 혁신 체제로 파악할 것이 아니라 기술별 혁신 체제로 파악해야 할 것이다.

3) 지역혁신체제

국가혁신체제는 그 하위 체제로서 지역적인 측면에서 파악한 것이 지역혁신체제(regional innovation system)다. 이 같은 지역혁신체제의 규모 및 형태는 지역의 규모와 특성에 따라 매우 다양하며, 또한 국가를 초월해 지역혁신체제를 구축할 수도 있다. 그러나 일반적으로 대부분의 국가에 일반적인 지역혁신체제는 한 국가 내 특정 지역을 중심으로 구축되어 있는 혁신 체제를 의미하며, 지방정부의 지방자치 차원에서 활발한 기술혁신 활동들을 하고 있기 때문에 도 단위 혹은 광역시와 같은 특정 지역을 범위로 한 지역혁신체제를 분석하는 것이 바람직할 것이다.

지역혁신체제는 특히 '지역의 범위'를 강조하고 있다. 일반적으로 지역은 중앙정부 혹은 연방정부보다는 하위의 지역을 의미하며, 일정한 문화적 혹은 역사적 동질성을 갖는 지역적 특성을 갖고 있다. 그러나 지역적 범위는 지역적 특성뿐만 아니라 기술 및 영역에 따라 다르게 설정할 수 있을 것으로 보인다. 이것은 지역혁신체제의 구축에서 일반적으로 핵심 경제 주체의 결집, 산업 발전 및 혁신을 위한 공공 부문의 역할이 강조되기 때문이다.

한 지역에는 그 지역의 고유한 경제적·역사적인 특성을 바탕으로 한 다양한 주체들이 활동하고 있다. 특히 특정 지역의 경우 기술혁신을 바탕으로 한 특별한 산업에서의 강점을 보이고 있는 경우가 있다. 지역에 따라 혁신 혹은 산업을 둘러싸고 혁신의 사용자와 공급자 간의 긴밀한 관계가 잘 유지되고 있는 지역이 있는가 하면, 어떤 지역은 그렇지 못한 경우가 많다. 이와 같이 지역 내 혁신 주체들 간의 연계가 잘 이뤄지고 있는 지역에서는 그 지역의 경제가 기술을 바탕으로 해서 국내 및 국제시장에서 매우 높은 경쟁력을 발휘하는 경우가 많다. 혁신 활동을 둘러싼 지역 간 연계 정도의 차이는 대부분의 국가에서 지역 간의 경제적인 성과 및 주민들의 생활의 질의 차이와 직결된다.

이처럼 국가혁신체제는 넓게는 글로벌혁신체제와 좁게는 구성 주체별, 산업·기술별, 지역별 등 하위 체제로 구성된다. 이 같은 세 가지 차원에서의 혁신 체제들의 총합이 결국은 국가혁신체제의 경쟁력을 나타내는 것이며, 이들 세부 분야별 제도적 혁신을 바탕으로 한 혁신 성과의 제고는 국가 경쟁력의 향상을 가져온다.

4 국가혁신체제론의 유용성과 과학기술정책의 방향

국가혁신체제론의 특징은 기술 혁신에서 체제적인 관점과 혁신 활동에 영향을 주는 정부와 외부 환경 변수의 역할을 강조하고 있다. 국가마다 그 국가의 수용 능력에 따라 기술적 성과의 중장기적 파급 효과가 다르게 나타날 수 있다. 이것은 혁신 활동의 분석은 국가 체제 속에서 이해되어야 한다는 것이다. 따라서 국가혁신체제는 한 국가 내에서 가용한 자원들을 조직하고 이용하는 고유한 방식에 초점을 맞추고 있으며, 구성원들의 행동양식의 표준화에까지 관심을 확대시켰다는 점이 특징이다.

혁신체제론에 기반을 둔 정책은, 개별 기업의 활동에 직접 개입하지 않고 오히려 다양한 혁신 주체들을 정책 과정에 참여시키고, 혁신 성과의 극대화를 위해 혁신 주체들 간의 공식적·비공식적 연계를 강화한다는 점에서 정책의 민주성 제고에 기여한 것으로 긍정적인 평가를 하고 있다. 이처럼 혁신체제론은 민간의 기술적 우월성을 적극 활용하고, 정부는 시장의 형성을 지원하고 관련 제도를 확립하며, 혁신 주체들 간의 연계를 강화하는 등 정부 개입에 의한 의사 결정의 왜곡을 최소화할 수 있다는 장점이 있다. 물론, 정부가 네트워크 속에 포함되어 공공의 가치 기준과 의사를 전달할 수 있지만, 정부의 개입을 통한 시장의 판단을 의도적으로 왜곡하는 비효율성을 억제할 수 있는 장점이 있다. 따라서 혁신체제론에 근거한 혁신정책은 효율성 측면에서도 긍정적인 평가를 받고 있다. 혁신체제론에서 정부의 역할은 산·학·연 그리고 혁신 지원기관들과의 네트워크를 강조하고, 개별 혁신 활동을 통해 상호 학습할 수 있는 환경을 조성하고, 모든 혁신 활동을 추진할 때 선도적 지시자가 아닌 시스템 윤활자로서의 역할을 강조하는 시각이 혁신체제론의 철학이다. 따라서 혁신체제론에 기반한 혁신정책은 교육, 금융, 산업, 무역정책, 사회정책 등 종합적 국가 혁신 전략이 되고 있다.

혁신체제론이 이론적인 발전과 더불어 실질적인 국가 과학기술정책에 활용되는 과정에 1980~90년대 OECD와 유럽연합(European Union)의 회원국을 대상으로 한 국가혁신체제에 대한 조사와 분석 등의 활동이 많은 기여를 했다. 혁신체제론은 1990년대 이후 다양한 분야에 활용되고 있다. 유럽연합의 경우 국가의 경제성장과 경쟁력 측정을 위한 모형으로 사용될 뿐만 아니라 과학기술, 서비스업, 사회, 시민 참여, 지역 등 다양한 분야의 혁신이론으로 활용되고 있다. 혁신체제론은 혁신 주체들의 네트워크 관계를 통한 상호작용과 그 과정에서 상호 학습을 중시하고 있는데, 이는 혁신정책의 이론과 실제의 발전 과정에서도 이론과 정책의 상호작용 과정을 통해 공동 진화(co-evolution)해 나가고 있다.

국가혁신체제론에서 혁신이란 국가혁신체제를 구성하는 여러 혁신 주체들의 적극적인 혁신 활동과 주체들 간의 상호작용, 그리고 적절한 제도적인 지원 등의 시스템의 조화를 통해 이뤄진다. 전통적인 기술혁신 접근 모형인 선형모형(linear model)에 따르면 혁신은 연구→개발→상업화의 과정을 거쳐 이뤄진다고 보기 때문에 각 활동은 전 단계와 후속 단계가 존재하며, 혁신 주체들 사이에서도 일방향적이고 위계적인 관계의 존재를 전제했다. 그러나 국가혁신체제론에서는 혁신이 상호작용을 통해 이뤄진다고 보기 때문에 일방향이 아니라 오히려 쌍방향적인 접근을 한다. 연구, 개발, 상업화를 담당하는 부문이 상호작용을 하는 가운데 발전하고 있으며, 이들의 상호작용은 유형화되어 있다고 보는 것이다. 특히 산·학·연의 상호작용은 일정한 규칙에 따라 이뤄지지만 상호 영향을 미치는 쌍방향 혹은 다중방향인 네트워크 관계를 전제한다는 것이다.

아울러 국가혁신체제론에서는 직접적인 혁신 주체뿐만 아니라 지원기관이나 지원제도의 역할 역시 중요시한다. 교육·훈련제도, 기업에 자금을 지원하고 의사결정에 영향을 미치는 금융제도, 경쟁 기업이나 공급기관, 수요기관 등의 상호작용에 영향을 미치는 경쟁규칙 등도 혁신 활동에 많은 영향을 미친다고 본다. 아울러 산업 및 기업별 교육·훈련제도와 내부 노동시장 제도 등 환경 변화는 산업의 혁신에 많은 영향을 미치고 있다. 특히 고위험과 실패 가능성이 높은 벤처기업에 투자하는 벤처 캐피털 제도는 IT, BT 등 첨단 신기술 분야의 등장과 함께 기술 혁신의 개념과 인식에 근본적인 변화를 가져오고 있다(Casper, 2000; Casper & Soskice, 2004; 김애경, 2005). 한편 혁신 활동 과정에 직접적인 요소뿐만 아니라 교육·훈련제도, 노사관계, 금융제도와 기업 지배 구조, 지식의 창출 및 활용과 산·학·연 관계 등 환경적인 요인들도 국가혁신체제의 중요한 고려 대상으로 많은 영향을 미친다. 그런데 이들 제도 사이에는 상호 보완적인 속성이 존재한다.

제 3 절 새로운 R&D 혁신과 정책

1 삼중나선모형

삼중나선모형(triple helix model)은 기술혁신에서의 산·학·연의 상호작용을 강조한다. 특히 혁신 과정에서 산·학·관 주체들 사이의 복합적인 상호 관계를 나선형의 움직임으로 보는 것이 특징이다(Etzkowitz & Leydesdorff, 2000: 112). 이 모형은 혁신 주체들 간의 다양한 협력 및 정책모형에 대한 분석과 그들의 동태성 분석에 초점을 두고 있으며, 혁신 주체들 간의 관계뿐만 아니라 각 혁신 주체의 내부적 연계 문제에도 관심을 가지고 있다(홍형득, 2004; Etzkowitz & Leydesdorff, 2000: 118). 엣즈코비츠와 레이데스도르프(Etzkowitz & Leydesdorff, 2000)는 과학기술정책 영역에서 '기술혁신을 위한 거버넌스'를 삼중나선모형으로 설명하고 있

그림 4-5 삼중나선모형

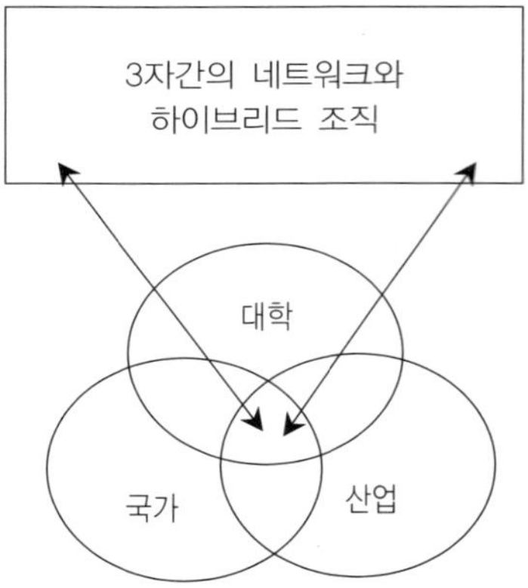

자료: Etzkowitz & Leydesdorff(2000: 118).

다. 삼중나선모형은 [그림 4-5]에서 보는 바와 같이 한 국가의 지식 생산은 산·학·관의 네트워크를 통한 삼중나선형의 움직임으로 보는 것이고, 이 과정에 혁신이 일어나는 것으로 주장한다.

삼중나선모형은 최근에 강조되는 국가혁신체제의 중요한 핵심적인 작동 원리로 산·학·관 사이에 존재하는 네트워크의 역동성(dynamics)을 강조하고 있고, 이러한 역동성의 정도에 따라 혁신 체제의 성공 여부가 결정된다고 본다.

2 제4세대 혁신 체제

밀러와 모리스(Miller & Morris, 1999)는 연구개발(R&D)의 역사를 약 4단계로 구분하고 있다(홍형득, 2004). 제1세대 R&D는 100여 년 전에 시작되었으며, 뛰어난 과학자들에 의한 기술 개발 시대다. 제2세대 R&D는 제2차 세계대전이 끝난 후 1950년대부터다. 이 시기 R&D는 기초기술의 오랜 역사와 기술을 보유한 유럽 국가보다 미국의 군사력이 압도적인 우세를 보인 이유가 바로 합리적인 R&D 관리에 있었다는 것이 알려지면서 연구관리의 중요성이 부각된 시기다. 다음으로 제3세대 R&D 혁신은 1980년대 정보통신기술의 발전과 첨단기술의 등장으로 인한 사회 변화와 연구 과제의 성공이 바로 상업화로 어지지지 않는다는 자각에서 R&D에 대한 새로운 접근의 필요성으로 시작되었다. 이 시기에 R&D에 고객 만족, 사업 전략과의 연계 필요성이 강조되고, 기술 로드맵, 기술 포트폴리오, 기술 생애주기(life cycle) 등과 같은 새로운 용어들이 혁신정책에 등장했다. 따라서 제4세대 R&D 혁신은 디지털 혁명, 융·복합화 시대의 생존전략 차원의 혁신이다. 제4세대 연구개발과 제3세대 연구개발의 가장 큰 차이점은 제4세대 연구개발이 조직 내외 관련 부문 간 상호 의존적 학습, 경쟁 아키텍처의 확보, 제품 플랫폼 개발, 암묵지(tacit knowledge) 형태의 지식을 체계적으로 관리하기 위한 지식 채널을 강조하고 있다(홍형득, 2004).

[그림 4-6]에서 보는 바와 같이 제4세대 R&D모형은 혁신을 기술혁신과 관련된 여러 주체 간의 상호 의존적인 학습 과정으로 파악하고, 기술혁신은 소비자의 요구와 연구자의 기술 개발 역량이 결합되어 공동으로 진화한다는 전제를 하고 있

그림 4-6 제4세대 R&D

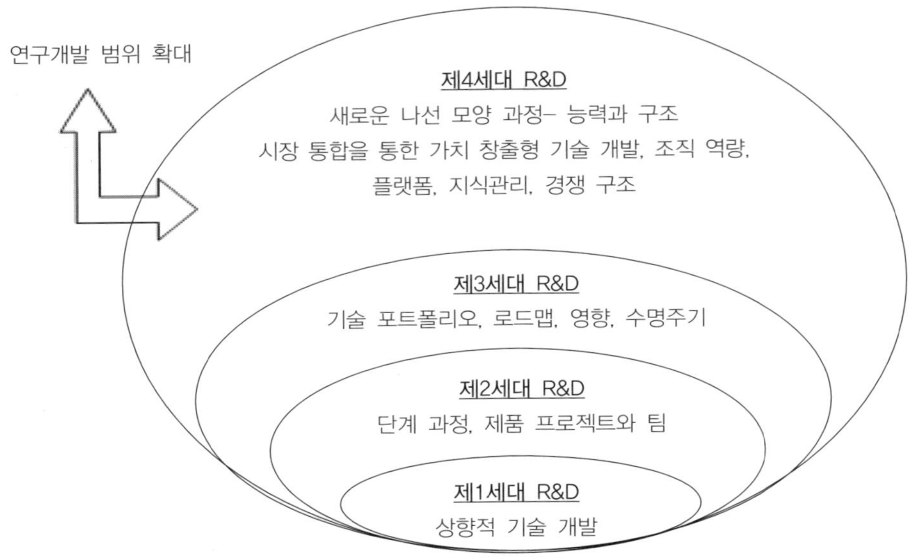

다. 기업으로 하여금 경쟁 기업들보다 빨리 학습해 고객이 필요로 하는 기술혁신을 통해 기업의 지속 가능한 경쟁 우위를 확보하기 위한 노력을 한다는 것이다. 따라서 내부의 다양한 조직 및 혁신 주체들과 외부의 고객들이 R&D 과정에 공동으로 참여해 기술혁신을 창출하려는 새로운 유형의 R&D 패러다임이 제4세대 혁신 체제다(Miller & Morris, 2001).

지금까지 살펴본 바와 같이 제4세대 혁신정책 이론들의 핵심적인 부분은 거버넌스적 의미가 내포되어 있다. 국가혁신체제론은 과학기술의 혁신은 단순히 과학기술 자체의 문제뿐만 아니라 과학기술로 해결할 수 없는 사회 전체의 체제의 문제라는 것이다. 국가혁신체제 이후 삼중나선모형, 제4세대 R&D 등 혁신이론은 여기에서 더 나아가 과학기술의 발전과 혁신과 경제 발전의 문제는 하나의 사회 전체적인 개방 체제 방식으로 접근해야 하고, 체제 내 주체들 간의 활발한 상호작용과 학습이 필요하다는 것이다(홍형득, 2004). 이러한 점에서 국가혁신체제론과 그 후의 혁신이론들은 같은 맥락에서 거버넌스의 이론적 지향점과 크게 다르지 않다는 것이며, 거버넌스의 혁신이론과의 이론적 결합 가능성을 보여주는 것이다.

제 5 장 과학기술정책의 거버넌스 구조

과학기술정책에서의 거버넌스 구조를 파악하기 위해서는 일반적으로 국가혁신체제에서 혁신 주체들의 역할과 기능을 중심으로 살펴볼 필요가 있다. 이 장에서는 일반적인 정책 과정에서의 행위자로서 참여자와 제도를 중심으로 과학기술정책에서의 거버넌스 구성 요소들을 살펴보고자 한다.

제 1 절 과학기술정책 과정에서 행위자와 제도

정책 과정의 참여자가 정책행위자이며, 정책은 정책 과정에서의 참여자가 누구냐에 따라 정책의 성격이 달라지기 때문에 행위자(actor)의 역할이 중요하다. 대부분의 정책 연구에서 정책행위자를 핵심적인 설명 변수로 보는 이유다. 정책 영역에 따라 정책 과정 참여자의 특성과 구성이 달라진다. 후생경제학이나 공공선택론에서는 개인들을 정책을 형성하는 대리인으로 보고 있으나 다원주의나 조합주의에서는 조직화된 집단을 대리인으로 본다. 한편 국가론에서는 국가를 행위자로 보고 있다. 이들 이론의 성향은 공공정책에 영향을 미치는 제도적 영향을 적절하게 다루기가 어렵다. 그러나 정책 연구에서는 경험적 분석을 중요시하기 때문에 행위자와 제도를 모두 포함해 분석해야 한다(노화준, 2008).

정책 과정에서 행위자들과 제도는 상호 영향을 받는다. 개인, 집단, 지역 등 정책 과정에 참여하는 구성원(참여자)은 각각의 이해 관계를 가진다. 정책행위자는 정책 과정에 참여하는 공식 및 비공식 참여자를 포함한다. 이들 행위자는 정책 하위 체제의 일부인 특정 정책공동체나 정책이슈 네트워크에 참여하기도 하지만 개인적인 정책 참여자도 있다. 이러한 상호작용은 정책 과정을 둘러싸고 있는 제도적 맥락에서 진행되며, 행위자들이 추구하는 이해 관계와 이를 통해 이뤄지는 성과에도 영향을 미친다.

제도는 국가혁신체제나 지역 및 글로벌혁신체제의 구조화와 그것들이 내적으로 어떻게 조직화되었으며, 상호간에 관계 구조를 그려주는 역할을 한다. 정책행위자들은 정책 과정에서 이러한 제도적 맥락에서 상호 협력을 하고 통제를 받는다. 정책행위자들이 정책 과정에서 상호작용을 통해 정책을 산출하는 과정에서 조직에 뿌리내리고 있는 원칙, 규범, 규칙, 표준 운영절차 등에 제약을 받는다. 즉, 정책 과정의 핵심은 정책행위자이며, 이들 정책행위자의 행동을 조직화하는 수단이 제도라고 할 수 있다. 이처럼 과학기술정책의 핵심 내용과 작동 메커니즘을 이해하기 위해서는 정책 과정에서 정책행위자와 이들의 행위를 제약하는 제도에 대한 이해가 수반되어야 한다. 정책 참여자들의 정책 하위 체제에서의 상호작용도 국가조직, 사회조직 및 국제 체제 조직들의 맥락에서 이뤄진다.

과학기술정책 과정에 참여하는 정책 참여자, 혹은 정책행위자는 혁신 주체(innovation actor)로 표현하기도 하는데, 일반적으로 산업계로 대기업과 중소기업 등을 포괄하는 기업 부문과 대학 및 공공연구기관(국·공립 연구기관, 정부출연연구기관)이 대표적이며, 정부(지방정부와 중앙정부), 금융기관, 민간단체·협회, 언론 등 다양한 차원의 관련 주체를 포함한다. 이들 과학기술정책 행위자들을 공공 부문과 민간 부문으로 구분하면 중소기업, 대기업, 협회단체 등은 민간 부문에 포함되고, 지방정부, 중앙정부 및 공공연구기관은 공공 부문으로 구분할 수 있다. 그리고 공공 부문과 민간 부문이 공존 또는 혼재하는 경우는 대학과 연계 조직, 지식정보 및 인력의 연계 기능을 갖는 연계 조직 등을 들 수 있다.

제 2 절 국가혁신체제와 과학기술 혁신 주체

1 국가혁신체제의 구성 요소

국가 차원에서의 기술혁신 활동과 이를 촉진하기 위한 정부의 역할은 과연 무엇인가에 대한 질문이 지속적으로 제기되고 있으며, 이에 대한 해결 방안을 모색하기 위한 노력과 연구가 많이 이뤄졌다(Freeman, 1987; Nelson, 1993; Lundavall, 1992). 그중의 하나는 영국의 프리먼(Freeman, 1987)의 국가혁신체제를 모형으로 한 연구다. 이 연구에서 그는 국가별 기술혁신 활동의 성과가 차이를 보이는 현상을 분석하기 위해 국가혁신체제를 모형으로 기술혁신의 성과가 국가마다 차이를 보이는 근본적인 원인이 어디에 있는가에 대한 연구를 수행했다. 프리먼(Freeman, 1987)은 국가혁신체제에 대해 새로운 기술을 창출하고 도입, 개량 및 확산이 이뤄지도록 하는 데 중요한 역할을 수행하는 주요 행위자 간의 네트워크, 즉 기술 개발 과정에서의 주요 활동과 상호작용을 하는 공공 및 민간 부문의 주요 주체(조직) 간의 네트워크로 정의하고 있다. 그동안 국가 차원에서 활발한 기술혁신이 이뤄질 수 있는 주요 요인과 환경 및 조건 등에 대한 분석이 포터(Poter, 1990), 룬드발(Lundvall, 1992), 넬슨(Nelson, 1993), 넬슨과 로젠버그(Nelson & Rosenberg, 1993),

그림 5-1 국가혁신체제와 혁신 주체

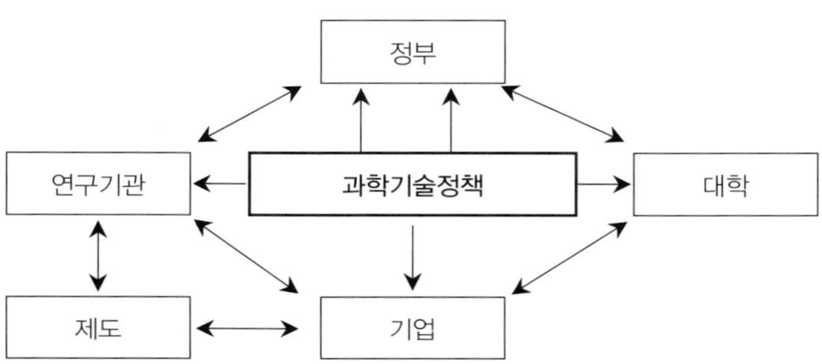

OECD(1997), 파텔과 파빗(Patel & Pavitt, 1998) 등을 중심으로 이뤄졌다.

룬드발(Lundvall, 1992)은 기술혁신에서 기술지식의 교류를 위한 생산자-사용자 기업 간 관계가 매우 중요한 결정 요인이 된다고 주장했고, 넬슨과 로젠버그(Nelson & Rosenberg, 1993)는 국가혁신체제를 국가의 기술혁신 과정에서 주요 역할을 담당하는 혁신 주체들의 집합으로 개념 정의하고, 기술혁신 과정에서 관련 혁신 주체들의 역할과 주체 간 상호작용의 중요성을 높게 보고 있다.

즉, 국가혁신체제란 기술혁신을 국가라는 거시적인 체제 속에서 분석하기 위한 개념적인 틀로, [그림 5-1]과 같이 정부를 포함한 기술혁신의 주요 주체인 산업(기업)・대학・연구기관 등 과학기술정책 과정에 참여하는 주체들을 포괄하는 종합적・집합적인 개념이다. 이러한 개념의 근저에는 기술혁신에 대한 체계적 접근을 통해 기술혁신의 메커니즘과 기술혁신의 성공 요인, 그리고 성공적인 기술혁신을 이끌어 내는 주요 요인 등에 대한 인과 관계 등을 파악할 수 있다는 것이다. 혁신체제는 산・학・연 등 혁신 주체들의 활동과 상호작용, 그리고 제도적 차원에서 혁신 주체들을 직접적으로 지원하는 제도 또는 간접적으로 기술혁신에 친화적인 환경을 만들기 위한 제도 등 관련된 여러 가지 제도적인 요인으로 구성되어 있다(Carlsson & Jacobsson, 1994). 여기에서는 이러한 국가혁신체제를 구성하고 있는 정부를 포함한 혁신 체제 구성 요소들의 역할과 네트워킹에 초점을 둔다.

혁신 체제의 구성 요소는 혁신 체제를 설명하고 다루는 이론적 모형과 범위에 따라 달라진다. 광의의 개념으로 보면 전체적인 경제・사회・문화적 측면과 관련된 제도를 고려해야 하므로 구성 요소가 광범위하게 존재하나, 협의의 개념으로 기술에 관련된 제도들만을 고려 대상으로 본다면 국가혁신체제의 구성 요소는 더 단순해진다. 룬드발(Lundvall, 1992)은 국가혁신체제에서 기본적으로 포함되어야 하는 요소로 ① 기업 내부조직, ② 기업 간 관계, ③ 공공 부문의 역할, ④ 금융 재정제도, ⑤ 연구개발조직, ⑥ 교육훈련 등 여섯 가지를 제시했다. 그는 이러한 요소는 국가혁신체제를 다루고 있는 여러 가지 측면의 이론모형에 기본적으로 포함되어야 한다고 주장했다.

룬드발(Lundvall, 1992)이 제시한 국가혁신체제의 여섯 가지 구성 요소는 전반적으로 국가 차원에서 기술혁신 체제와 밀접한 연관 관계가 있는 요소들을 대략적으로 제시했다고 할 수 있다. 그러나 이러한 국가혁신체제의 요소들을 포함시킨 이론적 설명이 함께 제시되지 않아 단순한 구성 요소의 나열에 불과하다는 평가를 받고 있다. 즉, 국가혁신체제에서 룬드발은 여섯 가지 관련 요소에 대해 중점적으로 논의를 전개하고는 있으나 국가혁신체제에 대한 거시적 차원의 이론을 제시하거나 다루고 있지 않다는 점이다.

2 국가혁신체제의 하위 체제

혁신 체제는 크게 수요 견인 체제, 산업 혁신 체제, 기술 공급 체제, 혁신 하부구조 등 네 개의 하부 체제로 구성된다고 볼 수 있는데 수요 견인 체제는 기술혁신을 유인하는 수요 측면의 하부 체제이며, 산업 혁신 체제는 기술혁신을 직접 수행하는 하부 체제이고, 기술 공급 체제는 과학기술 지식을 공급하는 공공 부문 공급 체제다. 그리고 혁신 하부구조는 이러한 요소들이 기술혁신을 추진하도록 하는 환경과 기반이다. 이러한 하부 체제는 다시 세부 하부 체제로 구성되며, 이러한 하부 체제는 다시 체제 내·외부의 여러 요소와 인과 관계를 가져 혁신 체제의 하부 체제는 복잡하고 다양한 연계 관계를 맺게 된다.

첫째, 수요 견인 체제는 기술혁신 활동을 수요 차원에서 유인하는 유인 기제로 작용한다. 수요 견인 체제에서 나타나는 제도의 형태를 보면 고위험을 감수하는 모험기업가에게 자본을 투자하거나, 기술 개발 활동 촉진을 위한 목적으로 장기적으로 낮은 금리의 금융적 지원이 이뤄지기도 하며, 신기술을 활용한 새로운 제품을 구매하는 소비자에게 수요자 금융 제공 및 기술 개발 활동에 투자되는 비용에 대한 조세 감면 혜택 등 다양한 형태를 가지게 된다. 그리고 수요 측면에서 정부와 공공기관 및 공기업의 조달제도와 관행 역시 기술혁신에 영향을 미치는 매우 밀접한 관계를 갖는 수요 견인 체제의 한 영역이라고 할 수 있다. 수요 견인 체제는 각 국가별 경제, 역사 및 문화적 배경에 따라 다양한 형태로 나타나게 되며, 이러한 제도는 국가가 처한 환경과 상황에 따라 기술혁신을 촉진하는 방향으로 작용하는 경우가 있을 수 있고, 반대로 기술혁신을 방해하는 장애 요인이 되는 경우도 있을 수 있다.

둘째, 산업 혁신 체제는 기술혁신을 직접적으로 추진하는 기업의 조직(내부 조직)과 기업 간의 복잡하고 다양한 인과 관계를 나타낸다. 견고한 국가 경제 체제를 구축하기 위해서는 산업 혁신 체제의 구축이 매우 중요하며, 특히 국가혁신체제의 핵심 부분을 차지하는 것이 산업 혁신 체제이므로 이에 대한 구축이 중요하다. 기업 내부 차원(내부 조직)에서는 연구개발과 생산 및 마케팅의 세 가지 요소의 상호작용을 통해 기술혁신이 이뤄지며, 기업 간의 관계 차원에서는 생산자와 사용자 간의 상호 교류와 학습을 통한 기술혁신 형태가 중요한 요인이라고 할 수 있다. 기업 간의 관계는 산업의 유형별로 매우 다양하고 상이한 형태를 나타낼 수 있으므로 이에 대해 파악하기 위해서는 국가혁신체제라는 개념에 선행해 산업 혁신 체제의 개념을 이해할 필요가 있다.

셋째, 기술 공급 체제는 기업이 기술혁신 활동 추진 시 이용할 수 있도록 과학기술 관련 지식에 대한 공급 기능을 수행하는 것이다. 과학교육 추진을 통해 기술인력의 과학적 마인드를 함양하고 이를 기반으로 기초과학 연구를 통한 기초과학 지식의 공급이 기술 공급 체계의 중요한 기능이라고 할 수 있다. 그리고 기초연구 결과를 바탕으로 응용연구를 추진하고 기업이 실제 제품 개발에 활용할 수 있도록 유용성 높은 기술 지식을 생산한다. 기술 공급 체제에서 생산되는 과학기술 지식은 기업이 직접적으로 생산할 수 없는 경우가 많다. 과학기술 지식은 외부경제 효과의 발생 정도가 매우 크기 때문에 일반적으로 정부 또는 공공 부문에서 담당하는 경우가 대부분이다.

마지막으로 혁신 하부 구조는 이러한 하부 체제가 원활하게 작동하고 제 기능을 발휘하도록 서로 연계가 이뤄질 수 있도록 하는 것과 이를 위한 기반 환경이라고 할 수 있다. 앞에서 다룬 세 개의 하부 체제가 제대로 마련되어 있다고 하더라도 이들이 서로 연계되지 않고 또한 활발하게 활동할 수 있는 환경과 기반이 구축되어 있지 않다면 국가혁신체제의 효율성이 떨어지고, 기술혁신이 활발하게 이뤄질 수 없을 것이다. 혁신 하부 구조는 크게 혁신 활동 과정에서 투입자원으로서의 기능을 담당하는 영역과 혁신 활동 환경으로서의 기능을 담당하는 문화·제도적인 영역으로 구분할 수 있다. 전자는 연구개발 투자, 연구개발 인력, 연구개발 시설, 과학기술 정보, 연구관리 등을 예로 들 수 있으며, 후자인 환경 기능의 경우 문화, 학습, 규제, 연계, 경쟁 등과 같은 환경적 요소들을 들 수 있다.

이와 같은 개방된 혁신 체제에서 가장 중점적으로 고려해야 할 요소는 기술 공급 측면에서의 국내·외적 차원의 기술 협력 활동이다. 예를 들어 국내 기업이 기술 선진국으로부터 어떠한 방식으로 기술을 습득하고 있는지? 해외 기업들과의 전략적 제휴의 형태는 어떠하며 얼마나 활발하게 추진되고 있는지? 기업의 기술 라이선싱 취득 패턴과 기술 학습 효과, 해외 다국적 기업의 직접적인 투자와 기술 이전 형태 등은 혁신 체제의 중요한 고려 요소다. 두 번째로 고려해야 할 요인은 수요 견인 체제와 연계를 가지고 있는 요소다. 수요 견인 체제와 관련 기술혁신에 영향을 미치는 요소들은 ① 고객들의 필요와 취향 등 수요가 국내의 기술혁신에 반영되는 과정과 특징, ② 역내 기업인들의 외부 투자 활동 형태와 학습, ③ 역외 금융제도의 활용 능력, ④ 기업인들의 국내외 연계 형성 정도와 범위, ⑤ 기업인들의 신뢰성 확보를 위한 노력 등이다. 이상과 같은 개방된 혁신 체제는 국내 요인과 해외 요인이 상호간에 지속적으로 나타나는 상호작용을 통해 국가혁신체제(national innovation system)나 글로벌혁신체제(global innovation system)의 한 부분으로 자리 잡을 것이다. 혁신 체제가 글로벌혁신체제 속으로 어느 정도 통합되어 있는가는 개방의 정도와 역사, 해당 국가 경제 체제의 전반적인 경쟁력에 달려 있다고 할 수 있다.

국가 혹은 지역혁신체제의 구축은 특정 가치사슬 상의 혁신 주체를 지역 내부에 집적시키고 혁신 주체 간 상호작용을 바탕으로 한 학습 활동을 촉진시키는 환경을 마련하기 위해 시장실패와 시스템 실패를 시정하려는 것이며, 이러한 혁신 주체들의 집합적인 상호작용에 초점을 두는 전략이 혁신 클러스터의 형성이다. 혁신 클러스터의 구성 주체는 [그림 5-2]에서와 같이 정부와 산·학·연의 분업과 협력 네트워크로 구성되어 있으며, 각 구성 주체들의 역할과 상호 네트워크 관계에 초점을 두고 있다.

혁신 체제 내에서 산학 연계 방식 및 채널은 상호 필요에 의해 광범위한 수단이 동원되는데, 이에 따라 폭넓은 지식 교환 방식이 존재하며, 이러한 방식의 효과성 역시 다양하다(Gibbons et al., 1994; Lundvall, 1988). 이러한 협력 채널의 상대적인 중요성은 필요한 지식의 형태, 수행된 혁신 유형, 대학의 지식 이전 능력과 기업의 수용 능력 정도에 따라 다르다(Saviotti, 1998; Smith, 1995).

파빗(Pavitt, 1991; 1997), 브룩스(Brooks, 1994), 로젠버그와 넬슨(Rosenberg & Nelson, 1994), 샤팅거 외(Schartinger et al., 2001), 솔터와 마틴(Salter & Martin,

그림 5-2 혁신 클러스터 구성 주체

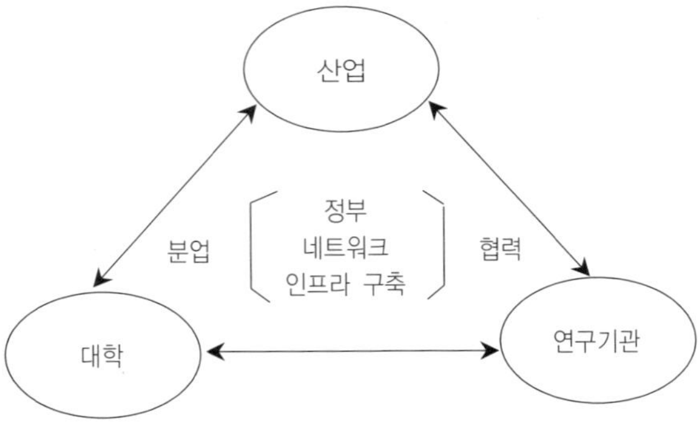

2001)은 대학의 연구 결과에 대한 지식 이전 유형을 분석하고 있다. 대학에서의 인재 양성을 위한 활동과 앞으로의 과학기술 연구의 기반이 되는 기술 개발 등의 결과물은 서로 밀접한 영향을 주고받는다. 과학기술 전문 인력의 양성은 직접적으로 전문가 네트워킹을 형성하고 이를 바탕으로 산업 부문으로 새로운 정보와 방법을 이전시키는 역할을 하며, 간접적으로는 교육, 지식 생산 및 전문적인 네트워크 형성으로 기업이 스스로 자신들의 문제 해결에 기여하는 등의 역할도 한다. 맨체스터 대학 과학기술정책대학원(PREST, 2002)은 산학연계 채널 유형을 ① 대학에서 교육을 받은 인재의 산업체 투입, ② 대학에서 생산된 지식이 논문이나 특허 등 문서화된 지식 형태로 확산, ③ 대학과 산업체의 공동 연구, ④ 대학과 연구기관 소속 연구원들의 창업을 통한 지식 이전 등 네 가지 유형으로 구분했다.

OECD(1992)는 인적 네트워크 등의 간접적인 연계까지 포함해 산학 연계 채널을 구체적으로 구분하고 있다. ① 공동 연구, ② 기술 컨설팅과 위탁 연구, ③ 산·학·연 간의 인적 교류, ④ 대학원 학생 교육을 위한 협력, ⑤ 산업계 인력 재교육, ⑥ 지적재산권 사용, ⑦ 연구원이나 교수들의 벤처기업 창업, ⑧ 비공식적인 접촉과 인적 네트워크와 같이 여덟 가지 산학 연계 채널 유형을 제시하고 있다.

기술 분야 또는 환경에 따라 상이한 산학 연계 채널이 이용되고, 직접적인 연계와 암묵지(tacit knowledge)의 이전 및 인적 교류를 포함해 다양한 형태의 협력 채널이 이용되고 있다. 특히 그동안의 많은 연구에서 성공적인 기술혁신과 학습에서 암묵지의 이전을 중요한 요소로 보고 이에 대한 중요성을 강조하고 있다(Schmoch, 1999; Schartinger et al., 2001; Brooks, 1994).

지식의 공급과 수요라는 시장 원리에 따르면 산학 연계는 지식시장(knowledge market)에 대한 다양한 행위 주체들의 선택에 의해 이뤄지며, 정부는 지식시장의 시장실패가 나타나는 부분을 치유하고 보완하며 산·학·연 연계를 강화하는 역할을 한다. 산학 연계는 국가 차원에서 산업기술을 개발하고 촉진하기 위한 목적으로 추진되는 여러 공공정책에 의해 추진되어 왔다. 산학 연계를 위한 정부정책은 지식시장에서 산학 연계가 잘 이뤄질 수 있도록 하는 유인책을 마련하고, 장애 요인을 제거함으로써 연계 강화가 이뤄질 수 있도록 하기 위한 노력의 일환이다. 산학 연계의 유인 또는 인센티브와 장애 요인들은 주로 산학 연계 증진을 위한 정부정책과 직접적인 관계가 있는 것들로 관련 규정, 제도적인 문제, 평가제도, 시장규제 등을 들 수 있다.

따라서 산학 연계 관련 제도를 통해 연계를 강화할 수 있도록 하고, 다양한 중계 채널(intermediary structure)을 활용할 수 있도록 하며, 연계를 통해 실질적인 상호 이득이 될 수 있도록 연계 메커니즘의 구축이 중요하다. 그리고 한편으로는 연계 비용을 줄이고, 기술 이전 활동을 지원함으로써 산학 연계가 활발하게 이뤄질 수 있도록 하는 것이 필요하다. 이는 연계 기관, 인큐베이터, 기술이전센터, 컨설팅 네트워크, 관련 정보 축적을 위한 데이터베이스(DB) 구축 등과 같은 물리적 측면의 인프라 구축을 포괄하는 것이다. 산학 연계 촉진 프로그램의 역할은 산학 연계를 위한 재정적인 지원과 지식시장에서의 시장실패에 대한 보상 등이며, 또한 이러한 프로그램들이 일반인을 대상으로 산학 연계의 중요성을 인식하고 산학 연계에 대한 부정적인 인식을 불식시킬 수 있도록 대중의 인식 제고 활동의 역할이 필요하다. 한편 교육 및 공공기관의 산학 연계 관련 제도들은 대학이나 공공연구기관 연구자들의 산학 연계에 의한 인센티브로서 기능하기도 하고 장애 요인으로 기능하기도 함으로써 긍정적·부정적 영향을 모두 끼치는 양면성을 띠기도 한다. 이러한 관련 제도는 평가지표의 설정, 재정적인 지원, 기관의 임무, 개인적인 보상, 조직문화, 인사(채용)정책 및 행정적인 지원 등이 있다.

같은 맥락에서 기술혁신정책의 한 축은 국가 혹은 지역혁신체제의 하부 구성 요소로서 혁신 주체 간의 기술혁신 네트워크를 형성하고 성장할 수 있도록 지원

그림 5-3 기술혁신 체제의 전략적 요소

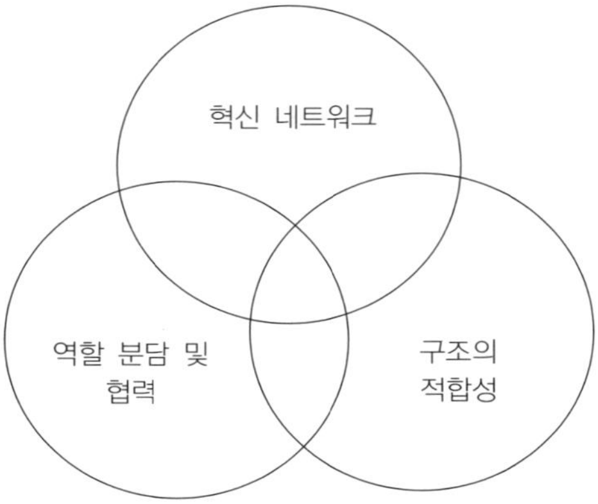

그림 5-4 국가혁신체제에서 혁신 클러스터 구성 요소

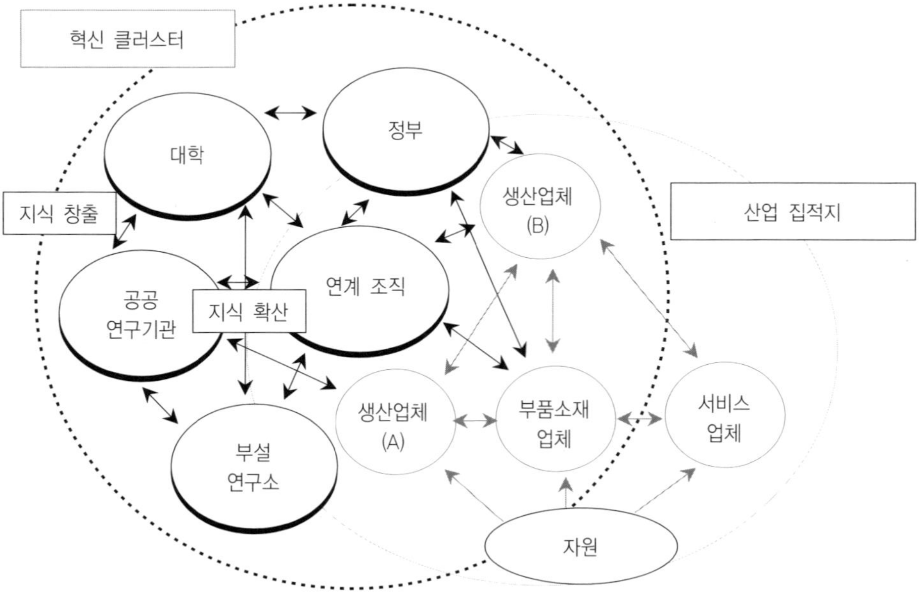

자료: 이공래(2002) 수정.

하기 위한 하나의 정책적 조치이며, [그림 5-3]에서 보는 바와 같이 기술혁신 정책으로서의 산·학·연 연계 강화와 네트워크 형성, 혁신 주체 간의 역할 분담 및 협력 그리고 기술혁신 강화 시스템과 정부 부문과 민간 부문의 역할 조화 등 구조의 적합성 등의 요건이 충족되어야 한다.

[그림 5-4]에서 보는 바와 같이 국가혁신체제 하에서 혁신 주체들 간의 네트워크 형성은 혁신 클러스터의 중요한 요건 중의 하나다. 클러스터는 산업 클러스터의 개념을 포함할 뿐만 아니라 지식의 생산, 유통 및 활용을 중심으로 하는 혁신 클러스터와 지식 클러스터 등과 같은 광범위한 의미의 클러스터, 그리고 국가혁신체제의 구성 요소로서 클러스터의 개념을 포함하고 있다.

이처럼 국가혁신체제에서의 혁신 클러스터 이해를 위해 [그림 5-5]에서 보는 바와 같은 퍼먼 외(Furman et al., 2002)의 국가 혁신 경쟁력 분석틀은 분절적인 구성보다는 요소들 간의 연계와 네트워크화된 속성을 보여주고 있다. 과학기술정

그림 5-5 국가혁신체제와 혁신 클러스터 혁신 환경

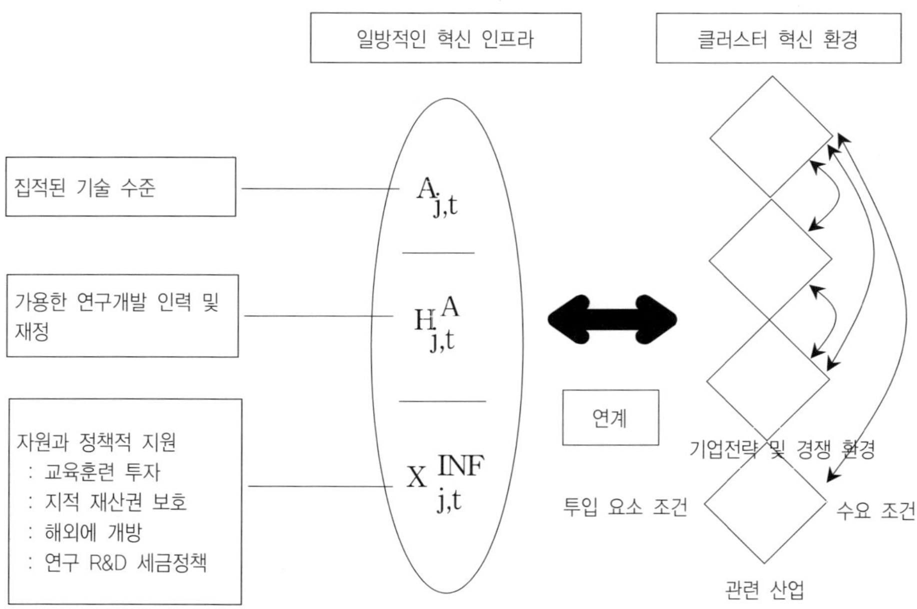

자료: Furman et al.(2002).

책에서 이러한 혁신 주체들 간의 유기적인 네트워크 형성과 이들의 원활한 협력 메커니즘이 작동될 수 있도록 지원될 필요가 있다. 이러한 노력이 과학기술정책의 거버넌스적 이해를 돕는 기반이 될 수 있을 것이다.

최근 전통적인 산학연의 연구 영역의 경계가 불분명해지고, 연구의 산업화 및 정치적 · 경제적인 이해 관계가 연구의 성과와 이에 대한 평가 과정, 그리고 연구조직 속에 내재되어 가고 있는 추세다. 이러한 과정을 전제로 한 개념이 삼중나선모형으로 분석도구로서의 혁신 체제를 정부, 대학, 기업(산업) 부문의 혁신 주체들의 다양한 구조와 주체들 간의 역동성을 설명하는 정책모형이다(Etzkowitz & Leydesdorff, 2000). 삼중나선모형은 혁신 체제의 형성과 그러한 시스템이 어떻게 구체화되어 가는지 그리고 시스템 상에서 혁신 주체들의 상호작용 단위 등에 초점이 있다.

제 3 절 공공연구기관, 대학 및 기업의 역할과 기능 정립

국가혁신체제를 구성하는 주체들은 대학과 공공연구기관, 정부의 R&D 예산 집행 및 관리기구와 조직으로 구성된다. 그리고 공공연구 시스템의 주요 기능과 상호작용을 구성하는 요인은 공공연구기관 내부의 운영 시스템과 시스템 하에서의 대학과 다른 연구기관 간의 협력과 상호작용, 정부부처 및 기타 관리조직에 의한 정책과 연구 시스템 관리제도, 그리고 연구자금 투입, 공공 부문과 민간 부문의 혁신 체제를 연계하는 협력 메커니즘, 외부 환경 측면의 요인이 투입과 운영, 산출에 미치는 영향 등이다.

대학과 공공연구기관은 공공연구 시스템에서 가장 중요한 구성 요소로 인력 양성 기능과 과학기술 지식의 생산 및 공급 역할을 담당한다. 공공연구기관은 정부부처 및 관리조직과 정책, 제도, 자금 차원에서 상호작용을 하며, 산업계인 기업과도 다양한 형태와 방법의 산학 협력 메커니즘을 통해 서로 영향을 주고받는다. 대학은 모든 공공연구 시스템에서 중요한 역할을 수행하는 주체로서 공공연구 시스템에서 필요로 하는 연구 인력의 양성과 훈련 그리고 자체적인 또는 다른 연구기관과의 협력을 통해 기초과학에 대한 연구개발을 추진하는 역할을 담당한다(과학기술정책연구원, 2007).

1 국가혁신체제에서 공공연구기관의 역할

공공연구기관의 경우 공익 또는 비영리 목적의 연구를 수행하기 위해 정부로부터 연구개발 자금을 지원받고, 정부의 통제 하에 주로 기초과학, 공공기술 등 시장실패가 나타나는 영역의 연구개발 활동을 주로 수행한다(Senker et al., 1999; 조현대 외, 2007; 하민철·김영대, 2009). 전통적으로 공공 부문의 연구는 비(非)전유성을 갖거나 전유성이 낮은 기초과학 연구, 그리고 대국민 서비스 향상을 목적으로 추진하는 연구, 국가 차원에서 사회적 인프라 구축을 위한 연구 등 이윤 추구를 목적으로 추진되는 민간 부문·산업계에서 제품 개발 및 서비스 생산을 위한 산업기술 연구와 구분되는 독자적인 하나의 연구 영역으로 인식되어 왔다(Joly & Mangematin, 1996). 그러나 1980년대 이후 공공 부문에서 수행하는 연구와 민간 부문의 연구 간에 엄밀한 의미의 연구 영역의 구분이 모호해졌다. 구분이 어려워진 이유는 기초과학을 기반으로 한 신산업들이 창출됨에 따라 전통적 의미의 기초연구와 응용, 개발 등 산업기술의 경계가 뚜렷하지 않으며, 기초과학이 가지는 지식의 암묵지적인 성격의 강화로 기초과학과 산업기술 사이의 연계와 상호 협력의 필요성이 대두되었기 때문이다. 그리고 그동안 공공재로 인식되어온 환경, 국방 분야 등에 대한 인프라 투자와 서비스 제공이 민영화되고, 이에 대한 민간 부문의 투자가 증대되면서 해당 분야의 연구개발 활동에 민간 기업들의 참여 폭이 넓어지고 있기 때문이다.

이와 같이 공공 부문 연구와 민간 부문 연구 사이의 연구 영역의 경계가 허물어지고 상호 협력과 연계의 필요성이 대두됨에 따라서, 공공 부문의 연구개발 활동과 지식 생산의 특성이 변화하게 되었으며, 과거 연구자 개인 단위로 운영되던 공공 부문의 연구개발 활동이 공공연구 기관을 중심으로 조직화되면서 공공연구기관 운영관리제도 및 체제에도 많은 변화가 나타나게 되었다. 이러한 환경 변화를 고려해 공공연구에 대한 개념 정의를 광의와 협의로 구분해 볼 수 있다. 협의의 공공부문 연구는 정부의 공적 자금을 이용하면서 정부의 소유와 통제 하에 공공재적 특성을 가지고 기초과학, 공공기술, 국방기술 등의 연구들을 추진하는 것으로 정의할 수 있으며(Senker et al., 1999), 광의의 공공연구 개념은 연구개발을 위한 재원은 주로 정부 예산이나 공공기금에 높게 의존하고 있으나, 지배 구조에서는 정부 및 공공기관의 지배 또는 통제를 받거나, 연구 영역이 공공기술, 순수 기초과학, 국방 등 전통적 의미의 공공연구의 영역을 주로 포괄하고 있는 연구이며, 이러한 연구를 수행하는 기관·조직을 공공연구기관으로 정의할 수 있다(과학기술정책연구원, 2007).

모든 국가는 전문적인 주요 이슈를 다루거나 다가오는 미래에 대비하기 위해 국가별 소유 구조, 운영 방식, 예산 지원 방식, 구성원 신분, 거버넌스 구조 등의 형태는 다르지만 국가의 싱크탱크(think-tank)로 활용하기 위해 공공연구기관을 보유·운영하고 있다. 우리나라 정부연구기관은 국공립연구기관과 정부출연연구기관으로 구성되어 있는데, 정부출연(연)은 '과학기술 분야 정부출연연구기관 등의 설립·운영 및 육성에 관한 법률'에 의해 정부의 출연금으로 연구개발을 수행하게 하는 연구기관으로서, 2개 연구회 산하에 26개 정부출연연구기관이 설립되어 있다. 정부출연(연)은 조직적·집단적인 연구 체제로 교수 1인 중심의 연구 체제인 대학과 비교했을 때 대형 연구과제를 수행하기 적합한 구조다. 국·공립연구기관은 연구보다 분석·인증·검사 등 책임이 확실한 사안을 다루기 위한 기관으로 구성원이 공무원 신분이며, 이에 따라 승급 체계·처우 체계가 법률로 명시되고 조직문화가 수직적인 구조로 유연성이 낮다. 이러한 조직구조로 인해 해외의 우수한 과학자의 유치와 중간 진입이 어려움에 따라 우수 과학자 인력 유치를 통한 유연한 구조 및 처우 개선을 통해 적극적인 연구개발이 이뤄질 수 있도록 정부출연(연) 체제를 채택하고 있다(기초기술연구회, 2009a).

연구개발은 연구개발 활동의 높은 불확실성, 불완전한 수익의 전유성과 같은 특징으로 인해 시장실패가 나타나는 영역이다. 이에 따라 정부는 시장실패가 나타나나는 영역에 대한 치유와 연구개발 활동의 촉진을 위한 정책으로 정부연구개발사업을 추진하고 있는데, 국가 차원에서 연구개발에 대한 시장실패와 시스템 실패 등을 보완하기 위한 방안이자, 국가 경쟁력 강화를 위한 연구개발 과정에 대한 개입 수단인 것이다. 이러한 사업을 수행할 담당 주체로서 정부출연(연)을 설립해 운영하고 있으며, 이에 따라 출연연구기관은 국가혁신체제에서 공공문제를 우선 해결해야 한다는 당위적 임무를 부여받고 있으며 산업계나 대학 등 민간 부문 또는 소규모 연구조직 내에서 수행하기 어려운 기술적 문제 해결을 위한 연구개발 활동에 주력하는 것이 필요하다(기초기술연구회, 2009b; 산업기술연구회, 2008).

주로 시장실패가 나타나는 영역으로는 공공재적 성격이 강한 표준·천문·국방 등과 같은 연구 분야, 그리고 바이오·환경·에너지 등과 같이 많은 투자와 고위험성을 가진 연구 분야 등을 들 수 있다. 공공재적 성격으로 인해 민간 부문에서 공급이 이뤄지지 않는 분야는 정부 주도의 연구개발 투자와 해당 분야의 연구 수행이 필요하고, 특히 정부출연연구기관은 이러한 성격을 갖는 연구개발에 대한 투자와 연구 수행을 담당하는 것이 필요하다. 즉, 공익적 차원에서 사회 일반의 이익과 불특정 다수의 이익 증진을 위한 역할 수행을 요구받고 있다. 그리고 연구개발 투자에 대한 위험성은 크지만 연구 성공 시 경제적 파급 효과가 매우 큰 원천 기술(emerging and egineering technology)의 확보를 위한 정부 주도의 연구개발 등과 같은 수요에 대응하기 위한 활동 역시 정부 정부출연연구기관의 중요 기능이자 역

그림 5-6 공공연구기관의 당위적 역할 부문

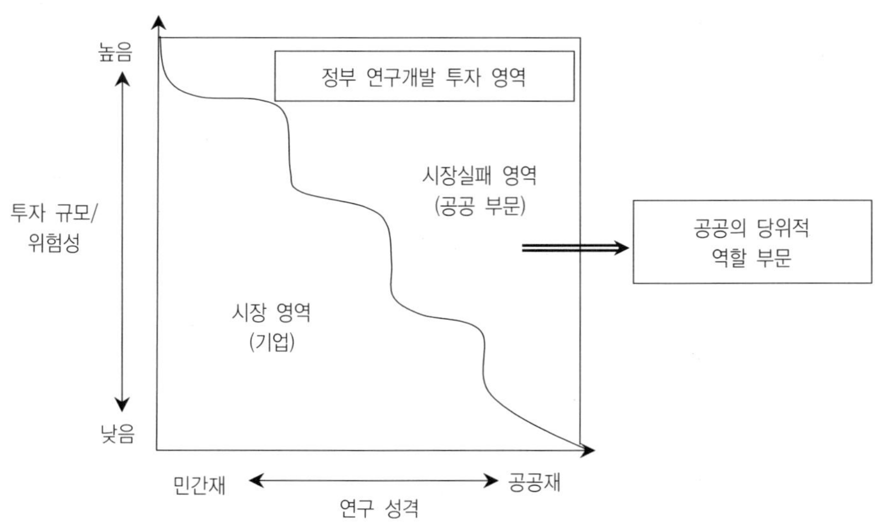

자료: 산업기술연구회(2008).

할 중 하나라고 할 수 있다(기초기술연구회, 2009b).

2 공공연구기관의 역할 변화

지식 기반의 경제와 사회적 환경 변화와 과학과 기술의 접목 등과 같은 변화에 따라 공공연구기관 역시 환경 변화를 경험하고 있다. 첫째는 대부분의 국가에서 정부가 적극적으로 기술개발정책을 추진하고 있으며, 둘째는 국가의 개입 형태가 과거 총액 예산 지원 체제 중심에서 경쟁을 통한 연구비 투자 또는 전략 분야 또는 전략적으로 연구개발 투자를 하는 형태로 변화하고 있다는 점이다. 셋째는 국가 차원에서 지원을 받는 주요 연구 주체로 대학의 중요성이 증가했다는 점이다. 넷째는 정부의 민간 부문으로 지원 혜택 확대로 사업화 연구개발기관에 대한 혜택 증대를 통해 정부가 기업에 대한 지식, 기술 및 서비스를 제공할 수 있도록 하고 있다. 이는 글로벌 경쟁의 심화로 연구개발의 중요성이 등장함에 따라서 해당 분야에서 정부의 영향력이 확대되었고, 이 과정에서 민간연구기관 등 정부 정책 대상의 범위가 확대되었다. 마지막으로 공공연구기관이 연구 수행 결과인 관련 지식의 이전과 활용, 즉 기본스 외(Gibbons et al., 1994)가 주장한 모드 I로부터 모드 II로의 전환을 강조하고 있다. 과학기술 연구개발과 관련한 환경 변화와 정책적 추세의 변화가 공공연구기관과 관련된 환경 변화를 야기하고 있다(Cruz-Castro & Sanz-Mendez, 2007).

공공연구기관의 경우 정부로부터의 자금 지원이 이뤄지고 있기 때문에 사회문제 해결과 국가 차원의 과제 수행을 담당할 책임을 가지고 있다. 그동안 정부출연(연)의 역할은 국내·외 환경 변화 및 시대적 상황 변화에 따라 기대되는 역할의 변화가 나타나고 있으며, 특히 최근 들어 기업과 대학 등 민간 부문의 연구개발 역량의 향상과 활발한 R&D 추진, 그리고 기술의 빠른 발전과 융·복합화 현상으로 인해 출연(연)을 중심으로 한 공공연구기관의 역할 재정립에 대한 논의가 증대되어 왔다. 공공연구기관의 역할 변화에 대한 논리는 크게 두 가지로 구분해 볼 수 있는데, 하나는 유기적인 내생적 변화(organic endogenous change)이고 다른 하나는 정책 주도의 외생적 변화(policy-driven exogenous change)다(Boden et al.,

2006). 공공연구기관의 역할 정립과 관련된 제도적 변화에 대해 자율성 논리와 정책 주도 외생적 논리의 관점에서 보면 다음과 같다(하민철 · 김영대, 2009). 공공연구기관의 자율성 논리는 영국의 홀데인 원칙(Haldane Principle)[1]으로 알려진 것으로 전통적인 정부관료나 비과학자가 연구개발 등 과학의 내부 문제에 개입하지 말아야 한다는 신념이 큰 영향을 미쳤다. 이것은 정부가 과학기술의 발전을 위해 필요한 재정적 지원 등 투자는 하되 이에 대한 간섭과 통제를 최소화해야 한다는 것이다. 이러한 논리에 따르면 공공연구기관의 기능과 역할 등 국가 차원에서 사회적 역할과 책임의 변화는 상향식(bottom-up)으로 과학기술 연구 현장에서 정부의 과학기술정책으로 전달되어 나타난다는 것이다. 이에 반해 정책 주도로 이뤄진다는 외생적 변화 논리는 공공연구기관의 역할은 사회와의 상호작용 과정 속에서 국가가 원하고 필요로 하는 역할을 수행해야 한다는 것이다. 1980년대 신자유주의적 패러다임의 확산에 따른 환경 변화와 더불어 지식사회학(the sociology of knowledge)에서 제시하고 있는 과학과 사회의 상호작용에 대한 이론적 논거를 바탕으로 규범적 관점에서 국가와 사회적 책무를 다하기 위한 공공연구기관의 역할 변화다. 이러한 논리에 따른 변화 방식은 하향식(top-down) 방식으로 정부 차원에서 과학기술정책이 결정되고 그 결과가 하향적으로 공공연구기관에 전달된다는 것이다.

위에서 다룬 역할 변화의 두 가지 논리를 단순화하면, 과학자(연구자) 공동체의 자율성이 보장되는 가운데 과학기술 현장 논리에 따른 내부적 변화 논리와 정부의 정책적 개입의 정당성 하에서 과학기술 현장의 외부적 변화에 따른 변화 논리로 요약할 수 있다. 과학자 공동체 내부의 규범과 문화, 관점에 따른 점진적 변화를 모색하는 경우, 과학기술과 지식 발전의 내적 동력에 따른 발전을 이루고 이를 통해 궁극적으로 국가적 · 사회적 발전을 이끌어낼 수 있을 것이다. 하지만 사회적 책임을 인식하고 이를 규정하는 과정에서 나타날 수 있는 과학자 공동체의 편향(bias)의 문제가 제기된다. 그리고 사회적 책임의 규정과 그러한 책임을 충족하는 과정에서 나타날 수 있는 부정합(mismatch)의 가능성에 대한 문제가 존재한다.

---

1) 홀데인(Richard Burdon Haldane, 1856~1928)은 연구기관의 자율성과 관으로부터 독립성을 강조한 영국의 정치가다. 특히 그는 연구비의 사용은 정부가 아닌 연구기관에 의해 자율적으로 결정되어야 한다는 주장을 하여 이를 그의 이름을 따서 '홀데인 원칙'이라고 부른다.

정부가 사회 전체적인 요구의 수렴과 정책적 판단을 통한 변화를 모색하는 경우, 효율성 측면에서 과학기술의 논리와 사회적 논리 사이의 차이(gap)를 좁히고, 환경 변화에 따라 제기되는 사회적 수요에 대해 적시에 대응이 가능하다는 장점이 있다. 하지만 사회적 수요와 사회적 책무를 인식하고 규정하는 과정에서 나타날 수 있는 정부의 편향 문제 가능성이 제기된다. 그리고 과학기술의 내적 동력에 대한 정부의 정책적 개입이 가져올 수 있는 과학기술 발전에 잠재적 영향과 비의도적인 부작용 등의 발생 가능성에 대한 고려로 사회적 책무에 대한 규정과 충족 과정에서 나타날 수 있는 파생적 외부 효과(derived externality)의 회피 가능성에 대한 문제가 제기된다. 기본적으로 정부 활동은 광범위하고 다양한 정책 효과를 나타내기 때문에 정책의 효과의 범위와 그 내용을 사전에 파악하고 예측하는 것은 매우 어려운 일이다. 따라서 잠재적이고 부수적이며 의도하지 않은 부정적 효과를 막는다는 것은 불가능한 일이다. 이처럼 공공연구기관의 역할 변화와 관련된 내생적 변화 논리와 외생적 변화 논리는 각각의 논리적 특성에 따른 한계를 가지고 있음을 알 수 있다.

연구 영역의 구분은 과거처럼 공공과 민간 부문의 영역 구분이 명확하지 않음에 따라 보즈먼과 크로(Bozeman & Crow, 1990)와 크로, 에머트와 제이콥슨(Crow, Emmert, & Jacobson, 1990), 크로와 보즈먼(Crow & Bozeman, 1998)의 연구는 연구기관 유형을 시장과 공공의 영향 측면에 초점을 두고 공공성 정도와 결과의 경제적 특성 차원 두 가지 범주로 구분하고 있다. 공공이라는 의미가 정부 소유를 의미하지는 않지만, 정부의 직·간접적인 통제와 영향이 존재하는 영역이라고 할 수 있다. 따라서 공공연구기관별 정도의 차이는 존재하지만 정부로부터 자원의 제공 및 공유 그리고 연구기관 조직 및 구조, 연구기관의 연구 방향 및 주제 설정에서 정부의 간여 또는 개입이 존재함을 의미한다. 크로와 보즈먼(Crow & Bozeman, 1991)은 1980년 미국의 대학연구소, 정부연구기관, 민간기업연구기관 등 광범위한 연구기관을 대상으로 한 연구를 통해 연구기관이 동태적 환경 속에서 받게 되는 정부(government influence)와 시장으로부터 받는 영향(market influence)의 정도에 따라 다양한 역할과 구조를 보이고, 이에 따른 성과도 상이하게 나타난다는 연구 결과를 제시했다. 이러한 현상은 정부연구기관의 경우에도 예외가 아닌데, 그럼에도 불구하고 정부의 정책결정자들은 연구기관들을 획일적으로 다루려고 한다고 비판하고 있다. 먼저, 정부의 영향 정도에 따라서는 민간 부문 과학기술 수요에 근접한 역할을 수행하는 연구기관, 공공 부문의 과학기술 수요에 근접한 역할을 수행하는 연구기관, 혼합 형태로 민간 부문과 공공 부문 과학기술 수요를 혼합한 수요충족에 가까운 연구기관으로 구분해 볼 수 있다. 다음으로, 시장의 영향 정도를 기준으로 보면 과학에 중점을 둔 역할을 하는 연구기관, 기술에 중점을 둔 역할을 하는 기관, 과학과 기술이 혼합된 형태의 역할을 수행하는 연구기관으로 나눠 볼 수 있다. 이에 대해 크로와 보즈먼은 연구에서 정부의 영향 정도는 연구기관의 예산 중 정부 지원 비율, 정부가 직·간접적으로 지원하는 연구시설 및 장비의 비율로 측정하고 있고, 시장의 영향 정도는 연구기관의 효과성 입증으로 효과에 대해 상업적 성공 또는 과학적 성공으로 규정되고 인정되는 정도로 분석하고 있다. 크로와 보즈먼의 연구에서 미국의 97개 정부연구기관을 대상으로 한 조사 결과는 주로 시장 영향의 정도가 낮고 정부의 영향 정도가 높아 공공과학과 공공과학기술을 담당하는 연구기관이 주류를 이루고 있다는 결과를 제시하고 있다.

표 5-1 정부 영향과 시장 영향의 정도에 따른 연구기관의 역할 분류

		정부의 영향 수준		
		저	중	고
시장의 영향 수준	저	민간과학 (0)	복합과학 (2)	공공과학 (52)
	중	민간 과학기술 (0)	복합 과학기술 (0)	공공 과학기술 (37)
	고	민간기술 (0)	복합기술 (1)	공공기술 (5)

주: ( ) 내의 숫자는 정부연구기관의 97개의 분류 유형 수.
자료: Crow & Bozeman(1991).

3 국가혁신체제에서 대학과 기업의 역할

국가혁신체제에서 주요 혁신 주체로서의 대학이 기초기술 및 인력 양성 등 중요한 역할을 수행하고 있다. 대학은 오랫동안 교육과 연구, 사회봉사의 3대 기능을

토대로 발전해 왔다. 교육을 통해 전문 인력을 양성하고 연구를 통해 해당 분야의 학문적 지식을 창출하며 사회와 지역사회에 대한 봉사 활동을 통해 사회 발전에 기여하고 지식을 보급하고 전파시키는 역할을 담당했다. 현대는 지식 기반 사회에서 지식 창출이 강조되고 지식 수준이 국가 경쟁력에 미치는 영향력이 커짐에 따라 선진국들은 이러한 지식을 창출하고 확산시킬 수 있는 대학을 국가혁신체제의 핵심적인 요소로 보고 많은 투자를 하고 있다.

국가혁신체제 내에서 대학이 담당하는 역할을 보면 크게 세 가지로 유형화할 수 있는데 첫째는 과학기술의 학습과 혁신 활동을 수행하는 고급 인력을 양성하는 일이고, 두 번째는 직접적으로 연구개발 활동을 수행해 관련 지식을 생산하고 축적하는 일이다. 마지막으로는 수행한 연구개발 결과 또는 다양한 학습 방식으로 축적한 지식을 사회에 이전해 유용하게 활용될 수 있도록 촉진하는 일이다. 이장재(1998)는 대학의 임무를 국가혁신체제 내에서 연구 시스템, 교육 시스템, 경제사회 시스템, 문화 시스템 등 4개 서브시스템 차원에서 제시하고 있다. 국가혁신체제 내에서 대학의 임무는 〈표 5-2〉에서 보는 바와 같은데, 대학은 연구 시스템에서 과학 하부 구조를 형성하고 과학적 연구 능력을 형성 유지하며, 국가의 전문연구센터들을 유지·관리하고, 새로운 아이디어의 창출과 다학제 연구의 촉진, 과학적 표준

표 5-2 국가혁신체제에서 대학의 임무

시스템 구분	대학의 임무
연구 시스템	• 과학 하부 구조 및 과학적 연구 능력 유지 • 국가의 전문 연구센터 유지 • 새로운 아이디어의 창출 및 다학제 연구 촉진 • 과학적 표준의 유지
교육 시스템	• 미래 과학자 세대의 양성 • 과학적 연구 방법 교육
경제사회 시스템	• 미래 혁신에 필요한 기본적인 역할 수행 • 공공정책 영역에서의 혁신 촉발 • 산업과 정부를 위한 응용연구 및 자문 수행
문화 시스템	• 다양한 지식의 창출 및 진보 • 개인, 사회, 국가의 자각 촉진 • 국가의 정체성 확보 및 발전

자료: OECD(1981). 이공래·성태경(2009) 재인용.

유지 등의 임무를 담당한다.

대학은 기초과학 연구의 주요 주체로서 기술혁신의 기반이 되는 지식과 과학적 원리를 발견하고 축적하는 역할을 주로 담당한다. 대학의 기초연구의 결과는 공공재(public goods)적 속성을 갖고 있지만 공짜로 제공되는 재화(free goods)는 아니며, 대학으로부터 기업 또는 사회로의 지식 흐름은 여러 가지 요인의 영향을 받는다. 최근 들어 융·복합 기술의 발전과 산업의 복합기술화가 추진된다고 해서 대학에서 수행 중인 모든 연구가 기업의 관심의 대상이 되는 것은 아니며 반대의 경우도 마찬가지다(Pavitt, 1997). 기술이나 학문 분야에 따라 지식시장의 수요와 공급의 상황은 다양한데 의약품, 식품의 경우 다른 분야에 비해 상대적으로 기초연구에 대한 의존이 높은 편이고, 컴퓨터 과학, 재료공학 분야 등은 산업계와 밀접한 관계를 가지고 있다(Klevorick et al., 1993).

이러한 지식시장의 특징은 정보 불균형과 시장의 불투명성이 높다는 점과 둘째, 거래 비용과 파급 효과가 높고 투자의 위험성이 높아 지식 생산과 거래에서 제한이 따르게 된다는 것이다. 이러한 특징으로 인해 산학 간 상호 연계의 필요성을 증대시키며 상호 협력을 통한 지식 생산의 필요성을 높이는 이유다(Foray, 1994; David & Foray, 1995; Foray & Lundvall, 1996; Machlup, 1980).

산·학·연 혁신 주체들의 기술혁신 성과가 기업의 부가가치 창출로 수렴되어 경제적 성과를 창출하므로 기업은 국가혁신체제의 핵심 혁신 주체이자 핵심 요소라고 할 수 있다(과학기술부, 2004). 기업은 그동안 수익 창출과 그 규모의 발전 면에서 괄목할 만한 성장을 이루면서 우리나라 경제의 근간을 이룸과 동시에 지난 40여년 간 국내 경제 성장의 견인차 역할을 수행해 왔다.

4 국가혁신체제에서 혁신 주체들의 협력 메커니즘

국가혁신체제 하에서 정책 참여자, 특히 산·학·연 혁신 주체들의 연계 구조는 대학, 연구기관, 기업 및 정부 등 네 주체 간의 관계에 의한 것이다. 기업의 지식 수요와 수용 능력에 대한 대학과 연구기관의 지식 공급과 이전 능력 수준에 의해 결정되며, 지식의 수요와 공급의 일치는 정책 행위자 간 연계의 관계 설정을 위한 전제 조건이다. 그리고 대학의 학문 분야와 기업의 기술의 구체화 정도와의 정합성도 매우 중요한 요인이다. 특히 기술혁신 과정에서 대학의 기술 이전과 기업의 기술 습득(수용) 능력, 그리고 수요와 공급에 맞는 연구 주제의 선정 노력 정도는 산학 연계 관계에 중요한 영향을 미치는 부분이다. 산학 협력 관계에서 시장의 수요의 파악과 이에 기반한 기술 개발은 기업의 기술 경쟁력 원천이자, 중요한 정보원(sources)이기 때문에 중요성이 높다. 산학 연계 관계에 영향을 미치는 중요한 요소 중의 하나는 대학의 역할에 대한 사회적인 인식으로 정책적으로 인식을 바꾸는 부분이 어렵지만 연계 형성에 근본적인 영향을 미치는 부분이라고 할 수 있다.

산학 연계는 협력이 이뤄지는 개별 주체들의 특성에 의해서도 영향을 받게 되는데, 기업의 고유한 특성과 구조에 따라 협력에 대한 수요가 달라진다. 예를 들어 기술 분야가 대학의 지식에 의존하는 정도가 높은 첨단기술인지 여부에 따라, 기업 구조가 중소기업인 대기업인지에 따라서도 달라지며, 시장 구조의 특성인 경쟁과 수요 정도에 따라서도 달라진다. 그리고 기업의 혁신관리 능력이 높고 낮음 등 흡수 능력에 따라서도 좌우되며, 기술혁신 주기에서의 혁신 활동의 정도, 대학에서의 지식 공급 · 이전 능력 및 학문 분야의 특성에 따라서도 달라지고, 대학 또는 연구기관 등 연구기관 고유의 조직 유형과 더불어 개인 역량 등에 따라 산학 연계의 가능성이 변화하게 된다. 이러한 산학 연계의 가능성 또는 잠재성이 활용되는 정도는 혁신 체제 내에서의 유인과 장애 요인 그리고 지식시장에서 대학과 기업들의 의사결정에 이러한 요소들이 영향을 미치는 방법에 따라 달라진다.

혁신 주체들 간의 연계로부터 얻는 효과는 대표적인 것이 학습 효과, 암묵지(tacit knowledge)와 명목지(codified knowledge)의 이전과 인력 교류, 네트워크의 형성 등을 통한 이점으로 기업은 기업의 경쟁력 강화에 필요한 새로운 지식의 접근 가능성이 제고되며, 대학은 기업들과의 협력을 통한 경제적 수입 창출이 가능하게 된다는 점이다. 그뿐만 아니라 기업은 우수 연구 인력의 채용 가능성, 새로운 사업의 기획 및 개발 그리고 연구 인프라의 사용과 보완적 연구자원에 접근 가능해진다는 등의 인센티브가 존재한다. 대학은 재정적 및 인적 기반의 확보와, 교육과 연구 과정에서의 현실에 대한 접근 및 새로운 자극의 기회를 가질 수 있으며, 이를 통한 연구 인프라의 개선 및 학생들의 취업 기회 확대 등과 같은 인센티브가 있다. 기술혁신 과정에서 산학 연계 채널은 상호 필요에 의해 폭넓은 수단이 동원된다.

지식 교환 채널은 다양하게 존재하며, 이들 채널의 각각의 효과 역시 다양하게 나타난다(Gibbons et al., 1994; Lundvall, 1988). 이러한 협력 채널의 상대적인 중요성은 기업의 수용 능력과 대학의 이전 능력, 그리고 혁신 유형 또는 필요한 지식 유형, 지식시장에서 나타나는 시장실패의 정도 및 유형에 따라 상이하다(Saviotti, 1998; Smith, 1995).

최근 산·학·관 협력 융합모형으로 등장하고 있는 삼중나선모형(triple helix model)은 기술혁신 과정을 산·학·관 주체들 사이의 복합적인 상호 관계를 나선형의 움직임으로 본다(Etzkowitz & Leydesdorff, 2000: 112). 이 모형은 혁신 주체들 간의 다양한 협력과 이들 간의 역동적인 상호작용의 동태성 분석에 초점을 두고 있으며, 산·학·관 주체 간의 관계뿐만 아니라 내부적인 네트워크 문제에 대해서도 관심을 가지고 있다(Etzkowitz & Leydesdorff, 2000: 118). 특히 대학의 중요성을 강조하고 있는데 교육기관이 기능뿐만 아니라 교육과 연구개발이 함께

그림 5-7 과학기술정책 행위자 간 연계 구조

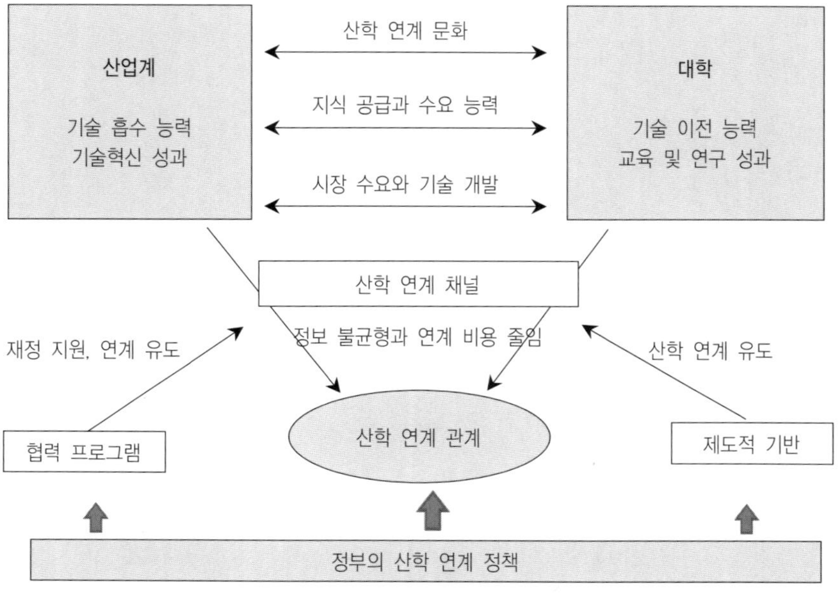

자료: 홍형득(2003).

이뤄지는 기관으로 역할이 확대되고 있으며 기초연구와 응용연구 등 연구개발 단계 간의 구분이 모호해질수록 산업화 가능한 지식 생산에 대학이 점차 중요한 역할을 담당하게 된다는 것이다. 이러한 변화로 기업이 시장 혁신과 경쟁력 강화를 위해 대학의 연구 성과에 의존도가 높아짐에 따라 정부의 역할에도 변화가 나타나게 된다는 것이다(Etzkowitz & Leydesdorff, 2000). 이러한 현상은 인공지능이나 생명공학기술 등과 같이 기초연구를 기반으로 하는 첨단기술과 산업에서 더욱 두드러지게 나타난다(Giesecke, 2000).

지식의 새로운 생산에 대해 기본스 외(Gibbons et al., 1994)는 산·학·관 혁신 주체 간의 상호작용 네트워크와 환류 통한 상호작용의 산물이라고 보았다. 이처럼 지식시장에서의 수요와 공급의 주체인 대학과 공공연구기관, 기업, 그리고 정부의 지원정책 등 산·학·관의 연계 구조는 [그림 5-7]과 같다.

제 6 장 과학기술정책 거버넌스와 혁신 기반 구조

이 장에서는 각 국가의 과학기술정책의 거버넌스적 이해를 위해 국가혁신체제의 거버넌스와 기반 구조 분석을 위한 모형을 도출하고자 한다. 국가혁신체제의 거버넌스 구조는 조정 메커니즘과 참여 메커니즘의 두 가지로 구분하고 조정 메커니즘은 수평적 조정 메커니즘, 집행 및 연구비 배분 메커니즘 및 산학 협력 메커니즘으로 세분하고, 참여 메커니즘은 범부처 참여, 민간기업의 과학기술 투자 참여 및 시민 참여(전문가 및 시민단체) 등으로 세분해 각 국가의 특징을 분석하고자 한다. 기반 구조는 국가 과학기술정책의 주요 요소로서 국가의 과학기술 혁신 기반의 형태와 내용을 혁신 기반(innovation base), 과학 기반(science base) 및 기술 기반(technology base)의 세 가지로 구분해 논의한다.

제 1 절 국가혁신체제의 거버넌스 모형

각 국가의 과학기술정책의 거버넌스 구조의 실증 분석을 위해서는 다양한 모형과 접근이 가능하다. 테크노폴리스그룹 외(Technopolis-Group et al., 2002)는 국가의 과학기술정책 구조를 거버넌스 관점에서 이해하기 위한 주요 이슈를 다음과 같이 제시했다. ① 공공 분야와 준공공 분야 과학기술정책 결정에의 핵심적인 참여자는 누구인가? ② 어떻게 참여자 그룹이 과학기술 활동의 방향과 우선순위 및 크기를 결정하는가? 책임 소재는 어디에 있는가? 어느 기관이 가장 영향력이 있는가? 어떤 이해관계자들이 참여하는가? ③ 시스템에서의 변화 주도자는 누구인가? 한편 아놀드 외(Arnold et al., 2003)는 과학기술정책의 맥락에서 거버넌스의 주요 분석 차원을 ① 정책 결정에 참여하고 있는 혁신 주체의 파악, ② 이들 혁신 주체의 과학기술 정책 방향, 우선순위 및 규모 결정 방법, ③ 거버넌스 과정을 공동 결정하는 정책 결정 구조, ④ 체제에서 변화 주도기관 파악 등 네 가지로 제시했다(홍형득, 2004).

1 조정 메커니즘

1) 수평적 조정 메커니즘

우선 거버넌스의 본질적인 개념인 다양한 조직 간의 상호의존성을 바탕으로 한 조정 메커니즘과 이해관계자와 시민의 참여를 중심으로 논의를 시작하고자 한다. 조정 메커니즘에 관해 연구개발 및 혁신조직과 거버넌스에 대한 체계적인 모형을 제시하면 [그림 6-1]과 같으며(Erik et al., 2003), 네 가지 수준의 수준별 정책 조정으로 구분할 수 있다.

수준 1은 국가혁신체제 전반에 걸쳐 전반적인 방향 및 우선순위를 설정하는 것으로, 여기서 가장 높은 수준의 정책 조정이 이뤄진다. 가장 높은 차원의 조정은 자문(advisory)과 정책 결정의 두 가지 형태가 있다. 수준 2는 부처 수준에서 이뤄지는 부처 간의 조정이며, 실제 이 수준의 조정은 행정적 측면과 정책 문제들에 대한 조정이 이뤄진다. 수준 3은 연구지원기관들의 통일된 업무 수행이 가능하도록 하기 위한 운영적 측면에 대한 조정이다. 이 수준에서의 조정은 행정적 조정뿐만 아니라 공동연구 개발사업과 같은 연구비 지원 활동의 조정도 포함한다. 수준 4는 실질적인 연구 수행자들 사이의 조정을 의미한다. 이러한 수준에서의 조정은 일반적으로 공식적인 조정 메커니즘보다는 비공식적인 자기조직화 과정을 통해 조정이

되도록 한다.

그림 6-1 과학기술정책 설계 및 집행조직구조

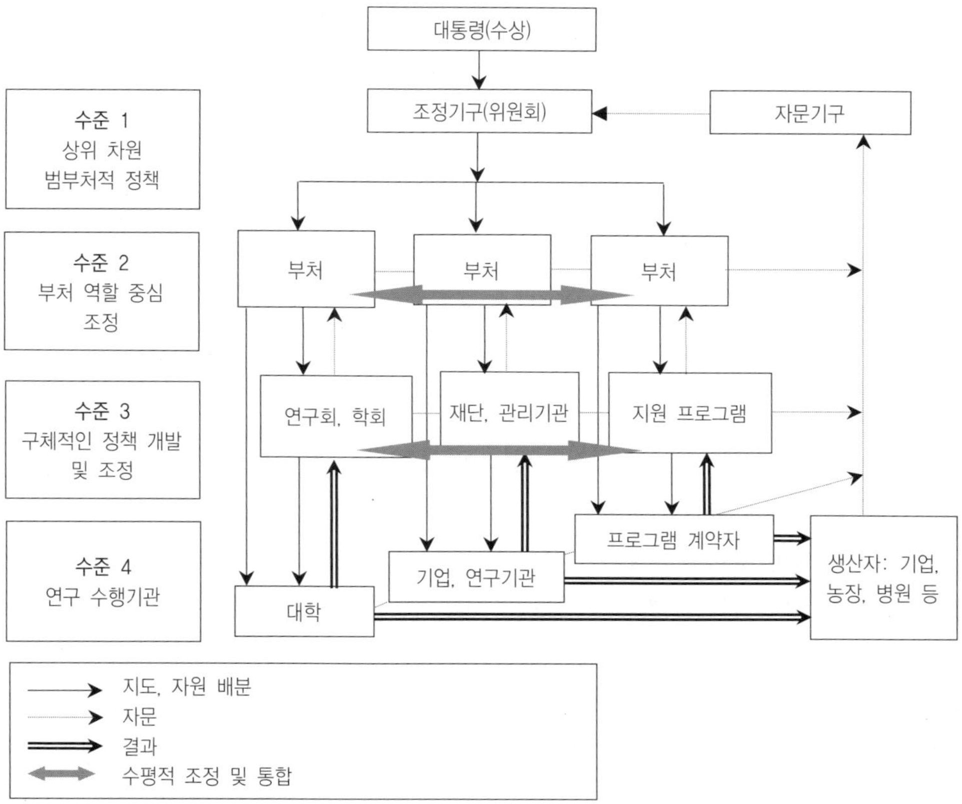

자료: Erik et al. (2003: 28) 수정.

2) 과학기술정책 집행 및 연구 지원 메커니즘

거버넌스 메커니즘은 참여자들 간의 관계에 대한 조정과 함께 전략적인 기획 능력을 동시에 가져야 한다. 성공적인 정책 결정을 위해서는 이해관계자들 관점에서 재구성해야 하고, 이해당사자 간의 조정과 합의 도출이 가능한 절차가 중요하다. [그림 6-2]에서 보는 바와 같이 정책결정자들은 정책 목표 달성을 위한 연구개

그림 6-2 과학기술정책, 프로그램, 프로젝트 관리 및 평가

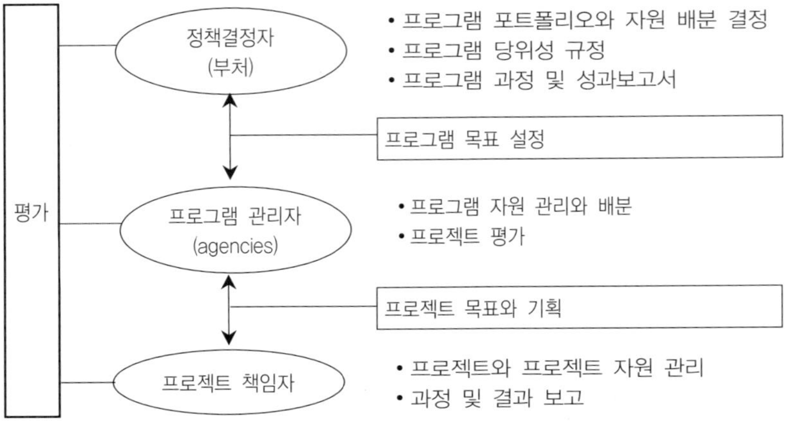

자료: Erick, Patries, & Patrick(1996).

발 수행자로서의 프로그램 관리자들과 성과 계약을 체결하며, 프로그램 관리자들은 프로젝트 책임자들과 계약을 체결한다(홍형득, 2004).

과학기술정책 영역에서 연구 지원 메커니즘은 공공의 목적 달성을 위해 자연스럽게 분야별 협력을 유도할 수 있도록 하는 것이 중요하다(Leydesdorff & Etzkowitz, 1996). 선진국들은 정부의 직접 지원 형식보다는 연구비 지원의 전문성과 효율성을 도모하며, 연구기관의 자율성과 독립성 보장 및 연구에서의 관료문화 극복을 위한 장치를 두고 있다. 이러한 기관들은 정부와 연구수행기관 사이에 연구회(Research Council)나 연구재단(Foundation) 등의 준정부기구들이며, 이들 지원기관을 통한 간접 지원 형식의 지원으로 연구 수행 주체들의 독립성과 자율성을 보장하려는 노력을 하고 있다.

국가 연구 지원 체제에서의 정부재정 지원 방식은 다양한 분류가 가능하다(민철구 외, 2002). 해롤드(Harrold, 1992)는 국가 수준에서 이뤄지는 자원 배분 방식을 총괄배분형, 관료형 및 시장형으로 구분하고 있다. 총괄배분형(block grants approach)은 대학의 자율적 운영을 허용하는 비관여적 방법이며, 관료형(bureaucratic approach)은 재정의 사용처에 대한 명시와 규제를 통해 정부가 대학을 조정하는 유형이고, 시장형(market approach)은 서비스의 직접적 수익자가 재정을 부담하

고, 소비자의 가치가 서비스의 생산 활동을 통제하는 비관여적 접근 방법이다. 아울러 연구 지원 체제의 하위 구성 요소로는 연구지원기관의 연구사업 선정 및 관리 요소들을 포괄하는 것으로 연구사업 구조, 자원 배분, 과제 선정 및 평가 체계 등이 포함된다.

2 참여 메커니즘

최근 과학기술정책의 특징적인 양상은 지금까지 과학기술 영역은 지극히 전문적인 영역으로 소수의 관료와 이들을 지원하는 전문가 집단으로서 과학기술자들의 폐쇄적 영역으로 인식되었으나 시민사회의 성장과 정책 결정 구조의 민주화로 과학기술정책 분야도 다양한 참여와 함께 개방화되고 있다(권기창 외, 2006). 과학기술이 산출하는 경제적·사회적 효과에 대한 관심이 증대되고 정보통신기술, 신소재기술, 생명공학기술 등과 같은 신기술 패러다임의 등장에 대응하기 위한 경제적·사회적 체제 구축이 중요한 관심사로 등장했다(송위진, 2004).

과학기술정책 분야에의 참여는 크게 세 가지로 유형화할 수 있다. 첫째는 과학기술 관련 참여 부처의 확대다. 최근 대부분의 부처에서 관련 분야 기술 개발에 참여하면서 과학기술 및 산업 관련 부처가 확대되고 많은 부처에서 연구개발 예산을 사용하고 있다. 둘째는 민간 부문의 참여 확대다. 최근 우리나라 기술 개발을 위한 산·학·연 역할 관련 가장 큰 변화는 대기업을 중심으로 한 민간의 참여라고 할 수 있다. 특히 그동안 정부 주도의 과학기술의 중심축이 대기업의 연구개발 투자가 늘어나면서 민간 부문, 즉 시장으로 기울게 되었으며, 향후 민간 주도의 연구개발이 지속적으로 확대될 필요가 있다. 따라서 과학기술정책 거버넌스 역시 시장 지향적 이데올로기에 맞는 민관 협력을 강조하는 거버넌스 개념이 필요하다. 셋째는 시민사회의 참여 활성화다. 시민사회가 전문화되고 성숙되면서 사회적 자원과 전문성이 축적되면서 시민단체의 참여가 활발하게 일어나고 있다. 특히 최근 새로운 첨단 신기술의 발전으로 과학기술 분야에서도 원자력, 생명과학, 환경, 안전, 및 윤리에 대한 이슈가 부각되면서 그동안 과학기술 분야에는 직접적인 참여가 없었던 시민사회의 참여가 적극화되고 있다. 다만 시민사회의 과학기술 분야의 참여는 조직화된 형태를 띠고 있는 반면, 직접적인 이해관계자인 과학기술인들은 개인 자격으로 참여가 이뤄지고 있는 것이 특징이다(박상욱 외, 2005). 아울러 정부-과학기술 전문가-시민사회로 이어지는 소통 구조에 핵심 영역을 차지하는 과학기술인의 정책 참여 역량의 확보가 필요하다. 다행히 최근 과학기술의 국가 경제에 미치는 영향이 커지면서 과학기술인의 참여 활동 폭이 급속이 넓어지고 있는 점은 긍정적이라고 할 수 있다.

제 2 절 국가혁신체제와 혁신 기반의 구성 요소

1 국가혁신체제에서 과학기술 혁신 기반의 개념과 의미

국가혁신체제에서의 과학기술 혁신 기반(science and technology innovation infrastructure)이란 과학기술 혁신과 기반의 합성어로, 이와 유사한 용어로 기술 기반, 과학기술 기반 혹은 과학 및 혁신 기반 등의 용어들이 있다(홍형득, 2008). 국가 과학기술 혁신 기반은 국가혁신체제(NIS)의 구성 요소들의 가장 근본적인 요소로서 과학기술의 발전과 혁신에 필요한 필수적인 동력을 의미한다(Whitley, 1984). 과학기술 혁신 기반 지표들은 미래 과학기술이 국가에 막대한 경제적 효과를 발생시킬 수 있는 발판으로서의 역할을 하며, 한편 이러한 국가 과학기술 기반 지표들은 국가 과학기술의 장기적인 미래와 잠재력을 예측할 수 있는 선행 지표로서의 역할을 할 수 있다. 과학기술 혁신 기반 요소들에는 또한 정부의 과학기술 혁신정책 방향이 반영되어 나타나기도 한다. 과학기술 혁신 기반의 형태와 내용은 과학기술 투자 및 연구 인력, 연구 논문, 발명 특허, 그리고 지식정보 유통 등 다양하다.

과학과 기술의 기반 개념에 관해 많이 인용되고 있는 문헌은 태시(Tassey, 1991, 1992), 튜발 외(Teubal et al., 1996), 튜발(Teubal, 1997), 호크니스(Hauknes, 1999) 등이다(홍형득, 2008). 태시(C. Tassey)는 민간기업에 활용 가능한 인간, 제도 및 시설의 형태로 체화된 과학, 공학 및 기술적 지식으로 기술 기반의 개념을 넓게 정의하고 있고, 저스트맨과 튜발(Justman & Teubal, 1995)은 체제 유지를 위한 기본 전제의 하나로 기술 기반을 보았으며, 여기에 교통, 통신 등 전통적인 기반 요소와 인적 자원, 제도적인 기반 등을 포함시키고 있다. 호크니스(Hauknes, 1999)는 혁신 체제의 가장 본질적인 요소로 기술 기반을 인식하고 있으며, OECD(2007)는 각 국가들의 과학기술 기반 현황을 발표하고 있는데, 여기에는 지식에 대한 투자, 기업에 의한 R&D 투자, 과학기술 분야 인적 자원, 혁신정책 성과와 각 기술 분야별 현황 등을 포함으로 하고 있다. 한편 신태영 외(2000)는 기술혁신의 전 과정에 걸쳐 작용하는 집단적 · 준공공재적 성격의 기술혁신 능력으로 기술 기반을 정의했고, 조현대 외(2006)는 연구개발의 기획, 연구 수행 및 연구 성과의 상업화에 이르는 혁신의 전 과정에 작용하는 유 · 무형의 하부 구조의 개념으로 혁신 기반을 정의하고 있다.

과학기술 혁신 기반은 혁신 체제의 백본(backbone)으로서의 역할을 하고 혁신 체제 전체에 영향을 미치는 공통적인 요소이며, 국가 혁신 능력의 기반이라고 할 수 있다. 따라서 국가의 과학기술 혁신 기반은 국가혁신체제의 미래를 예측할 수 있는 중요 지표로서 활용되고 있다. 한편 조현대 외(2006)는 과학기술 혁신 기반 분석의 차원을 국가 차원과 산업 차원으로 구분하고 있다.[1)]

2 과학기술 혁신 기반의 구성 요소와 측정

국가 혁신 기반의 구성 요소는 연구자에 따라 다양하게 제시되어 있다. 그동안 국가 혁신 기반 구성 요소를 제시한 대표적인 연구들은 지식 기반의 내생적 성장이론(Romer, 1990; Jones, 1995), 클러스터이론(Porter, 1990) 및 국가혁신체제론(Nelson, 1993; Lundvall, 1992) 등에서 국가 혁신의 흐름을 결정하는 주요 요소로 국가 차원의 혁신 기반에 관한 측정 요소들을 제시하고 있다. 이들 요소는 공통적인 요소와 각각의 특징적인 요소들이 혼재하고 있다(홍형득, 2008). 지식 기반의

1) 국가 차원의 과학기술 혁신 기반은 국가 전체 차원에서 국가혁신체제의 총체적인 혁신 능력을 제고하기 위한 포괄적인 혁신 기반을 의미하며, 산업 차원이란 산업의 경쟁력을 높이기 위한 과학기술 혁신 기반을 의미한다.

내생적 성장이론(Jones, 1995)은 지식 축적과 연구개발 인력풀의 크기에 초점을 둔 반면, 포터(Porter, 1990)는 혁신을 위한 수요와 공급 조건, 관련 산업 혹은 지원 산업의 존재 등 미시경제적 기반 요소를 중요한 요소로 본다. 반면 국가혁신체제 관련 연구들(Nelson, 1993)은 전체적인 국가정책 환경의 역할과 관련 기관들의 지원 요소들을 중심 요소로 파악하고 있다. 허와 매튜(Hu & Mathews, 2005)는 퍼먼, 포터와 스턴(Furman, Porter, & Stern, 2002)의 모형을 사용해 미국 특허청 등록 특허를 중심으로 혁신 기반을 측정했다.

이처럼 각 국가의 국가 차원의 과학기술 혁신 기반을 비교하기 위해 주체 간의 네트워크에 대한 강조와 함께 다양한 기반 요소를 측정하기 위해서는 복수의 지표와 방법을 사용할 필요가 있다. [그림 6-3]에서 보는 바와 같이 국가의 과학기술 혁신 기반의 형태와 내용은 혁신 기반과 과학 기반과 기술 기반의 세 가지 지표로 구성되며, 이들 요소를 대상으로 각 국가의 과학기술 혁신 능력 기반을 측정할 수 있다.

그림 6-3 국가혁신체제와 혁신 기반

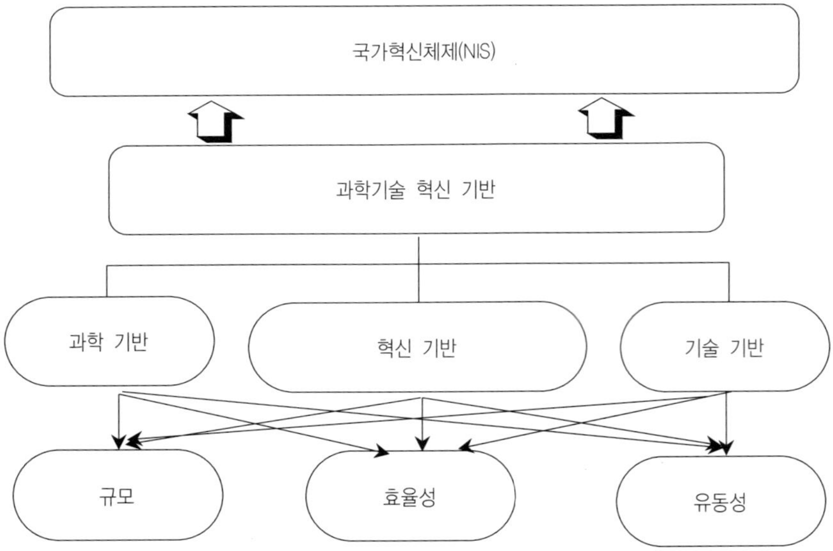

자료: 홍형득(2006).

구체적인 측정 방법에 대해서는 〈표 6-1〉에서 보는 바와 같이 과학 기반은 국가의 학술 문헌의 사이언토메트릭(scientometric) 분석을 통해 측정할 수 있다. 사이언토메트릭 분석은 학술 문헌이 개별적으로 분석될 경우에 발견하기 힘든 일정한 패턴을 찾을 수 있다는 점이 특징이며, 대부분의 많은 연구에서 사용되고 있다. 과학 기반 지표들의 패턴은 구체적인 분야, 기관 혹은 국가의 지식 생산의 구조와 동태성에 관한 구체적인 정보를 제공해 준다. 아울러 이러한 과학 기반 지표는 나아가 분야나 조직 및 국가 미래의 모습을 예측할 수 있는 선행 지표로서의 의미를 갖는다(Park, Hong, & Leydesdorff, 2005). 기술 기반은 각 국가의 등록 특허를 대상으로 테크노메트릭(technometric) 분석을 통해 가능하다. 아울러 기술 기반은 연구개발 투자와 산·학·관 혁신 주체 간 역할 분담, 연구개발 인력 등의 지표를 중심으로 기술혁신 기반 정도를 측정할 수도 있다.

표 6-1 혁신 기반 유형 및 측정

과학기술 혁신 기반	측정지표		
	규모	효율성	유동성
과학 기반	과학 논문	논문/투자 및 인력	변동률
기술 기반	특허	특허/투자 및 인력	변동률
혁신 기반	연구 투자 및 연구 인력	인력 양성/투자	변동률

아울러 과학, 기술 및 혁신 기반 각각은 규모와 효율성 및 유동성 측면에서 기반의 능력과 건전성을 측정할 수 있을 것이다(홍형득, 2008). 규모는 논문, 특허 및 연구 인력 등의 객관적인 수를 대상으로 하고, 효율성은 각 국가의 투자 및 연구 인력 대비 논문, 특허 및 인력 양성의 비율로 측정 가능하다. 유동성은 최근 몇 년간의 변동률(증가율 혹은 감소율)을 대상으로 측정할 수 있다. 이러한 방법의 적용은 과학기술 혁신 기반의 정태성(stock)뿐만 아니라 시대적 동태성(flow) 측면에서도 측정이 가능하다는 장점이 있다.

1) 과학 기반

과학 기반은 앞에서 살펴본 바와 같이 다양한 지표가 있지만 일반적으로 잘 데

이터베이스(DB)화되어 있는 과학기술 논문을 대상으로 측정하는 경우가 많다. 해외 논문의 경우 SCI(Science Citation Index)를 이용한 과학기술 논문을 분석하고, 국내 문헌의 경우는 RISS 혹은 NTIS 등의 DB를 사용하기도 한다. SCI는 미국 중심의 과학기술 관련 많은 분야를 포함하고 있으며, DB 자체에서 다양한 분석이 가능하도록 사용자 친화적이다. 특히 SCI는 학술지에 수록된 논문의 서지 사항 및 인용에 대한 다양한 정보를 수록하고 있어 국내외적으로 널리 활용되고 있다(Van Raan, 1988). SCI와 그 확장판인 SCIE는 Web of Science라는 이름으로 인터넷으로 서비스되고 있다. 과학기술 분야의 학술적 논문의 생산량과 인용 빈도는 특정 국가의 과학 수준과 지식 기반 현황뿐만 아니라 지식의 생산 및 흐름을 한눈에 볼 수 있다(Garfield, 1979).

각 국가에서 발표된 논문을 대상으로 연구 분야별 지식 축적 정도와 변화 분석, 공저자 논문을 중심으로 한 국가 간 협력 네트워크 분석이 가능하다(홍형득, 2008). 구체적으로 과학 기반 분석을 위해 SCI 논문들의 시대별 그리고 분야별 수의 변화는 각 국가의 지식 기반의 역량과 변화를 전체적으로 분석해 볼 수 있다. 학문 분야 간 논문의 수와 각 분야 비중 그리고 이들의 변화를 중심으로 다양한 측면을 분석할 수 있다. 아울러 최근 네트워크 분석 기법의 발달로 공저자 논문을 중심으로 국가 간, 연구자 간의 협력 네트워크 분석을 통해 공동 연구의 경향을 가시적으로 표현할 수 있고, 특히 각 국가 간 혹은 분야 간 협력 네트워크 현황 분석이 가능해졌다.

2) 기술 기반

국가의 기술 기반은 대학-산업-연구기관(정부)이 지닌 특허 정보에 상당 부분 나타나 있다. 대학, 산업, 연구기관이 보유한 어떤 기술에 대한 정보와 지식은 특허를 통해 구체화될 뿐 아니라 특허라는 채널을 통해 사회 구성원들 사이에서 확산된다(홍형득, 2008). 특허 취득은 기술의 사회적 확산 과정의 첫 단계라고 할 수 있다(Cohen, Nelson, & Walsh, 2002). 특허정보는 신기술을 이해하는 데 중요한 기술정보이며, 논문과 마찬가지로 개방된 미국, 유럽, 삼극 특허(triadic patent families) 등 각 특허 데이터베이스를 활용할 수 있기 때문에 한 국가나 기업의 기술 수준과 기술혁신의 진행 방향 등을 분석하는 데 일반적으로 많이 사용되고 있다.

세계 특허정보는 지금까지 미국 특허청에 등록된 특허를 사용해 왔으나 최근 OECD에서 국가별 특허 건수를 비교하기 위해 개발한 지표로서 미국 특허청, 일본 특허청과 유럽 특허청에 모두 등록되어 있는 특허로 삼극 특허 데이터를 사용하는 경우가 많아졌다(홍형득, 2008). 기술 기반을 측정하기 위한 특허 분석 방법은 일반적으로 국가의 특허 등록 수와 각 기술 분야별 등록 현황, 그리고 연도별 변화를 통한 각 국가의 기술 축적 및 경향 분석 등이 가능하다. 아울러 각 구체적인 특허 타이틀을 중심으로 한 각 국가가 보유하고 있는 특허와 국가 간의 네트워크 분석을 통해 각 국가의 중점 기술 영역과 특징에 관한 분석도 가능하다.

3) 혁신 기반

여기서 혁신 기반이란 과학 기반과 기술 기반을 지원하는 기반(infrastructure)으로서의 의미로 사용되기 때문에 과학 및 기술 기반을 위한 인프라의 의미를 갖는다. 혁신 기반은 국가혁신체제의 성격과 능력을 표현하는 가장 기본적인 요소들로 국가 과학기술 투자와 연구 인력이 가장 중요한 요소들이다. 국가의 과학기술 투자, 정부와 민간 및 산·학·관 혁신 주체 간 역할 분담, 그리고 연구개발 인력의 수 등을 대상으로 측정할 수 있다.

제 2 부

국가별 과학기술정책 거버넌스 구조

제2부에서는 과학기술을 선도하고 있는 주요 국가를 중심으로 과학기술정책 거버넌스 구조의 특징을 분석했다. 분석모형은 1부 6장에서 논의한 바와 같이 과학기술 거버넌스 구조에 대해서는 조정 메커니즘과 참여 메커니즘으로 구분해 분석하고, 조정 메커니즘은 수평적 조정, 집행 및 연구비 배분 및 산학 협력 메커니즘으로 세분하고, 참여 메커니즘은 범부처 참여, 기업(산업)의 과학기술 투자 참여, 그리고 시민 참여(전문가 및 시민단체) 등으로 세분해 각 국가의 특징을 분석했다.

기반 구조는 국가 과학기술정책의 주요 요소로서 기반은 내용과 특징에 따라 혁신 기반(innovation base), 과학 기반(science base) 그리고 기술 기반(technology base) 세 가지로 구분해 분석했다.

제 7 장 미국

제 1 절 과학기술정책 거버넌스

1 정책 조정 메커니즘

미국의 과학기술 행정 체제는 대통령 직속기관을 중심으로 운영되고 있으며, 독립적인 과학기술 전담 부서 없이 여러 연방부처에 의해 국가의 과학기술정책이 수립・집행되는 다원화되고 분산된 과학기술정책 추진 체제를 가지고 있다. 백악관 내에 설치된 과학기술 관련 기구들이 과학기술정책에 대한 전반적인 조정・자문・보좌 역할을 담당하고 있다.

과학기술 분야의 국가적 목표를 설정하고 범정부 차원의 연구개발 투자의 우선순위 설정 및 조정을 하는 국가과학기술위원회(The National Science and Technology Council: NSTC)와 국가과학기술위원회의 사무국 역할을 하며 연방정부 차원의 과학기술정책 수립・조정 및 예산 조정을 수행하는 과학기술정책실(OSTP)이 정책 조정의 핵심 역할을 담당하고 있다. 대통령 과학기술자문위원회(PCAST)에서는 대통령에게 과학기술 관련 이슈와 대응 및 역할에 대해 자문하는 역할과 민간기업의 참여와 투자를 독려하는 역할을 담당하고 있다. 관리예산실(OMB)은 사업평가 측정기법을 통해 과학기술정책실(OSTP) 및 각 연구개발 부처들과 협력해 국가 지원 R&D사업 예산에 대한 총괄적인 배분과 조정 기능을 담당한다(국가과학기술위원회, 2009; 성지은, 2010).

그림 7-1 미국 과학기술 행정 체제

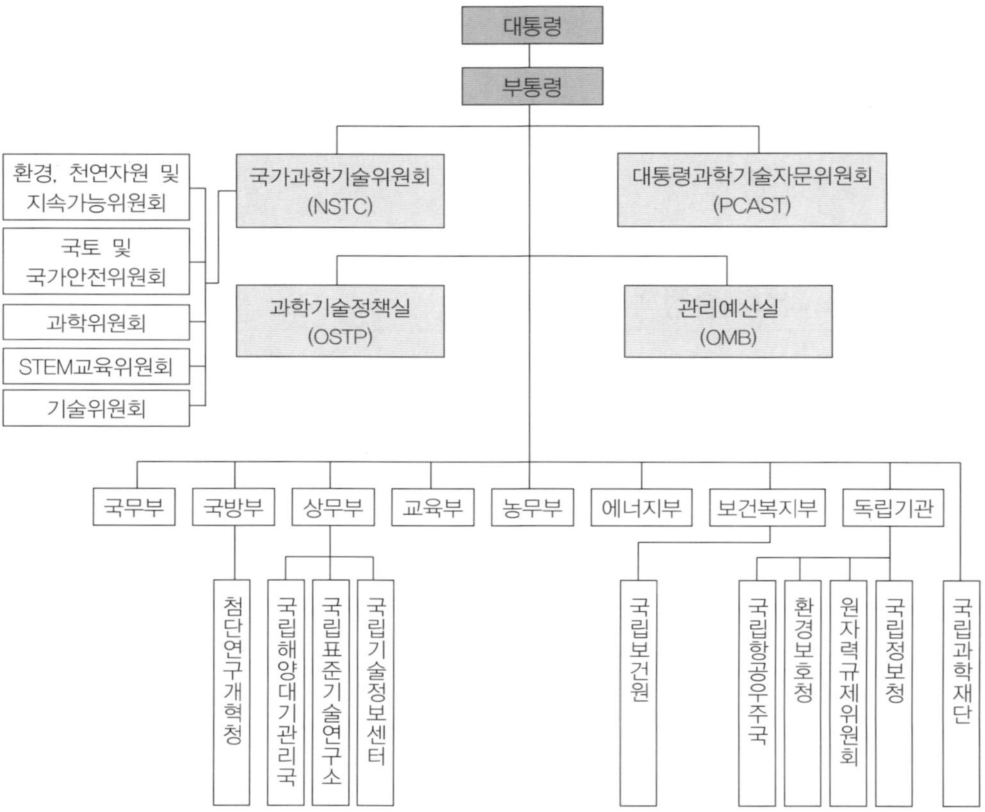

자료: 국가과학기술위원회(2009).

과학기술정책을 수립 및 집행하는 핵심 기관으로는 국무부, 국방부, 상무부, 교통부, 농무부, 에너지부, 보건복지부 등 7개의 연방정부부처와 국립항공우주국(NASA), 환경보호청(EPA), 원자력규제위원회(NRC), 국립정보청(NIA), 국립과학재단(NSF) 등 5개의 독립기관 및 정부단체가 있다.

미국의 과학기술정책 관련 주요 기관을 대통령과 직속기관, 의회, 각 부처 및 대학 등 연구기관으로 블록을 구분해서 나타내면 [그림 7-2]와 같다.

그림 7-2 미국의 과학기술 행정 체제도

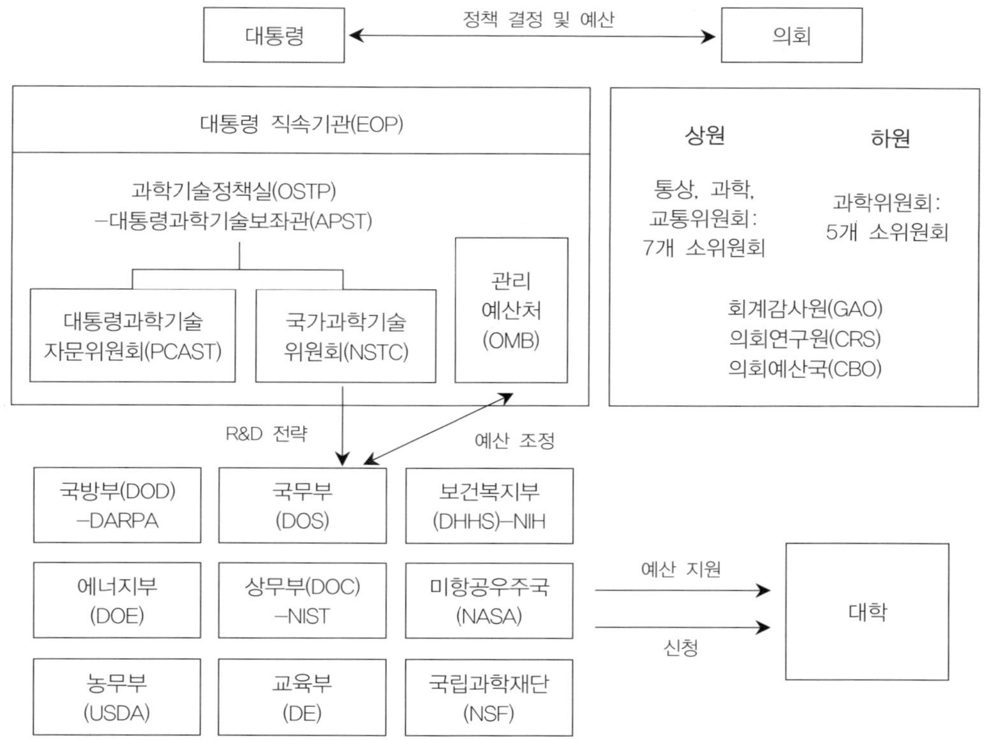

자료: 안승구(2013).

1) 수평적 조정

미국의 과학기술 행정 체제는 전담 부처가 없는 분산형 체제가 특징이지만 국가의 과학기술 투자 우선순위 선정과 범부처 연구개발 프로그램을 통해 관련 기관 간 혹은 프로그램 간의 역할 조정 및 협력을 유도하고 있다. [그림 7-3]에서 보는 바와 같이 범부처 수준의 과학기술정책 조정은 대통령 직속 핵심 기관인 국가과학기술위원회(NSTC), 과학기술정책실(OSTP), 대통령과학기술자문위원회(PCAST) 등의 기관들이 하고 있다. 이들 기관에 의해 관련 정부부처와 독립기관 및 정부단체 간의 실질적인 조정이 이뤄질 수 있도록 하고 있다.

그림 7-3 미국의 과학기술정책 조정 체계

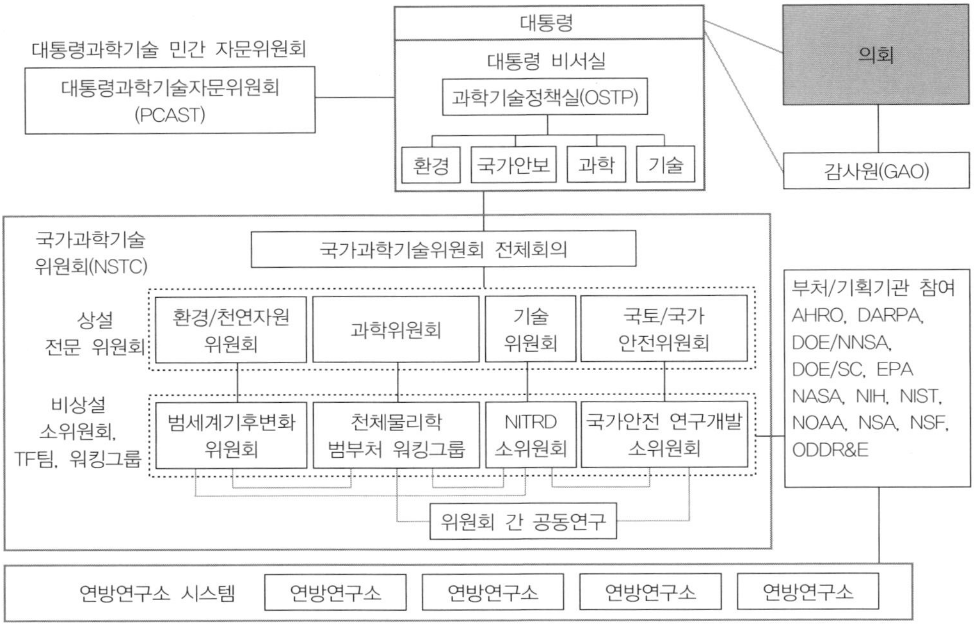

자료: 이성덕(2005).

미국의 과학기술정책 조정 방식은 대통령을 의장으로 하는 국가과학기술위원회를 중심으로 이뤄지고 있다. 미국의 과학기술정책 조정의 특징은 첫째는 대통령 과학기술정책실(OSTP)이 중립적인 중재자 역할을 수행하면서 조정의 정치적 과정을 중시한다. 둘째는 조정의 준거가 되는 국정 목표, 상위 수준의 사업 우선순위를 사전 제시한다. 셋째는 예산 기능과의 유기적 연계와 소위원회와 작업반의 역할이 활성화되어 있다. 넷째는 공무원의 높은 전문성과 조정 과정에 실질적으로 참여하고, 조정 이슈에 대한 보고서 발간을 통해 조정지침 제공 등 적극적인 역할을 한다는 점이다.

실질적인 과학기술정책 담당부서 역할은 국가과학기술위원회(NSTC)와 과학기술정책실(OSTP)이 담당하고 있다. 부서 간 업무 및 역할 관련 조정은 국가과학기술위원회(NSTC)에서 이뤄지며, 실질적인 프로그램 및 예산 조정 등의 활동은 NSTC 산하 범부처 조정 그룹을 통해 이뤄진다. OSTP와 OMB는 공동으로 제출한 예산편성지침을 통해 부처 간 협력 R&D 사업의 우선순위를 설정하고 특정 과학기술 분야의 R&D 포트폴리오를 수립한다(이성덕, 2005; 성지은, 2010). 해당 부처의 과학기술정책 수립 과정에서의 역할이 범부처 연구개발사업과 연계되도록 R&D 예산 수립 과정에서 조정을 하고 있다.

국가과학기술위원회(NSTC)는 연방정부 차원의 과학기술정책을 종합 조정하기 위해 클린턴 행정부에 의해 내각 수준의 기구로 설치된 기관이다(http://www.whitehouse.gov). 연방정부의 다양한 과학기술 관련 주체들의 과학기술정책을 조정하는 역할을 주로 한다. NSTC는 강제적 종합 조정보다는 해당 기관 간의 조정을 유도하고, 전략적 수준의 R&D 예산 투자에 대한 우선순위를 제시하는 데 중점을 두고 있다(국가과학기술위원회, 2009). NSTC의 주요 목적은 연방정부 차원에서 과학기술 투자에 대한 명확한 국가 목표를 수립하는 것이다. 특히, NSTC는 국가 목표를 달성하기 위한 투자 방향을 형성하고 연방정부 차원의 과학기술정책 조정 과정을 통해 연구개발 전략을 수립하는 역할을 수행한다(홍형득, 2015). NSTC의 위원은 대통령을 위원장으로 하고, 부통령, 과학기술정책실장(Director of the Office of Science and Technology Policy), 과학기술 관련 중요 연방부처 및 기관의 장, OMB 실장을 포함해 고위 백악관 관리 등 25명으로 구성되어 있다. NSTC의 업무를 수행하기 위해 환경, 천연자원 및 지속가능위원회, 국토 및 국가안전위원회, 과학위원회, 기술위원회, STEM(Science, Technology, Engineering and Math) 교육위원회의 5개 위원회와 각 위원회 산하에 30개 소위원회, 6개 실무그룹(interagency working group), 3개 태스크포스(T/F)를 운영하고 있다. 5개의 각 위원회는 해당 분야별 각부 장관 및 독립기관 기관장과 OSTP가 공동 의장을 맡고 있으며, 다양한 관점에서 연방정부의 과학기술 투자 및 사업들을 조정하고 있다(http://www.whitehouse.gov/administration/eop/ostp/nstc).

과학기술정책실(OSTP)은 행정부 내의 최상위 과학기술정책 결정기관으로서 국내외 과학기술의 영향에 관해 대통령과 행정부에 조언하기 위해 1976년에 설치되었으며(http://www.whitehouse.gov), 과학기술정책을 개발하고 집행하기 위한 연방정부 부처 간, 그리고 민간 및 주정부 간 정책 조정을 하도록 했다. OSTP의 주요 기능은 ① 국가적으로 중요한 과학기술정책 관련 정보에 관해 대통령과 행정부에 자문 제공, ② 과학기술정책과 예산에 대한 종합적 검토, ③ 과학기술에 대한 연방정부의 투자가 경제 성장, 환경, 국가 안보에 기여하도록 민간 부문과 공동작업, ④ 연방정부, 주정부, 지역정부, 과학기술 이해집단 사이에서 파트너십 유지, ⑤ 연방정부의 과학기술 투자에 대한 규모, 질, 효과성에 대한 평가 등이다(홍형득, 2015). 국가과학기술위원회(NSTC) 산하 위원회의 운영 및 조정 결과가 연구개발 예산에 반영되도록 관리예산실(OMB)과 협의·조정을 담당하는 사무국 역할을 수행한다. 이를 위한 OSTP의 전략적 목적과 목표는 첫째, 과학기술에 대한 연방정부의 투자가 경제적 발전과 보건, 환경, 그리고 국가 안보에 최대한 기여할 수 있도록 한다. 둘째, 정부의 과학기술 프로그램이 활성화할 수 있도록 자원을 지원하고 평가하며 조정될 수 있도록 한다. 셋째, 연방정부의 주요 정책, 계획, 프로그램의 과학기술적 측면에 대해 대통령과 관계 부처의 장에게 정책 관련 자문, 분석, 판단을 제시할 수 있는 세계적 수준의 전문가 육성을 목표로 하고 있다.

과학기술정책실(OSTP) 의장은 대통령이 상원 인준을 통해 임명하고, 대통령 과학기술자문위원회(PCAST) 공동 의장을 겸하고 있으며, 국가과학기술위원회(NSTC) 위원으로 조정위원회 및 심의·조정 과정에 참여한다(국가과학기술위원회, 2009). 조직 구성은 국가과학기술위원회(NSTC) 조직에 대응해 책임기술관실(Office of the Chief Technology Officer), 환경에너지부(Environment & Energy Division), 국가안보 및 국제협력부(National Security & International Affairs Division), 과학부(Science Division), 기술혁신부(Technology & Innovation Division), 예산부(Budget & Administration), 그리고 PCAST 담당 및 NSTC 담당부서로 구성되어 있다.

대통령 과학기술자문회의(PCAST)는 과학기술의 우선순위와 수학과 공학에 관한 민간 부문과 학계의 의견을 수렴하기 위해 1990년 부시 대통령에 의해 설치된 OSTP 내 소속 자문위원회다. PCAST는 OSTP 실장과 대통령이 임명하는 민간 전문가가 공동 의장(co-chair)을 맡으며, 현재 21명으로 구성되어 있다. PCAST는 대통령에게 과학기술 측면에 대한 자문을 제공하기 위한 목적을 두고 있는데,

주요 기능은 대통령과 NSTC를 위해 연구개발 우선순위 및 중요한 과학기술 이슈에 관한 자문을 수행하며, 특히 연방정부의 연구개발 투자가 국가 정책의 목표를 지향하고 민간 부문의 수요와 연계되도록 하는 데 주안점을 두고 있다(성소미 외, 2001; 홍형득, 2015).

그리고 관리예산실(OMB)은 예산 집행의 감독과 통제, 행정조직 및 관리절차의 검토, 연방정부 및 기관 간의 협력과 조정 증진 등을 담당한다. 연구개발 예산은 여러 프로그램 간 연관성 및 기능에 따라 OMB의 해당 부서에 분산되어 예산 조정 및 편성이 이뤄진다. 매년 OSTP 국장과 OMB 국장은 연방정부의 R&D 투자 우선순위 및 투자 기준을 결정하는 과정에 공동으로 참여하며, OMB는 연방 과학기술 프로그램에 대한 예산 증감, 프로그램 중단 여부 등 예산 우선순위 설정에 핵심적인 역할을 수행한다(KUSCO, 2011; 안승구, 2013; 홍형득, 2015).

2) 수직적 조정

미국 과학기술 행정 체제에서의 수직적 조정은 연방정부 차원의 과학기술정책에 관한 기획·조정과 예산 배분 과정을 통해 파악할 수 있다. [그림 7-4]에서 보는 바와 같이 연방정부 관련 기관의 정책의 기획·조정 과정을 거쳐 연방정부 차원의 과학기술정책 방향을 제시하고, 연구개발을 수행하는 각 기관들이 국가가 의도하는 세부 정책들을 수립할 수 있도록 조정하는 것이다.

국가 과학기술정책을 집행하기 위한 예산은 과학기술정책에 대한 국가의 전략적 우선순위에 따라 배분되기 때문에 예산 배분 과정은 국가 차원의 과학기술정책을 담당하는 최상위 정책결정기관에서부터 하위 수준의 관계 기관들을 통제하는 것이다.

국가 차원의 과학기술정책 조정은 NSTC, OSTP, OMB가 관여한다. 국가과학기술위원회(NSTC)는 예산 자체에 대한 의견 제시가 이뤄지지는 않으며, 각 부처 유관 프로그램들을 연계해서 부처 개별 프로그램 및 공동 연구개발 프로그램사업으로 구분해 종합 조정을 한다. NSTC는 특히 분야별 소위원회와 관계 부처 합동 실무회의를 중심으로 국가의 전략적 투자 우선순위 설정 등의 역할을 수행한다. OSTP는 과학기술 분야에 대한 정책 동향 파악 및 분석을 바탕으로 연방정부의 과학기술 관련 정책의 수립과 집행에 관한 정보를 대통령에게 제공하며, 연방정부의

그림 7-4 미국의 과학기술 부처 간 협력(범부처 R&D 프로그램 예)

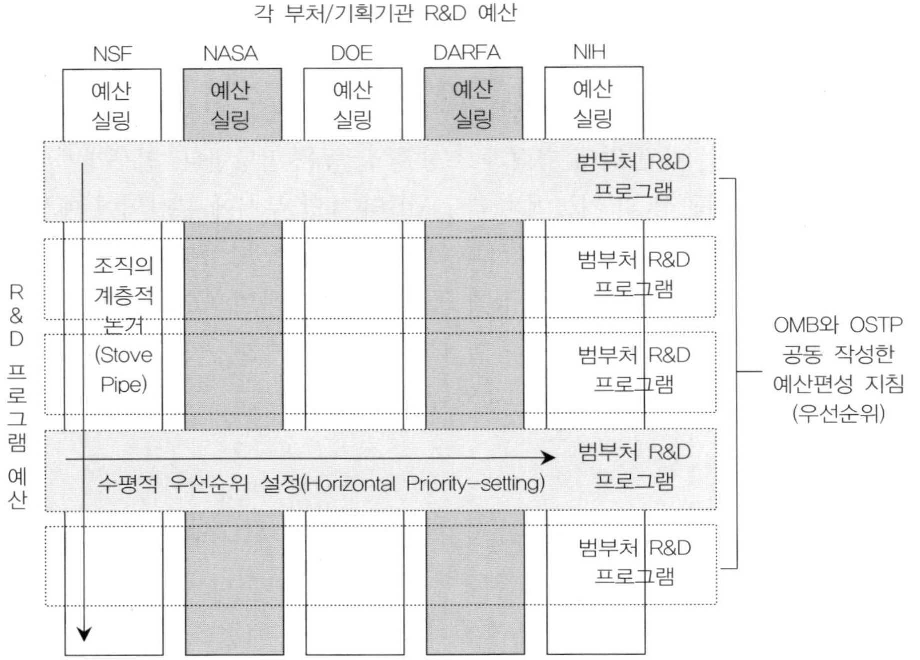

자료: 이성덕(2005).

과학기술 분야 정책의 양적 규모와 질적 수준 및 효과성 차원에서 평가하는 역할을 한다. NSTC는 과학기술의 투자에 대한 분명한 목표를 확정하고 동시에 이들 목표에 기여하도록 집행을 구체화하는 역할을 수행한다. 이 과정에서 NSTC는 미국 연방정부 연구개발 예산의 지출에 대한 우선순위를 조정하는 실질적인 기관으로 하위 위원회별로 관련 과학기술정책을 심사하고 대통령 과학기술정책실에 제출해 최종 예산안에 반영되도록 하고 있다.

관리예산실(OMB)과 과학기술정책실(OSTP)은 국가과학기술위원회(NSTC)와 대통령과학기술자문회의(PCAST)의 의견을 수렴해 차기 연도 R&D 예산 집행을 위한 연구개발 사업의 가이드라인 및 투자 우선순위를 매년 발표한다. 관리예산실(OMB)은 각 부처가 집행한 정책 및 사업에 대한 프로그램 성과평가(PART)를 바탕으로 다음 회계연도의 세부 사업에 대한 예산 배분 및 조정을 한다. 하지만 2009년 출범한 오바마 정부는 PART가 평가 결과를 예산 배정에 직접적이고 실질적으로 연계시키는 데 한계를 보임에 따라 기존의 PART를 폐지하고 정부성과결과법(GPRA)을 개정해 범정부 차원의 중점 목표와 부처별 중점 목표를 집중 관리하는 방식의 새로운 성과관리제도(GPRAMA)를 시행하게 되었다. GPRAMA는 새로운 범정부 차원의 계획 및 보고 체계 신설, 기존의 부처 차원의 계획 및 보고 요건 개정, 성과관리조직의 신설 및 책무성 강화, 핵심 성과관리 기술과 역량의 식별 등을 주요 내용으로 하고 있다. 또한 성과를 좀 더 구체적으로 정의해 거시적 관점에서 기획-사업-성과정보를 긴밀하게 연계하는 데 초점을 두고 있다(김종운 · 하규수, 2013; 이태근 외, 2015; 홍형득, 2016). 다음으로 국가과학기술위원회(NSTC)의 조정을 거쳐 부처별로 과학기술 분야 예산을 확정하고, 각 부처에서 집행한다. 미국 정부 연구개발 예산 편성 및 조정 절차는 [그림 7-5]에서 보는 바와

그림 7-5 미국 정부연구개발 예산 편성 및 조정 절차

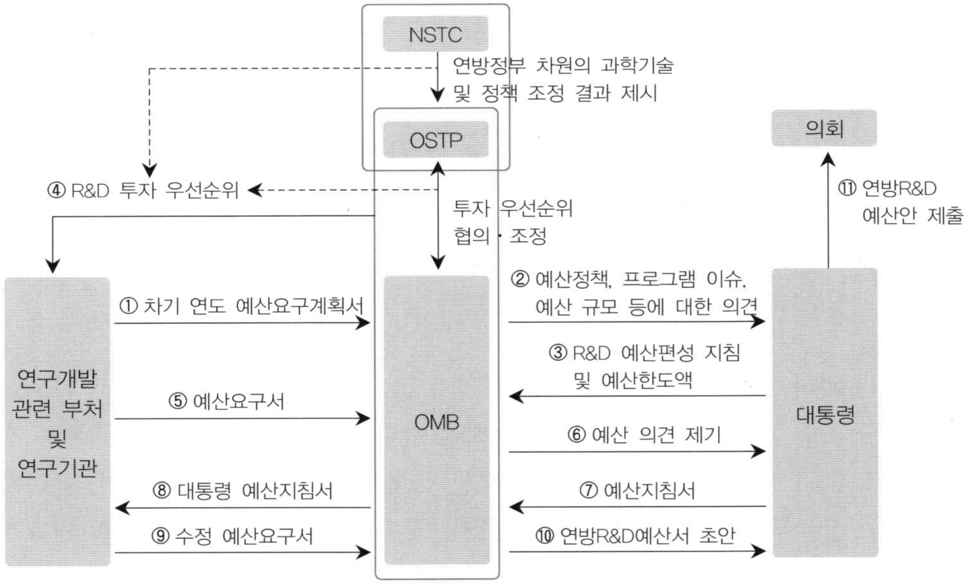

같다.

오바마 정부의 과학기술정책은 '미국 혁신전략(Strategy for American Innovation)'에 나타나 있다. 과학기술정책의 기본 방침과 세부 전략을 담고 있는 정책 방침으로 2009년 발표했으며, 2011년에 각각의 구체적인 정책 항목, 목표 추가 등이 이뤄진 수정안을 발표했다. '미국 혁신전략'은 국가적 우선과제 해결을 위한 전략, 시장 주도의 혁신 촉진, 혁신 기반(building blocks)에 대한 투자 측면으로 구성되어 있으며 총 연구개발 투자를 GDP 대비 3%로 확대하고, 클린 에너지 분야에 대한 연구개발에 10년 동안 1,500억 달러를 투자한다는 계획이다. 2011년 개정에서는 교육고등연구계획국(Advanced Research Projects Agency for Education, ARPA-ED)을 신설하고, 5년 내 미국 국민의 98%를 고속무선환경에 포괄시킨다는 '국가무선이니셔티브(National Wireless Initiative)' 등이 추가되었다. 미국 혁신전략의 주요 내용을 보면 경제 성장과 번영을 위한 세 가지 측면의 전략을 마련하고 있다. 국가적 우선 과제 해결을 위한 전략으로 청정 에너지 개발과 생명공학·나노기술 및 첨단 제조업 발전의 가속화, 우주기술과 의료, 교육기술 분야의 혁신 및 질적 도약에 두고 있다. 그리고 시장 주도의 혁신 촉진을 위해 비즈니스 혁신 가속화, 효과적인 지적재산권 정책, 기업가 정신 장려 등의 전략을 제시하고 있다. 혁신의 근간이 되는 혁신 기반에 대한 투자 측면에서는 세계 최고 수준의 인력 육성, 기초 연구에서의 미국의 리더십 확대·강화, 선도적인 물리적 인프라 구축과 첨단 정보기술 생태계 개발에 중점을 두고 있다(Koizumi, 2014; 홍형득, 2015).

2 정책 참여 메커니즘

미국의 과학기술 행정 체제는 주관 부처가 없고, 여러 연방부처에 의해 다원화된 추진 구조를 가지고 있다. 과학기술정책에 참여하는 정부기관으로는 대통령 직속 NSTC, OSTP, PCAST와 관련 부처로는 국무부(DOS), 국방부(DOD), 에너지부(DOE), 상무부(DOC), 보건복지부(HHS), 교통부(DOT), 농무부(DOA)의 7개 부처와 5개의 독립기관 및 정부단체 등이 참여하고 있다.

주요 기관의 역할을 구체적으로 보면 다음과 같다(KUSCO, 2011; 홍형득, 2015).

국무부는 외교 업무를 담당하나 외교뿐만 아니라 통상이나 과학기술 국제 협력, 국가 행사 등도 담당하며, 다른 국가의 외무부보다는 관할 범위가 넓다. 국방부(DOD)는 연방정부 총 R&D 예산의 가장 많은 비중을 차지하는 부처로 연구개발 예산의 약 50% 이상을 차지할 정도로 정부부처 중 가장 큰 연구비 지원기관이다. 그리고 에너지부(DOE)는 연방정부 부처 중에서 미국 내 물리학 기초연구에 가장 많은 지원을 하는 기관으로 물리학 분야뿐 아니라 기초 에너지과학, 생물학 및 환경과학 분야에서도 연방정부 부처 중 가장 많은 R&D 지원을 하고 있는 기관이다. 또한 에너지부의 R&D 지원은 '기후 변화', '지구과학', '게놈(genom)' 연구 '생명과학', 그리고 과학교육 등에 이르기까지 매우 폭넓은 분야에서 이뤄지고 있다. 농무부(US Department of Agriculture: USDA)는 미국의 식량, 농업, 그리고 자연 자원 부문의 관리를 책임지는 정부부처다.

다음으로 국립항공우주국(NASA)은 1958년 설립되었으며 우주항공 분야에서 세계 최고의 성과를 거두고 있는 기관이다. NASA가 주력하고 있는 최첨단의 항공우주 기술 개발의 주요 영역은 항공(새로운 비행 기술의 개발), 탐사 체제(인간 또는 로봇의 지속 가능한 탐사 능력의 개발), 과학(지구 과학, 태양 에너지 및 우주의 이용을 위한 효율적인 연구 방법의 개발), 우주 사업(우주 왕복선, 국제 우주 정거장 사업 등)이다. 국립보건원(NIH)은 보건복지부(HHS) 산하 국립의학연구기관으로 연방정부 기관 중에서 국방부 다음으로 R&D 지원 규모가 큰 기관이며, 303억 달러의 예산(2015년 기준), 18,000명의 연구 인력이 생의학(biomedical) 및 의학 관련 연구의 발전을 위한 지원기관으로 의학 관련 기초 및 응용 연구, 생의학, 생명공학, 그리고 관련 과학 분야 연구에 대한 지원의 대부분을 담당하고 있다. 국립과학재단(NSF)은 과학 발전의 촉진을 목표로 1950년에 독립연방기관으로 설립되었으며, NSF는 의학을 제외한 모든 기초과학 분야의 연구를 지원하는 유일한 연방기관이다. 수학, 물리학, 환경과학, 컴퓨터공학, 사회과학 등 다양한 분야의 기초연구를 수행하는 미국 내 대학들을 비롯한 연구기관들의 전체 연구 지원비 중 약 20% 정도가 NSF에 의해 지원되고 있다.

국가과학기술위원회(NSTC)를 중심으로 연방정부기관들은 산·학 연계성 강화를 통한 경쟁력 강화를 위해 정부 간의 공동연구개발(CRDAs)과 산·학 컨소시엄을 통한 과학기술 개발사업을 적극적으로 유도하고 있으며, 전략적으로 중요한 분야에서 컨소시엄을 통한 연구개발에 정부 지원을 확대하고 있다. 산・학 교류는 그 자체가 가지는 자원의 교류・교환의 이득뿐만 아니라 연방정부 및 주정부의 지원 프로그램을 통해서도 추진되어 왔다. 기술 이전 메커니즘은 대학과 산업의 연구진들 간 공동 R&D 활동과 비공식적 회의를 통해서도 이뤄진다. 이와 함께 민간부문 기업 및 산업의 최고경영자 또는 전문가들로 구성된 대통령 과학기술자문위원회(PCAST)를 통해 연방정부의 과학기술정책이 미국의 다양한 수요가 충분히 반영될 수 있도록 하고 있다.

구체적으로 공공연구기관, 대학, 기업 등에 대한 과학기술 활동 참여 방식은 연구개발 보조금 지급, 공동 연구개발 협정, 연구개발 주체 간의 파트너십, 세액 공제 등을 통해 이뤄진다(황용수 외, 2003). 연구개발 보조금 지급은 지식의 생성, 축적, 확산을 촉진시키기 위해 기초연구 및 상용기술 개발 지원, 군사기술 관련 연구개발 지원 등이 있다. 공동 연구개발 협정은 연방 정부기관 등에 축적되어 있는 과학기술 지식을 산업계 등 민간 부문에 제공하기 위해 연방정부와 비연방정부기관 간에 맺는 협정이다. 연구개발 주체 간의 파트너십은 산・학・연 컨소시엄을 통한 연구개발 효과를 극대화시키려는 것이다.

제 2 절 과학기술 및 혁신 기반

1 과학 및 기술 기반

과학기술 기반은 과학 기반과 혁신 기반으로 나눠 살펴봤다. 과학 기반을 파악하는 데 가장 많이 활용되는 지표는 논문 수로, 논문 수의 변화는 국가의 과학기술 수준을 평가하고 성과의 생산성 등을 분석하는 데 주로 활용된다. 미국의 과학 기반(science base)은 미국에서 발표된 과학기술 분야 논문 수로 측정했다. 과학기술 분야 논문은 학문 분야별 논문의 수와 분야별 비중을 살펴봄으로써 분석 가능하다. 연구 출판물은 지식에의 기여를 반영하고, 특허는 혁신을 나타내며, 그리고 과학기

그림 7-6 미국의 SCI 논문 수(STOCK)

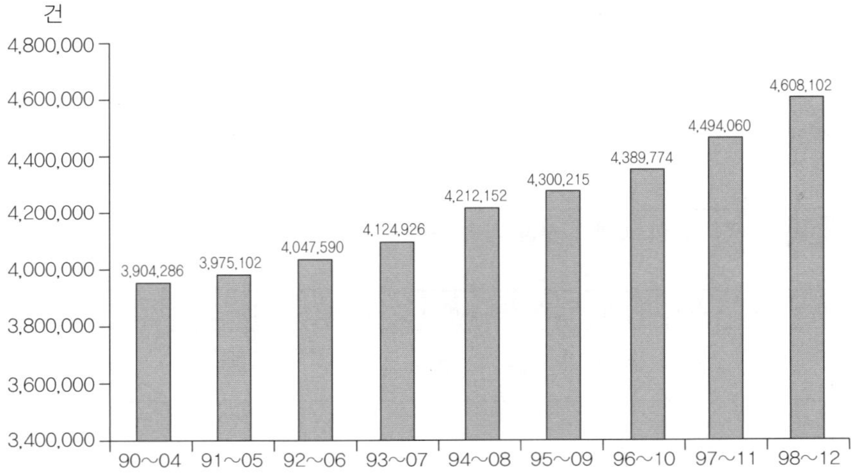

자료: 미래창조과학부 · KISTEP(2015).

술 분야 특허의 인용은 연구와 실제 응용 간의 연계를 나타낸다(NSF, 2013).

최근 15년간 발표된 SCI 논문 수[1)]의 누적 계산을 통해 지식자원의 축적 정도를 파악할 수 있는데, 미국의 SCI 논문 수의 변화는 [그림 7-6]과 같다. 세계 최고 수준으로 지식자산이 지속적으로 축적되고 있는 모습을 볼 수 있는데 1990~2004년까지의 논문 수는 390만여 건에서 1998~2012년의 경우 4,608,102건으로 과학지식이 증가한 것으로 나타났다.

과학기술 활동으로 인해 발생한 과학지식에 대해 연구개발 성과의 생산성 측면과 지식 창출의 질적 수준은 연구원 1인당 SCI 논문 수와 논문당 평균 피인용 수를 통해 분석할 수 있다. 연구원 1인당 SCI 논문 수[2)]는 연구원 수를 고려해 연구개발 성과의 생산성을 파악하는 것으로 SCI 논문 수를 총 연구원 수(FTE)로 나눠 산출

1) SCI 논문은 Thomson ISI(Institute for Scientific Information)가 매년 논문의 서지 사항과 해당 논문에 대한 이용 논문의 서지 사항 정보를 제공한다. 자료: Thomson ISI; 한국과학기술원, SCI 논문 분석 결과 2014.
2) Thomson ISI; 한국과학기술원, SCI 논문 분석 결과 2014.
OECD, Main Science and Technology Indicators 2014-1.
국가과학기술위원회, 연구개발활동조사보고서.

한 값이다. 미국의 연구원 1인당 SCI 논문 수는 평균 0.26~0.29건으로 연도별 차이가 거의 없다. 그리고 논문의 질적 수준을 과학기술 논문 1편당 최근 5년간 평균 피인용 횟수[3]를 통해 보면 피인용 횟수가 최근 들어 지속적으로 증가하고 있는 것으로 나타나 논문의 질적 수준이 높아지고 있는 모습을 볼 수 있다. 이후 2008년부터 평균 7회대로 증가하고, 2012년 평균 7.62회로 가장 높게 나타났다.

표 7-1 미국의 과학 기반 생산성 및 수준(논문)

(단위: 건, %)

구분		2004년	2005년	2006년	2007년	2008년	2009년	2010년	2011년	2012년
논문	1인당 논문 수	0.26	0.27	0.28	0.28	0.28	0.27	0.29	0.29	0.29
	증감률		3.85	3.70	0.00	0.00	−3.57	7.41	0.00	0.00
구분		2000~2004년	2001~2005년	2002~2006년	2003~2007년	2004~2008년	2005~2009년	2006~2010년	2007~2011년	2008~2012년
피인용 수		6.39	6.54	6.74	6.93	7.11	7.23	7.34	7.47	7.62

자료: 미래창조과학부 · KISTEP(2015).

주요 국가별 과학기술 분야 논문 수를 살펴보면 미국은 2009년에 208,601건의 논문을 발표해 전 세계 논문의 26.5%를 차지해 가장 많은 논문을 발표했다. 이러한 수치는 SCI 논문과 SSCI 논문을 포함한 수치로서 10년 전에 비해 약 8만여 건 증가한 수치다. 1999년부터 2009년까지 10년 동안 과학기술 분야 논문의 연평균 변화율은 1.0%로 나타났다. 전체적으로 논문 발표 1위부터 10위까지의 국가가 전 세계 논문의 70.3%를 차지하고 있다(〈표 7-2〉 참조).

미국의 과학적 성과(논문) 현황을 SJR(SCImago Journal & Country Rank)에서 제공하는 데이터를 토대로 보면 〈표 7-3〉과 같다. 최근 10년간(2003년 대비 2013년) 47.85%의 증가했다. 연구에서 국제 협력이 차지하는 비중은 1990년대 후반의 경우 18~19%대를 보이다 2000년대 중후반에는 25~27%대로 나타났으며, 2013년 들어 31%로 국제 협력이 차지하는 비중이 증가했다.

3) Thomson ISI; 한국과학기술원, SCI 논문 분석 결과 2014.

표 7-2 주요 국가별 과학기술 분야 논문 수

순위	국가	1999년 (건)	2009년 (건)	연평균 변화율(%)	2009년 세계 전체 비중(%)	2009년 누적 비중(%)
	세계	610,203	788,347	2.6		
1	미국	188,004	208,601	1.0	26.5	26.5
2	중국	15,715	74,019	16.8	9.4	35.8
3	일본	55,274	49,627	−1.1	6.3	42.1
4	영국	46,788	45,649	−0.2	5.8	47.9
5	독일	42,963	45,003	0.5	5.7	53.6
6	프랑스	31,345	31,748	0.1	4.0	57.7
7	캐나다	22,125	29,017	2.7	3.7	61.4
8	이탈리아	20,327	26,755	2.8	3.4	64.7
9	한국	8,478	22,271	10.1	2.8	67.6
10	스페인	14,514	21,543	4.0	2.7	70.3

주: – 논문 수는 SCI와 SSCI 논문을 포함함.
– 논문의 국가별 분류는 논문에 기재된 주소를 기초로 함.
– 국가 간 공동연구는 참여한 각각의 국가에 논문 수를 산정함.
자료: Science and Engineering Indicators(2012)–http://www.nsf.gov/statistics/seind12/tables.htm

표 7-3 미국의 과학적 성과(논문) 현황

구분	논문 수 (건)	인용된 논문 수(건)	국제 협력 비중(%)	구분	논문 수 (건)	인용된 논문 수	국제 협력 비중(%)
1996년	330,556	323,516	20.14	2005년	435,093	403,302	25.00
1997년	330,988	323,671	18.20	2006년	489,617	448,382	25.82
1998년	325,903	315,821	19.87	2007년	484,740	440,875	27.84
1999년	323,775	311,286	18.99	2008년	499,003	452,547	29.48
2000년	332,992	319,797	18.60	2009년	531,362	481,244	27.48
2001년	327,640	312,509	17.04	2010년	560,131	502,305	27.16
2002년	345,754	328,506	17.87	2011년	577,872	518,312	27.96
2003년	380,984	359,654	23.71	2012년	582,655	526,809	29.62
2004년	424,615	402,528	24.64	2013년	563,292	510,511	31.41

자료: SJR(SCImago Journal & Country Rank, www.scimagojr.com)

미국 내 논문을 발표한 주체별 논문 비율을 살펴보면 지난 1995년부터 2010년까지 주로 학계에서 발표한 논문이 주를 이루고 있으며, 그 비율은 1995년 71.6%에서 2010년 76.1%로 증가했다. 그 다음으로는 민간 비영리 부문으로 8%대의 비중을 꾸준히 차지하고 있다. 연방정부와 산업계는 1995년 각각 7.9%와 8.1%로 비슷한 수준을 보였으나 2010년에 와서 약 6% 수준으로 그 비중이 감소했다.

표 7-4 미국 내 부문별 논문 비율(1995년~2010년)

(단위: %)

부문	1995년	2000년	2005년	2010년
연방정부	7.9	7.2	6.6	6.1
산업계	8.1	7.3	6.4	5.8
학계	71.6	72.8	74.6	76.1
연방정부 지원R&D센터(FFRDCs)	2.8	2.7	2.8	2.4
민간 비영리 부문	8.0	8.5	8.2	8.6
주/지방정부	1.0	0.9	0.9	0.9

자료: Science and Engineering Indicators(2012)–http://www.nsf.gov/statistics/seind12/tables.htm

미국 논문의 세계 논문 점유율과 피인용 점유율은 〈표 7-5〉에서 보는 바와 같

표 7-5 주요 국가의 세계 논문 점유율 및 피인용 점유율

국가	세계 논문 점유율(%)		세계 피인용 점유율(%)		국제적 국가별 피인용 점유율(%)	
	1996~98년	2006~08년	2000년	2010년	2000년	2010년
미국	32.4	27.8	44.8	36.4	48.1	53.7
EU	35.4	32.4	33.3	32.8	44.8	49.7
중국	2.0	7.5	0.9	6.0	60.3	50.8
일본	8.8	7.0	7.1	5.7	62.3	70.2
Asia-8	4.1	7.4	1.8	5.3	62.9	65.0

주: – Asia-8: 인도, 인도네시아, 말레이시아, 필리핀, 싱가포르, 한국, 타이완, 태국.
– 피인용 수는 2년의 시차를 두고 3년간 인용된 빈도를 기초로 산출.

자료: Science and Engineering Indicators(2012).
http://www.nsf.gov/statistics/seind12/tables.htm

이 1996~1998년도에 세계 논문 점유율이 32.4%로 EU 35.4%보다 낮은 점유율을 보였고, 2006~2008년도에도 미국 27.8%로 EU 32.4%보다 점유율 격차가 다소 벌어지는 양상을 보였다. 그러나 논문의 세계 피인용 점유율을 보면 미국 44.8%, EU 33.3%로 논문의 양적 부분에서 EU보다 뒤졌지만, 질적인 측면, 즉 피인용 점유율에서는 EU를 앞서는 것으로 나타났다.

기술 기반(technology base)은 특허 정보를 바탕으로 측정했다. 산·학·연이 보유하고 있는 특정 기술에 대한 정보와 지식은 특허를 통해 구체화되고 확산되기 때문에, 국가의 혁신 기반을 특허 정보를 통해 파악할 수 있다(홍형득, 2010).

미국의 연도별 특허 건수(미국 특허청 등록 특허)[4]를 통해 기술 기반을 살펴보면 1990년 4만여 건에서 2000년 8만여 건으로 81% 증가했다. 2005년에는 2000년 대비 특허 수가 감소했으나 2010년 11만여 건으로 46% 증가했고 이후 증가세를 보이고 있다. 1990년 대비 2012년 증가율은 162%로 나타났다. 미국 특허 중 외국인 지분율을 기준으로 해외 협력 건수를 보면 1990년 이후 지속적으로 증가세를 보이고 있으며, EU와 일본과의 협력 건수가 전체 60% 이상을 차지하고 있는 것으로 나타났다. 가장 많은 협력 국가인 EU 국가와의 협력 건수는 1990년 344건에서 2012년 4,258건으로 급격하게 증가하고 있다.

표 7-6 미국의 기술 기반(특허 등록 수)

(단위: 건)

구분	1990년	2000년	2005년	2010년	2012년
특허 수	47,849	86,721	76,255	111,450	125,765
해외 협력	746	3,476	4,431	8,389	10,773
일본	163	862	946	1,757	1,978
EU	344	1,373	1,889	3,011	4,258

자료: OECD.StatExtracts(http://stats.oecd.org)

기술 지식 창출의 측면에서 연구개발 투자의 효율성 분석을 위해 미국 특허청

4) 각 국가별 특허 데이터: OECD.StatExtracts(http://stats.oecd.org)에서 미국 특허청(Patent grants at the USPTO) 특허 데이터를 기준으로 등록 연도별(Date of grant) 정리한 것으로 해외 협력은 해당 국가별 특허 중 외국인 지분(Foreign ownership of domestic inventions)에 대한 값임.

표 7-7 미국의 R&D 투자 대비 특허 수

(단위: 건/ 백만 달러(PPP), %)

구분		2004년	2005년	2006년	2007년	2008년	2009년	2010년	2011년	2012년
미국	특허 수	0.276	0.227	0.254	0.209	0.19	0.203	0.263	0.253	0.267
	증감률		-17.75	11.89	-17.72	-9.09	6.84	29.56	-3.80	5.53
삼극	특허 수	0.046	0.043	0.038	0.034	0.032	0.031	0.03	0.029	0.028
	증감률		-6.52	-11.63	-10.53	-5.88	-3.13	-3.23	-3.33	-3.45

자료: 미래창조과학부 · KISTEP(2015).

등록 특허 수와 삼극 특허 수를 연구개발 투자 총액(PPP)으로 나눠 산출한 결과[5]는 〈표 7-7〉과 같다. 미국의 연간 R&D 투자 대비 미국 등록 특허 수를 보면 0.19~0.276건으로 연도별 반복적인 증감하고 있는 현상을 보이고 있다. 삼극 특허 투자 대비 특허 수의 효율성은 지속적으로 감소하고 있는 것으로 나타났다.

2 혁신 기반

국가별 혁신 기반(innovation base)은 OECD 데이터[6]를 이용해 연구개발비와 연구자 현황을 통해 분석했다. 혁신 기반은 과학과 기술 기반을 지원하는 기반

5) 미국 특허청 등록 특허 효율성 자료: OECD, Main Science and Technology Indicators 2014-1. USPTO, http://www.uspto.gov/web/offices/ac/ido/oeip/taf/cst__utlh.htm
국가과학기술위원회, 연구개발활동조사보고서.
삼극 특허 효율성 자료: OECD, Main Science and Technology Indicators 2014-1
국가과학기술위원회, 연구개발활동조사보고서.

6) - 연구개발비
국내총연구개발비: Gross Domestic Expenditure on R&D GERD (million current PPP $)
인구당 국내총연구개발비: GERD per capita population (current PPP $)
GDP 대비 비중: GERD as a percentage of GDP
GDP 대비 정부재원 비중: Government-financed GERD as a percentage of GDP
정부 지원 비중: Percentage of GERD financed by government
해외 투자 비중: Percentage of GERD financed by abroad
GDP 대비 기초연구 지출 비중: Basic research expenditure as a percentage of GDP
- 연구자
연구자: Total researchers
노동가능인구 천 명당 연구자 수: Total researchers per thousand labour force

(infrastructure)으로서의 의미로 볼 수 있다. 혁신 기반은 국가혁신체제의 특성과 수준을 나타내는 가장 기본적인 요소들로서 연구 인력과 과학기술 투자 측면에서 살펴볼 수 있다. 한 국가의 연구개발 투자액은 해당 국가의 연구개발 활동의 규모를 파악할 수 있는 지표다. 즉, 연구개발비는 새로운 지식을 탐구하거나 기존 지식을 이용해 새로운 방법, 지식을 찾아내기 위한 창조적인 활동 및 과정으로 상업화하기 이전 단계까지의 모든 활동의 지출을 의미한다(Frascati Manual, OECD, 2002). 연구개발 투자 총액[7]은 국가 간 물가 수준의 차이를 고려해 각국 통화의 구매력을 동일하게 한 통화 비율인 구매력지수(Purchasing Power Parity: PPP)를 기준으로 비교 분석할 수 있다. 그리고 GDP 대비 연구개발 투자 총액 비율[8]은 국가의 연구 활동 규모를 그 국가의 경제 규모를 고려해 파악할 수 있는 지표로 연구개발 투자 총액을 국내총생산(Gross Domestic Product: GDP)으로 나눠 산출된다. 총 연구원 수(FTE)[9]는 연구개발 활동을 직접 수행하는 인력의 규모로 FTE(full-time equivalent), 즉 상근 상당 인력, 실질 연구 참여 인력으로 연구보조, 연구행정을 제외한 순수 연구 인력을 의미한다.

미국의 국내 총 연구개발비(GERD)는 1990년 1,500억 달러에서 2012년 4,500억 달러로 197% 증가했다. 시기별로 꾸준한 증가세를 보였으며, 2000년대에는 평균 약 20%의 증가했다. 인구당 GERD는 1990년 609달러에서 2012년 1,400달러로 136% 증가했다. GDP 대비 국내 총 연구개발비의 비중은 2%대를 유지하고 있으며 2005년 2.51% 이후 증가해 2012년 2.79%로 최근 20여년간 가장 높은 비중을 보이고 있다. GERD에서 정부 투자 비중은 1990년 41%에서 2000년 26%로 급격한 감소가 나타났다. 2005년 이후 정부 투자 비중은 약 30% 정도의 규모를 유지하고 있는 모습을 볼 수 있다. GDP 대비 기초연구의 지출 비중은 0.3~0.5% 정도로 기초연구에 대한 투자가 2000년대 들어 증가했다.

---

7) OECD, Main Science and Technology Indicators 2011-1.
국가과학기술위원회, 연구개발활동조사보고서.

8) OECD, Main Science and Technology Indicators 2011-1.
국가과학기술위원회, 연구개발활동조사보고서.

9) FTE: 연구개발 업무에 전념하는 정도에 따라 비율을 반영해 산정한 인력을 의미. 연구개발 업무를 근무 시간의 1/2을 하는 사람의 FTE는 0.5명.
OECD, Main Science and Technology Indicators 2011-1.
국가과학기술위원회, 연구개발활동조사보고서.

표 7-8 미국의 혁신 기반

구분		1990년	2000년	2005년	2010년	2012년
국내 총연구 개발비 GERD	million current PPP $	152,388.7	269,513.0	328,128.0	409,599.0	453,544.0
	인구당(current PPP $)	609.11	954.37	1108.57	1322.24	1443.13
	GDP 대비 비중	2.55	2.62	2.51	2.74	2.79
	GDP 대비 정부 재원 비중	1.06	0.69	0.77	0.89	0.86
	정부 투자 비중	41.61	26.24	30.79	32.59	30.79
	해외 투자 비중	–	–	–	3.74	3.80
GDP 대비 기초연구 지출 비중		0.39	0.42	0.47	0.52	0.46
연구자	연구자	735,683	983,208	1,101,062	1,198,280	–
	노동가능인구 천 명당 수	5.75	6.83	7.31	7.71	–

자료: OECD.StatExtracts(http://stats.oecd.org)

연구 인력의 규모는 1990년 73만여 명에서 2000년 98만 명으로 2005년 이후 110만여 명으로 증가했다. 노동 가능 인구 천 명당 연구자 수는 1990년 5.75명에서 2000년 6.83명으로 18% 정도 증가했으며 2005년 이후 7.31명과 7.71명으로 증가했다.

미래창조과학부와 KISTEP이 매년 OECD 30개 회원국을 대상으로 한 국가 과학기술 혁신역량 평가(자원, 활동, 네트워크, 환경, 성과 차원) 결과에 따르면 [그림 7-7]에서 보는 바와 같이 미국의 과학기술 혁신역량은 모든 부분에서 매우 높은 수준을 보이며, 특히 자원과 활동 부문에서 OECD 평균보다 월등히 높은 수준을 보이고 있다.

미국의 각 영역별 과학기술 혁신역량 평가 결과를 보면 총 연구원 수, 미국 특허 등록 기관 수, 세계 랭킹 500위 이내 대학 수, 세계 R&D 투자 상위 1000대 기업 수, 최근 15년간 SCI 논문 수(STOCK), 최근 15년간 미국 특허 수(STOCK), 최근 15년간 삼극 특허 수(STOCK), 연구개발 투자 총액, GDP 대비 벤처 캐피털 투자 금액 비중, 연간 미국 특허 수에서 세계 1위로 높은 역량을 보유하고 있다. 대부분의 항목에서 높은 수준을 유지하나 상대적으로 낮은 역량을 보이는 부분은 정부·대학의 연구개발비 중 기업 재원 비중과 연구개발 투자 대비 기술 수출액 비중, 연구원 1인당 SCI 논문 수, 학교에서 과학교육이 강조되는 정도 등이다.

그림 7-7 미국의 부문별 혁신역량 종합

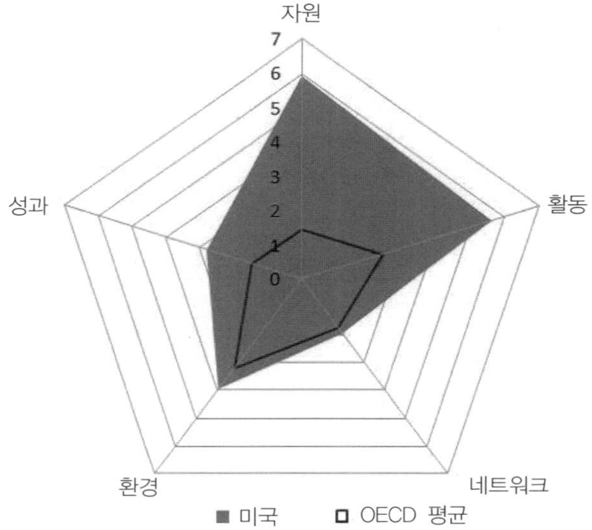

자료: 미래창조과학부 · KISTEP(2015).

표 7-9 미국의 과학기술 혁신역량

<table>
<tr><th colspan="3">구분</th><th>지푯값</th><th>순위</th></tr>
<tr><td rowspan="9">자원</td><td rowspan="3">인적 자원</td><td>총 연구원 수(명, FTE)(2011)</td><td>1,252,948</td><td>1</td></tr>
<tr><td>인구 만 명당 연구원 수(명, FTE)(2011)</td><td>40.15</td><td>14</td></tr>
<tr><td>인구 중 이공계 박사 비중(%)(2009)</td><td>0.59</td><td>18</td></tr>
<tr><td rowspan="3">조직</td><td>미국 특허 등록 기관 수(개)(2011)</td><td>15,468</td><td>1</td></tr>
<tr><td>세계 랭킹 500위 이내 대학 수(개)(2013)</td><td>98</td><td>1</td></tr>
<tr><td>세계 R&D 투자 상위 1000대 기업 수(개)(2012)</td><td>325</td><td>1</td></tr>
<tr><td rowspan="3">지식자원</td><td>최근 15년간 SCI 논문 수(STOCK)(편)(1998~2012)</td><td>4,608,102</td><td>1</td></tr>
<tr><td>최근 15년간 미국 특허 수(STOCK)(건)(1998~2012)</td><td>1,337,306</td><td>1</td></tr>
<tr><td>최근 15년간 삼극 특허 수(STOCK)(건)(1998~2012)</td><td>200,867</td><td>1</td></tr>
<tr><td rowspan="5">활동</td><td rowspan="5">연구개발 투자</td><td>연구개발 투자 총액(백만 PPP달러)(2012)</td><td>453,544</td><td>1</td></tr>
<tr><td>GDP 대비 연구개발 투자 총액 비중(%)(2012)</td><td>2.79</td><td>9</td></tr>
<tr><td>연구원 1인당 연구개발 투자(PPP 달러)(2011)</td><td>342,507</td><td>2</td></tr>
<tr><td>산업부가가치 대비 기업연구개발 투자 비중(%)(2012)</td><td>3.26</td><td>6</td></tr>
<tr><td>GDP 대비 정부연구개발 예산(%)(2012)</td><td>0.88</td><td>7</td></tr>
</table>

	창업 활동	창업활동지수(TEA)(%)(2013)	12.7	2
		GDP 대비 벤처 캐피털 투자 금액 비중(%)(2012)	0.171	1
네트워크	산학연 협력	연구원 1인당 산・학・연 공동 특허 건수(건)(2011)	0.000622	5
		정부・대학의 연구개발비 중 기업재원 비중(%)(2011)	2.42	24
	기업 간 협력	기업 간 기술 협력(점)(2012~2014)*	6.95	6
	국제 협력	연구원 1인당 국제 공동 특허 수(건)(2011)	0.000877	6
		GDP 대비(해외 투자 + 외국인 투자) 비중(%)(2012)	3.41	15
환경	지원제도	기업 연구개발비 중 정부재원 비중(%)(2011)	10.65	7
		지식재산권 보호 정도(점)(2012~2014)*	8.53	4
	문화	새로운 문화에 대한 태도(점)(2012~2014)*	7.06	11
		학교에서 과학교육이 강조되는 정도(점)(2012~2014)*	4.69	19
성과	경제적 성과	국민 1인당 산업부가가치(PPP달러)(2013)	30,908	4
		하이테크산업의 제조업 수출액 비중(%)(2012)	17.83	9
		연구개발 투자 대비 기술 수출액 비중(%)(2012)	26.5	23
	지식 창출	연간 미국 특허 수(건)(2012)	121,026	1
		연간 삼극 특허 수(건)(2012)	12,722	2
		연간 R&D 투자 대비 미국 특허 수(건/백만 달러)(2012)	0.267	2
		연간 R&D 투자 대비 삼극 특허 수(건/백만 달러)(2012)	0.028	12
		연구원 1인당 SCI 논문 수(편)(2011)	0.29	20
		5년 주기별 논문당 평균 피인용 수(편)(2008~2012)	7.62	7

주: *는 설문지표.
자료: 미래창조과학부・KISTEP(2015).

제 8 장 일본

제 1 절 과학기술정책 거버넌스

1 정책 조정 메커니즘

일본의 과학기술 행정 체제는 [그림 8-1]에서 보는 바와 같이 총리실 산하 내각부에 종합과학기술혁신회의와 문부과학성 및 경제산업성을 중심으로 이뤄지고 있다. 일본의 과학기술 행정 체제는 2001년 이후 큰 변화가 있었다. 2001년 정부조직을 1부 12성 체제로 개편을 단행하면서 총리 산하에 내각부를 설치해 총리의 권한을 강화했고, 내각부에 종합과학기술회의가 설치되었다. 당시 국립시험연구기관의 독립행정법인화 및 국립대학 및 특수법인의 개혁에 착수하는 등 대대적인 과학기술 행정 체제 개혁을 단행했다. 또한 내각부 내에 과학기술정책 담당대신과 과학기술혁신정책국을 설치해 종합과학기술회의를 지원하도록 했다(성지은, 2010). 이후 2014년에 종합과학기술회의의 명칭을 종합과학기술혁신회의로 변경하고 과학기술 및 혁신정책 관련 기획·조정 기능을 강화했다. 따라서 전체적인 과학기술 행정 체제는 종합과학기술혁신회의의 기획과 문부과학성 및 경제산업성의 집행이라는 역할의 구분을 통해 수직적으로 과학기술행정이 추진될 수 있는 체계를 구축하고 있다.

그림 8-1 일본의 과학기술 행정 체제

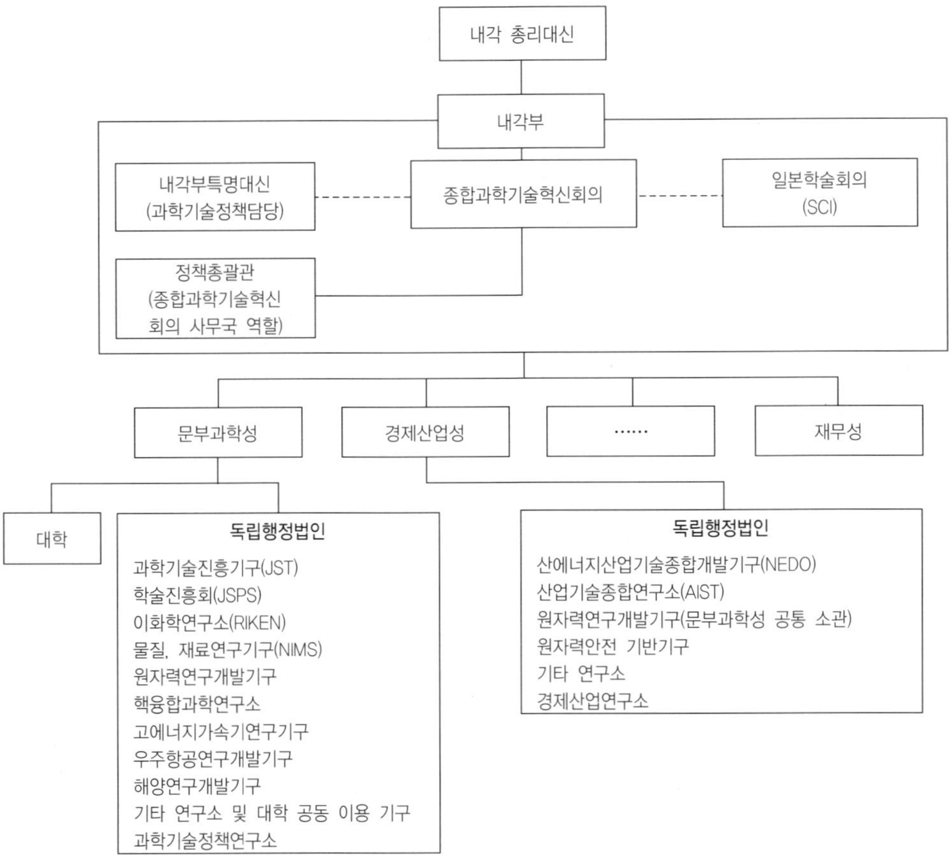

자료: 국가과학기술위원회; 일본 내각부 홈페이지(http://www.cao.go.jp/about/about.html)

내각부는 행정 각 부처에서 시행하는 정책들 간의 정합성을 높이고 정부정책의 전체적인 종합 조정 기능을 수행한다. 종합과학기술혁신회의는 과학기술정책 방향을 결정하고 국가의 종합적인 과학기술정책을 수립 및 조정하는 역할을 하고 있다. 과학기술의 종합적·체계적인 진흥을 위한 기본적인 계획을 수립하고 과학기술에 관한 예산, 인력 등 자원 배분 방식 및 과학기술 진흥을 위한 주요 사항을 의결한다. 이와 함께 국가연구개발사업의 평가를 실시하며, 종합과학기술혁신회의의 결정에 따라 하부기관을 설치한다. 종합과학기술혁신회의의 의장은 총리가 맡고, 정부의 최상위 수준에서 과학기술정책을 기획하고 종합적으로 평가한다. 범부처 기구로 종합과학기술혁신회의는 문부과학성 장관과는 별도로 과학기술 장관을 두고 각 부처에서 200여 명의 정부 및 민간 전문가가 파견되어 구성되며, 일본학술회의·경제재정자문회의·지적재산 전략본부 등의 총리 직속 기구에서 필요한 지원 활동을 하고 있다.

일본의 과학기술정책 주관 부처는 문부과학성과 경제산업성에서 맡고 있다. 이 두 부처가 정부의 과학기술 개발계획 수립과 과학기술정책 집행 부처로서의 역할을 한다. 문부과학성은 과학기술정책 주무부서로서 각 분야의 구체적인 연구개발 계획 수립과 과학기술 진흥조정비의 집행 등 과학기술정책을 주관하고 있다. 문부과학성 산하에는 과학기술진흥기구(JST), 학술진흥회(JSPS), 이화학연구소 등 10개의 독립행정법인을 두고 있다. 경제산업성 역시 과학기술정책을 집행하는 한 축으로서 산하에 신에너지산업기술 종합개발기구, 산업기술종합연구소 등 5개의 독립행정법인을 두고 있다(교육과학기술부, 2011).

또한 2007년 5월에 목표 연도를 2025년으로 하여 사회 시스템 개혁과 기술혁신을 통한 일본의 성장에 공헌할 수 있는 장기 전략지침인 '이노베이션 25'계획을 수립했다. 종합적인 기술혁신을 추진하기 위해 2007년 6월 총리를 본부장으로 하는 이노베이션 추진본부를 내각에 설치해, 기존에 추진하던 혁신 및 과학기술 관련 프로젝트들을 '이노베이션 25'의 관점에서 재정비함으로써 부처 간 협력 및 조정을 통한 혁신정책 추진을 강화했다.

'이노베이션 25'는 2006년 9월 국회에서 제시한 아베 총리의 정권 공약 중 하나로, 2025년을 목표로 일본 경제 성장의 장애 요인으로 작용하는 저출산·고령화로 인한 노동력 감소 등의 사회문제를 혁신을 통해 극복하고자 한 것으로 지속적인 경제 성장과 세계 주도국으로서의 위상 강화를 목표로 하는 장기적 전략지침이다.

2025년 사회의 목표를 ① 평생 건강한 사회, ② 안전하고 안심한 사회, ③ 다양한 인생을 보낼 수 있는 사회, ④ 에너지·환경문제 등 전지구적 문제 해결에 공헌하는 사회, ⑤ 세계에 개방적인 사회 등 다섯 가지로 제시했다(정보사회진흥원,

2007).

1) 수평적 조정

종합과학기술혁신위원회의 구성은 총리를 의장으로 내각관방 장관, 과학기술정책 담당대신, 관계 각료, 관계 행정기관의 장과 전문가로 구성되어 있다. 주요 기능은 첫째, 총리의 자문에 응해 과학기술의 종합적이고 계획적인 진흥을 위한 기본정책에 대한 조사 심의, 둘째, 과학기술에 관한 예산, 인재 등 과학기술 진흥에 필요한 자원 배분의 방침과 그 밖의 과학기술 진흥에 관한 주요 사항에 대한 조사 심의, 셋째, 과학기술에 관련 대규모 연구개발과 국가적으로 중요한 연구개발에 대한 평가 등을 수행하고 있다(김관보 외, 2007). 2014년 종합과학기술회의는 종래 과학기술의 진흥 업무에 부가해 혁신 창출의 촉진을 위한 제도 정비 및 종합 조정사무를 내각부 소관사무로 규정하고, 해당 사항에 관한 중요 사항의 조사·심의회의 사무를 종합과학기술혁신회의의 소관사무로 규정했다(양승우 외, 2014). 또한 법 개정을 통해 과학기술 혁신 시책의 추진 기능을 강화해 연구개발 성과의 상용화의 촉진과 이를 위한 제반 환경의 정비에 관한 사무를 추가했고, 연구개발사업의 정책 및 예산을 중앙 차원에서 조정하기 위해 문부과학성의 과학기술기본계획 수립 업무와 관련 예산 조정 사무를 내각부로 이관했다. 기본계획에 명시된 종합과학기술위원회의 역할은 내각부 산하 종합과학기술혁신회의의 위상 강화를 통한 정부 연구개발 추진의 효과성과 효율성을 증진하고, 과학기술정책의 조정 권한을 강화하며 제도 운영상의 문제를 해결하는 것이다.

종합과학기술혁신회의는 정부연구개발사업의 우선순위 설정 및 기획을 위한 기구로서 중요한 역할을 수행하고 있으며, 각 부처의 과학기술정책 예산 배분을 포함한 구체적인 정책 사항을 전달함으로써 여러 부처에 분산되어 추진되는 과학기술정책 간의 조정과 통합 역할을 수행하고 있다. 운영은 과학기술정책 담당대신 산하 과학기술정책 담당관을 중심으로 3명의 심의관을 포함해 약 100여 명으로 구성되어 있다. 과학기술정책 담당대신은 조정자로서 역할을 하며 과학기술정책이 국가 전체적인 전략에 따라 일관되게 추진되도록 과학기술정책의 총괄적·종합적 기획, 입안 및 총괄 조정 역할을 담당한다(성지은, 2012).

종합과학기술혁신회의 역할의 중요성은 일본의 독특한 '총동원 체제'에서 찾아

그림 8-2 종합과학기술혁신회의 기구도

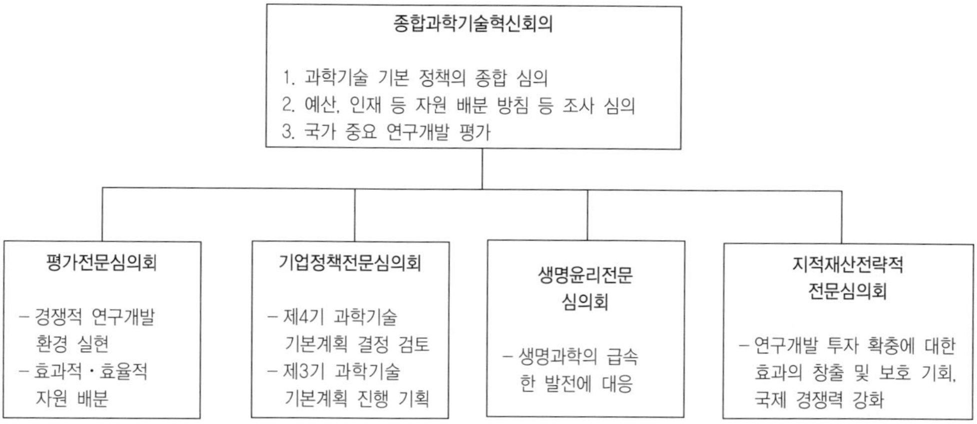

자료: 김동근·안승구(2010); 권명화(2013).

그림 8-3 일본의 종합과학기술혁신회의와 연계성

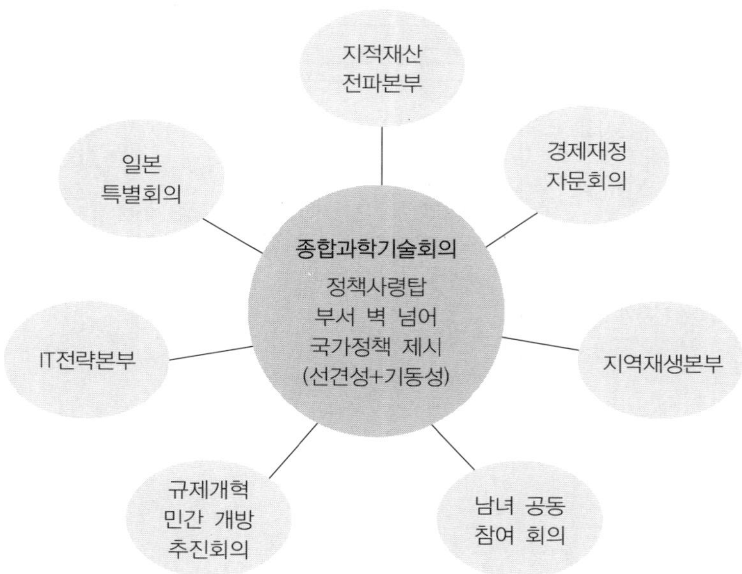

볼 수 있다. 일본 사회의 분위기는 여전히 전후의 총동원 체제를 유지하고 있으며, 일사불란한 국가 통합 시스템을 특징으로 하고 있다.

2004년 종합과학기술회의는 국가적 · 사회적으로 중요한 테마를 선정해 관련 시책 간 연계 강화와 예산의 효율적 활용을 위해 '과학기술 연계 시책군'을 도입했다. 과학기술 연계 시책군은 [그림 8-4]에서 보는 바와 같이 국가적으로 중요한 테마를 정해 각 테마별 코디네이터를 중심으로 관련 시책의 연계 강화, 중복 배제, 보완적 과제 실시 등 조정을 통해 예산을 효율적으로 활용하기 위한 것이다(권명화, 2013). 과학기술 연계 시책군을 통해 테마를 중심으로 한 연구개발사업 간의 조정을 강화하고, 기술 개발 및 상업화를 위한 정부부처 간 규제 완화, 기술 표준

그림 8-4 과학기술 연계 시책군 추진 체계

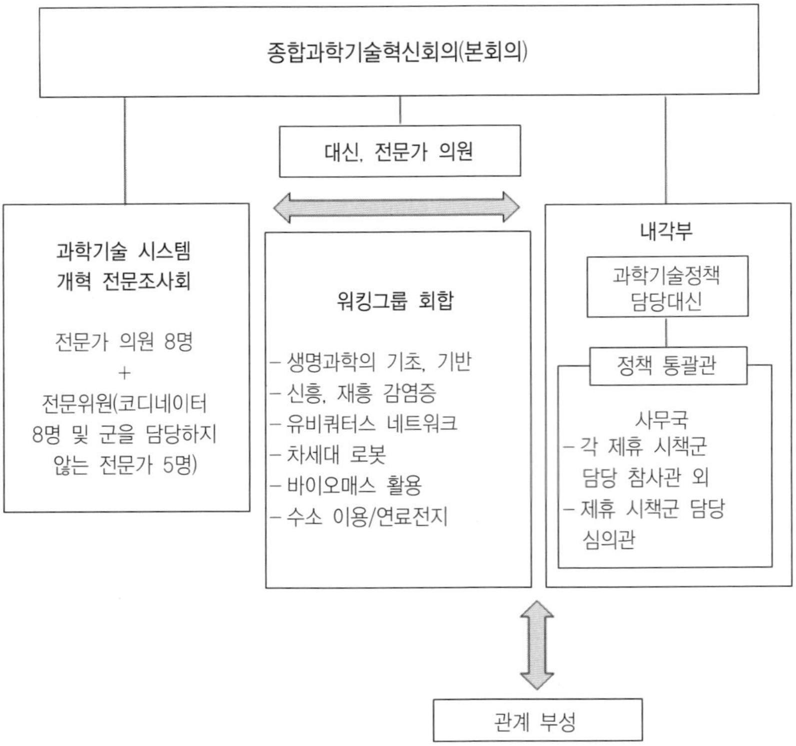

자료: 김동근 · 안승구(2010).

화, 신기술을 활용한 상업화를 위한 민간 부문과의 연계 등 포괄적인 정책 연계를 추진하고 있다.

일본은 분산적 과학기술 행정 체제였으나, 2001년 조직 개편 당시 과학기술청과 문부성을 통합해서 과학기술 관련 성청(省廳)의 기능이 문부과학성으로 통합됨에 따라 과학기술정책의 추진 권한과 활동이 집중화되었다. 그뿐만 아니라 국가 과학기술 체제의 혁신을 위한 방안을 마련할 수 있는 권한을 가지고 있다는 측면에서 과학기술정책의 핵심 부처라고 할 수 있다. 문부과학성은 산하에 일본학술진흥회(JSPS)와 과학기술진흥기구(JSP)를 두고, 두 기관을 통해 연구개발 예산의 배분과 연구개발 프로젝트를 관리하고 있다. 문부과학성은 일차적으로 정부의 연구개발계획과 종합과학기술혁신회의 전략에 의한 과학기술개발계획을 집행하는 역할을 담당하고 있다. 이에 따라 문부과학성은 과학기술정책의 기획, 결정, 집행과 조정 권한을 가지고 있으며, 주요 과학기술 분야 연구개발 정책을 집행하고 평가하는 역할을 한다(송위진 외, 2007; 장영배 · 성지은 · 이민형, 2007).

한편 대부분의 산업기술정책은 경제산업성이 적극적으로 개입해 조정한다. 경제산업성은 기업을 중심으로 한 첨단 과학기술의 상업화와 관련된 업무를 그 핵심으로 하고 있다. 이와 함께 국립 또는 특수법인 형태의 연구기관과 국립대학을 독립법인화해 평가 체제 및 경쟁적 자원 배분 체제를 강화했다. 정부의 간섭은 약화되고 조직의 자율성이 강화되면서 독자적인 자체 계획을 통해 연구개발사업에 참여하고 있다. 경제산업성은 정부 연구개발 예산의 약 15~20% 정도를 차지하고 있다. 경제산업성은 16개 공업시험원 산하 연구소들을 통합한 산업기술종합연구소(AIST)를 중심으로 산업기술 연구를 담당하며, 산하에 연구관리와 연구를 동시에 수행하는 신에너지산업기술종합개발기구(NEDO)가 설치되어 있다(성지은 외, 2010; 권명화, 2013).

2) 수직적 조정

일본 과학기술 행정 체제의 수직적 조정은 연구개발 정책 조정과 예산 조정 등의 과정에서 국가연구개발사업의 수직적 지배 구조를 통해 파악할 수 있다. 정책 조정은 종합과학기술혁신회의가 범정부 차원의 종합적인 조정기구와 자문기구의 역할을 동시에 수행하며, 예산 조정은 정부 예산 편성 부처이며 정부 연구개발 예산의 실질적인 편성 권한을 갖고 있는 재무성에서 담당하고 있다. 이들 조정기구는 과학기술정책의 추진 방향을 제시하는 동시에 정부 연구개발 예산의 편성 과정에도 적극적으로 개입해 과학기술의 정책 방향이 정부 예산에 반영될 수 있도록 하고 있다.

일본은 모든 정책이 실시 단계에서 그 효과를 점검하고 지속적인 개선 또는 수정이 이뤄질 필요가 있음을 인식하고, 이를 위해 정책 효과에 대한 엄정한 평가를 실시해 정책 입안에 반영하는 평가 기능 강화를 위해 정책평가제도를 도입했다(일본 총무성, 2015). 정책평가의 목적은 국민에 대한 행정의 설명 책임 완수, 효율적이고 수준 높은 행정 실시, 성과 중심 행정으로의 전환을 도모하는 것이다. 2001년 제정된 '국가행정기관이 시행하는 정책 평가에 관한 법률(이하 정책평가법)'에 따라 각 행정기관은 정책평가에 관한 명확한 계획을 수립하고, 해당 정책의 평가에 관한 책임을 명확히 했다. 이를 통해 정책평가의 명확한 체계를 구축해 실효성을 높이고, 대국민 신뢰성 향상을 도모하고 있다. 정책평가법에 따라 각 행정기관장은 정책평가에 관한 기본 방침을 수립하고, 기본 방침에 따라 각 행정기관별 정책평가 실시를 위한 가이드라인을 정해 시행하고 있다.

일본의 국가연구개발사업 평가는 내각부설치법에 따라 종합과학기술혁신회의에서 실시하고 있으며, 이를 통해 국가의 과학기술정책이 종합적이고 계획적인 관점에서 실시될 수 있도록 하고 있다. 평가 결과는 예산 편성 과정에 활용되며, 연구개발의 실시 내용에 반영되도록 하고 있다.

이와 같이 일본 정부는 연구개발사업 평가의 계층적 구조화와 각 평가 단위의 자율성을 강조해 국가 차원에서 체계적이고 종합적인 과학기술정책의 수행과 평가가 이뤄질 수 있도록 하고 있다.

따라서 일본의 정부 연구개발 예산의 편성 및 조정 과정에서 지배적인 영향력을 행사하고 있는 핵심 주체는 종합과학기술혁신회의와 재무성이다. 과학기술정책의 종합조정기구는 위계 구조상 정부 연구개발 예산 편성기구보다 상위에 위치한다. 종합과학기술혁신회의는 과학기술 관계 예산 자원 배분 방침을 통해 재무성에 정책의 방향을 제시하고, 각 부처로 하여금 적절한 연구개발 예산 요구안을 작성할 수 있도록 하고 있다. 일본의 과학기술 관계 시책에 대한 우선순위 판단은 각 부성에서 제시한 차년도 예산요구안에 대해 심의 의견을 제시하는 절차다.

그림 8-5 일본의 국가연구개발사업 평가 체제

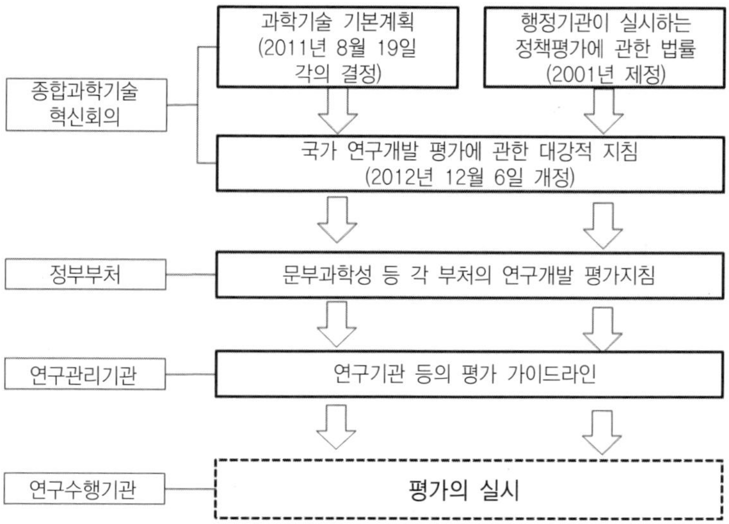

정부 연구개발 예산을 검토하고 조정하기 위해 종합과학기술혁신회의는 산하에 전문조사회와 워킹그룹, 프로젝트팀 등을 두고 있으며, 부처공통연구개발관리시스템(e-Rad)을 구축해 연구개발 관리 업무의 효율화와 연구자금의 불합리한 배분, 과도한 연구비 집중 등을 통제하고 있다. 종합과학기술혁신회의에서 종합적이고 계획적인 과학기술 진흥을 도모하기 위해 기본적인 정책 및 과학기술에 관한 예산, 인재 등에 필요한 자원 배분 방침을 결정한다. 문부과학성은 종합과학기술혁신회의의 전략에 따라 개별 분야에 대한 구체적인 연구개발 계획의 작성, 시험연구기관의 경비 등의 조정 업무 및 과학기술 진흥조정비를 배분하는 역할을 한다. 관계 부처의 연계 강화를 위해 여러 연구 분야나 관련 정책 담당자 간담회나 관계 부처 합동회의를 통해 각 부처의 연구개발 분야나 정책의 성격에 따른 연구개발사업의 진행 방식에 관한 의견 교환, 연구자 교류 촉진 등을 유도하고 있다.

2 정책 참여 메커니즘

일본의 과학기술 행정 체제에 참여하는 정부기관은 문부과학성, 경제산업성, 총무성(IT정책), 국토교통성, 후생노동성, 환경성, 농림수산성의 7개 부처가 있으며, 문부과학성 산하에 과학기술·학술정책국, 연구진흥국, 연구개발국이 실무를 담당한다. 경제산업성 산하에 산업기술환경국을 설치해 산업기술정책, 기술평가·조사, 대학 연계사업, 기술 진흥·연구개발 업무를 담당하고 있다. 또한 문부과학성과 경제산업성 산하에 독립행정법인과 연구소를 두어 운영하고 있다(황용수 외, 2003).

문부과학성 산하의 일본학술진흥회(JSPS)는 학술 응용에 관한 연구를 수행하며, 공동으로 수행되는 학술 연구에 필요한 연구자금 지급, 산학 협력을 통한 학술 응용 연구 자금의 지급 및 원조를 수행하고 있다. 또한 해외에 연구자 파견 및 외국인 연구자의 수용 등 연구개발의 국제 협력 활동을 지원한다. 우수한 학술연구자 육성을 목적으로 연구장려금 지급과 학술정보자료의 조사 및 학술 연구 성과 보급을 담당하고 있다(황준영, 2009).

과학기술진흥기구(JST)는 과학기술 진흥을 위한 기반 정비와 독창적인 연구개발 추진 및 과학기술 이해 증진사업 추진을 목적으로 1996년 설립된 문부과학성 산하의 독립행정법인으로서, 일본에서 과학기술정보에 관한 중추적 기관이며, 주요 업무는 과학기술 정보의 축적 및 데이터베이스 구축, 과학기술 정보의 유통 및 교류 등에 관한 업무를 담당하고 있다. 또한 과학기술 진흥을 위한 기반의 정비와 기초연구 및 신기술 개발 성과의 보급 및 확산, 과학기술 인재 육성 등의 업무를 담당하고 있다.

일본 정부는 공공연구기관, 대학, 기업 등에 대한 지원을 통해 과학기술 활동을 장려하고 있다. 대학에 대한 지원은 학부, 대학원, 연구소, 연구시설 등과 특정 대학에 속하지 않고 전국 대학 및 연구기관의 연구자가 공동으로 활용해 연구를 실시하는 대학 공동 이용 기관을 중심으로 진행되고 있다. 대학 공동 이용 기관이나 연구소 등에 대한 지원을 통해 연구조직의 정비를 하고 있으며, 학문 연구의 발전에 중요한 학제적 영역의 확대 또는 사회적 수요 등에 대응한 연구조직의 탄력성 강화와 활성화에 노력하고 있다.

독립행정법인인 국립연구기관, 국립시험연구기관, 공설시험연구기관에 대한 지원은 과학기술의 진보로 이어지는 기초·선도 연구와 정책 수요에 부합하기 위해 구체적인 목표를 설정하고 있는 체계적·종합적 연구에 중점을 두고 있다. 그리고 신진 연구자를 국립시험연구기관 등에 파견하는 과학기술 특별연구원제도를 실시하고 있다.

특수법인 등을 통한 연구개발 활동은 정부로부터 출자금, 보조금, 민간기업으로부터 출자금 등에 의해 진행되고 있다. 특수법인 등은 민간 등에서 광범위한 인재 결집 가능성, 탄력적 운영의 가능성, 민간자금의 유입이 가능성 등과 함께 목적 지향적인 연구개발을 효율적으로 추진하는 데 적합해 연구개발의 규모 증대와 복잡성 증대 추세에서 역할의 중요성이 부각되고 있다.

민간기업에 대한 지원 세제상의 조치로 시험연구비가 증가했을 경우 증가액의 일정 비율에 대해 세액을 공제하는 증가시험 연구세제, 중소기업의 시험연구비의 일정 비율에 대해 세액을 공제하는 중소기업 기술 기반 강화세 등을 마련하고 있다.

제 2 절 과학기술 및 혁신 기반

1 과학 및 기술 기반

일본의 과학 기반(science base)을 파악하기 위해 최근 15년간 발표된 SCI 논문 수에 대한 누적 계산을 통해 일본 지식자원의 축적 정도를 살펴보았다. 일본의 SCI 논문 수의 변화는 [그림 8-6]과 같다. 지식자산이 지속적으로 축적되고 있는 모습을 볼 수 있는데 1990~2004년까지의 논문 수는 966,723건에서 1998~2012년의 경우 1,136,273건으로 증가한 것으로 나타났다.

일본의 과학기술 분야 논문 수는 〈표 8-1〉에서 보는 바와 같이 2009년 49,627

그림 8-6 일본의 SCI 논문 수

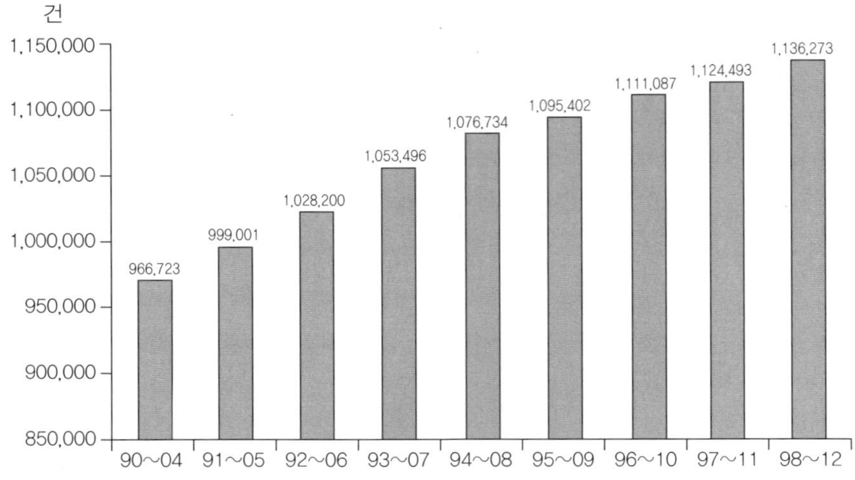

자료: 미래창조과학부 · KISTEP(2015).

표 8-1 일본의 과학 기반 생산성 및 수준(논문)

(단위: 건, %)

구분	2004년	2005년	2006년	2007년	2008년	2009년	2010년	2011년	2012년
1인당 논문 수	0.12	0.11	0.11	0.11	0.12	0.12	0.12	0.12	0.12
증감률		-8.33	0.00	0.00	9.09	0.00	0.00	0.00	0.00
구분	2000~2004년	2001~2005년	2002~2006년	2003~2007년	2004~2008년	2005~2009년	2006~2010년	2007~2011년	2008~2012년
피인용 수	4.25	4.37	4.51	4.72	4.91	5.02	5.15	5.28	5.4

자료: 미래창조과학부 · KISTEP(2015).

건으로 전 세계 논문의 6.3%를 차지했다. 이는 지난 1999년 55,274건에 비해 감소한 수치로 1999년 당시 미국에 이어 세계 2위 수준으로 논문을 발표했으나 2010년에는 중국에 뒤져 3위로 나타났다.

일본의 세계 논문 점유율과 피인용 점유율은 1996~1998년도에는 미국와 EU에 이어 8.8%의 점유율을 보였으나 2006~2008년도에는 7.5% 감소했다. 세계 피인용 점유율 역시 2000년도에 7.1%였으나 2010년도에는 5.7%로 감소했고, 피인용 점유율 역시 Asia-8의 추격을 받는 상황이 되었다.

일본의 과학기술 활동으로 인해 발생한 과학지식에 대한 연구개발 성과의 생산성과 지식 창출의 질적 수준에 대해 살펴보기 위해 연구원 1인당 SCI 논문 수와 논문당 평균 피인용 수를 분석했다. 분석 결과를 살펴보면 일본의 연구원 1인당 SCI 논문 수는 2004년 평균 0.12건에서 2005년~2007년까지 평균 0.11건으로 하락했으나, 2008년 평균 0.12건으로 증가했고, 이후 동일한 수준을 유지하고 있다. 그리고 논문의 질적 수준을 나타내는 논문 1편당 최근 5년간 피인용 횟수를 보면 꾸준히 증가하는 모습을 보이고 있다.

일본의 특허 등록 현황(미국 특허청 등록 특허 기준)을 보면 1990년 19,000여 건에서 2000년 31,000여 건으로 61%의 증가를 보였다. 2005년에는 2000년 대비 특허 수가 감소한 모습을 보였으나 2010년과 2012년에는 모두 이전 시기보다 특허 수가 증가했다. 1990년 대비 2012년 증가율은 162%로 나타났다. 일본 특허 중 외국인 지분을 통해 해외 협력 정도를 살펴보면 2000년대 900여 건에서 2010년 들어 1,600~1,900건 정도로 증가했으며, 협력 국가는 미국이 대부분을 차지하고 있는 모습을 볼 수 있다.

표 8-2 일본의 기술 기반(특허 등록 수)

(단위: 건)

구분	1990년	2000년	2005년	2010년	2012년
특허 수	19,608	31,714	30,724	45,521	51,482
해외 협력	320	984	969	1672	1904
미국	272	770	674	1,088	1,236
EU	35	133	162	333	351

자료: OECD.StatExtracts(http://stats.oecd.org)

일본의 기술지식 창출의 측면에서 연구개발 투자의 효율을 분석을 위해 미국 특허청 등록 특허 수와 삼극 특허 수를 연구개발 투자 총액(PPP)으로 나눠 산출한 결과는 〈표 8-3〉과 같다. 일본의 미국 등록 특허의 효율성은 2004년 0.301에서 2005년 0.236으로 21.59% 감소한 이래 2009년까지 등락을 거듭했다. 그러나 2010년에 2004년 수준을 상회했고 이후 미국 등록 특허의 효율성은 꾸준히 증가하는 모습을 보이고 있다. 삼극 특허의 경우 2004년 0.119에서 지속적으로 하락하는 경향을 보이고 있다. 삼극 특허의 효율성은 2005~2008년 연속으로 하락해 2009년에 0.081로 가장 낮은 특허 수를 보였다. 2009년 0.088로 소폭 증가했고 이후 큰 변동 없이 2009년 수준에서 고착되는 모습을 보이고 있다.

표 8-3 일본의 R&D 투자 대비 특허 수

(단위: 건/ 백만 달러(PPP), %)

구분		2004년	2005년	2006년	2007년	2008년	2009년	2010년	2011년	2012년
미국	특허 수	0.301	0.236	0.266	0.226	0.226	0.259	0.319	0.311	0.334
	증감률		−21.59	12.71	−15.04	0.00	14.60	23.17	−2.51	7.40
삼극	특허 수	0.119	0.104	0.097	0.09	0.081	0.088	0.089	0.088	0.087
	증감률		−12.61	−6.73	−7.22	−10.00	8.64	1.14	−1.12	−1.14

자료: 미래창조과학부 · KISTEP(2015).

2 혁신 기반

혁신 기반(innovation base)은 국가혁신체제의 특성과 역량을 표현하는 가장 기본적인 요소로서 연구 인력과 과학기술 투자 측면에서 살펴볼 수 있다.

일본의 혁신 기반을 연구개발비와 연구자 규모를 통해 보면 〈표 8-4〉와 같다. 국내 총 연구개발비(GERD)는 1990년 690억 달러에서 2012년 1,500억 달러로 지난 20여년간 약 119% 증가했다. 2000년 대비 2005년 증가율이 30%로 연구비 규모 증가폭이 크게 나타났으며 시기별 연구비의 규모가 지속적으로 증가세에 있으나 이전 시기 대비 증가율은 최근 들어 낮아지는 추세를 보이고 있다. 인구당 GERD는 1990년 559달러에서 2000년 778달러로, 2005년 이후 1,000달러 이상으로 증가했다. GDP 대비 국내 총 연구개발비 비중은 2000년대 이후 3%대를 유지하고 있는데 증가율이 높은 시기는 2000년 대비 2005년으로 나타났으며, 이후 비중의 감소를 보이다 최근 들어 가장 높은 비중인 3.34%를 나타내고 있다. 그리고 국내 총 연구개발비에서 GDP 대비 정부 재원의 비중은 0.5% 정도를 유지하고 있다. GERD에서 정부 투자가 차지하는 비중은 2000년이 19%로 가장 높게 나타났고, 2010년 비중은 17%로 1990년 18%보다 낮아 정부보다는 민간 투자가 늘고 있었다. 연구개발비에서 해외 투자가 차지하는 비중은 1990년 0.08%에서 2000년 0.42%로 절대적 비중은 적지만 10년간 증가율이 425%로 매우 급격한 증가세를 보였으며 2010년의 경우 0.45%로 가장 높은 해외 투자 비중을 보이고 있다. GDP 대비 기초연구에 대한 투자 비중은 0.3~0.4%로 일본은 기초연구에 대한 투자가 상대적으로 낮다.

연구자 현황은 1990년 58만여 명에서 2000년 이후 64~68만여 명으로 증가했다. 연구 인력 수는 2005년까지 지속적으로 증가하다 2010년 들어 이전 시기 대비 3% 감소한 65만여 명으로 줄어들었다.

표 8-4 일본의 혁신 기반

구분		1990년	2000년	2005년	2010년	2012년
국내 총연구 개발비 GERD	million current PPP $	69,204.34	98,749.76	128,694.56	140,656.91	151,837.22
	인구당 (current PPP $)	559.86	778.01	1,007.35	1,098.51	1,190.44
	GDP 대비 비중	2.91	3.00	3.31	3.25	3.34
	GDP 대비 정부 재원 비중	0.53	0.59	0.55	0.56	–
	정부 투자 비중	18.05	19.58	16.76	17.17	–
	해외 투자 비중	0.08	0.42	0.35	0.45	–
GDP 대비 기초연구 지출 비중		–	0.37	0.40	0.39	–
연구자	연구 인력 수	582,815	647,572	680,631	656,032	–
	노동가능인구 천명 당 수	9.13	9.57	10.23	9.89	–

자료: OECD.StatExtracts(http://stats.oecd.org)

미래창조과학부와 KISTEP에서 OECD 30개 회원국을 대상으로 실시한 국가과학기술 혁신역량 평가를 바탕으로 일본의 과학기술 혁신역량을 살펴보면 다음과 같다. 일본의 과학기술 혁신역량은 자원과 성과, 활동, 네크워크 부문에서 OECD 평균보다 높은 수준을 보이고 있다. 그러나 환경 부문의 경우 OECD 평균보다 낮은 것으로 나타났다.

그림 8-7 일본의 부문별 혁신역량 종합

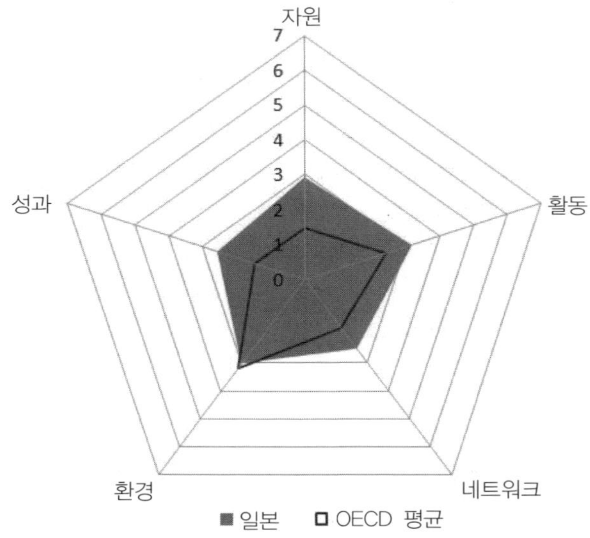

자료: 미래창조과학부 · KISTEP(2015).

일본의 각 영역별 과학기술 혁신역량 평가 결과를 보면 각 부문별로 고르게 강점을 갖고 있는 것으로 나타났다. 특히 성과 부문에서 연간 삼극 특허 수 1위, 연간 R&D 투자 대비 미국 특허 수 1위, 연간 R&D 투자 대비 삼극 특허 수 1위, 연간 미국 특허 수 2위 등 지식 창출에 세계 최고 수준의 강점을 갖고 있는 것으로 나타났다. 또한 자원 부문에서 인적 자원, 조직, 지식자원 측면 모두에서 인구 중 이공계 박사 비중 항목 등 일부 항목을 제외하면 모두 2위를 차지할 정도로 강점을 갖고 있었다. 이 밖에도 네트워크 부문에서 연구원 1인당 산 · 학 · 연 공동 특허 건수 1위, 활동 부문의 산업부가가치 대비 기업 연구개발 투자 비중 3위 등 각 부문별로 고르게 강점을 갖고 있는 것으로 나타났다.

그러나 기업연구개발비 중 정부 재원 비중 30위, 연구원 1인당 SCI 논문 수 30위, 창업활동지수 28위, 새로운 문화에 대한 태도 28위 등은 상대적으로 낮은 역량을 보이고 있다.

표 8-5 일본의 과학기술 혁신역량

구분			지표값	순위
자원	인적 자원	총 연구원 수(명, FTE)(2012)	646,347	2
		인구 만 명당 연구원 수(명, FTE)(2012)	50.67	8
		인구 중 이공계 박사 비중(%)(2011)	0.39	25
	조직	미국 특허 등록 기관 수(개)(2011)	2,473	2
		세계 랭킹 500위 이내 대학 수(개)(2013)	2473	2
		세계 R&D 투자 상위 1000대 기업 수(개)(2012)	16	7
	지식자원	최근 15년간 SCI 논문 수(STOCK)(편)(1998~2012)	190	2
		최근 15년간 미국 특허 수(STOCK)(건)(1998~2012)	543,497	2
		최근 15년간 삼극 특허 수(STOCK)(건)(1998~2012)	196,775	2
활동	연구개발 투자	연구개발 투자 총액(백만 PPP달러)(2012)	151,728	2
		GDP 대비 연구개발 투자 총액 비중(%)(2012)	3.35	4
		연구원 1인당 연구개발 투자(PPP 달러)(2011)	234,747	8
		산업부가가치 대비 기업 연구개발 투자 비중(%)(2012)	4	3
		GDP 대비 정부 연구개발 예산(%)(2012)	0.78	12
	창업 활동	창업활동지수(TEA)(%)(2013)	3.7	28
		GDP 대비 벤처 캐피털 투자 금액 비중(%)(2012)	0.026	14
네트워크	산학연 협력	연구원 1인당 산·학·연 공동 특허 건수(건)(2011)	0.002727	1
		정부·대학의 연구개발비 중 기업 재원 비중(%)(2011)	2.41	25
	기업 간 협력	기업 간 기술 협력(점)(2012~2014)*	6.39	12
	국제 협력	연구원 1인당 국제 공동 특허 수(건)(2011)	0.000818	7
		GDP 대비(해외 투자+외국인 투자) 비중(%)(2012)	2.09	22
환경	지원제도	기업 연구개발비 중 정부 재원 비중(%)(2011)	1.05	30
		지식재산권 보호 정도(점)(2012~2014)*	7.67	15
	문화	새로운 문화에 대한 태도(점)(2012~2014)*	5.54	28
		학교에서 과학교육이 강조되는 정도(점)(2012~2014)*	5.61	11
성과	경제적 성과	국민 1인당 산업부가가치(PPP달러)(2013)	22,797	15
		하이테크산업의 제조업 수출액 비중(%)(2012)	17.41	10
		연구개발 투자 대비 기술 수출액 비중(%)(2012)	17.1	24
	지식 창출	연간 미국 특허 수(건)(2012)	50,677	2
		연간 삼극 특허 수(건)(2012)	13,168	1
		연간 R&D 투자 대비 미국 특허 수(건/백만 달러)(2012)	0.334	1
		연간 R&D 투자 대비 삼극 특허 수(건/백만 달러)(2012)	0.087	1
		연구원 1인당 SCI 논문 수(편)(2011)	0.12	30
		5년 주기별 논문당 평균 피인용 수(편)(2008~2012)	5.4	24

주: *는 설문지표.

자료: 미래창조과학부·KISTEP(2015).

제 9 장 영국

제 1 절 과학기술정책 거버넌스

1 정책 조정 메커니즘

1) 수평적 조정

영국의 과학기술 행정 체제는 전통적으로 과학기술 책임기관과 각료가 없기 때문에 중앙통치 체제가 존재하지 않는다. 다양한 분야의 관계자들이 참여해 필요에 따라 정책 형성 및 조정을 주도하는 다원화된 구조를 특징으로 하며, 정부의 불간섭주의 원칙에 따라 대학이 연구개발을 주도하면서 각 수요 부처별로 분산된 모습을 보이고 있다. 영국의 과학기술 행정 체제는 정권 교체와 과학기술행정의 환경 변화에 따라 과학기술과 교육, 산업 등과의 연계를 강조했고, 이에 따라 관련 추진 체계 또한 변화된 모습을 보이고 있다.

따라서 수상이 수석과학자문관(Chief Science Advisor)과 국가과학기술자문회(Advisory Council on Science and Technology)의 자문을 받아 직접 총괄적인 책

임을 지는 형태를 취하고 있다(황용수 외, 2003). 또한 과학, 산업 및 경제 그리고 교육정책이 개별적으로 분산되어 추진됨에 따라 기관별 · 영역별로 세분화되고, 독자적으로 필요한 연구를 시행해 왔다(장영배 외, 2007; 조현대 외, 2007).

특히 2000년대 이후 과학기술과 산업과의 연계가 강조되면서 관련 부처 간의 통합이 이뤄졌고, 2009년 기업혁신기능부가 탄생하게 되었다. 이에 따라 영국의 국가연구개발사업은 국가 차원의 경쟁력 확보와 경제 발전을 위해 공통적이고 전략적인 분야의 연구개발을 추진하는 기업혁신기능부와 교통부 · 국방부 등 소관 업무를 중심으로 관련 연구개발사업을 추진하고 있다(홍형득, 2013).

가장 상위 수준에 있는 과학기술 관련 자문기구는 영국의 과학기술 전문가들이 모여 있는 과학기술위원회(Council for Science and Technology: CST)다. 영국의

그림 9-1 영국의 과학기술 행정 체제

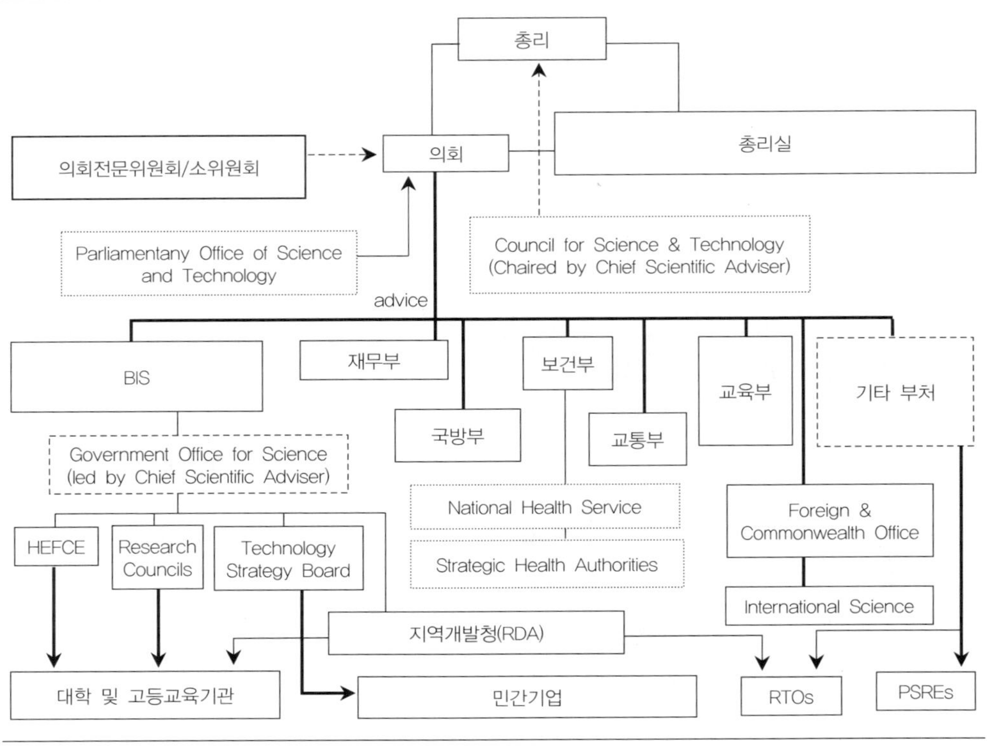

자료: Pro Inno Europe(2011). Mini Country Report/United Kingdom. 보완.

과학기술위원회(CST)는 총리 직속 민간 자문기구로서 과학기술의 중장기 정책과 전략적 과제에 대한 자문 역할을 수행한다. 자문의 형태는 보고서 발간, 장관·관료·특별자문관들과 협의 등 필요에 따라 다양한 방식으로 이뤄진다. 과학기술위원회가 자문을 실시하는 주요 주제는 연구, 과학과 사회, 교육, 과학과 정부, 기술혁신 등 5개의 포괄적 주제들을 중심으로 중장기적 관점에서 자문을 수행하며, 단순 기술적 측면의 정책 자문 이외에도 문화, 경제, 환경, 윤리 및 사회적 측면의 의견도 제시한다(권명화, 2013). 과학기술위원회의 위원은 수상이·임명하며, 연 4회 개최되는 회의에 참석해 활동이 이뤄진다. 위원의 임기는 3년으로 연임이 가능하며, 위원 중 한 명과 수석과학자문관위원회가 공동의장으로 선임된다(최문정, 2009). 영국의 과학기술 행정 체제에서 과학기술위원회는 최상위 수준에서 장기적인 정책 개발에 기여하고 있다. 또한 영국의 주요 전략적 정책과 기본 틀에 대한 수상의 자문 역할을 통해 과학기술 지원 및 국가의 지속 가능한 발전에 공헌하고 있다.

그림 9-2 영국의 과학기술정책 형성 과정

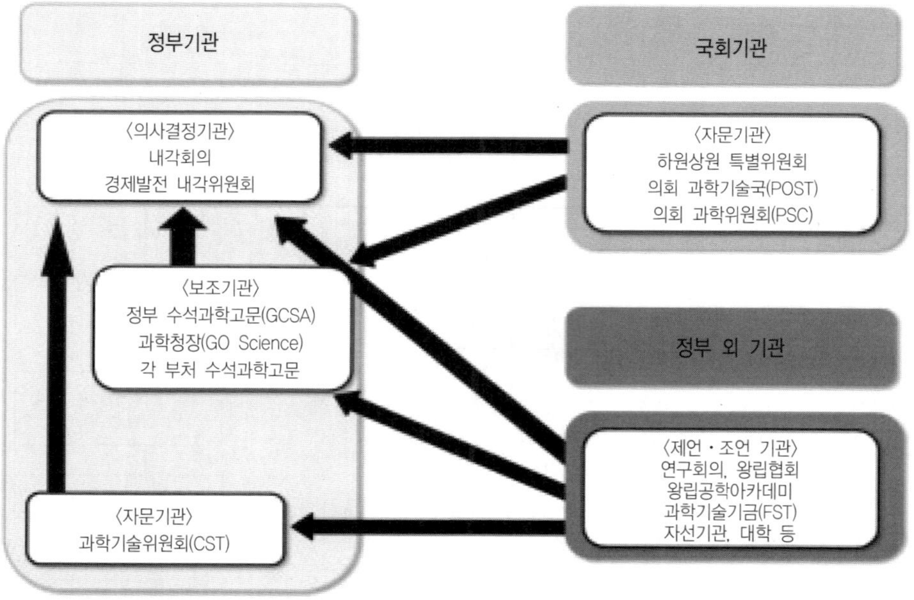

자료: JST연구개발 전략센터(2008) 재구성.

그림 9-3 교육-과학-산업 관련 조직

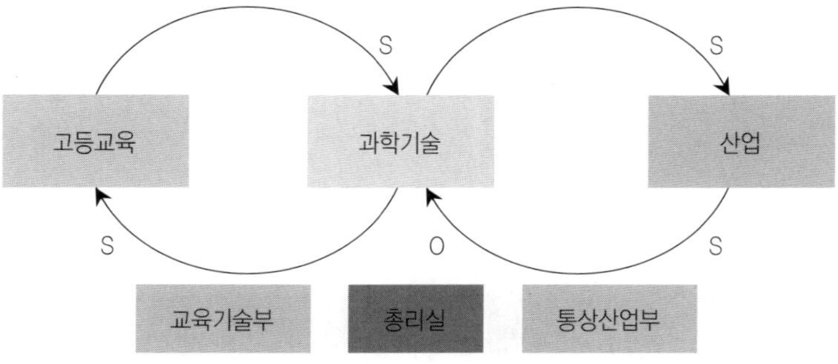

영국의 과학기술정책 형성 과정을 알기 쉽게 나타내면 [그림 9-2]와 같다. 과학기술 행정조직의 실질적 책임자는 수석 과학기술 보좌관(Government Chief Scientific Adviser: GCSA)으로 총리의 과학 자문 역할을 겸하는 차관급 직책이다. 영국 과학기술 정책의 조정에 관여하는 핵심적 주체로서 과학기술 인사 가운데 공개경쟁을 통해 임명하며, 임기는 5년이다. 과학기술 관련 정책의 입안과 조정을 위해 장관급 합의 기구로는 과학정책장관회의(Ministerial Committee on Science Policy)가 있다. 혁신·대학·기술부 장관을 의장으로 하여 관계 부처 장관으로 구성되며, 부처 간 과학기술 정책을 검토하고 조정하는 역할을 한다. 실무 기구로는 수석 과학기술 보좌관을 의장으로 하여 각 부처의 과학 담당관으로 구성된 수석 과학보좌관위원회(Chief Scientific Advisor's Committee)가 있다.

[그림 9-3]에서 보는 바와 같이 영국에서 과학기술정책을 담당하는 부처는 보수당과 노동당 정권의 교체기와 정책 기조에 따라 교육 및 과학기술, 산업 담당부처의 통합과 분리를 거듭해 왔다. 교육과학기술부, 산업기술부(통상산업부) 혹은 총리실 산하에 과학기술 전담기관을 둠으로써 과학기술에 대한 정권 차원에서 강조한 경우로 구분할 수 있다.

영국 정부는 통합적인 혁신정책을 구현하기 위해 2007년 6월과 2009년 6월에 개각을 단행했다. 혁신대학기술부 신설(2007), 에너지기후변화부 신설(2008), 기업혁신기술부통합 신설(2009)이 그 예다(성지은, 2009). 영국의 과학기술 관련 부처는 [그림 9-4]에서 보는 바와 같이 크게는 1964년까지 과학과 교육이 별도의 부처

였던 시기, 1964년부터 1992년까지 교육과학부 시기, 1992년~1995년의 짧은 기간 동안의 총리실 산하, 1995년~2001년 통상산업부, 2001~2007년 교육기술부, 2007년~2009년 혁신·대학·기술부(DIUS), 2009년 이후 기업·혁신·기술부(BIS)로 그 중심이 변해 왔다.

그림 9-4 영국 과학기술 관련 부처의 변화

영국의 과학기술 행정과 관련된 정부 부처로는 기업·산업·규제개혁부(Department for Business, Enterprise and Regulatory Reform), 아동·학교·가족부(Department for Children, Schools and Families), 그리고 혁신·대학·기술부(Department for Innovation, Universities and Skills) 등이 있고, 연구개발의 주요 수행 부처로는 혁신·대학·기술부 이외에 농림부와 방위상업 기술과 관련된 국방부 등이 있다. 혁신·대학·기술부가 과학기술 정책 총괄부처로서, 부처 간 정책 조정을 담당하고 있었으나 2009년 6월 개각 단행으로 말미암아 기존의 혁신·대학·기술부(DIUS)와 기업·산업·규제개혁부(BERR)를 통합해 기업·혁신·기술부(Department of Business, Innovation and Skils: BIS)를 신설했다. 기업·혁신·기술부(BIS)는 기존의 혁신·대학·기술부(DIUS)의 기능을 모두 승계해 권한을 행사하고 있다(최문정, 2009).

혁신·대학·기술부(DIUS)와 기업·산업·규제개혁부(BERR)를 통합한 기업·혁신·기술부(BIS)의 신설은 연구개발을 기반으로 산업 부문의 혁신을 종합적으로 이끌어내려는 시도라고 볼 수 있으며 통합적 혁신정책 구현의 의지를 반영해 연구개발과 혁신이라는 기능과 미션 중심의 통합 체제를 구축한 것이다.

수석과학자문관위원회(Chief Scientific Advisers' Committee: CSAC)는 과학

기술정책 관련 주요 이슈들을 다루는 위원회로서, 내각의 관련 위원회를 통한 과학기술정책의 형성과 집행 관련 사항을 논의하는 역할을 한다. 새롭게 등장하는 과학기술 관련 쟁점이나 앞으로의 도전 과제 등에 대한 논의를 활발하게 함으로써 정책 형성을 위한 기초 단계의 역할을 담당하고 있다. 정부수석과학고문(GCSA)이 의장이며, 위원은 정부부처와 지방정부들(스코틀랜드, 웨일스, 북아일랜드)의 수석과학자문관들로 구성된다(김현민, 2010).

2) 수직적 조정

영국은 성공적인 정책 결정을 위해 과학기술정책의 형성에서부터 국가 차원의 조정 과정에까지 다양한 정책 자문기구를 활용하고 있다. 영국의 경우는 다원주의적 방식으로 운영되며, 위원회와 자문기구의 포괄적인 연계를 통해 자문이 이뤄지는 형태다. 이와 같이 영국의 과학기술 행정 체제가 분권화된 구조를 특징으로 하지만 중앙정부 차원에서 과학기술정책의 총괄 및 종합적 조정의 필요성에 대한 인식이 증가해 왔다. 이에 따라 영국 정부는 1992년 정권 교체와 함께 산업경쟁력 강화 및 기술력 확충을 위해 정부가 적극 간여할 것을 천명하고, 이에 따른 조치로 기존의 2대 자문위원회인 연구회의자문위원회(ABRC)와 과학기술자문회의(ACOST)의 폐지 및 5개 연구회를 6개로 재편하는 등 대대적인 구조 개혁을 실시했다(홍형득, 2013). 또한 총리실 산하에 과학기술국(Office of Science and Technology)을 설치해 과학기술정책의 총괄 및 과학기술정책의 종합 조정을 담당하도록 했다. 과학기술국(OST)의 업무는 과학기술 예산과 연구회 관련 업무를 총괄하고 왕립학술원(Royal Society)과 왕립공학아카데미(Royal Academy of Engineering) 두 단체에 대한 지원, 연구개발 활동 등의 역할을 수행하고 있다. 정부의 과학기술 행정구조 개편에 따라 과학기술국(OST)이 총리실 산하에 신설되고, 교육과학부 소속의 연구회(RC)가 과학기술국 소속으로 변경됨에 따라 과학기술 행정의 기획과 집행을 체계적으로 추진할 수 있는 구조를 갖추게 되었다.

영국의 공공 연구기관들은 정부부처 또는 연구회, 영국 학술원, 기업·혁신·기술부(BIS)를 통해 직·간접으로 지원하는 공공 자금에 주로 의존하나, 기업·유럽연합·비영리기구 등과 같은 다른 재정 공급원에 의존하기도 한다. 현재, 영국의 공공연구자금을 지원하는 기관(funders)들은 영국 정부부처, 기업·혁신·기술부

(BIS), 고등교육지원연구회, 국립학술원(NA), 기술전략위원회(TSB)로 구성되어 있다. 기술전략위원회와 국립학술원은 자금지원기관으로 분류했으나, 기술전략위원회의 경우 비부처형 공공기관의 하나로 응용과학 기술 개발 및 상업화에 깊이 관여하고 있고, 국립학술원의 경우 과학기술 및 인문학 정책 수립에 영향력을 행사함으로써 공공연구기관의 성격을 갖고 있다.

영국의 공공 연구기관들은 정부 부처 또는 연구회, 영국 학술원, 기업·혁신·기술부(BIS)를 통해 직·간접으로 지원하는 공공 자금에 주로 의존하고 있으며, 영국 정부의 과학 관련 예산(science budget)은 기업·혁신·기술부가 연구회 및 국립학술원에 분배하며, 이에 대한 관리는 과학연구국장(Director General for Science and Research) 책임 하에 이뤄진다.

연구회 및 학술원 각 기관별 운영계획안과 향후 지원되어야 할 투자 분야 등에 대해 기업·혁신·기술부(BIS)에 보고 후 지원이 이뤄진다. 연구자금 지원(분배) 시 연구회 및 학술원의 운영계획안 우수성 및 적합성, 추가 연구비 확보의 정당성 및 타당성, 연구회 및 학술원의 실적 평가 등과 같은 요소를 고려해 연구 자금에 대한 분배가 이뤄진다.

영국에서 공공자금을 주된 재원으로 운영되는 공공 연구기관은 책임운영기관, 비부처 소속 공공기관, 연구회 산하 연구기관/센터가 있다. 책임운영기관은 정부부처에서 필요한 특정 업무를 담당하는 정부부처 산하의 특화된 기관으로 해당 기관과 책임 부처 간의 협의된 구체적인 실적을 이행해야 하는 책임이 있다. 책임운영기관은 해당 소속 부처로부터 재정적 지원을 받지만 재정 운영 및 집행에서는 자율성을 확보하고 있다. 기관의 예산 확보 및 수행, 목적, 운영 계획 및 실적 등에 관한 사항은 기관과 책임 부처 간 협의된 운영 협약서, 사업계획서 혹은 정부 부처장의 소견서 등에 근거해 기관을 운영한다.

비부처 소속 공공기관은 특정 정부부처에 소속되어 있지 않으나 부처 관련 업무를 수행하는 기관으로서, 부처와는 독립적으로 운영하고 있다. 영국의 특징은 공공기관의 재정이 해당 정부 부처에서 지원되지만 대부분 정부 부처로부터의 자율성과 공정성은 보장되어 있다는 것이다. 비부처 소속 공공기관은 정부부처의 관련 법규 제정 및 고유 업무나 역할과 관련된 연구 및 업무를 수행한다. 그러나 모든 비부처 소속 공공기관이 과학기술 관련 R&D 및 정책 수립에 관여하는 것은 아니다.

영국 연구회는 비정부 부처형 공공조직(Non-Departmental Public Bodies: NDPBs)으로서, 1965년도 과학기술법(The Science and Technology Act 1965)에 근거한 왕실헌장(Royal Charter)에 의해 설립되었으며, 개별 연구회 설립의 기초가 되는 왕립헌장은 각각의 내용과 형식면에서는 비슷한 형태로 구성되어 있다. 영국 연구회가 설립된 배경에는 1918년에 발표된 홀데인(Haldane) 보고서에서 정부는 기술분야(응용기술 분야, 순수기술 분야를 구분하지 않음)를 통제하려고 해서는 안 된다는 홀데인 원칙(Haldane Principle)에 근거하고 있으며, 과학기술 분야 연구개발 활동은 정부의 통제와 간섭으로부터 자유로워야 한다는 전통적인 영국 과학기술계의 입장과 요구를 반영한 것이다.

연구회는 정부조직상으로는 BIS(기업·혁신·기술부) 하에 있으나 업무 수행에서는 고도의 자율성을 가진 조직이다. 정부 조직구조에서 현재와 같은 연구회의 지위는 1992년 총리실(Cabinet Office)에 설치되었던 OST가 1995년에 DTI로 이관되면서부터 형성된 구조를 2008~2009년 대폭 정부조직 개편으로 변경된 구조다. 연구회의 조직 구조와 변천 과정은 [그림 9-5]에서 보는 바와 같다(홍형득, 2013).

연구회와 관련 영국의 정책 기조는 연구회 운영에 자율과 책임 원칙을 명확히 하고 있다는 점이 특징이다. 개별 연구회에 최대한 의사 결정 권한을 부여하고 있으며, 주기적인 평가와 이에 대한 평가 결과를 예산 및 정책에 반영하고 있다. 다년도 예산을 적용하고 있으며, 연구회 체제에 대한 근본적인 점검과 평가를 실시해 제도적인 단점을 보완하고 있다. 최초의 연구회는 1920년 설립된 의학연구회(The Medical Research Council)이며, 이후 1931년 농학연구회(The Agricultural Research Council)가 설립되었고 1965년에 3개 연구회가[1] 추가 설립되어 5개 연구회로 구성되었다.

1994년 연구회 개편으로 기존 연구회의 통합 및 분리가 이뤄졌고, 이에 따라 5개에서 7개 연구회로 확대되었으며, 6개의 연구비지원연구회와 1개의 연구장비지원연구회로 구분되었다. SERC와 AFRC는 연구 영역에 따라 1994년에 기존 연구

1) 1965년 설립된 3개 연구회는 다음과 같다.
- 과학연구회(The Science Research Council)
- 천연자원연구회(The Natural Resources Research Council)
- 경제사회연구회(Economic and Social Research Council)

그림 9-5 연구회 조직구조와 변천

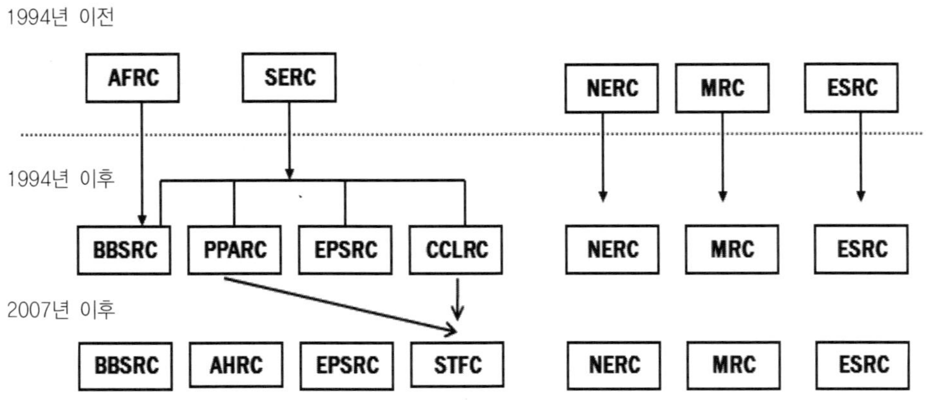

자료: 홍형득(2013).

회를 5개에서 7개로 확대했다. 6개의 연구비지원연구회와 1개의 연구장비지원연구회로 구분된다. SERC와 AFRC는 연구 영역에 따라 ① 생명공학 및 생물과학연구회(Biotechnology and Biological Sciences Research Council: BBSRC), ② 공학 및 자연과학연구회(Engineering and Physical Science Research Council: EPSRC), ③ 분자물리학 및 천문학연구회(Particle Physics and Astronomy Research Council: PPARC)의 3개 연구회로 구성되었다. 특히 대규모 장비 및 시설의 통합유지 관리를 위해 연구장비지원연구회(CCRLC)를 신설했다. 2005년에 예술 및 인문학연구회(Arts and Humanities Research Council: AHRC)를 신설하고, 2007년에는 PPARC와 CCLRC를 통합해 과학기술장비연구회(STFC)를 설립했다.

연구회별 연구 수행 방법으로 BBSRC, NERC, MRC는 산하의 연구조직(Institute, Research Centre, Research Unit)을 활용하며, EPSRC는 관련 연구를 모두 대학에 위탁하거나, 석·박사 과정의 교육 프로그램을 활용한다. EPSRC는 자체적인 연구조직을 운영하지는 않고, 연구회가 지원하는 연구센터를 대학에 설치해 해당 연구를 수행하고 있다. PPARC는 연구개발을 대학을 통해 우선적으로 수행하고 있으나, 대학에서 수행하기 힘든 대형 연구사업의 경우 자체 연구시설을 운영하고 있는 것이 특징이다. 영국 연구회의 연구비 배분 구조는 우선 운영자금 및 연구개발 예산은 기업·혁신·기술부(BIS)를 통한 과학예산 중심으로 지원되며, 이 밖에도 관련 정부부처와 민간 부문으로부터 지원받고 있다.

2 정책 참여 메커니즘

영국은 과학기술 관련 정책의 개발 및 형성 과정에 다양한 이해관계자와 정책자문집단이 참여한다. 정부조직 위주의 일방적·하향적(top-down) 정책 개발 및 형성 과정에서 벗어나, 실제 정책 대상집단이나 이관계자의 적극적 참여가 활발하게 진행되고 있다(최문정, 2009). 정책 개발·형성·결정 관련 영향력이 가장 큰 조직을 중심으로 주요 이해관계자 집단을 보면 기업·혁신·기술부(BIS), 고등교육자금지원위원회(HEFCs), 공학자연과학연구회(EPSRC)(연구회), Wellcome Trust(비영리재단), Glaxo Smith Kline(민간기업) 등이 있다(조현대 외, 2007).

산·학·연 과학기술 전문가의 과학기술정책 참여를 위한 기구로는 수상자문기구인 과학기술위원회, 기술전략위원회, 수석과학기술보좌관이 있다. 이 중에서 산업 부문과 기업들이 잠재 역량을 발휘하도록 참여를 촉진하기 위해 지원 활동을 하는 등 기술전략위원회는 여러 가지 참여 프로그램을 시행하고 있다.

기술전략위원회(TSB)의 주요 목표는 영국의 주력 산업 부문과 기업들이 세계적 경쟁력을 확보하고 세계적인 역량을 갖출 수 있도록 기업들의 잠재력을 실현할 수 있도록 지원하는 것이다. 기술전략위원회는 전략기술 발굴 및 기술 전략 수립을 위해 사용자 주도 협력 R&D 프로그램, 지식 이전 네트워크, 혁신 플랫폼 등의 프로그램을 시행하고 있다(이길우 외, 2010). 또한 기술전략위원회의는 영국의 성장과 생산성을 증대시킬 수 있는 가능성이 큰 분야에서 기술혁신을 촉진하는 것이다. 기술전략위원회의 주요 활동은 기술 R&D 및 상업화 촉진 그리고 이에 대한 투자와 지원이 이뤄지는 것이다. 기술전략위원회는 혁신의 장애물 제거 및 새로운 기술 활용의 촉진에 대한 정부에 자문을 제공하며, 현재 새롭게 등장하는 기술들이 앞으로의 성장 영역이 될 수 있도록 지원한다.

이러한 목적을 달성하기 위해 기술전략위원회는 기술혁신 사업과 세부 과제에 투자하는 것뿐만 아니라 지식의 확산, 정책 이해, 기회의 식별, 문제 해결이나 새로운 발전을 위한 각종 커뮤니티와 회의 개최 등의 형태로 기술혁신을 촉진하고 있다. 기술전략위원회는 비부처형 공공기관으로서 기술 전략 수립 및 자금 지원의 우선순위를 설정하고 국가 차원의 전략기술 분야 기획 및 개발을 주로 담당하고 있다. 현재 기업・혁신・기술부(BIS)가 예산을 지원하고 있으며, 이 밖에도 지방정부, 지역개발청, 연구회가 공동 프로그램과 활동을 통해 자금을 지원하고 있다(권명화, 2013).

영국의 과학기술정책 분야 참여 메커니즘을 살펴보면 "적자 감축과 성장 촉진에의 도전"이 핵심이라고 할 수 있다. 기업・혁신・기술부(BIS)는 성장을 위한 혁신과 연구전략을 발표하면서 영국의 강점에 기반해, 민간 부문 주도의 성장을 지원하기 위한 산업 부문(기업)과의 협력 방안 마련, 지식 기반을 활용하는 방안에 중점을 두고 있다. 이는 투자 자원의 제약이 존재하므로 엄격한 기준에 따라 선정이 이뤄진 유망 신기술과 가능성에 높은 투자 우선순위를 부여한다는 것이다. 객관적이고 독립적인 평가를 통해 영국의 잠재력을 극대화하고 세계 시장에서의 경쟁력 확보 방안을 모색하고 참여를 유도하는 것이다.

기업・혁신・기술부(BIS)는 대중의 참여를 위해 과학기술과 대중의 커뮤니케이션 및 과학기술의 사회적 유용성에 대해 연구해 과학의 대중 참여에 관한 사례 및 모델을 제시하고, 효과적인 대중 참여를 위한 연계 강화 방법 및 메커니즘, 문화 등에 대한 권고안을 제시하기도 한다(교육과학기술부, 2010).

제 2 절 과학기술 및 혁신 기반

1 과학 및 기술 기반

과학 기반(science base)을 파악하기 위한 지표로는 논문 수가 가장 많이 활용된다. 논문 수(STOCK)의 변화는 국가의 과학기술 수준을 평가하고 성과의 생산성 등을 분석하는 데 주로 활용한다. 최근 15년간 발표된 SCI 논문 수[2)]의 누적 계

그림 9-6 영국의 SCI 논문 수(STOCK)

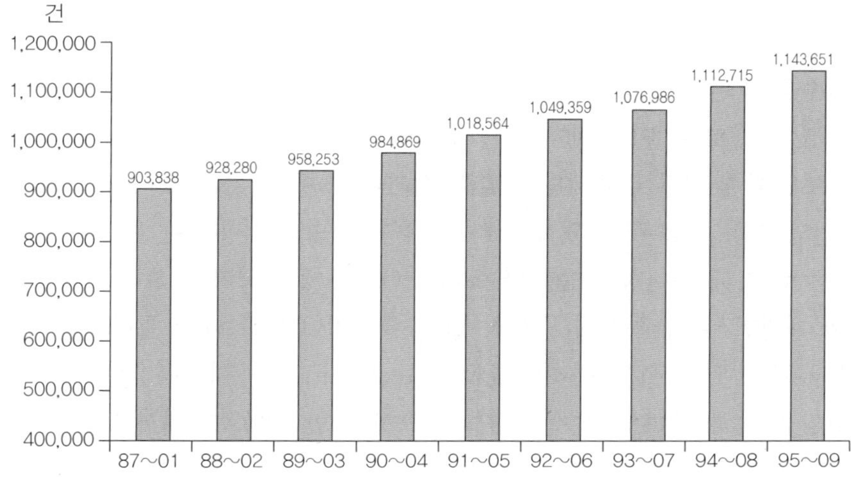

자료: 국가과학기술위원회(2012).

산을 통해 지식자원의 축적 정도를 파악했다. 영국의 SCI 논문 수(STOCK)의 변화는 [그림 9-6]과 같이 지식자산이 지속적으로 축적되고 있는 모습을 볼 수 있다.

영국의 과학기술 활동으로 인해 발생한 과학지식에 대한 연구개발 성과의 생산성과 지식 창출의 질적 수준에 대해 살펴보기 위해 연구원 1인당 SCI 논문 수와 논

표 9-1 영국의 과학 기반 생산성 및 수준(논문)

(단위: 건, %)

구분	2004년	2005년	2006년	2007년	2008년	2009년	2010년	2011년	2012년
1인당 논문 수	0.34	0.32	0.33	0.35	0.36	0.36	0.38	0.40	0.41
증감률		−5.88	3.13	6.06	2.86	0.00	5.56	5.26	2.50
구분	2000~2004년	2001~2005년	2002~2006년	2003~2007년	2004~2008년	2005~2009년	2006~2010년	2007~2011년	2008~2012년
피인용 수	5.72	5.89	6.15	6.33	6.62	6.89	7.12	7.39	7.61

자료: 미래창조과학부 · KISTEP(2015).

2) SCI 논문은 Thomson ISI(Institute for Scientific Information)가 매년 논문의 서지 사항과 해당 논문에 대한 이용 논문의 서지 사항 정보를 조직해 체계적 제공. 자료: Thomson ISI; 한국과학기술원, SCI 논문 분석 결과 2011.

문당 평균 피인용 수를 분석했다. 분석 결과를 살펴보면 영국의 연구원 1인당 SCI 논문 수는 2004년 평균 0.34건에서 2005년 0.32건으로 소폭 하락했으나 이후 꾸준히 증가하고 있다. 그리고 논문의 질적 수준을 나타내는 논문 1편당 최근 5년간 피인용 횟수를 보면 꾸준히 증가하는 모습을 보이고 있다.

기술 기반으로 특허는 신기술을 이해하는 데 중요한 기술정보이며, 과학기술 활동으로 인해 발생된 대표적인 기술적 성과다. 또한 국가 및 기업의 기술 수준과 기술혁신의 방향 등을 측정 및 분석하는 데 가장 널리 사용되는 지표다. 세계 특허 정보는 주로 미국 특허청에 등록된 특허와 OECD에서 국가별 특허 건수를 비교하기 위해 개발한 유럽 특허청(EPO), 일본 특허청(JPO), 미국 특허청(USPTO)에 모두 등록되어 있는 삼극 특허(triadic patent families) 지표를 주로 활용하는데, 특허 현황을 미국 특허청 등록 특허 기준으로 보면 〈표 9-2〉에서 보는 바와 같다. 특허 등록 수는 1990년 2,900여 건에서 2012년 6,600여 건으로 약 125% 정도 증가한 것으로 나타났다. 영국 특허 중 외국인 지분을 통해 해외 협력 정도를 살펴보면 특허 수 대비 해외 협력 건수가 매우 높은 모습을 보이고 있다. 특히 2010년 이후 협력이 나타난 특허 수가 3,000여 건을 넘었으며 협력 대상 국가는 미국이 대부분을 차지하고 있음을 알 수 있다.

표 9-2 영국의 기술 기반(특허 등록 수)

(단위: 건)

구분	1990년	2000년	2005년	2010년	2012년
특허 수	2,943	4,277	3,760	5,529	6,633
해외 협력	774	1,928	1,973	3,154	3,783
일본	21	133	104	118	201
미국	584	1,277	1,311	2,163	2,434
EU	0	0	0	0	0

자료: OECD.StatExtracts(http://stats.oecd.org)

영국의 기술지식 창출 측면에서 연구개발 투자의 효율성 분석을 위해 미국 특허청 등록 특허 수와 삼극 특허 수를 연구개발 투자 총액(PPP)으로 나눠 산출한 결과는 〈표 9-3〉과 같다. 영국의 미국 등록 특허의 효율성은 전체적으로 2009년까

표 9-3 영국의 R&D 투자 대비 특허 수

(단위: 건/ 백만 달러(PPP), %)

구분		2004년	2005년	2006년	2007년	2008년	2009년	2010년	2011년	2012년
미국	특허 수	0.108	0.092	0.097	0.085	0.078	0.08	0.113	0.109	0.133
	증감률		−14.81	5.43	−12.37	−8.24	2.56	41.25	−3.54	22.02
삼극	특허 수	0.045	0.042	0.038	0.035	0.034	0.034	0.035	0.034	0.034
	증감률		−6.67	−9.52	−7.89	−2.86	0.00	2.94	−2.86	0.00

자료: 미래창조과학부 · KISTEP(2015).

지 침체된 모습을 보였으나 이후 증가하는 모습을 보이고 있다. 삼극 특허의 경우 2004년 0.045에서 지속적으로 하락하는 경향을 보이고 있다. 삼극 특허의 효율성은 매년 하락해 2008년 0.034로 최저점을 기록했고, 이후 큰 변동 없이 2008년 수준에서 고착되는 모습을 보이고 있다.

2 혁신 기반

혁신 기반(innovation base)은 국가혁신체제의 성격과 역량을 나타내는 기본적인 요소들로서 연구 인력과 과학기술 투자 측면에서 살펴볼 수 있다.

연구개발비는 새로운 지식을 얻기 위한 활동과 기존 지식을 활용해 새로운 방안을 찾아내기 위한 창의적인 과정 및 활동으로 상업화하기 이전 단계까지의 과정에 대한 지출을 의미한다(Frascati Manual, OECD, 2002). 연구개발 투자 총액[3]은 국가 간 물가 수준의 차이를 고려해 각국 통화의 구매력을 동일하게 한 통화 비율인 구매력지수(Purchasing Power Parity: PPP)를 기준으로 비교 분석할 수 있다. 그리고 GDP 대비 연구개발 투자 총액 비율[4]은 국가의 연구 활동 규모를 그 국가의 경제 규모를 고려해서 파악할 수 있는 지표로 연구개발 투자 총액을 국내총생산(Gross Domestic Product: GDP)으로 나눠 산출된다. 총 연구원 수(FTE)[5]는

3) OECD, Main Science and Technology Indicators 2011-1.
국가과학기술위원회, 연구개발활동조사보고서.

4) OECD, Main Science and Technology Indicators 2011-1.
국가과학기술위원회, 연구개발활동조사보고서.

연구개발 활동을 직접 수행하는 인력의 규모로 FTE(Full-time Equivalent), 즉 상근 상당 인력, 실질 연구 참여 인력으로 연구보조, 연구행정을 제외한 순수 연구 인력을 의미한다.

영국의 혁신 기반을 연구개발비와 연구자 규모를 통해 살펴볼 수 있다. 국내 총 연구개발비(GERD)는 1990년 190억 달러에서 2012년 390억 달러로 약 103% 증가했다. 지난 20여 년간 연구비의 지속적인 증가세를 보이고 있는데 2000년 대비 2005년 증가율이 22%로 높게 나타났고 최근 2년간 증가율은 2.5%로 나타났다. 인구당 GERD는 1990년 335달러에서 2000년 473달러로 41% 증가했고 이후 560달러, 610달러 수준을 보이고 있다. GDP 대비 국내 총 연구개발비가 차지하는 비중은 1990년에는 2%대였다 2000년대 이후 1.7%대로 감소했다. 여기에서 정부 재원이 차지하는 비중은 1990년 0.7%에서 2000년 이후 0.5%대로 감소했다. 그리고 GERD 중 정부 투자 비중은 1990년이 35%로 가장 높은 비중을 차지했고, 시기별 증감이 있으나 2005년 이후 비중의 감소세를 보여 2012년 28%대로 가장 낮은 비중을 보이고 있다. 반면 해외 투자가 차지하는 비중은 2010년을 제외하면 증가세를 보여

표 9-4 영국의 혁신 기반

구분		1990년	2000년	2005년	2010년	2012년
국내 총연구개발비 GERD	million current PPP $	19,202.42	27,891.75	34,080.66	38,143.54	39,109.79
	인구당(current PPP $)	335.48	473.66	565.79	612.63	613.92
	GDP 대비 비중	2.09	1.79	1.70	1.77	1.72
	GDP 대비 정부 재원 비중	0.74	0.54	0.56	0.57	0.50
	정부 투자 비중	35.54	30.23	32.73	32.28	28.95
	해외 투자 비중	11.77	15.97	19.27	17.62	19.69
GDP대비 기초연구 지출 비중		–	–	–	0.19	–
연구자	연구 인력 수	133,000	170,554	248,599	256,585	252,652
	노동가능인구 천 명당 수	4.60	5.93	8.27	8.18	7.91

자료: OECD.StatExtracts(http://stats.oecd.org)

5) FTE: 연구개발 업무에 전념하는 정도에 따라 비율을 반영해 산정한 인력을 의미. 연구개발 업무를 근무 시간의 1/2을 하는 사람의 FTE는 0.5명
OECD, Main Science and Technology Indicators 2011-1
국가과학기술위원회, 연구개발활동조사보고서

그림 9-2 영국의 부문별 혁신역량 종합

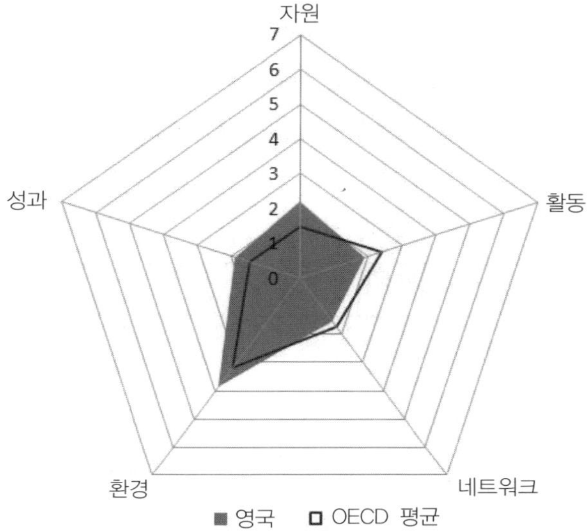

자료: 미래창조과학부 · KISTEP(2015).

2012년에는 19%로 가장 높은 비중을 나타냈다.

연구자 규모는 1990년 13만여 명에서 2000년에는 17만 명으로, 2005년에는 24만, 2010년 이후 25만여 명으로 지속적으로 증가하다가 2012년 들어 소폭 감소한 것으로 나타났다. 노동가능인구 천 명당 연구원 수는 1990년 4.6명에서 2000년 5.9명으로 증가했으며, 2005년 8.27명으로 가장 높게 나타났으며 약 20년간 72% 증가했다.

미래창조과학부와 KISTEP(2015)에서 OECD 30개 회원국을 대상으로 실시한 국가 과학기술 혁신역량 평가를 바탕으로 영국의 과학기술 혁신역량을 살펴보면 자원, 성과, 환경 부문에서 OECD 평균보다 높은 수준을 보였으나 활동과 네트워크 부문에서는 OECD 평균보다 낮은 것으로 나타났다.

영국의 각 영역별 과학기술 혁신역량 평가 결과를 보면 각 부문별로 고르게 강점을 갖고 있으며, 혁신역량 간 편차가 크지 않은 것으로 나타났다. 구체적으로 자원 부문에서는 세계 랭킹 500위 이내 대학 수 2위, 세계 R&D 투자 상위 1000대 기업 수 4위, 최근 15년간 SCI 논문 수 2위 등 강점을 갖고 있는 것으로 나타났다. 또한 성과 부문에서 하이테크산업의 제조업 수출액 비중 5위, 연간 미국 특허 수 7위, 연간 삼극 특허 수 6위 등 성과 부문에서도 강점을 갖고 있는 것으로 나타났다. 그러나 연구원 1인당 연구개발 투자 21위, 학교에서 과학교육이 강조되는 정도 22위, 연구원 1인당 국제 공동 특허 수 17위 등은 상대적으로 낮은 역량을 보이고 있다.

표 9-5 영국의 과학기술 혁신역량

구분			지푯값	순위
자원	인적 자원	총 연구원 수(명, FTE)(2012)	252,652	5
		인구 만 명당 연구원 수(명, FTE)(2012)	39.66	16
		인구 중 이공계 박사 비중(%)(2011)	1.05	4
	조직	미국특허 등록 기관 수(개)(2011)	1,016	5
		세계 랭킹 500위 이내 대학 수(개)(2013)	50	2
		세계 R&D 투자 상위 1000대 기업 수(개)(2012)	53	4
	지식자원	최근 15년간 SCI 논문 수(STOCK)(편)(1998~2012)	1,247,986	2
		최근 15년간 미국 특허 수(STOCK)(건)(1998~2012)	55,599	7
		최근 15년간 삼극 특허 수(STOCK)(건)(1998~2012)	21,874	5
활동	연구개발 투자	연구개발투자 총액(백만 PPP달러)(2012)	39,110	6
		GDP 대비 연구개발 투자 총액 비중(%)(2012)	1.73	16
		연구원 1인당 연구개발 투자(PPP 달러)(2011)	154,797	21
		산업부가가치 대비 기업 연구개발 투자 비중(%)(2012)	1.79	15
		GDP 대비 정부 연구개발 예산(%)(2012)	0.57	19
	창업 활동	창업활동지수(TEA)(%)(2013)	7.1	18
		GDP 대비 벤처 캐피털 투자 금액 비중(%)(2012)	0.038	8
네트워크	산학연 협력	연구원 1인당 산·학·연 공동 특허 건수(건)(2011)	0.000123	12
		정부·대학의 연구개발비 중 기업재원 비중(%)(2011)	5.42	16
	기업 간 협력	기업 간 기술 협력(점)(2012~2014)*	6.09	15
	국제 협력	연구원 1인당 국제 공동 특허 수(건)(2011)	0.000334	17
		GDP 대비(해외 투자 + 외국인 투자) 비중(%)(2012)	3.29	17
환경	지원제도	기업 연구개발비 중 정부재원 비중(%)(2011)	9.26	10
		지식재산권 보호 정도(점)(2012~2014)*	8.00	9
	문화	새로운 문화에 대한 태도(점)(2012~2014)*	7.20	9
		학교에서 과학교육이 강조되는 정도(점)(2012~2014)*	4.60	22

성과	경제적 성과	국민 1인당 산업부가가치(PPP달러)(2013)	22,217	16
		하이테크산업의 제조업 수출액 비중(%)(2012)	21.74	5
		연구개발 투자 대비 기술 수출액 비중(%)(2012)	114.7	8
	지식 창출	연간 미국 특허 수(건)(2012)	5,211	7
		연간 삼극 특허 수(건)(2012)	1,340	6
		연간 R&D 투자 대비 미국 특허 수(건/백만 달러)(2012)	0.133	8
		연간 R&D 투자 대비 삼극 특허 수(건/백만 달러)(2012)	0.034	7
		연구원 1인당 SCI 논문 수(편)(2011)	0.41	10
		5년 주기별 논문당 평균 피인용 수(편)(2008~2012)	7.61	8

주: *는 설문지표.

자료: 미래창조과학부 · KISTEP(2015).

제 10 장 프랑스

제 1 절 과학기술정책 거버넌스

1 정책 조정 메커니즘

1) 수평적 조정

프랑스의 과학기술정책은 과학기술의 혜택이 국민 모두에게 돌아가야 하는 공공의 한 분야로 매우 중요하게 생각하고 있다. 과학기술을 통해 국가 경쟁력을 확보하고, 교육과 연계를 통한 국민이 좀 더 안전한 생활을 영위할 수 있어야 한다는 것이다. 또한 프랑스가 기술적으로 세계에서 앞서나가고 있는 건설이나 항공기, 철도, 의학 등의 분야에서 경쟁력을 확보가기 위해서는 과학기술정책이 매우 중요한 것으로 이해되고 있다(황용수 외, 2003).

특히, 과학기술 관련 부처는 교육부와 밀접한 관계를 맺고 있으며, 이는 과학기술의 발전을 위해서는 교육이 중요하기 때문에 각종 학교에 대한 관리권을 가지고 있는 교육부에 의존하는 현상으로 나타나고 있다. 그러나 시기에 따라 과학기술 관련 부서가 교육부 산하에 존재한 경우가 많았다.

그림 10-1 프랑스의 과학기술 행정 체제

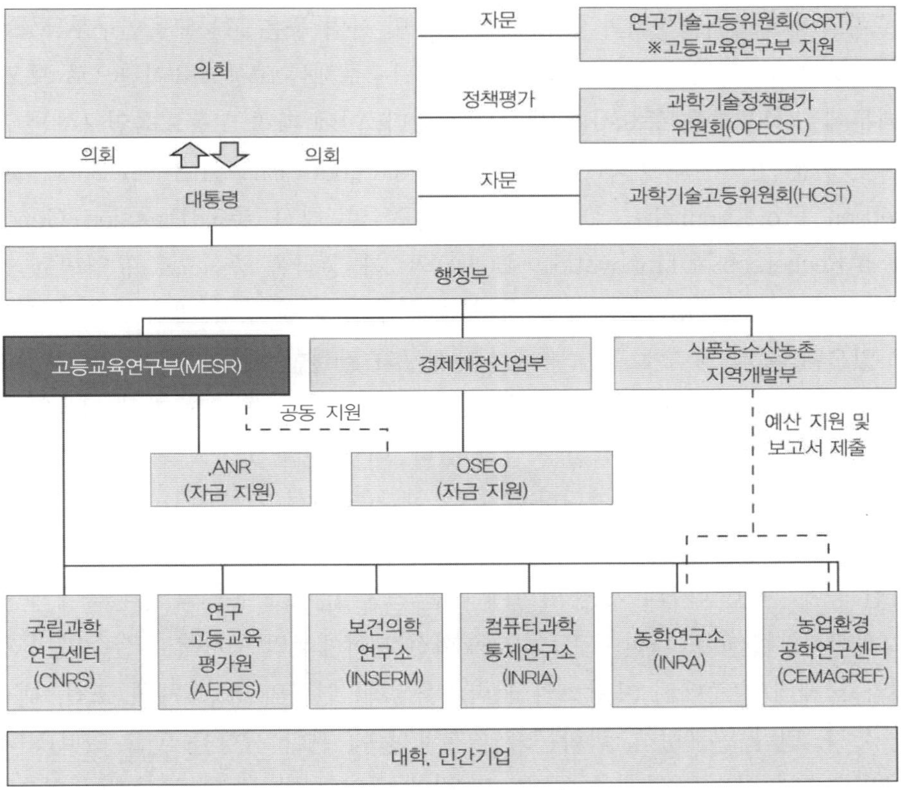

자료: KISTEP(2011). 프랑스의 과학기술 행정 체제 및 주요 관리기관.

프랑스의 과학기술 행정 체제에 관한 주요 조직은 자문기관, 행정기관, 분배/평가기관, 실행기관으로 구분할 수 있다. 자문기관에는 과학기술고등위원회(HCST), 연구기술고등회의(CRST), 기술 아카데미, 과학 아카데미가 있다. 행정기관으로는 프랑스의 전반적인 과학기술 업무를 관장하는 고등교육연구부(MESR)와 경제재정산업부가 있다. 평가기관에는 과학기술정책평가위원회(OPECST)가 있고, 지원기관에는 국립연구기구(ANR), 프랑스혁신청(OSÉO)이 있다.[1] 마지막으로 실행

기관에는 고등교육연구기관 공공연구기관과 민간기업이 있다.

프랑스의 연구개발 관련 공공정책의 전반적인 예산과 목표, 연구정책을 정의하고 방향 제시 및 자문 역할은 고등교육연구부(MESR)와 과학기술고등위원회(HCST) 및 연구기술고등위원회(CSRT)에서 담당한다.

프랑스의 과학기술정책과 연구개발 계획 및 사업 등은 고등교육연구부(MESR)가 주도하고 있다. 과학기술의 발전을 가져오는 주체를 고등교육기관으로 보고 있기 때문에 고등교육을 중요하게 생각하고 있다. 이에 따라 고등교육연구부는 고등교육 및 전문 인력투자 총국(Direction Générale pour l'Enseignement Supérieur et l'Insertion Professionnelle: DGESIP)과 연구 및 혁신 총국(Direction Générale pour la Recherche et l'Innovation: DGRI)의 2개 총국을 중심으로 운영되고 있다. 연구 및 혁신 총국(DGRI)은 실행 중인 정책의 감독 및 방향 결정을 위한 연구를 하고 있으며, 여러 영역에 걸친 과학기술 연구와 관련한 예산 프로그램을 책임지고 있다. 그리고 고등교육 및 전문 인력투자 총국(DGESIP)은 고등학교 이상의 고등교육을 구상하고 실행하는 책임을 맡고 있다. 이 기관은 고등교육기관들의 인력과 자금 배분 및 법적 배경을 마련하는 일을 한다(최지선 외, 2013).

과학기술고등위원회(HCST)는 대통령 직속 자문 조직으로 연구, 기술 이전, 기술혁신 등에 관한 국가의 기본 방향에 대한 모든 문제를 총리와 장관들에게 자문하고 과학과 기술의 광대한 목표와 연구 혁신 분야에서의 국가적 우선순위, 유럽공동체와 국제적 수준에서 프랑스의 과학기술정책, 연구의 공공 체제 조직, 대규모 연구 투자, 민간 연구정책, 과학문화의 전파 등에 관한 사항을 맡고 있다(최지선 외, 2013). 과학기술 분야에서 인정받은 20명 내외의 위원들로 구성되어 있으며 4년 임기제로 운영된다. 이 기관은 2004년 4월 18일에 제정된 연구 프로그램 지원법(Loi de programme pour la recherche)에 의거해 창설되었다.

또 다른 자문기관인 연구기술고등위원회(CSRT)는 1982년 프랑스의 연구·기술개발기본계획법에 따라 설치되었고, 과학기술 단체 및 연구 협력자(노동계, 생산·사회·문화 및 지역대표)를 대표하는 각 22명으로 구성된 2개의 단으로 구성되어 있다. 정부의 과학기술정책에 대해 중요한 계획 및 전략을 시행하기 위해 마련된 고등교육연구부의 자문기구다(박수경, 2011; 최지선 외, 2013).

1) 지원기관의 자세한 설명은 수직적 조정 부분에서 다루기 위해 수평적 조정 부분에서는 생략했다.

평가기관인 연구고등교육평가원(AERES)은 연구기관이나 고등교육·연구기관, 과학기술 지원기관 등에 대해 각각의 업무를 평가하거나 조사하는 역할을 한다. 상기 기관 등의 연구 부문이 실시하는 연구 활동을 평가하고, 고등교육기관의 프로그램과 자격을 평가한다. 정부 또는 관계자 등으로부터 압력을 받지 않도록 독립성을 확보하고 있고, 투명성의 관점에서 평가보고서나 평가 수법을 공표하는 역할을 한다(박수경, 2011).

연구를 직접 수행하는 연구기관은 과학기술적 성격의 공공기관(EEPST)과 상업적 성격의 공공기관(EPIC) 및 재단이 있다. 과학기술적 성격을 지닌 공공기관은 국립과학연구센터(CNRS), 보건의학연구소(INSERM), 농학연구소(INRA)가 있고, 상업적 성격의 공공기관에는 국립우주연구센터(CNES), 원자력·대체에너지청(CEA)이 있다. 연구를 수행하는 재단에는 세계적으로 유명한 파스퇴르연구소(Institut Pasteur), 퀴리연구소(Institut Curie)가 있다.

2) 수직적 조정

프랑스의 과학기술 행정 체제는 각 부처별로 이뤄지고 있으나 과학기술정책의 총괄 조정은 고등교육연구부에서 담당한다. 교육부라고 할 수 있는 고등교육·연구부에서 과학 연구까지 담당하게 된 것은 고등교육과 연구가 밀접한 연관성이 있기 때문인 것으로 평가되고 있다. 고등교육연구부는 정부에서 수행하고 있는 연구개발 활동을 담당하며 정부 연구개발 예산의 조정과 공공연구기관, 고등교육기관 등의 연구개발에 대한 지원금을 담당하는 기능을 수행하고 있다.

공공 부문의 연구조직으로는 공공연구기관, 고등교육기관이 있으며, 이 밖에도 민간 연구기관이나 연구 내용 면에서 공익성을 추구한다는 측면에서 넓은 의미의 공공연구기관으로 볼 수 있는 기관도 있다. 공공연구기관은 정부의 연구기관이며, 대부분이 고등교육연구부의 관할인 경우가 많지만 다수의 부에서 공동으로 관할하는 경우도 존재한다. 일반적으로 공공연구기관은 국가 연구 시스템 면에서 핵심적인 역할을 수행하며 정부 정책을 지원하기 위한 연구를 주로 수행한다. 특히 공공연구기관은 다른 교육기관보다 연구개발 능력의 수준이 더 높게 평가되고 있다.

연구에 대한 자금을 분배하는 기관으로는 국립연구기구(ANR)와 프랑스혁신청(OSÉO)이 있다. 국립연구기구는 2005년 2월 7일에 설립되었으며, 주요 임무는 경쟁 방식의 프로젝트 입찰을 통해 선정된 과학 또는 기술 프로젝트에 재정 지원을 하는 것이다. 국가의 중요 우선순위 분야에 대해 집중 투자를 하며, 국제적 기준에 합치된 평가 시스템을 구축한다. 또한 유연한 연구시설 체제의 정비와 경쟁적 환경의 양성을 통한 연구의 활성화와 기관 간 파트너십 추진, 기초연구와 응용연구에서의 균형 유지를 목적으로 하고 있다. 국립연구기관의 자금 프로그램은 두 가지 형태로, 주제별 프로그램과 비주제 프로그램으로 구성되었다(박수경, 2011).

프랑스혁신청은 프랑스 중소기업 및 벤처기업의 성장과 일자리를 재정 지원하는 공기업이며, 2010년 말에 OSÉO Financement(구, BDPME(프랑스 중소기업은행)에 의해, OSÉO Innovation(구, ANVAR(프랑스 혁신정책 지원기관)과 OSÉO Garantie(구, Sofaris(프랑스 중소기업 보증기관)가 흡수되면서 탄생했다. 2013년 6월에는 CDC Enterprises와 병합되어 공공투자은행(Banque Publique d'investissement, bpifrance)으로 이름이 바뀌었다(http://fr.wikipedia.org/wiki/Oséo; 최지선 외, 2013).

2 정책 참여 메커니즘

프랑스에는 다양한 국·공립연구기관과 고등교육기관이 존재한다. 이들은 모두 국가 연구개발사업의 주체로 참여하고 있다. 프랑스의 과학기술정책 참여 메커니즘의 특징은 대학이 주요한 연구기관으로서 주도적인 역할을 한다는 것이다. 이는 대학·고등교육기관의 연구개발비가 전체 예산의 32%를 차지하는데서 알 수 있다. 이와 더불어 관련된 조직을 재편함으로써 점차 세계 경쟁력이 강조되는 상황에 대응하기 위해 과학기술을 통한 프랑스의 국가 위상 제고 및 재정립을 위해 노력하고 있다.

프랑스의 연구개발은 고등교육기관 및 연구기관 등에서 수행되고 있으며, 알리앙스(Alliances)가 국가 계획의 실행 및 연구개발 주체로서의 역할을 하고 있다. 알리앙스에 대한 주요 내용은 다음과 같다(성경모, 2013). 알리앙스의 역할은 특정 주요 분야에서 업무의 협력을 강화하고, 장벽을 없애며 연구 관련 기타 주체들을 참여시키는 것이다. 알리앙스는 국가적 전략과 일맥상통하는 개발, 특히 연구의 주제 프로그램을 고안해 내기 위해 한 분야의 주요 주체들을 협력시키는 역할을 수행한다. 즉, 알리앙스는 장기적 전망을 세우고, 동일 연구 분야의 주체들 간 협력 제고를 위해 노력하며, 성과 · 가시성 · 국제적 발현을 높이고, 프랑스 연구의 가치를 실현시키는 데 목표를 두고 있다. 알리앙스의 미션은 첫째, 프랑스 및 유럽에서 관련 분야의 공공 및 민간 주체들(연구기관, 대학 및 기업) 사이의 시너지와 연구 파트너십 돕기, 둘째 혁신과 연구에 관한 국가적 전략과 일맥상통하는 연구개발 주제, 프로그램 고안, 셋째 국립연구기구(l'Agence nationale de la recherche)의 프로그램화 실행에 참여, 넷째 연구의 유럽 블록 건설 및 국제적인 공공 연구 노력에 대한 협력에의 참여다. 프랑스는 AVIESAN 생명 · 보건과학을 위한 국가 알리앙스(창립 연도 2009. 4. 8), ANCRE 에너지 관련 연구 협력을 위한 국가 알리앙스(창립 연도 2009. 7. 17), ALLISTENE 정보과학기술 알리앙스(창립 연도 2009. 12. 17), ALLENVI 환경 연구 분야 알리앙스(창립 연도 2010. 2. 9), ATHENA 인문사회과학 알리앙스(창립 연도 2010. 6. 22) 5개의 알리앙스를 설치, 운영하고 있다.

그림 10-2 프랑스의 연구 혁신 체제

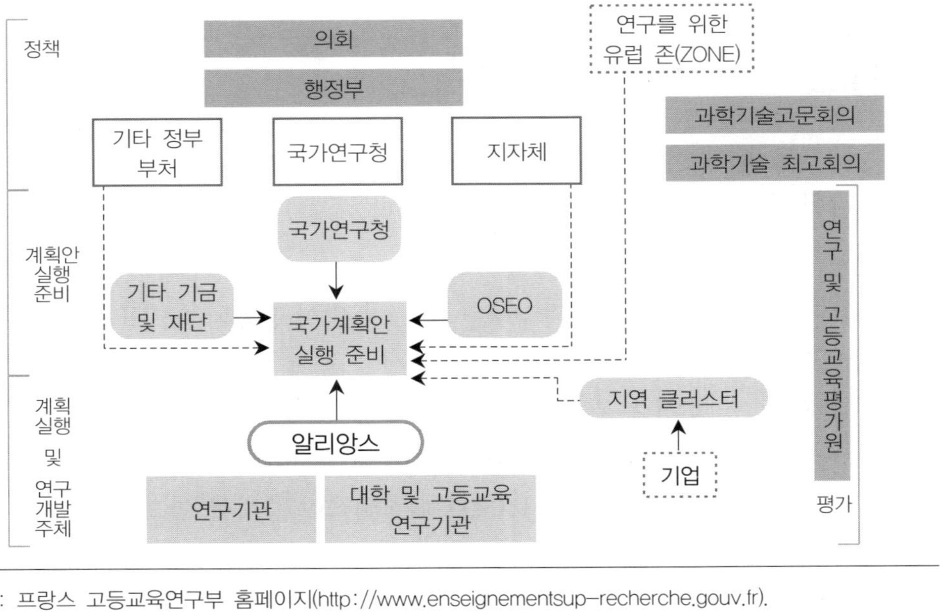

자료: 프랑스 고등교육연구부 홈페이지(http://www.enseignementsup-recherche.gouv.fr). 성경모(2013) 재인용.

이전부터 제기되어 왔던 열악한 연구 환경, 즉 낮은 효율성과 지나치게 세분화된 연구조직 체계 및 연구자에 대한 낮은 대우와 같은 부당한 처사 등 전체적인 구조 개선에 목표를 두고 전략을 추진하고 있다. 이외에 충분한 보상의 보장과 권리 또는 성과의 보호 장치 마련 및 관련 절차의 간소화 및 신속화를 통해 참여를 유도하고 있다.

그리고 과학기술 분야에 대한 의견 수렴에서 새로운 방법을 채택했다. 예를 들면, 웹에서 국민들이 의견을 개진하거나 채팅을 통한 방식 등 국민이 정부의 결정에 참여할 수 있는 다양한 채널을 확보하는 것이다. 또한 현실적인 지원책을 마련한 것도 정책 참여에 주요한 시사점이 될 수 있다. 예를 들어 세금 감면 및 대출뿐만 아니라 처음 발아(發芽)의 단계로 연구의 성과물은 없으나 앞으로의 성장 잠재력이 큰 기업 및 연구그룹에 대한 착실하며 적극적인 지원이 이뤄지고 있다.

프랑스는 형식적이고 관료적인 모습을 벗어나는 것에 목적을 둔 만큼 하나의 기관에서 과학기술정책에 관한 업무가 끝나는 것이 아니라 상호 보완적이며 유기적인 연결을 하고자 했다(박수경, 2011).

제 2 절 과학기술 및 혁신 기반

1 과학 및 기술 기반

과학 기반(science base)을 파악하는 데 가장 많이 활용되는 지표는 논문 수로, 최근 15년간 발표된 SCI 논문 수[2)]의 누적 계산을 통해 지식자원의 축적 정도를 파악했는데, 프랑스의 SCI 논문 수의 변화는 [그림 10-3]과 같다. 지식자산이 지속적으로 축적되고 있는 모습을 볼 수 있다. 1990~2004년까지의 논문 수는 671,870건에서 1998~2012년의 경우 851,876건으로 과학지식이 증가한 것으로 나타났다.

2) SCI 논문은 Thomson ISI(Institute for Scientific Information)가 매년 논문의 서지 사항과 해당 논문에 대한 이용 논문의 서지 사항 정보를 조직해 체계적 제공. 자료: Thomson ISI; 한국과학기술원, SCI 논문 분석 결과 2014.

과학기술 활동으로 인해 발생한 과학지식에 대해 연구개발 성과의 생산성 측면과 지식 창출의 질적 수준은 연구원 1인당 SCI 논문 수와 논문당 평균 피인용 수를 통해 분석할 수 있다. 연구원 1인당 SCI 논문 수[3]는 연구원 수를 고려해 연구개발 성과의 생산성을 파악하는 것으로 SCI 논문 수를 총 연구원 수(FTE)로 나눠 산출

그림 10-3 프랑스의 SCI 논문 수

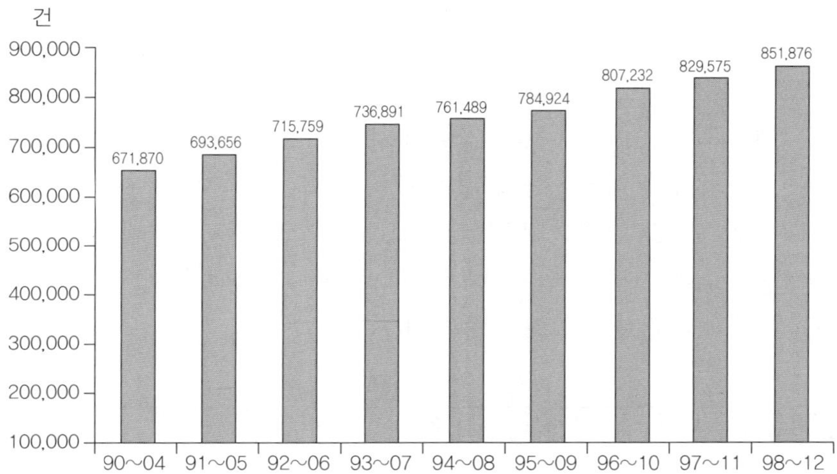

자료: 미래창조과학부 · KISTEP(2015).

표 10-1 프랑스 과학 기반 생산성 및 수준(논문)

(단위: 건, %)

구분	2004년	2005년	2006년	2007년	2008년	2009년	2010년	2011년	2012년
1인당 논문 수	0.26	0.27	0.27	0.26	0.27	0.27	0.27	0.27	0.27
증감률	–	3.85	0.00	−3.70	3.85	0.00	0.00	0.00	0.00
구분	2000~2004년	2001~2005년	2002~2006년	2003~2007년	2004~2008년	2005~2009년	2006~2010년	2007~2011년	2008~2012년
피인용 수	4.99	5.13	5.3	5.54	5.78	6.06	6.27	6.57	6.81

자료: 미래창조과학부 · KISTEP(2015).

3) Thomson ISI; 한국과학기술원, SCI 논문 분석 결과 2014.
OECD, Main Science and Technology Indicators 2014-1.
국가과학기술위원회, 연구개발활동조사보고서.

한 값이다. 프랑스의 연구원 1인당 SCI 논문 수는 평균 0.26~0.27건으로 연도별 차이가 거의 없다. 그리고 논문의 질적 수준을 과학기술 논문 1편당 최근 5년간 평균 피인용 횟수[4])를 통해 보면 피인용 횟수가 최근 들어 지속적으로 증가하고 있는 것으로 나타나 논문의 질적 수준이 높아지고 있는 모습을 볼 수 있다.

기술 기반으로서의 특허는 과학기술 활동으로 인해 발생된 대표적인 기술적 성과로 신기술을 이해하는 데 중요한 기술정보이며, 국가 또는 기업의 기술 수준과 기술혁신의 방향 등을 측정 및 분석하는 데 가장 널리 사용되는 지표다. 미국 특허를 중심으로 프랑스의 기술 기반을 살펴보면 〈표 10-2〉와 같다. 1990년 2,900여 건에서 2012년 6,300여 건으로 약 113% 증가했으며, 2005년을 제외하면 이전 시기 대비 꾸준한 증가를 보이고 있다. 2005년 대비 2010년 특허 수의 증가율이 57%로 증가 폭이 가장 높게 나타났다. 프랑스 특허 중 외국인 지분을 통해 해외 협력 정도를 보면 1990년 430건에서 2012년 2,300여 건으로 높은 증가세를 보이고 있으며, 협력 국가는 미국이 대부분이며, 일본과의 협력은 2005년 들어 이전 시기 대비 협력 건수가 크게 증가한 것으로 나타났다.

표 10-2 프랑스의 기술 기반(특허 등록 수)

(단위: 건)

구분	1990년	2000년	2005년	2010년	2012년
특허 수	2,961	4,233	3,347	5,265	6,331
해외 협력	430	994	1,172	1,946	2,362
일본	3	17	57	83	107
미국	268	666	630	1,039	1,209
EU	0	0	0	0	0

자료: OECD.StatExtracts(http://stats.oecd.org)

기술지식 창출 측면에서 연구개발 투자의 효율성을 분석을 위해 미국 특허청 등록 특허 수와 삼극 특허 수를 연구개발 투자 총액(PPP)으로 나눠 산출한 결과[5])

4) Thomson ISI; 한국과학기술원, SCI 논문 분석 결과 2014.
5) 미국 특허청 등록 특허 효율성 자료: OECD, Main Science and Technology Indicators 2014-1. USPTO, http://www.uspto.gov/web/offices/ac/ido/oeip/taf/cst_utlh.htm
국가과학기술위원회, 연구개발활동조사보고서.

표 10-3 프랑스의 R&D 투자 대비 특허 수

(단위: 건/ 백만 달러(PPP), %)

구분		2004년	2005년	2006년	2007년	2008년	2009년	2010년	2011년	2012년
미국	특허 수	0.089	0.073	0.082	0.071	0.068	0.063	0.088	0.085	0.097
	증감률		-17.98	12.33	-13.41	-4.23	-7.35	39.68	-3.41	14.12
삼극	특허 수	0.05	0.048	0.044	0.042	0.04	0.037	0.036	0.035	0.033
	증감률		-4.00	-8.33	-4.55	-4.76	-7.50	-2.70	-2.78	-5.71

자료: 미래창조과학부 · KISTEP(2015).

는 〈표 10-3〉과 같다. 프랑스의 연간 R&D 투자 대비 미국 등록 특허 수를 보면 0.063~0.097건으로 최근 들어 가장 높은 투자 대비 특허 수를 보였다. 미국 등록 특허의 효율성은 연도별 증감을 보이고 있으며 2007~2009년 시기 지속적인 감소세를 보이다 2010년 들어 가장 높은 39%대의 증가율을 보였다. 삼극 특허 투자 대비 특허 수의 효율성은 지속적으로 감소하고 있는 것으로 나타났다.

2 혁신 기반

혁신 기반(innovation base)은 국가혁신체제의 특성과 역량을 나타내는 가장 기본적인 요소들로서 연구 인력과 과학기술 투자 측면에서 살펴볼 수 있다.

프랑스의 혁신 기반을 연구개발비와 연구자 규모를 통해 보면 〈표 10-4〉와 같다. 국내 총 연구개발비(GERD)는 1990년 이후 지속적으로 증가세에 있는데 1990년 232억 달러에서 2000년 330억 달러로 41% 증가했으며 2010년에는 507억 달러로 2005년 대비 29% 증가했다. GERD 규모의 증가를 보면 1990년 대비 2012년 135%의 증가율을 보이고 있다. 인구당 연구개발비 규모를 보면 1990년 400달러에서 2000년 543달러로, 2010년에는 783달러로 전체 연구개발비 증가폭보다는 적지만 꾸준한 증가세를 보이고 있다. GDP 대비 GERD의 비중은 2%대로 나타나는데 2000년대보다는 2010년 이후 비중이 증가했으나 1990년보다는 조금 낮은 것으로

삼극특허 효율성 자료: OECD, Main Science and Technology Indicators 2014-1.
국가과학기술위원회, 연구개발활동조사보고서.

표 10-4 프랑스의 혁신 기반

구분		1990년	2000년	2005년	2010년	2012년
국내 총연구개발비 GERD	million current PPP $	23257.50	33000.65	39235.70	50735.64	54679.89
	인구당(current PPP $)	400.04	543.45	623.20	783.19	835.66
	GDP 대비 비중	2.32	2.15	2.11	2.24	2.26
	GDP 대비 정부 재원 비중	1.12	0.83	0.81	0.83	–
	정부 투자 비중	48.27	38.66	38.63	37.14	–
	해외 투자 비중	7.54	7.19	7.53	7.54	–
GDP대비 기초연구 지출 비중		0.47	0.51	0.50	0.56	–
연구자	연구 인력 수	123938	172070	202507	243533	–
	노동가능인구 천명 당 수	4.99	6.55	7.41	8.60	–

자료: OECD.StatExtracts(http://stats.oecd.org)

나타났다. 국내 총 연구개발비에서 GDP 대비 정부재원의 비중은 2000년대 이후 1% 미만으로 감소했다. GERD의 정부 투자 비중 역시 1990년 48%에서 2000년대에는 38%대로, 2010년에는 37%로 점차 감소 추세에 있는 것으로 나타났다. 국내 총 연구개발비에서 해외 투자가 차지하는 비중은 7.19~7.54%로 1990년부터 2012년까지 20여년간 큰 변화 없이 비슷한 규모를 보이고 있다. 그리고 GDP 대비 기초연구에 대한 투자 비중은 1990년대 0.4%, 2000년대 이후 0.5%로 기초연구에 대한 지출 비중의 규모 역시 큰 변동이 없는 것으로 나타났다.

연구자 규모는 1990년 12만여 명에서 2005년 20만 명으로, 2010년 24만여 명으로 지속적인 증가세를 보이고 있다. 증가폭은 1990년 대비 2000년 증가율이 38%로 높게 나타났다. 노동가능인구 천 명당 연구자 수를 보면 1990년 4.99명에서 2000년 6.55명으로, 2005년 7.41에서 2010년 8.6명으로 지속적으로 증가세에 있으나 전체 연구자 증가율보다는 조금 낮게 증가했다.

미래창조과학부와 KISTEP(2015)이 매년 OECD 30개 회원국을 대상으로 한 국가 과학기술 혁신역량 평가(자원, 활동, 네트워크, 환경, 성과 차원) 결과에 따르면 [그림 10-4]에서 보는 바와 같이 프랑스의 과학기술 혁신역량은 자원과 환경, 성과 부문에서 OECD 평균보다 높은 수준을 보이고 있다.

프랑스의 각 영역별 과학기술 혁신역량 평가 결과를 보면 하이테크 산업의 제

그림 10-4 프랑스의 부문별 혁신역량 종합

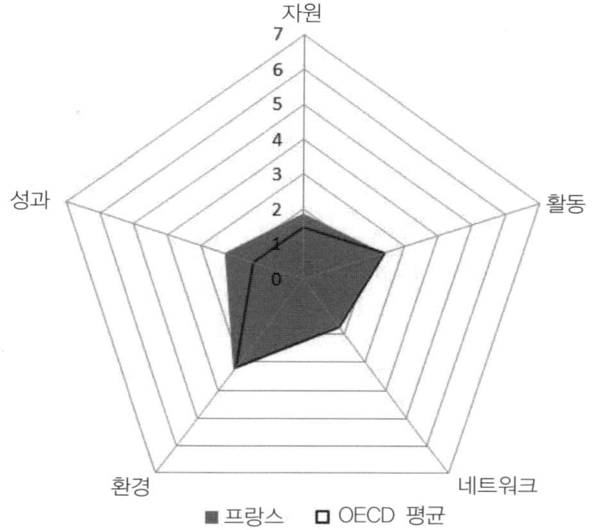

자료: 미래창조과학부 · KISTEP(2015).

조업 수출액 비중이 평가 대상국 중 3위로 가장 높은 역량을 보이고 있다. 그리고 최근 15년간 삼극 특허 수와 연구원 1인당 산·학·연 공동 특허 건수는 각각 4위로 강점을 가진 영역이다. 반면 창업활동지수(TEA)는 27위, 연구원 1인당 SCI 논문 수 23위, GDP 대비 해외 투자 + 외국인 투자 비중과 국민 1인당 산업부가가치는 20위로 상대적으로 낮은 역량을 보이고 있다.

표 10-5 프랑스의 과학기술 혁신역량

구분			지푯값	순위
자원	인적 자원	총 연구원 수(명, FTE)(2011)	249,086	6
		인구 만 명당 연구원 수(명, FTE)(2011)	38.25	17
		인구 중 이공계 박사 비중(%)(2009)	0.9	9
	조직	미국특허 등록 기관 수(개)(2011)	791	6
		세계 랭킹 500위 이내 대학 수(개)(2013)	24	5
		세계 R&D 투자 상위 1000대 기업 수(개)(2012)	48	5

	지식자원	최근 15년간 SCI 논문 수(STOCK)(편)(1998~2012)	851,876	5
		최근 15년간 미국 특허 수(STOCK)(건)(1998~2012)	56,735	5
		최근 15년간 삼극 특허 수(STOCK)(건)(1998~2012)	29,076	4
활동	연구개발 투자	연구개발 투자 총액(백만 PPP달러)(2012)	55,352	5
		GDP 대비 연구개발 투자 총액 비중(%)(2012)	2.29	11
		연구원 1인당 연구개발 투자(PPP 달러)(2011)	214,025	10
		산업부가가치 대비 기업 연구개발 투자 비중(%)(2012)	2.59	10
		GDP 대비 정부연구개발 예산(%)(2012)	0.74	14
	창업 활동	창업활동지수(TEA)(%)(2013)	4.6	27
		GDP 대비 벤처 캐피탈 투자 금액 비중(%)(2012)	0.027	13
네트워크	산학연 협력	연구원 1인당 산·학·연 공동 특허 건수(건)(2011)	0.000646	4
		정부·대학의 연구개발비 중 기업재원 비중(%)(2011)	4.65	19
	기업 간 협력	기업 간 기술 협력(점)(2012~2014)*	5.89	16
	국제 협력	연구원 1인당 국제 공동 특허 수(건)(2011)	0.000586	12
		GDP 대비(해외 투자+외국인 투자) 비중(%)(2012)	2.39	20
환경	지원제도	기업 연구개발비 중 정부 재원 비중(%)(2011)	7.6	14
		지식재산권 보호 정도(점)(2012~2014)*	7.96	12
	문화	새로운 문화에 대한 태도(점)(2012~2014)*	4.54	30
		학교에서 과학교육이 강조되는 정도(점)(2012~2014)*	6.43	4
성과	경제적 성과	국민 1인당 산업부가가치(PPP달러)(2013)	21,301	20
		하이테크산업의 제조업 수출액 비중(%)(2012)	25.41	3
		연구개발 투자 대비 기술 수출액 비중(%)(2012)	–	–
	지식 창출	연간 미국 특허 수(건)(2012)	5,386	6
		연간 삼극 특허 수(건)(2012)	1,827	5
		연간 R&D 투자 대비 미국 특허 수(건/백만 달러)(2012)	0.097	14
		연간 R&D 투자 대비 삼극 특허 수(건/백만 달러)(2012)	0.033	8
		연구원 1인당 SCI 논문 수(편)(2011)	0.27	23
		5년 주기별 논문당 평균 피인용 수(편)(2008~2012)	6.81	14

주: *는 설문지표.

자료: 미래창조과학부·KISTEP(2015).

제 11 장 독일

제 1 절 과학기술정책 거버넌스

1 정책 조정 메커니즘

1) 수평적 조정

연방국가로서 독일 행정 체제의 특성은 과학기술 행정 체제에서도 동일하게 나타난다. 독일의 과학기술 정책 및 연구개발 지원은 연방정부 및 주정부가 독립적으로 상호 협력해 예산을 분담·지원하며, 각 대학 및 공공연구기관은 독립적으로 연구 활동을 수행한다. 연방교육연구부는 과학기술 행정 주무부처로서 국가 과학기술진흥 기본 정책의 수립·집행을 총괄하고, 연방경제기술부·환경부·농업부·국방부 등 기타 연방부처는 소관 분야에서 연구개발 지원 기능을 수행한다. 16개 주정부는 과학기술 관련 업무를 수행하는 전담 부처를 별도로 운영하고 있다. 독일은 실질 행정 단위가 주정부 중심으로 이뤄지는 국가로서, 연방정부와 16개 주정부 사이의 역할 구분 및 합의·조정이 중요하다. 연방정부와 주정부의 과학기술정책 및 전략 조정 등을 위해 연방교육연구부, 연방재무부 및 주정부가 공동으로 참여하는 공동과학회의(GWK)를 설치 운영하고 있다(주독한국대사관 본분관 외, 2013). 또한 교육연구 지원 연방·주 협의회(BLK), 국가과학위원회(WR), 주정부 교육과학 관련 장관 회의(KMK)의 조정 활동 및 기능도 부각을 나타내고 있다. 연방정부 또는 주정부 산하 연구기관은 연방국가라는 행정적 특성 하에 연방과 주정부로부터 재정적 지원을 받고, 해당 연방정부 및 주정부 등 재정적 지원자(제공자)의 목적에 부합하는 연구개발 활동을 하고 있다(성지은, 2008).

그림 11-1 독일의 과학기술 행정 체제

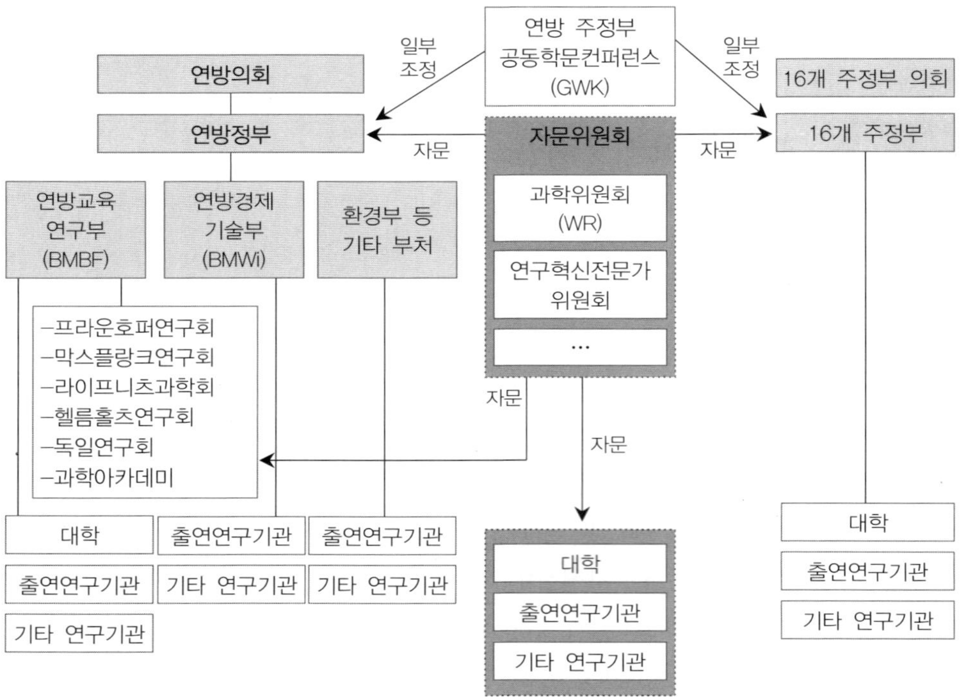

자료: 한국에너지기술평가원(2012).

즉, 독일의 과학기술 행정에서 주도적인 역할을 담당하는 연방 행정기관은 연방교육연구부(BMBF)와 연방경제기술부(BMWi)다. 연방교육연구부가 전통적으로 과학기술을 담당하는 주무부처로서 전체적인 업무를 총괄했으나, 산업계와의 협력 활동의 미흡 등과 같은 문제가 제기됨에 따라 산업계와의 협력 및 네트워크 강화를 위해 연방교육연구부(BMBF: 고등교육, 기초연구 분야)와 연방경제기술부(BMWi: 산업기술, 연구 성과 상용화 체제)로 이원화되었다. R&D사업 추진은 연방교육연구부와 연방경제기술부뿐만 아니라 국방부, 환경부 등 다른 부처에서도 사업별로 일부 수행하고 있는 것으로 나타났다(한국에너지기술평가원, 2012).

독일 R&D 주체는 주무부처와 자문기관, 그리고 공공 및 민간 협회로 구분할 수 있으며, 각 주체별 특징 및 내용은 다음과 같다(한국에너지기술평가원, 2012). 주무부처는 연방교육연구부와 경제기술연구부를 들 수 있는데, 연방교육연구부(BMBF: Bundesministerium für Bildung und Forschung)는 연방정부의 미래 투자 지원 관리 등의 업무를 담당하는 기관으로 우리나라의 교육과학기술부와 유사한 형태로 교육 및 과학정책을 수행하는 기관이다(www.bmbf.de). 1개의 중앙 관리 부서(Abteilung)와 7개의 부서로 구성되어 있으며, 각 부서는 1~2개의 하위 부서와 이에 소속된 10~15개의 과(Referat)로 구성되어 있다. 1994년 연방과학기술부(BMFT)와 연방교육과학부(BMBW)가 통합되어 연방교육, 학술, 연구기술부(BMBWFT)가 신설되었으며, 이후 1998년 연방교육연구부(BMBF)로 명칭이 변경되었다(오세홍 외, 2012). 이러한 변화는 교육과 인재 양성의 중요성 부각과 교육과 과학이 통합적으로 이뤄져야 한다는 인식 변화에 따른 것으로 볼 수 있다(황용수 외, 2004). 지원 비중을 보았을 때는 과학기술 관련 연구개발에 관한 지원 비중이 60% 이상을 차지하고 있어, 교육 측면보다는 과학기술 발전에 더 많은 중점을 두고 있으며, 특히 기초와 응용연구에 대한 지원에 초점을 두고 있다(KOTRA, 2013).

주요 역할은 ① 주정부 협의에 따른 교육 관련 종합계획 수립, ② 장학제도에 관한 법령의 입안 및 조정, ③ 직업교육의 강화 및 직업교육기관에 대한 감독, ④ 기초과학에 대한 연구 지원 및 연구기관의 관리·감독, ⑤ 민간기업의 연구기관에 대한 투자 유도, ⑥ 환경, 기후, 산림, 해양오염, 남극오염 등 제기되는 환경문제에 대한 연구 지원 등이다. 그리고 연방경제기술부(BMWi: Bundesminister für Wirtschaft und Technologie)는 우리나라 산업통상자원부와 유사한 형태로 경제 발전과 기술 개발 및 발전을 위한 정책을 담당하는 연방부처다(www.bmwi.de). 슈뢰더

(Gerhard Fritz Kurt Schröder) 집권 시 명칭은 연방경제노동부였으나 2005년 정권 교체 이후 노동에 관한 업무는 신설된 연방노동사회부로 이관되고, 대신 기술개발에 관한 업무를 추가적으로 담당하게 되었다(오세홍, 2013). 연방경제기술부 조직 구성은 1개의 중앙행정관리부와 9개의 부서로 총 10개 부서로 구성되어 있으며, 각 부서는 2~4개의 하위 부서와 이에 소속된 4~8개의 세부 부서로 구성되어 있다(KOTRA, 2013).

기초와 응용연구에 대한 지원보다는 개발과 상업화를 위한 연구에 지원을 하고 있으며, 주요 역할은 ① 독일의 경제 성장과 안정, ② 경제 성장을 위한 새로운 기술 개발 추진, ③ 경제 성장과 환경 보호의 양립, ④ 중소기업 지원, ⑤ 고용 창출, ⑥ 안정된 에너지원 확보 등이다(한국에너지기술평가원, 2012).

그림 11-2 연방경제기술부와 교육연구부 간 업무 조정

<table>
<tr><th>연방교육연구부(BMBF)</th><th>연방경제기술부(BMWi)</th></tr>
<tr><td>기초연구와 응용연구의 관할
연구를 위한 협약
전임제 학교 확충 프로그램
우수 대학 육성 프로그램</td><td>연구 성과 상용화
특허
연방경제노동부(BMWA)</td></tr>
<tr><td colspan="2">이관

항공우주 및 교통기술 분야 연구개발 지원
조선 및 해양기술 분야의 연구개발 지원
특허 및 발명 관련 지원
민간 부문 연구개발 및 혁신정책
중소기업 및 창업 지원 등</td></tr>
</table>

자료: 이석민(2008).

독일은 연구 단계별 지원 체계가 이원화되어 있는데 기초 · 응용에 대한 지원과 개발, 상업화에 대한 지원 체계가 구분되어 있다. 기초 · 응용연구에 대한 업무는 연방교육연구부가 담당하고, 연구 성과의 상용화 및 특허 관련 업무는 연방경제기술부로 이관되어 연방경제기술부의 경우 기술혁신정책의 비중이 높아지고 있다. BMBF의 항공우주, 교통, 해양 · 선박 기술 및 특허 · 발명 지원, 중소기업 및 창업

지원 역할 등은 BMWi로 이관되었다(성지은, 2008).

독일 연방정부와 주정부 사이의 조정 역할을 수행하기 위한 기구로 2007년 공동과학회의(Joint Science Conference: GWK)가 설립되었다. 연방정부 내 각 부처와 16개 주정부가 각기 수행하던 과학기술정책의 파편화, 분산화의 문제를 해결하기 위한 조정 조직이다. 공동과학회의(GWK)는 독일 연방정부와 주정부의 과학기술 및 재정 부처의 장관급심의 조직으로, 주로 연구 예산, 과학기술 전략과 정책을 조정한다. 공동과학회의에서 논의할 안건은 실무위원회에서 제공하는데, 실무위원회는 공동과학회의 회원 조직에서 파견된 인력으로 구성된다(BMBF, 2007; 홍성주 · 홍창의, 2015).

그리고 연방정부와 주정부 간의 협력을 위한 자문기관은 국가과학위원회(Wissenschaftsrat: WR)와 연방-주정부 협의회(Bund-Länder Kommission: BLK)를 들 수 있는데 국가과학위원회(Wissenschaftsrat: WR)는 연방정부와 주정부에 의해 공동으로 설립된 자문기구로 국가과학위원회는 과학위원단(Scientific Commission)과 행정위원단(Administrative Commission)으로 구성된다. R&D 정책 및 제도 개선 활동과 고등교육 시스템에 대한 제안 및 권고 활동, 성명서 발표 및 보고서 발간 등의 활동을 통해 연방 및 주정부의 의사 결정에 필요한 정보를 제공하는 역할을 하며, 연방-주정부 협의회(BLK)의 위임을 받아 주요 공공연구기관협회 조직들에 대한 시스템 평가를 실시하는 기능을 담당하고 있다(한국에너지기술평가원, 2012).

연방-주정부 협의회(BLK)는 교육과 연구개발 영역에서 연방정부와 주정부 사이의 정책조정을 담당하는데, 과학기술정책에 대한 계획과 결정이 이뤄지는 최고 의사 결정기구다. 최고 의사 결정기구는 위원회(Kommission)이며, 산하에 분과위원회와 실무전담반을 운영하고 있다. 위원회는 연방정부 대표 8명과 16개 주정부 대표 1명씩(연구 진흥 문제의 경우 2명씩) 16명(또는 32명)으로 총 24명(또는 40명)으로 구성된다(한국에너지기술평가원, 2012).

공공연구기관 협회는 중점 영역에 따라 기초연구에 초점을 두는 막스프랑크연구회, 산학 협력에 초점을 두는 프라운호퍼연구회, 국립연구소 네트워크인 헬름홀츠연구회, 기초 응용연구를 수행하는 라이프니츠연구회 등 4개 연구회로 구성되어 있다. 각각의 연구회에 대한 주요 내용을 보면 다음과 같다(성지은, 2008; 오세홍,

2012).

막스플랑크연구회(Max Planck Society: MPG)는 주로 기초연구를 지원 및 촉진하는 역할을 담당한다. 독일 전역에 약 80개의 자체 연구소를 운영하고 있으며, 필요한 재원은 연방정부 50%, 연구소 소재 주정부 50% 비중으로 지원이 이뤄지고 있다. 지식 및 기술 이전 촉진을 위해 1970년 Garching Innovation(GI)이 설립되었으며, 연구회 소유의 지적재산권 보호 및 컨설팅, 특허 연구, 국내외 특허 출원 및 등록절차 컨설팅을 수행하고 있으며 자체 개발한 기술을 민간 부문에 이전시키고자 노력하고 있다.

헬름홀츠연구회(Helmholtz Association: HGF)는 중장기적 목표 달성을 위한 연구를 추진하는 데 초점을 두고 있으며, 산하에는 과학・기술・바이오・논리・의학 등 15개의 관련 연구센터가 있다. 주요 미션 중의 하나는 협동연구와 지식 및 기술 이전이다. 전체 예산의 70%는 연방정부와 주정부의 지원이 이뤄지며(지원비율은 90 : 10), 예산의 나머지 30%는 수탁 연구 지원의 형태로 이뤄지고 있다(산업연구원, 2013).

라이프니츠연구회(Leibniz Association: WGL)는 84개의 비대학연구기관과 서비스 제공기관으로 구성되는데 활동 영역은 인류와 교육, 경제와 사회과학, 생명과학, 물리과학, 환경 연구 등이다. 라이프니츠연구회의 주요 경쟁력은 수요 지향적이고 학제적인 성향이며 대학 및 민간 섹터와 밀접한 협력, 멤버연구소에서 개발한 기술의 스핀오프(spin-off) 특정 프로젝트 참여자(직원 또는 연구원)가 연구 결과물을 갖고 상업화를 통해 창업될 수 있도록 지원하고, 이를 촉진할 기업가 정신을 고취하는 데 주력하고 있다.

프라운호퍼연구회(Fraunhofer Society: FhG)는 독일에서 가장 중요한 산학협동 연구기관으로 공공 및 민간 부문에 직접적으로 유용하고 광범위한 영향을 끼치는 응용연구에 초점을 두고 있는 기관으로 약 80개의 연구소가 독일 전역에 분포하고 있다. 연구개발 활동을 위한 연구비 유입은 기업으로부터 받은 수탁연구와 공공 지원 연구 프로젝트 비중이 2/3 정도이며, 그 외 1/3은 연방정부와 주정부의 지원에 의존하고 있다.

주요 민간 산업협회는 산업연구협회와 연방산업협회, 그리고 상공회의소를 들 수 있다(김계환 외, 2013). 산업연구협회(AiF)는 중소기업(SME)의 응용연구 개발 촉진을 위한 지원 활동과 산업에 기반을 둔 혁신 네트워크를 통해 R&D 프로그램의 효율적인 활용이 이뤄지도록 지원해 중소기업의 경쟁력 강화를 꾀하기 위한 기관이다. 현장 중심의 연구를 지향하고, 산업계와 과학기술 연구계와의 가교 역할 및 필요 시 자문 제공 역할을 하고 있다. 또한 응용과학대학(Universities of Applied Sciences)과 중소기업을 대상으로 하는 정부 R&D 지원 프로그램을 관리하는 역할도 하고 있다.

연방산업협회(Bundesverband der Deutschen Industrie: BDI)는 산하에 기술과 혁신정책을 담당하는 기구가 있어 연구개발 및 혁신정책과 관련된 이슈에 대한 지원 역할을 한다. 연구 및 기술에 대한 실무전담반이 지속성을 가지고 활동하며, 회원 기업의 고위 관리자들로 구성된 실무전담반을 통해 정책 관련 현실적 이슈에 대한 논의와 민간 부문의 입지 개선, 정책결정자들과의 의견 교환 및 조정 등의 역할을 수행하고 있다. 지속적으로 BMBF 및 다른 연구개발 정책 담당 기관과의 교류와 논의 과정을 거치고 있으며, 주요 이슈에 대해 연구 활동을 이끌고 있다.

상공회의소(Deutschen Industrie-und Handelskammern: DIHK)는 산하에 경제정책, 중소기업 및 혁신담당 조직이 있어 기술 혁신정책에 전문화된 역할을 수행하고 있다. 정기적으로 연구 및 혁신정책에 대한 성명서 발표를 통해 DIHK의 의견을 나타내고, 지역 상공회의소는 연구개발 및 혁신 관련 서비스를 회원 기업들에 제공하고 있다.

2) 수직적 조정

연구개발의 핵심 주체는 공공 연구(대학, 정부연구소, 막스플랑크 등 4대 연구협회) 부문과 민간 연구(기업, 기타) 부문으로 구분할 수 있으며, 자문기구는 정부, 공공 연구 주체, 민간 연구 주체 등 이해당사자로부터 발생하는 각종 연구 의제의 설정과 조정, 연구 전략의 조언 등을 위해 존재한다. 자문기구로는 연구혁신 전문가 위원회, 산업-과학 연구 연합, 혁신 다이얼로그 등이 있다. 그리고 중개기관은 연구개발 자금이 공공과 민간 영역으로 흐르는 창구 역할을 수행하며, 자금 흐름의 모니터링 및 새로운 연구개발 프로그램의 도입 등에서 정부에 협조한다. 독일 연구재단, 각종 재단, 유럽연합 연구회의, 각종 협회 등이 해당된다(홍성주 · 홍창의, 2015).

그림 11-3 독일 연구혁신 체제 이해관계자

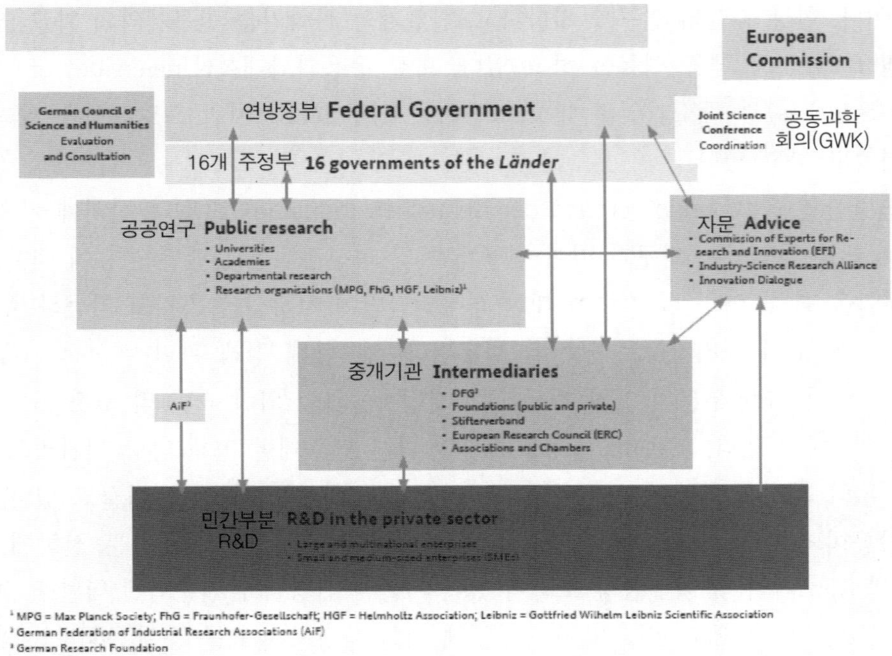

자료: BMBF(2014). Federal Report on Research and Innovation 2014.

(1) 국가 R&D예산 배분 및 조정

연방재무부는 R&D 예산 배분 및 조정 시에 관련 부처의 적극적 참여와 자문위원회의 평가 결과 및 조정·권고안을 활용하고 있는데 R&D 예산 배분 및 조정 구조는 [그림 11-4]와 같다. 연구개발 예산 지원 방식은 직접 지원과 간접 지원 방식으로 구분할 수 있는데, 직접 지원은 연구비·운영비·인건비 등을 포함해 출연금 형태의 지원 방식이고, 간접 지원은 경쟁 기반의 국가연구 개발사업 형태를 취하고 있다(김계환 외, 2013).

출연금 지원 방식은 연방정부와 주정부에서 공동 지원을 통해 대학, 정부출연 연구기관, 독일과학재단에 지원이 이뤄지고 있다. 정부출연 연구기관에 대한 지원은 국가혁신체제 상에서 담당하고 있는 역할 또는 미션에 따라 지원 규모나 지원

그림 11-4 R&D 예산 배분 및 조정 구조

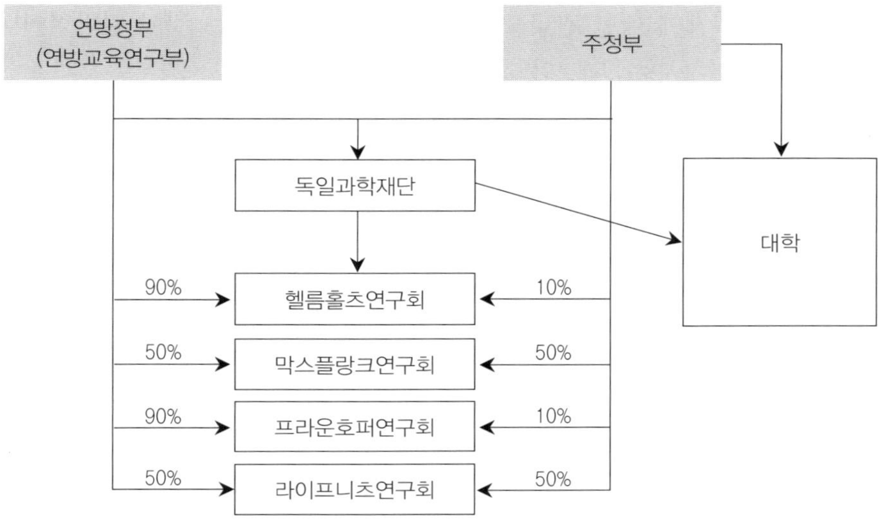

자료: 한국에너지기술평가원. (2012).

주체별(주정부 대 연방정부) 지원 비율이 상이하다. 기초연구 중심의 막스플랑크연구회의 경우 대부분의 예산을 정부(연방정부 50%, 주정부 50%)에서 지원하는 반면 응용연구에 집중하고 있는 프라운호퍼연구회의 경우 전체 연구개발 예산 중 정부가 차지하는 비중은 약 30%(연방정부 90%, 주정부 10%)다(손충근·임석재, 2012).

(2) 국가 R&D 재정 지원

국가 R&D 재정 지원 측면을 보면 부처별 산하에 R&D 재정 지원기관이 별도로 존재하는 우리나라와 달리, 일정 금액의 예산을 공공연구기관협회에 연방정부와 주정부가 지원하는 형태다. 그리고 공공 영역 이외에 비영리 또는 민간 영역에서 후원자협회(Stifterverband) 또는 각종 산업협회(AiF, BDI, DIHK 등)에서 R&D 관련 자금, 정보 및 자문 서비스를 제공하고 있다.

프로젝트 관리기구 역시 부처 간에 독립된 형태로 운영되는 우리나라와 달리 프로그램의 성격에 따라 공동으로 활용되는 방식으로 한 부처에서 주관하는 R&D

과제가 다수의 여러 관리기구에 위임되는 방식이다. R&D 과제관리를 위해 별도의 조직이 설치되어 운영되기도 하지만 대부분은 기존의 연구기관 혹은 특정 산업협회 등에서 해당 과제에 대한 관리 기능을 위임받아 진행하는 것이 일반적이다. 부처별로 연방교육연구부는 9개, 연방경제기술부는 10개, 연방환경부는 2개로 2~10개 정도의 기구가 지정되어 있는데, 특정 부처의 사업만을 한 개의 관리기구에서 담당하는 경우도 존재하나, 여러 부처 사업을 동시에 관리하는 형태가 일반적이다(KIAT EU기술협력거점, 2011).

연구비를 지원하는 대표적인 기관은 독일연구회(DFG)다. 독일연구회는 독일 최대의 연구 지원기관으로 단독 연구 또는 협동 연구에 대한 재정적 지원 및 의회와 관련 기관들에 대한 자문 활동 그리고 해외 대상으로 한 학술 및 연구 관계를 지원한다. 기초연구를 추진하는 대학에서 중요한 역할을 담당하는 기관으로 특히 학문 분야의 후학 양성에 중점을 두고 있다(성지은, 2008).

주요 과제 관리기구로는 PT DLR, PT Juelich, VDI기술연구센터(VDI-TZ), VDI/VDE-IT혁신기술연구센터 등을 들 수 있다. PT DLR은 헬름홀츠연구회 산하의 독일항공우주연구센터(Deutsches Zentrum fur Raum- und Luftfahrt)로 직접 R&D를 수행하는 연구소다. 하지만 연구개발 활동 외에도 연방정부로부터 연구교육 분야 프로그램 및 과제 관리 업무를 위임받아 수행하고 있다. PT Juelich는 Juelich 연구센터 소속이며, 1974년 연방교육연구부(BMBF) 차원의 에너지 관련 연구개발 사업 추진에 필요한 관리 및 평가기구로서의 역할을 위해 설립되었다. 그리고 VDI기술연구센터(VDI-TZ)에서는 나노전자 등 전자 시스템 관련 연구개발 사업, 광학기술 연구개발 사업, 나노물질 및 신소재 연구개발 사업, 보안연구개발 사업을 관리하고 있다. 다음으로 VDI/VDE-IT 혁신기술연구센터는 혁신 및 기술 분석/예측, 마이크로 시스템 기술, 실증연구 중심의 첨단기술 전략 하의 지식 및 기술 이전 지원 등 연구개발 프로그램을 관리하고 있다(KIAT EU기술협력거점, 2011).

독일연구회 외에도 국가의 재정적 지원을 받는 알렉산더 폰 훔볼트 재단, 독일 환경연구재단 등이 있다. 특히 훔볼트 재단의 경우 국내외 연구자들의 초정 및 파견, 그리고 연구 활동에 필요한 모든 비용을 지원한다. 또한 폴크스바겐 재단과 프리츠 티센 재단은 기업이 설립한 재단이지만 기업에 국한되지 않고 대학 차원의 연구도 활발하게 지원하고 있다(임종대 외, 2008; 성지은, 2008).

2 정책 참여 메커니즘

독일 연구개발 주체와 연구개발 투자비 규모 등을 통해 핵심 주체를 보면 [그림 11-5]와 같다. 2011년 기준으로 독일 연구개발 총 투자액은 755억 유로이며, 민간 부문의 비중이 가장 높고, 다음으로 대학과 4대 연구회의 비중이 높은 것을 볼 수 있다. 특히 공공 부문 투자는 대학과 4대 연구회 중심으로 이뤄지고 있다. 대학은 주정부의 행정 및 재정 지원을 받으며, 독일 연구개발 지형에서 연구개발 단계 중 응용연구를 주도하고 있는 모습을 볼 수 있다.

그림 11-5 독일의 연구개발 주체 및 비중

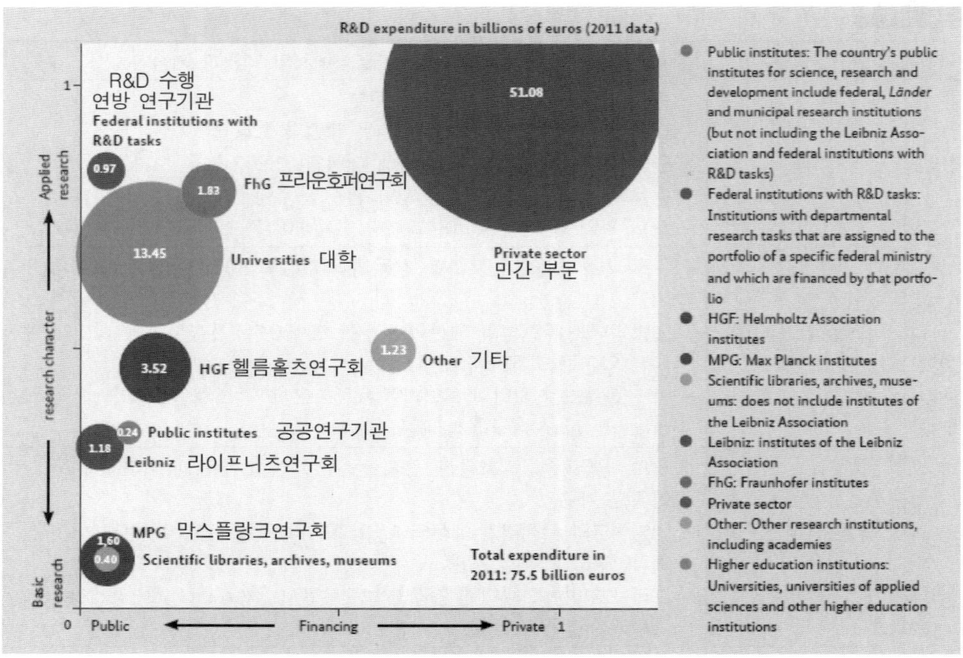

자료: BMBF(2014). Federal Report on Research and Innovation 2014.

정부연구 부문은 독일 정부 및 지자체의 특수 목적과 필요에 따라 정부 산하 연구소들이 설립되어 운영되고 있다. 연방정부 연구소 41곳, 주정부 및 지자체 연구소 167곳이 운영 중이며, 미션 지향적 연구를 수행하므로 대부분 응용연구 수행기관으로 구분된다. 그리고 기업 부문은 독일 국가연구개발비의 약 2/3를 차지하고, 시장 지향적 연구개발 활동을 수행한다(홍성주 · 홍창의, 2015).

예를 들면, 막스플랑크연구회(Max Planck Society: MPG)의 경우 주로 기초연구를 지원 및 촉진하는 역할과 지역의 대학 또는 민간 부문과의 협동 연구과 지식 및 기술 이전을 촉진하는 역할도 담당하고 있고, 프라운호퍼연구회(Fraunhofer Society: FhG)는 응용연구를 중점적으로 수행하고 있는데 산학 협동 연구에 중점을 두는 연구기관으로 민간과의 협력에 중요한 역할을 하고 있다.

연구기관 집합체인 4개 연구회를 중심으로 기초연구부터 응용연구까지 역할 구분이 이뤄지는데 독일 연구개발 주체별 현황을 종합하면 〈표 11-1〉과 같다.

표 11-1 독일의 연구개발 주체별 현황

구분	연구개발 주체	독일 연구개발 체제 상에서의 역할과 기능
공공 연구 부문	대학	– 종합대학과 응용과학대학으로 구분 – 대학에 대한 행정 및 재정 지원은 주정부가 총괄 – 연방정부는 프로젝트 등을 통해 대학의 연구 기능을 보완 – 응용과학대학은 주로 응용 지향 연구를 수행 – 모든 독일 대학은 주니어 과학자의 육성이 주요 임무
	막스플랑크연구회 (MPG)	– 주로 기초과학과 인문과학, 생물의학 분야의 80여개 연구소로 이뤄진 기구 – 연방정부와 주정부가 예산의 80%를 50:50으로 분담 지원, 나머지 예산은 계약연구 과제에서 조달 – 막스 플랑크는 하나의 통합법인 브랜드로서, 막스 플랑크의 "Insight must precede application" 정신을 강조
	프라운호퍼연구회 (FhG)	– 안보, 생명과학, 정보통신, 전자 등 주로 산업 분야의 60여개 연구소로 이뤄진 기구 – 연방정부와 주정부가 예산의 1/3을 90:10으로 지원, 나머지 2/3 예산은 계약연구 과제에서 조달 – 프라운호퍼는 하나의 통합법인 브랜드로서, "Research of practical utility"를 핵심 정신으로 함.
		– 우주, 항공, 보건, 지구환경, 에너지 등 대형 연구(Big Science) 분야의 18개 연구센터를 아우르는 연구회

	헬름홀츠연구회 (HGF)	– 연방정부와 주정부가 예산의 70%를 90:10으로 분담 지원, 나머지 예산은 계약연구 과제에서 조달 – 헬름홀츠는 미래 지향적이고 국가 차원에서 중요한 임무 수행형 연구를 추구
	라이프니츠연구회 (WGL)	– 인문, 경제사회, 기초과학연구소, 연구 지원 및 학술 서비스 기관, 박물관 등 86개의 기관을 아우르는 연구회 – 연방정부와 주정부가 예산의 70%를 50:50으로 분담 지원, 나머지 예산은 계약연구 과제에서 조달 – 라이프니츠는 다양한 분야의 기초연구 및 협력 융합연구를 추구
정부 연구 부문	연방정부 소속 연구소	– 연방정부 부처들은 각 부처에서 필요로 하는 연구 수행을 위해 산하 연구기관을 설립 – 국방, 기상, 위해 평가, 질병 관리, 위험 등 각 부처의 특수 업무 영역에서 41개의 연방정부 연구소가 운영됨. – 100% 정부 예산으로 운영 – 총 직원 수는 2만여 명 (이 중 연구원은 9천 2백 명 정도, 2009년 기준)
	주정부 및 지자체 소속 연구소	– 주정부 및 지자체 소속 연구소는 독일 16개 주에 167곳 활동 – 총 직원 수는 8천여 명 (이 중 연구원은 3천 5백 명, 2009년 기준)
기업		– 민간 부문은 매년 독일에 투자되는 연구개발자금의 약 2/3를 제공, 2011년 기준 511억 유로를 연구개발비로 투자 – 민간 연구개발비는 개별 기업의 연구개발 및 파트너들과의 공동 프로젝트에 활용 – 기업에서 수행되는 연구들은 응용 및 시장 지향적 – 2011년 기준 35만 7천 명의 연구개발 인력을 고용

자료: 홍성주・홍창의(2015).

제 2 절 과학기술 및 혁신 기반

1 과학 및 기술 기반

과학 기반(science base)을 파악하는 데 가장 많이 활용되는 지표는 논문 수로, 논문 수(STOCK)의 변화는 국가의 과학기술 수준을 평가하고 성과의 생산성 등을 분석하는 데 주로 활용된다. 최근 15년간 발표된 SCI 논문 수[1]의 누적 계산을 통한 독일의 SCI 논문 수(STOCK)의 변화는 [그림 11-6]과 같다. 지식자산이 지속적으로 축적되고 있는 모습을 볼 수 있는데, 1990~2004년까지의 논문 수는 908,524건에서 1998~2012년의 경우 1,184,789건으로 과학지식 STOCK이 증가한 것으로 나타났다.

그림 11-6 독일의 SCI 논문 수(STOCK)

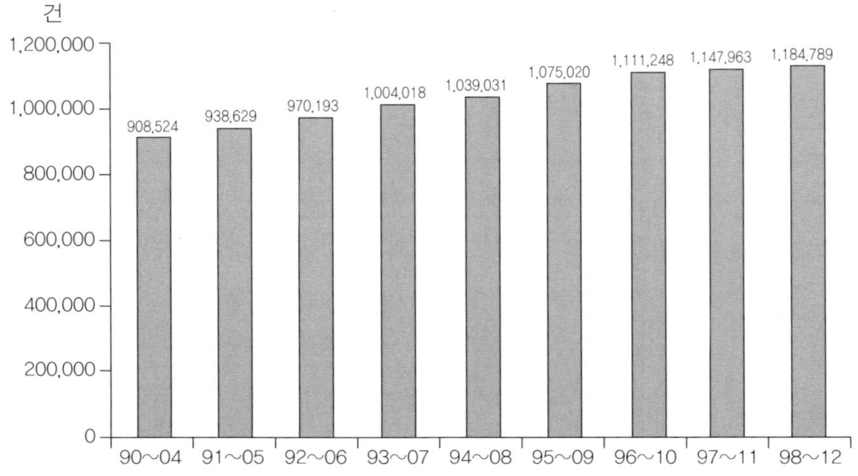

자료: 미래창조과학부 · KISTEP(2015).

과학기술 활동으로 인해 발생한 과학지식에 대해 연구개발 성과의 생산성 측면과 지식 창출의 질적 수준은 연구원 1인당 SCI 논문 수와 논문당 평균 피인용 수를 통해 분석할 수 있다. 연구원 1인당 SCI 논문 수[2]는 연구원 수를 고려해 연구개발 성과의 생산성을 파악하는 것으로 SCI 논문 수를 총 연구원 수(FTE)로 나눠 산출한 값이다. 독일의 연구원 1인당 SCI 논문 수는 평균 0.27~0.29건으로 연도별로는

1) SCI 논문은 Thomson ISI(Institute for Scientific Information)가 매년 논문의 서지 사항과 해당 논문에 대한 이용 논문의 서지 사항 정보를 조직해 체계적 제공. 자료: Thomson ISI; 한국과학기술원, SCI 논문 분석 결과 2014.

2) Thomson ISI; 한국과학기술원, SCI 논문 분석 결과 2014.
OECD, Main Science and Technology Indicators 2014-1.
국가과학기술위원회, 연구개발활동조사보고서.

비슷한 생산성 수준을 보이고 있다. 그리고 논문의 질적 수준을 과학기술 논문 1편당 최근 5년간 평균 피인용 횟수[3]를 통해 보면 피인용 횟수가 최근 들어 점차 증가하고 있는 것으로 나타나 논문의 질적 수준이 지속적으로 높아지는 모습을 볼 수 있다.

표 11-2 독일의 과학 기반 생산성 및 수준(논문)

(단위: 건, %)

구분	2004년	2005년	2006년	2007년	2008년	2009년	2010년	2011년	2012년
1인당 논문 수	0.27	0.28	0.28	0.28	0.28	0.28	0.28	0.28	0.29
증감률	–	3.70	0.00	0.00	0.00	0.00	0.00	0.00	3.57
구분	2000~2004년	2001~2005년	2002~2006년	2003~2007년	2004~2008년	2005~2009년	2006~2010년	2007~2011년	2008~2012년
피인용 수	5.42	5.62	5.85	6.09	6.39	6.67	6.85	7.12	7.36

자료: 미래창조과학부 · KISTEP(2015).

특허는 과학기술 활동으로 인해 발생된 대표적인 기술적 성과로 신기술을 이해하는 데 중요한 기술정보이며, 국가 또는 기업의 기술 수준과 기술혁신의 방향 등을 측정 및 분석하는 데 가장 널리 사용되는 지표다. 세계 특허 정보는 주로 미국 특허청에 등록된 특허와 OECD에서 국가별 특허 건수를 비교하기 위해 개발한 유럽 특허청(EPO), 일본 특허청(JPO), 미국 특허청(USPTO)에 모두 등록되어 있는 삼극 특허(triadic patent families) 지표가 주로 활용된다.

독일 특허 현황(미국 특허청 등록 특허 기준)을 보면 1990년 7,800여 건에서 2012년 15,000여 건으로 98% 정도 증가했다. 2005년에는 2000년 대비 10% 정도 특허 수가 감소한 모습을 보였으나 2010년과 2012년에는 모두 이전 시기보다 특허 수가 증가했다. 1990년 대비 2000년과 2005년 대비 2010년 특허 수의 증가율이 40% 정도로 나타났다. 독일 특허 중 외국인 지분을 통해 해외 협력 정도를 살펴보면 2005년 이후 전체 특허 수 대비 해외 협력이 이뤄진 특허의 수 비중이 매우 높으며, 2012년의 경우 해외 협력이 이뤄진 건수와 비중이 가장 높게 나타나 협력이 활성화된 모습을 볼 수 있다.

3) Thomson ISI; 한국과학기술원, SCI 논문 분석 결과 2014.

표 11-3 독일의 기술 기반(특허 등록 수)

(단위: 건)

구분	1990년	2000년	2005년	2010년	2012년
특허 수	7,840	10,977	9,817	13,798	15,561
해외 협력	793	1,895	1,865	3,427	4,289
일본	14	41	77	114	200
미국	482	1,170	1,047	1,826	2,167
EU	0	0	0	0	0

자료: OECD.StatExtracts(http://stats.oecd.org).

기술지식 창출 측면에서 연구개발 투자의 효율성을 분석을 위해 미국 특허청 등록 특허 수와 삼극 특허 수를 연구개발 투자 총액(PPP)으로 나눠 산출한 결과[4]는 〈표 11-4〉와 같다. 독일의 연간 R&D 투자 대비 특허 수를 보면 미국 등록 특허의 경우 2012년 13,835건으로 가장 높은 수준을 보이고 있다. 투자 대비 특허 수는 2005년 전년 대비 가장 큰 폭으로 감소했으며, 2010년 들어 37%의 높은 증가율을 보였다. 삼극 특허는 연도별 비슷한 수준을 보이고 있는데 연도별 증감은 있으나 2012년 기준 2004년 수준을 유지하고 있다.

표 11-4 독일의 R&D 투자 대비 특허 수

(단위: 건/ 백만 달러(PPP), %)

구분		2004년	2005년	2006년	2007년	2008년	2009년	2010년	2011년	2012년
미국	특허 수	10,779	9,011	10,005	9,051	8,914	9,000	12,363	11,919	13,835
	증감률		−16.40	11.03	−9.54	−1.51	0.96	37.37	−3.59	16.08
삼극	특허 수	4,741	4,852	4,848	4,838	4,722	4,775	4,780	4,769	4,749
	증감률		2.34	−0.08	−0.21	−2.40	1.12	0.10	−0.23	−0.42

자료: 미래창조과학부 · KISTEP(2015).

4) 미국 특허청 등록 특허 효율성 자료: OECD, Main Science and Technology Indicators 2014-1. USPTO, http://www.uspto.gov/web/offices/ac/ido/oeip/taf/cst_utlh.htm
국가과학기술위원회, 연구개발활동조사보고서.
삼극 특허 효율성 자료: OECD, Main Science and Technology Indicators 2014-1.
국가과학기술위원회, 연구개발활동조사보고서.

2 혁신 기반

혁신 기반(innovation base)은 국가혁신체제의 특성과 역량을 표현하는 기본적인 요소들로서 연구 인력과 과학기술 투자 측면에서 살펴볼 수 있다.

독일의 혁신 기반을 보면 〈표 11-5〉와 같다. 국내 총 연구개발비(GERD)는 지속적인 증가세를 보이고 있는데 1990년 350억 달러에서 2012년 1,000억 달러로 183%의 높은 증가율을 나타내고 있다. 시기별로 보면 1990년 350억 달러에서 2000년 520억 달러로 48% 증가한 것으로 나타났다. 하지만 이 시기 인구당 GERD 규모를 보면 559달러에서 637달러로 14% 증가한 것으로 나타나 전체 규모와 증가율과 차이를 보이고 있다. 국내 총 연구개발비가 GDP 대비 차지하는 비중을 보면 2%대로 나타나는데 상대적으로 2000년대 비중이 적고 2010년 이후 비중이 높은 것으로 나타났다. 그리고 GDP 대비 정부 재원의 비중은 0.7~0.8%대로 나타났으며 총 연구개발비에서 정부 투자 비중은 2005년을 제외하면 30%대로 나타났다. 시기별로 보면 1990년 이후 2005년까지 정부 투자 비중의 감소세를 보이다 2010년 증가했다. 반면 해외 투자가 차지하는 비중은 지속적으로 증가했는데, 특히 2000년 대비 2005년의 증가율이 74%로 높게 나타났다.

연구자 규모는 2000년 25만 명에서 2012년 34만여 명으로 지속적으로 증가했으

표 11-5 독일의 혁신 기반

구분		1990년	2000년	2005년	2010년	2012년
국내 총연구개발비 GERD	million current PPP $	35391.93	52411.05	64298.79	87831.83	100247.63
	인구당(current PPP $)	559.52	637.70	779.72	1074.30	1223.77
	GDP 대비 비중	2.61	2.47	2.51	2.80	2.92
	GDP 대비 정부 재원 비중	0.88	0.78	0.71	0.85	–
	정부 투자 비중	33.81	31.40	28.38	30.30	–
	해외 투자 비중	2.12	2.15	3.75	3.88	–
연구자	연구자 수	–	257874	272148	327953	342700
	노동가능인구 천 명당 연구자 수	–	6.52	6.65	7.87	8.09

자료: OECD.StatExtracts(http://stats.oecd.org)

며, 2005년 27만 명으로 2010년에는 32만여 명으로 20% 정도 증가해 시기 중 가장 높은 증가세를 보였다. 노동가능 인구 천 명당 연구자 수는 2000년대에는 6.5~6.6명에서 2010년 7.8명으로 2012년에는 8.09명으로 지속적으로 증가했다. 증가율은 2005년 대비 2010년 연구자 증가율이 18%로 상대적으로 빠르게 증가하고 있는 것으로 나타났다.

미래창조과학부와 KISTEP에서 매년 OECD 30개 회원국을 대상으로 자원, 활동, 네트워크, 환경, 성과 등의 다섯 가지 차원에서 국가 과학기술 혁신역량을 평가하고 있다. 독일의 과학기술 혁신역량 평가 결과를 보면 모든 영역에서 OECD 평균보다 높은 수준을 보이고 있다. 특히 네트워크와 자원 부문에서 높은 역량을 보유하고 있는 것으로 나타났다.

각 영역별 독일의 과학기술 혁신역량 평가 결과를 보면 정부·대학의 연구개발비 중 기업재원 비중과 지식재산권 보호 정도가 평가 대상국 중 2위로 가장 높게 나타났다. 다음으로 총 연구원 수, 인구 중 이공계 박사 비중, 미국 특허 등록 기관

그림 11-7 독일의 부문별 혁신역량 종합

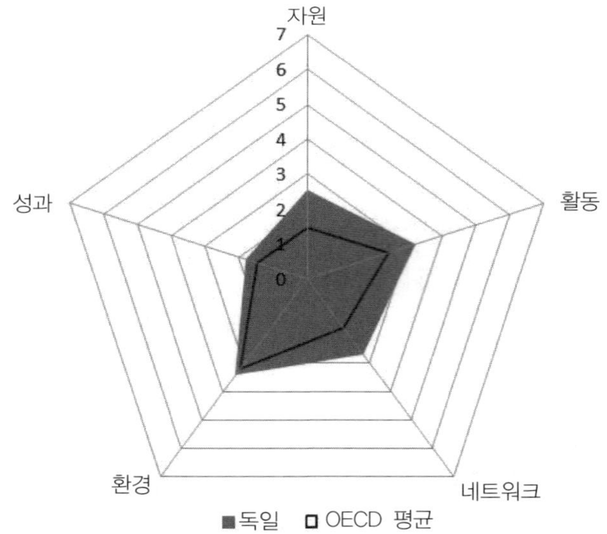

자료: 미래창조과학부·KISTEP(2015).

수, 세계 랭킹 500위 이내 대학 수, 세계 R&D 투자 상위 1000대 기업 수 모두 3위로 높은 역량을 보이는 부분이다. 반면 약점 영역은 기업 연구개발비 중 정부재원 비중과 연구원 1인당 SCI 논문 수이며, 창업활동지수(TEA)가 가장 낮은 순위를 보이고 있다.

표 11-6 독일의 과학기술 혁신역량

구분			지푯값	순위
자원	인적 자원	총 연구원 수(명, FTE)(2011)	348,416	3
		인구 만 명당 연구원 수(명, FTE)(2011)	42.53	13
		인구 중 이공계 박사 비중(%)(2009)	1.08	3
	조직	미국 특허 등록 기관 수(개)(2011)	1,993	3
		세계 랭킹 500위 이내 대학 수(개)(2013)	38	3
		세계 R&D 투자 상위 1000대 기업 수(개)(2012)	79	3
	지식자원	최근 15년간 SCI 논문 수(STOCK)(편)(1998~2012)	1,184,789	3
		최근 15년간 미국 특허 수(STOCK)(건)(1998~2012)	157,528	3
		최근 15년간 삼극 특허 수(STOCK)(건)(1998~2012)	75,562	3
활동	연구개발 투자	연구개발 투자 총액(백만 PPP달러)(2012)	102,238	3
		GDP 대비 연구개발 투자 총액 비중(%)(2012)	2.98	6
		연구원 1인당 연구개발 투자(PPP 달러)(2011)	293,438	3
		산업부가가치 대비 기업 연구개발 투자 비중(%)(2012)	3.26	7
		GDP 대비 정부 연구개발 예산(%)(2012)	0.9	6
	창업 활동	창업활동지수(TEA)(%)(2013)	5	25
		GDP 대비 벤처 캐피털 투자 금액 비중(%)(2012)	0.021	18
네트워크	산학연 협력	연구원 1인당 산·학·연 공동 특허 건수(건)(2011)	0.000307	7
		정부·대학의 연구개발비 중 기업재원 비중(%)(2011)	11.85	2
	기업 간 협력	기업 간 기술 협력(점)(2012~2014)*	7.2	5
	국제 협력	연구원 1인당 국제 공동 특허 수(건)(2011)	0.000653	11
		GDP 대비(해외 투자+외국인 투자) 비중(%)(2012)	2.71	19
환경	지원제도	기업 연구개발비 중 정부 재원 비중(%)(2011)	4.35	21
		지식재산권 보호 정도(점)(2012~2014)*	8.6	2
	문화	새로운 문화에 대한 태도(점)(2012~2014)*	6.76	16
		학교에서 과학교육이 강조되는 정도(점)(2012~2014)*	5.91	7

성과	경제적 성과	국민 1인당 산업부가가치(PPP달러)(2013)	26,441	11
		하이테크산업의 제조업 수출액 비중(%)(2012)	15.8	13
		연구개발 투자 대비 기술 수출액 비중(%)(2012)	61.7	19
	지식 창출	연간 미국 특허 수(건)(2012)	13,835	3
		연간 삼극 특허 수(건)(2012)	4,749	3
		연간 R&D 투자 대비 미국 특허 수(건/백만 달러)(2012)	0.135	7
		연간 R&D 투자 대비 삼극 특허 수(건/백만 달러)(2012)	0.046	5
		연구원 1인당 SCI 논문 수(편)(2011)	0.29	21
		5년 주기별 논문당 평균 피인용 수(편)(2008~2012)	7.36	9

주: *는 설문지표.

자료: 미래창조과학부 · KISTEP(2015).

제 12 장 핀란드

제 1 절 과학기술정책 거버넌스

1 정책 조정 메커니즘

핀란드는 과학기술정책에서 선도적으로 국가혁신체제적 접근을 하고 있는 강소국 중의 하나이며, 정책 평가 프로그램의 발달로 성과를 체계적으로 점검하는 나라다. 핀란드는 전통산업 위주의 경제에 대한 구조 조정 단행 등 유연하고 신속한 대응으로 1990년대 전후 경제위기를 성공적으로 극복한 국가로 세계 최고 수준의 정보통신기술 역량을 보유하고 있으며, 높은 수준의 혁신 성과를 이룬 혁신 선도국(innovation leaders)이다. 핀란드 정부는 연구에 대한 간섭을 최소화하고 투명성에 바탕을 둔 조합주의(corporatist mode)적인 과학기술정책을 펴고 있다. 특히 혁신 성과와 경쟁력 강화를 위해 필요하고 적절한 조건을 제공하는 촉진자로서의 역할을 하고 있다. 아울러 핀란드는 의회의 정책 영향력이 강하며, 정부의 부처 간 정책 조정 기능이 활성화되어 있는 것이 특징이다(임채성, 2004).

국가혁신체제를 기반으로 한 과학기술정책을 추진하고 있으며, 과학기술 혁신

정책이 경제 성장 및 생산성 증대와 고용 증가와 같은 국가 발전의 촉진제 역할을 하고 있다. 또한 핀란드의 혁신정책은 교육, 연구개발, 혁신 분야 전반에서 국제화를 추구하고 있으며, 정부의 직접 R&D 투자에서 민간 R&D 활성화를 유도하고 있다. 국가혁신체제를 구성하는 산·학·연 혁신 주체의 연계 강화를 기반으로 한 긴밀한 협력 체제의 마련을 통한 혁신정책을 추진하고 있다. 혁신 관련 조직 체계가 유기적으로 연계되고 일관된 정책을 추진 중에 있다.

핀란드는 범정부부처 차원에서 국가정책 과정에 다양한 이해 관계를 조정하고 협의하는 조직으로서 국무총리실 산하에 정부중재국이 설치되어 있으며, 과학기술 전반에 걸친 모든 정책은 최고 조정기구인 과학기술정책위원회(Science and Technology Policy Council: STPC)에 의해 조정된다. 위원회에서는 국가 차원의 혁신 정책과 관련된 여러 활동을 조정하는 역할을 한다. 특히 과학기술 분야와 다른 영역과 관계 설정을 포함한 정책집행과 관련된 모든 이슈들에 대해 포괄적이고 광범위한 조정이 이뤄질 수 있도록 한다(성지은, 2010; 2012). 핀란드는 과학기술정책위원회의 역할 강화를 통해 포괄적인 혁신정책 의제의 창출과 지식 기반 사회 구축, 지속 가능 발전 등 중장기적인 정책기획 및 관련 부문 간 정책 조정의 필요성에 대응하고 있다. 핀란드의 과학기술정책은 정부에 의한 하향적 조정이 아니라 정책 우선순위와 기본 지침의 결정이 수평적 조정 기제를 통해 이뤄지고 있다. 즉, 과학기술정책위원회는 과학기술정책의 전략과 주요 지침을 제시하고, 정책의 집행은 관련 하부기관에 위임되어 급변하는 정책환경에 긴밀하게 대응할 수 있도록 하고 있다(과학기술정책연구원, 2010).

핀란드 국가혁신체제에서 산·학·연의 역할은 기업이 전체 연구개발 활동의 주도적인 역할을 하는 구조다. 경제적인 성과 측면에서는 많은 연구개발 투자, 높은 기술혁신 성과로 혁신을 중심으로 한 성공적인 경제 성장을 이룬 사례에 포함되는 나라다(임채성, 2004). 대학 역시 공공연구의 주된 역할을 담당하는 주체로서 긴밀한 산학 협력 체계 형성으로 활발한 산학 협력이 이뤄지고 있는 것이 특징이다.

핀란드 공공연구기관은 활발한 국제 공동연구를 수행하고 있으며, 정부의 간섭을 최소화하면서 연구개발 지원을 하고 있다. 연구개발 프로그램은 체계적이고 철저한 평가를 통해 연구개발 지원이 효과적으로 이뤄질 수 있게 한다. 연구평가는 외국의 전문 연구자 평가에 크게 의존한다. 특히 ICT산업에 대한 전략적 중요성을 강조하는 국가로 해당 영역에서 제조업과 연구개발 특화 수준이 세계적으로 가장 높은 나라 중의 하나다(임채성, 2004).

핀란드의 과학기술 행정 체제를 보면 최고의사 결정기구인 연구혁신위원회에서는 과학기술을 비롯해 전체적인 국가혁신체제의 발전과 연계 강화 및 협력 업무를 수행하고 있다. 연구혁신위원회는 수상 직속의 범부처적인 행정기관으로 연구, 기술, 혁신정책에 관한 최고 의사 결정 역할을 수행하고 있다. 그리고 과학기술정책과 관련된 주요 행정 부처는 교육문화부(Ministry of Education and Culture)와 고용경제부(Ministry of Employment and the Economy)라고 할 수 있는데 2010년 기준으로 교육문화부(45.4%)와 고용경제부(37.1%) 2개 부처의 연구개발 예산이 전체 정부 예산의 82.5%를 차지하고 있는 것을 통해 확인할 수 있다. 국가 차원의 정책적 전략에 따라 구체적 어젠다를 도출해 연구개발 활동을 지원하고 있다(김민기 외, 2012).

핀란드는 총 18개의 공공연구기관이 8개 부처에 분포되어 있는데 대학과 폴리테크닉, 민간연구기관 등에서 연구개발 활동을 수행하고 있다. 그리고 교육문화부 산하의 학술원, 고용경제부 산하의 국립기술혁신금융재단, 의회 산하의 혁신기금(The Finnish Innovation Fund: Sitra) 등에서 R&D 활동을 지원하고 있으며, 교육문화부 산하의 부문연구자문위원회(Advisory Board for Sectoral Research)에서 범부처적 공공연구기관에 대한 종합적인 조정 활동을 수행하고 있다. 또한 국제화 흐름에 적극적으로 대응해 1990년대 들어 세계화되는 경제환경에 적극적으로 대응하기 위해 자국 기반의 다국적기업의 세계화, 국내 진출 외국인 지배 기업의 활성화를 꾀하고 있다(고윤미 외, 2012; 산업기술연구회, 2012).

연구혁신위원회는 최고 의사 결정기구로서 수상 직속 행정기관으로 별도 행정기능이 없는 민간 자문위원회 성격을 지니고 있으며 핀란드의 연구, 기술, 혁신정책 수립, 우선순위 설정, 범부처적 종합 조정 등의 역할을 수행하고 있다. 연구혁신위원회는 1963년 과학정책위원회(Science Policy Council)로 설립되었고, 이후 1987년에 과학기술정책위원회로 개편된 이후 2009년 현재와 같은 연구혁신위원회로 개편되었다. 연구혁신위원회는 과학기술에 한정되어 있던 기존 위원회의 명칭 변경과 기능의 확대 개편에 따라 정책 의사 결정기구로서 기획, 조정 기능을 강화했다. 이러한 변화는 과학기술과 R&D 영역을 포괄하는 혁신의 관점에서 혁신 체제의

그림 12-1 핀란드의 과학기술 행정 체제

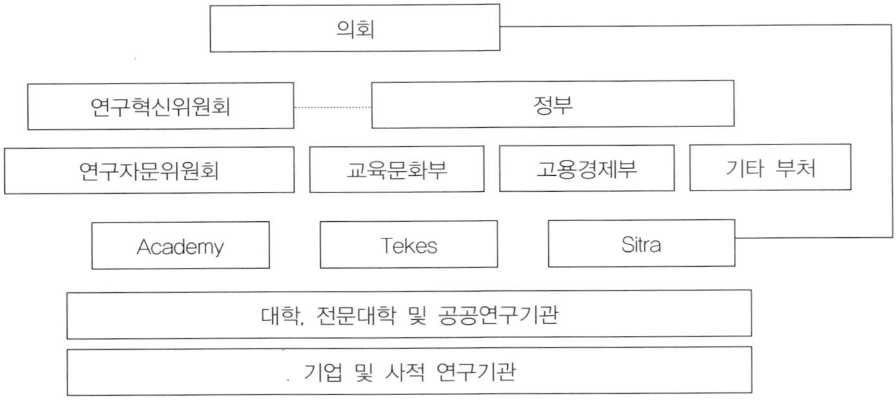

출처: 핀란드 과학기술정보서비스 www.research.fi

전략적인 발전과 총괄적인 조정 기능을 강화하기 위한 것이다(과학기술정책연구원, 2010). 의장은 수상이 겸임하고 위원회는 의장, 부의장(교육문화부 장관, 고용경제부 장관), 장관급 위원(재무부 장관을 포함한 7인의 부처 장관), 정부부처 지정 위원(연구 및 혁신 관련 10인 전문가), 상임 전문위원(5인 부처 공무원)으로 구성되고 있다. 정부부처 지정 위원의 전문가는 정부에서 지정하며, 핀란드 학술원, 기술혁신금융재단, 대학, 산업계, 연구기관 대표들로 구성되어 있다(김민기 외, 2012; 고윤미 외, 2012).

연구혁신위원회의 주요 역할은 첫째 연구와 기술 및 혁신 관련 국내·외 활동 수행, 둘째 과학기술 및 혁신 관련 현황 파악 및 평가 수행, 셋째 과학기술과 혁신, 인력정책에 대한 정부의 계획 및 제안 준비, 넷째 공공연구 및 연구개발비의 배분, 다섯째 과학기술, 혁신정책 관련 정부 역할 및 활동 조정, 그리고 기타 정부로부터 위임받은 업무를 담당하고 있다(산업기술연구회, 2012).

고용경제부는 통상산업부, 노동부(이민과 통합 문제 제외)와 내무부의 지역 개발과 공공행정(지역 및 지방행정 단위 제외) 기능을 통폐합해 출범(2008년 1월)했다. 과학기술을 기반으로 한 혁신정책과 함께 고용 및 노동, 에너지 분야의 관련 정책을 광범위하게 추진하고 있다. 혁신정책과 관련된 주요 업무는 혁신국에서 담당

그림 12-2 연구혁신위원회의 운영 방식

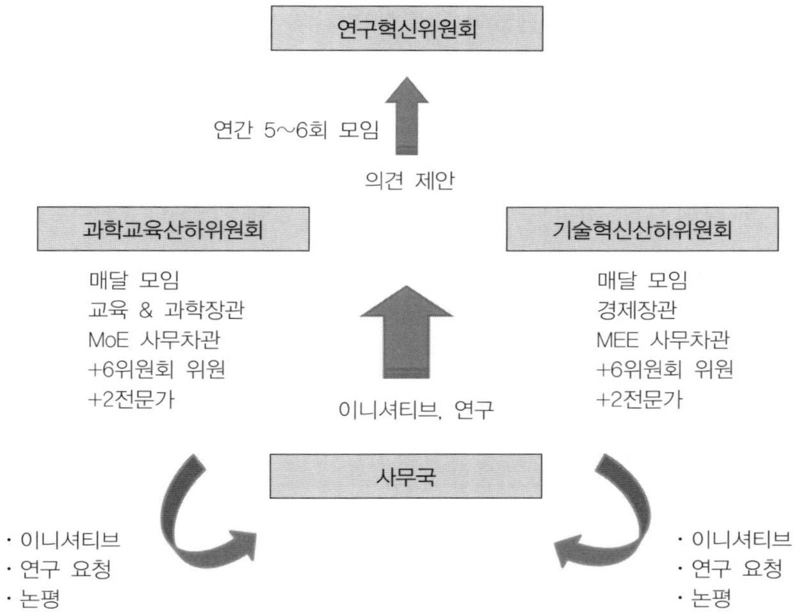

자료: Parkkari(2009).

하고 있는데 지식과 수요에 기반한 혁신, 혁신환경, 그리고 벤처기업 발전, 기업 글로벌화 및 수출 강화, 그리고 광물 정책 등에 대한 역할을 담당하고 있다(고윤미 외, 2012).

핀란드의 대표적인 혁신지원기관인 TEKES(핀란드 기술혁신지원청), Sitra(핀란드 혁신기금), VTT(VTT 기술연구소)는 기업과 대학이 지속 가능하며 효율적인 연구개발 환경을 조성 및 혁신이 가능하도록 지원한다. 핀란드 기술혁신지원청(TEKES)은 기술, 혁신정책을 기획하고 집행하는 역할을 하고, 기술혁신을 추구하는 국립 연구비지원기관이다. 핀란드의 연구개발과 혁신을 위한 핵심 공공기금으로 연구 공동체, 산업, 서비스 부문에서 광범한 혁신 활동을 장려한다. 핀란드 국가혁신체제에서 핵심 역할을 하는 기관으로, 다양한 역할을 수행하면서 관련 기관과 함께 조화로운 혁신 지원을 위해 노력한다. TEKES는 국가 경제 재건에 기여할 혁신을 이끌 자원 배분에 핵심 역할을 한다. TEKES는 R&D의 초기 작업에서부터 혁신의 후기 단계에 이르기까지, 혁신 과정에서 각기 다른 지원 역할을 한다. TEKES는 영역이나 산업에 상관없이 관련자들 간의 적극적인 네트워킹을 위한 지원을 한다. 네트워크를 구성하는 기관으로서 TEKES의 역할은 새로운 지식의 축적과 보급은 물론 기업과 연구공동체의 지식 기반을 강화하는 데 기여했다. 아울러 연구와 혁신을 위한 기금 제공 기관으로서 주도적인 역할을 한다. TEKES의 역할이 지속적으로 확대되어, 영향력이 커졌고 그 결과 현재 아주 다양한 혁신 지원 활동을 하고 있다. TEKES는 6대 R&D 분야를 중심으로 자금 지원 업무를 수행하고 있는데 현재 6대 영역은 천연자원 및 지속 가능한 경제 구현, 지능형 환경 구축, 국민의 건강과 활력 증진 등 핵심 연구 분야, 혁신 비즈니스 콘셉트 개발, 가치 생산

그림 12-3 TEKES 조직도

자료: 정보통신기술진흥센터(2015).

이 가능한 서비스 및 무형 자산 발굴, 디지털화 등 산업계 전반의 혁신을 위한 기본 요소 관련 연구 분야로 구성되어 있다. TEKES의 자금 지원 방식은 주요 연구 영역에 관한 R&D 프로그램을 진행하는 기업 및 연구기관을 대상으로 보조금 및 대출·융자 방식을 통해 직접 자금을 제공하고 있다. 중소기업의 경우 보조금은 전체 비용의 30~50%, 대출 및 융자는 무담보 방식으로 전체 비용의 70%까지 제공하며, 대기업은 프로젝트 특성에 따라 25~50%의 보조금을 지원한다. 2014년 기준 연구 기관 및 기업이 진행하는 2,750여 개의 R&D 프로젝트에 5억 5,000만 유로를 지원했다(정보통신기술진흥센터, 2015).

핀란드의 혁신 기금인 Sitra는 핀란드의 안정적이며 균형 잡힌 개발, 경제 성장, 국제 경쟁력과 협력을 증진하는 것이다. VTT는 전 세계적으로 퍼져 있는 복합기

그림 12-4 핀란드의 과학기술정책 조정 체계

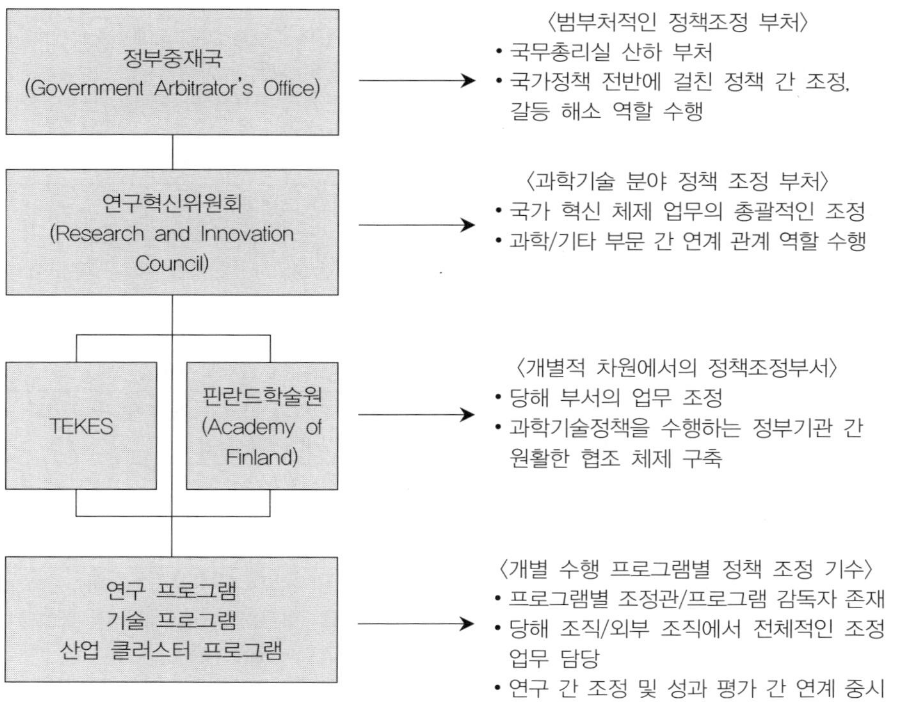

자료: 송위진 외(2007).

술(multi technological) 응용 연구소로 핀란드와 국외에서 적극적인 연구개발을 주도하고 있다. VTT는 1942년 설립된 공공 연구기관으로서, 산업기술 및 에너지정책과 관련된 응용기술 개발, 기술 예측, 기술 변화의 파급 효과 측정, 혁신정책의 파급 효과 측정, 지역(간) 혁신정책 등의 주요 연구 활동을 수행하고 있다. VTT는 TEKES와의 긴밀한 협력 관계 속에서 TEKES에서 발주한 여러 가지 연구개발 및 성과 분석 과제를 수행하고 있다. 또한 EU 혁신정책에 핀란드 혁신 주체로 참여하고 있으며, TEKES는 VTT가 만든 핀란드의 혁신정보 DB인 SFINNO를 활용해

표 12-1 과학기술정책 관련 주요 계획 및 전략

주요 계획	수립 시기	주요 내용
Education and Research 2003~2008: Development Plan	2004 (교육문화부)	대학과 폴리테크의 역할 구분 – 대학: 기초연구, – 폴리테크: 지역 혁신 촉진 KT 기반의 연구 인프라 지원
Education and Research 2007~2012: Development Plan	2008 (교육문화부)	GDP의 4% 수준으로 공공 및 민간 R&D 확대 연구 인력 및 외국인 학생 확충 – 2010년까지 연구원 중 박사학위자 수 20%로 확대 – 대학생 중 외국인 학생 비중 20%로 확대
Review 2000: The Callenge of Knowledge and Know-How	2000 (과학기술정책위원회)	혁신 체제의 국제화 지식집약 산업의 교육 및 연구 강화 클러스터 중심의 지역 혁신 네트워크 구축
Knowledge, innovation and internationalisation	2003 (과학기술정책위원회)	전통산업의 재생 공공 및 민간의 협력 강화 핀란드의 국제적 가시성 강화
Science, Technology, Innovation	2006 (과학기술정책위원회)	과학기술 인력의 국제화 추진 및 연구 질적 수준 제고 및 인적 자원 강화
Review 2008	2008 (과학기술정책위원회)	지식 기반 강화 클러스터의 국제적 경쟁력 유지 높은 수준의 지역 혁신 환경 조성
Research and Innovation Policy Guidelines for 2011~2015	2010 (연구혁신위원회)	우선순위 및 신규 이니셔티브 분야에 자원 배분 – 과학기술 혁신 전략센터 및 전문 소프트웨어, 바이오, 나노 분야 교육 수준 제고, 지식·무형자산의 개발과 활동 지속적인 국제화 추진

자료: 김민기·고윤미·박노언·차두원(2012).

기업체에서 발생한 다양한 성과 분석을 실시하고 있다(조용희, 2009).

핀란드의 과학기술 전략 및 계획 수립은 교육문화부와 연구혁신위원회 주도로 이뤄지고 있다(김민기 외, 2012). 교육문화부에서는 교육과 대학의 연구개발계획을 마련하고 연구혁신위원회 차원에서는 혁신정책 실행을 위한 국가 차원의 전략 마련이 이뤄졌다. 교육문화부는 교육과 대학의 연구개발 계획에 관한 시행령(the Decree on a Development Plan for education and university research(1987/1998))에 근거해 4년마다 향후 5년간의 계획을 마련하고 있고, 연구혁신위원회는 국가 전체의 과학적 기반을 이끌어가는 전략을 바탕으로 좀 더 국제적인 시각에서 핀란드의 향후 과학기술정책을 모색하고 있다.

2010년 연구혁신위원회에서는 핀란드의 미래 혁신 환경 조성을 위한 Research and Innovation Policy Guidelines for 2011-2015 가이드라인을 수립했는데 여기에서 혁신 체제의 개선을 위한 주요 추진 사항 및 구체적인 실행을 위해 정부 프로그램을 발표했다. 주요 내용을 보면 앞으로 4년간 연구, 개발, 혁신 분야 예산을 GDP의 4% 수준까지 확대하고 예산 배분의 초점을 고용, 중소기업, 기업의 세계화, 성장 추구 등에 둘 것을 제안하고 있다. 또한 개방화 시대에 대응하기 위한 핀란드의 국가전략 실현을 위해서는 교육 수준의 제고와 지식·무형자산의 개발 및 활용 그리고 긴밀한 국제 협력을 주요 요소로 보고, 기존 강점을 바탕으로 국제 협력을 통한 새로운 강점 및 유망 분야 개발의 필요성을 역설하고 있다(고윤미 외, 2012).

2 정책 참여 메커니즘

핀란드 혁신정책의 특징은 공공 R&D 자금의 재정적 지원이 대기업 중심에서 중소기업과 신생 창업기업으로 변화되고 있다는 점이다. 핀란드의 경우 산업적 환경 특성이 IT산업에 산업 집중도가 높은데 IT산업의 경우 기술의 환경 변화가 매우 빠르게 나타나는 산업 분야로 중소기업, 신생·창업기업을 중심으로 다양한 기술실험과 신기술 개발이 관련 산업의 다양성 확보와 산업의 혁신을 위한 필수 요소라고 할 수 있어 혁신 행위자 중 중소기업과 벤처기업의 비중이 높은 모습을 볼 수 있다. 주요 혁신 행위자로 대기업과 중소기업, 벤처기업 관련 혁신정책을 보면

〈표 12-2〉와 같다(이우성, 2005).

표 12-2 핀란드의 주요 행위자별 혁신정책

구분		혁신정책
혁신 행위자	대기업	• 기업체의 혁신적인 조직적 · 운영적 업무 육성 – 핀란드 국립 직장 개발 프로그램: 업무의 효과와 노동의 길 향상
	중소기업	• 중소기업을 중심으로 기업들의 기술, 노하우의 습득 능력 강화 – 중소기업 프로젝트 기금 조성과 기업의 연구개발 투자 진흥 – 기술 클리닉 구상: 기욱 이전, 마케팅 서비스 – LIKSA 서비스: 창업/기존 기업의 사업계획 지원
	벤처	• 혁신자금 지원 – 기술혁신지원청(TEKES): 실용 가능한 아이디어를 위한 연구개발 기금, 전문가 서비스 – 핀란드 국립 연구개발기금(Sitra): 기술 창업 기금 – (주)핀란드 산업 투자: 자기자본, 벤처자본, 민간자본에의 투자 – 성장기업을 목적으로 한 창업 펀드 – 외국인 투자 촉진 • 기술 기반 회사의 창업 – 국제적 경쟁력을 갖춘 기업을 육성하기 위한 TEKES의 기술기업을 위한 창업융자금 – 공공 벤처자본 기구: Sitra와 Finnvera(기술 이전, 벤처자본 투자) – Sitra의 INTRO 서비스: 창업 단계의 회사의 효율적인 소개 지원

자료: "European Trend Chart on Innovation" 종합보고서에서 Finland의 "Implementing innovation policy in Finland." 이우성(2005) 재인용.

제 2 절 과학기술 및 혁신 기반

1 과학 및 기술 기반

과학 기반(science base)으로 가장 많이 활용되는 지표는 발표된 논문의 수로, 논문 수의 변화는 국가의 과학기술 수준을 평가하고 성과의 생산성 등을 분석하는 데 주로 활용된다. 최근 15년간 발표된 SCI 논문 수[1]에 대한 누적 계산을 통해 지식자원의 축적 정도를 파악할 수 있는데, 핀란드의 SCI 논문 수의 변화는 [그림 12-5]와 같이 지식자산이 지속적으로 축적되고 있는 모습을 볼 수 있다.

그림 12-5 핀란드의 SCI 논문 수

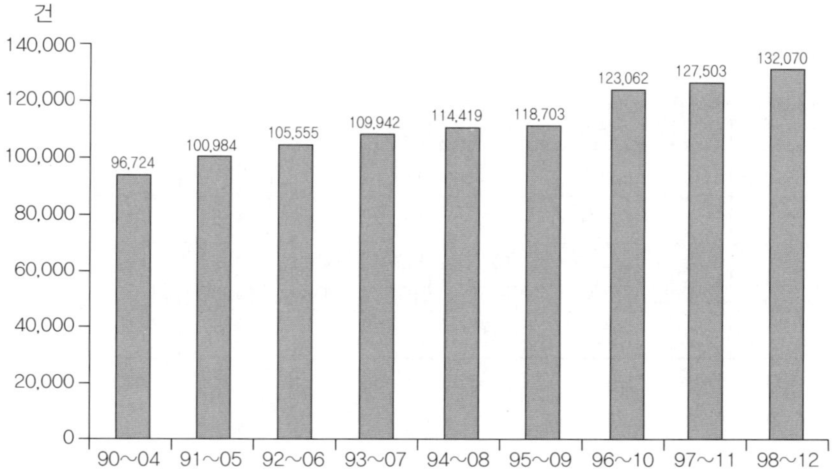

자료: 미래창조과학부 · KISTEP(2015).

과학기술 활동으로 인해 발생한 과학지식에 대해 연구개발 성과의 생산성 측면과 지식 창출의 질적 수준은 연구원 1인당 SCI 논문 수와 논문당 평균 피인용 수를 통해 분석할 수 있다. 연구원 1인당 SCI 논문 수[2]는 연구원 수를 고려해 연구개발 성과의 생산성을 파악하는 것으로 SCI 논문 수를 총 연구원 수(FTE)로 나눠 산출한 값이다. 핀란드의 연구원 1인당 SCI 논문 수는 평균 0.20~0.28건으로 비슷한 수준을 보이고 있으나 연도별 소폭이지만 상승세를 보이고 있다. 그리고 논문의 질적

1) SCI 논문은 Thomson ISI(Institute for Scientific Information)가 매년 논문의 서지 사항과 해당 논문에 대한 이용 논문의 서지 사항 정보를 조직해 체계적 제공. 자료: Thomson ISI; 한국과학기술원, SCI 논문 분석 결과 2014.

2) Thomson ISI; 한국과학기술원, SCI 논문 분석 결과 2014.
OECD, Main Science and Technology Indicators 2014-1.
국가과학기술위원회, 연구개발활동조사보고서.

수준을 과학기술 논문 1편당 최근 5년간 평균 피인용 횟수[3]를 통해 보면 피인용 횟수가 최근 들어 지속적으로 증가하고 있는 것으로 나타나 논문의 질적 수준이 높아지고 있는 모습을 볼 수 있다. 2000~2004년의 경우 5.62회의 피인용 수를 보이고, 이후 2004~2008년에 6.2회로 증가하고 최근인 2008~2012년에는 7.34회로 가장 높은 수준을 보이고 있다.

표 12-3 핀란드 과학 기반 생산성 및 수준(논문)

(단위: 건, %)

구분	2004년	2005년	2006년	2007년	2008년	2009년	2010년	2011년	2012년
1인당 논문 수	0.2	0.21	0.22	0.23	0.23	0.24	0.25	0.27	0.28
증감률	–	5.00	4.76	4.55	0.00	4.35	4.17	8.00	3.70
구분	2000~2004년	2001~2005년	2002~2006년	2003~2007년	2004~2008년	2005~2009년	2006~2010년	2007~2011년	2008~2012년
피인용 수	5.62	5.71	5.85	5.96	6.2	6.48	6.74	7.06	7.34

자료: 미래창조과학부 · KISTEP(2015).

특허는 과학기술 활동으로 인해 발생된 대표적인 기술적 성과로 가장 널리 사용되는 지표다. 특허는 신기술을 이해하는 데 중요한 기술정보이며, 국가 또는 기업의 기술 수준과 기술혁신의 방향 등을 측정 및 분석하는 데 주로 사용된다.

핀란드의 특허 현황을 미국 특허청 등록 특허 기준으로 보면 〈표 12-4〉와 같이

표 12-4 핀란드의 기술 기반(특허 등록 수)

구분	1990년	2000년	2005년	2010년	2012년
특허 수	312	670	783	1241	1184
해외 협력	15	77	94	166	258
일본	0	0	0	1	12
미국	4	23	38	51	113
EU	0	0	0	0	0

자료: OECD.StatExtracts(http://stats.oecd.org)

3) Thomson ISI; 한국과학기술원, SCI 논문 분석 결과 2014.

지속적인 증가세를 보이고 있는데 1990년 300여 건에서 2012년 1,100여 건으로 전체 특허 수는 상대적으로 적지만 증가율은 279%로 매우 높은 것으로 나타났다. 특히 1990년 대비 2000년 10년간 114%의 높은 증가세를 보였다. 핀란드 특허 중 외국인 지분을 통해 해외 협력 정도를 살펴보면 점차 해외 협력에 의한 특허 등록 건수가 차지하는 비중이 높아지고 있는 모습이며, 협력 대상 국가는 주로 미국인 것으로 나타났다.

기술지식 창출 측면에서 연구개발 투자의 효율성을 분석을 위해 미국 특허청 등록 특허 수와 삼극 특허 수를 연구개발 투자 총액(PPP)으로 나눠 산출한 결과[4]는 〈표 12-5〉와 같다. 핀란드의 연간 R&D 투자 대비 특허 수를 보면 0.11~0.17건으로 2004년 가장 높은 투자 대비 특허 수를 보였다. 미국 등록 특허의 효율성은 연도별 증감을 보이고 있으며, 최근 들어 투자 대비 특허 수가 증가했다. 투자 대비 특허 수는 2007~2008년과 2011년에 감소세를 보였으며, 특히 2008년과 2009년의 경우 투자 대비 가장 낮은 특허 수를 보이고 있다. 삼극 특허 역시 효율성이 2005~2009년까지 투자 대비 특허 수가 지속적으로 감소하고 있는 것으로 나타나 2008~2011년까지 기간은 가장 낮은 효율성을 보이고 있는 것으로 나타났다.

표 12-5 핀란드의 R&D 투자 대비 특허 수

(단위: 건/ 백만 달러(PPP), %)

구분		2004년	2005년	2006년	2007년	2008년	2009년	2010년	2011년	2012년
미국	특허 수	0.17	0.129	0.156	0.128	0.11	0.115	0.149	0.12	0.141
	증감률		−24.12	20.93	−17.95	−14.06	4.55	29.57	−19.46	17.50
삼극	특허 수	0.05	0.049	0.046	0.042	0.037	0.038	0.038	0.037	0.041
	증감률		−2.00	−6.12	−8.70	−11.90	2.70	0.00	−2.63	10.81

자료: 미래창조과학부 · KISTEP(2015).

4) 미국 특허청 등록 특허 효율성 자료: OECD, Main Science and Technology Indicators 2014-1.
USPTO, http://www.uspto.gov/web/offices/ac/ido/oeip/taf/cst_utlh.htm
국가과학기술위원회, 연구개발활동조사보고서.
삼극 특허 효율성 자료: OECD, Main Science and Technology Indicators 2014-1.
국가과학기술위원회, 연구개발활동조사보고서.

2 혁신 기반

혁신 기반(innovation base)은 국가혁신체제의 특성과 역량을 표현하는 가장 기본적인 요소들로서 연구 인력과 과학기술 투자 측면에서 살펴볼 수 있다.

핀란드의 혁신기반을 보면 국내 총 연구개발비(GERD)는 1990년 16억 달러에서 2012년 75억 달러로 363%의 매우 높은 증가율을 보였다. 2012년의 경우 2010년 대비 연구비의 규모가 감소했으나 전반적으로 증가 추세를 보이고 있으며, 특히 1990년 16억 달러에서 2000년 44억 달러로 10년간 173%의 높은 증가를 보였다. 국내 총 연구개발비를 인구당 규모로 계산해 보면 1990년 325달러에서 2010년 1,427달러로 20년간 4배 이상의 높은 증가를 보였다. GERD의 GDP 대비 비중을 보면 1990년 1.8%대에서 2000년 이후 3%대로 증가했다. 특히 1990년 대비 2000년의 증가율이 81%로 높게 나타났으며, 2010년 3.9%까지 비중이 높아졌다. 2012년 3.5%대로 감소했다. GDP 대비 정부 재원이 차지하는 비중은 2010년을 제외하면 1% 미만을 보이고 있으며, 국내 총 연구개발비에서 정부 투자가 차지하는 비중은 25~26%대로 나타났다. GERD에서 해외 투자가 차지하는 비중은 2000년 2.65%에서 2005년 6.28%로 137%의 매우 높은 증가를 보였으며 2010년 6.87%에서 2012년 8.81%로 28% 증가해 해외 투자 비중의 증가가 뚜렷하게 나타나고 있다.

표 12-6 핀란드의 혁신 기반

구분		1990년	2000년	2005년	2010년	2012년
국내 총연구 개발비 GERD	million current PPP $	1,625.54	4,450.56	5,601.23	7,653.92	7,530.10
	인구당(current PPP $)	325.99	859.81	1,067.69	1,427.07	1,391.17
	GDP 대비 비중	1.85	3.35	3.48	3.90	3.55
	GDP 대비 정부 재원 비중	–	0.88	0.89	1.00	0.95
	정부 투자 비중	–	26.23	25.65	25.69	26.69
	해외 투자 비중	–	2.65	6.28	6.87	8.81
연구자	연구 인력 수	–	34,847	39,582	41,425	40,468
	노동가능인구 천 명당 수	–	13.36	14.99	15.40	14.93

자료: OECD.StatExtracts(http://stats.oecd.org)

그림 12-6 핀란드의 부문별 혁신역량 종합

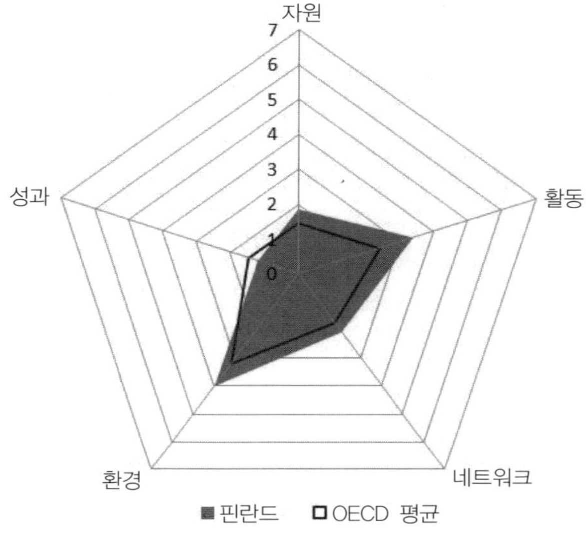

자료: 미래창조과학부 · KISTEP(2015).

연구자 규모를 보면 GERD와 같은 맥락에서 2010년까지 지속적으로 증가하다 2012년 감소한 모습을 보이고 있다. 노동가능인구 천 명당 연구자 수 역시 연구자 수와 같은 맥락을 보이는데, 증가율은 연구자 증가율보다 더 낮게 나타났으며 2012년 전년 대비 연구 인력 감소율은 더 크게 나타났다.

미래창조과학부와 KISTEP가 매년 OECD 30개 회원국을 대상으로 평가한 국가 과학기술 혁신역량 평가 결과를 바탕으로 핀란드의 과학기술 혁신역량을 살펴보면, 핀란드는 활동과 환경, 자원, 네트워크 부문에서 OECD 평균보다 높은 수준을 보이고 있으나, 성과 부문은 OECD 평균보다 낮은 것으로 나타났다.

핀란드의 각 영역별 과학기술 혁신역량 평가 결과는 자원 부문에서 인구 만 명당 연구원 수 1위, 활동 부문의 GDP 대비 정부 연구개발 예산 1위, GDP 대비 연구개발 투자 총액 비중 2위, 산업부가가치 대비 기업 연구개발 투자 비중 2위 등 특히 활동 부문에서 강점을 갖는 것으로 나타났다. 또한 네트워크 부문에서 기업 간 기술 협력 1위, 환경 부문의 학교에서 과학교육이 강조되는 정도 1위 등 강점 분야가 각 영역별로 고르게 분포하고 있는 것으로 나타났다.

반면 기업연구개발비 중 정부 재원 비중 26위, 연구원 1인당 국제 공동 특허 수 25위, 창업활동지수(TEA) 23위, 하이테크산업의 제조업 수출액 비중 24위 등 상대적으로 역량이 낮은 것으로 나타났다.

표 12-7 핀란드의 과학기술 혁신역량

구분			지푯값	순위
자원	인적 자원	총 연구원 수(명, FTE)(2012)	40,468	18
		인구 만 명당 연구원 수(명, FTE)(2012)	74.75	1
		인구 중 이공계 박사 비중(%)(2011)	0.99	5
	조직	미국특허 등록 기관 수(개)(2011)	159	16
		세계 랭킹 500위 이내 대학 수(개)(2013)	9	12
		세계 R&D 투자 상위 1000대 기업 수(개)(2012)	8	16
	지식자원	최근 15년간 SCI 논문 수(STOCK)(편)(1998~2012)	132,171	19
		최근 15년간 미국 특허 수(STOCK)(건)(1998~2012)	12,552	13
		최근 15년간 삼극 특허 수(STOCK)(건)(1998~2012)	4,575	13
활동	연구개발 투자	연구개발 투자 총액(백만 PPP달러)(2012)	7,530	19
		GDP 대비 연구개발 투자 총액 비중(%)(2012)	3.55	2
		연구원 1인당 연구개발 투자(PPP 달러)(2011)	186,076	17
		산업부가가치 대비 기업 연구개발 투자 비중(%)(2012)	4.33	2
		GDP 대비 정부 연구개발 예산(%)(2012)	1.07	1
	창업 활동	창업활동지수(TEA)(%)(2013)	5.3	23
		GDP 대비 벤처 캐피털 투자 금액 비중(%)(2012)	0.041	7
네트워크	산학연 협력	연구원 1인당 산·학·연 공동 특허 건수(건)(2011)	0.000100	15
		정부·대학의 연구개발비 중 기업재원 비중(%)(2011)	7.17	12
	기업 간 협력	기업 간 기술 협력(점)(2012~2014)*	7.68	1
	국제 협력	연구원 1인당 국제 공동 특허 수(건)(2011)	0.000050	25
		GDP 대비(해외 투자 + 외국인 투자) 비중(%)(2012)	4.49	11
환경	지원제도	기업 연구개발비 중 정부재원 비중(%)(2011)	2.85	26
		지식재산권 보호 정도(점)(2012~2014)*	8.47	5
	문화	새로운 문화에 대한 태도(점)(2012~2014)*	6.42	22
		학교에서 과학교육이 강조되는 정도(점)(2012~2014)*	7.71	1

성과	경제적 성과	국민 1인당 산업부가가치(PPP달러)(2013)	22,081	17
		하이테크산업의 제조업 수출액 비중(%)(2012)	8.55	24
		연구개발 투자 대비 기술 수출액 비중(%)(2012)	115.0	7
	지식 창출	연간 미국 특허 수(건)(2012)	1,064	13
		연간 삼극 특허 수(건)(2012)	305	13
		연간 R&D 투자 대비 미국 특허 수(건/백만 달러)(2012)	0.141	6
		연간 R&D 투자 대비 삼극 특허 수(건/백만 달러)(2012)	0.041	6
		연구원 1인당 SCI 논문 수(편)(2011)	0.28	22
		5년 주기별 논문당 평균 피인용 수(편)(2008~2012)	7.34	10

주: *는 설문지표.

자료: 미래창조과학부 · KISTEP(2015).

제 3 부

우리나라 과학기술정책과 거버넌스

3부는 종합적인 관점에서 과학기술정책 거버넌스 이론과 선진국의 특성 분석을 바탕으로 우리나라 과학기술정책의 거버넌스 구조의 특성과 발전 과제를 논의했다. 우리나라 과학기술정책의 조정 메커니즘과 참여 메커니즘에 관해 역사적 맥락과 변화를 분석하고, 발전 방향을 논의했다. 구체적으로 13장에서는 우리나라 과학기술정책의 역사에 관해, 14장에서는 우리나라 과학기술 행정 체제 변화, 그리고 15장에서는 우리나라 과학기술 혁신 기반에 관해 논의했다.

제 13 장 우리나라 과학기술정책 발전 과정과 특징

제 1 절 과학기술정책과 경제 발전

지난 60년간 한국 경제는 비약적인 발전을 했으며, 이러한 발전 과정에서 산업구조 역시 경공업, 중화학공업 중심에서 지식경제를 기반으로 한 첨단 하이테크산업으로의 급격한 발전을 했다. 과학기술은 경제사회 발전과 국부 창출, 국민의 삶의 질 향상, 국가 위상 제고 등 미래의 국가 경쟁력 향상의 원동력이 되고 있으며, 그 중요성이 높아가고 있다. 과거 한국의 과학기술의 발전과 산업 경쟁력은 급격한 성장을 해왔으며, 이러한 경제 성장에 과학기술 발전이 많은 기여를 해 온 것으로 나타났다. 최근 지식정보화사회로의 발전과 이에 따른 새로운 다양한 정책 영역이 새롭게 등장하고, 정책의 성격이 빠른 환경 변화에 대응하기 위해 미래 지향적이고 장기적이며, 불확실한 상황에 따른 예측과 비가시적인 성격이 강한 것이 특징이다. 따라서 과학기술정책의 영역 역시 더욱 전문화되고 첨단기술 관련 정책 영역이 나타나고, 과학기술 간 혹은 과학과 인문사회 학문 간의 융합 영역의 필요성으로 경계 영역이 더욱 불분명하고 복잡해졌으며, 특히 과학기술이 국가 경제에 미치는 영향이 커지면서 과학기술정책에 대한 일반 대중의 관심 또한 증가되면서 과거와는 전혀 다른 새로운 정책환경을 맞이하고 있다.

지금까지 우리나라의 과학기술정책은 경제사회적 여건의 변화에 따라 시대별 특정적인 궤적을 그리면서 변화되어 왔다. 1960년대 이후 경제개발계획의 추진과 함께 본격적인 제체를 갖추기 시작했고, 1970년대와 80년대에는 경제 발전을 뒷받침하는 성장 수단으로서 과학기술의 역할이 강조되었다면, 1990년대 과학기술의 역할은 주로 첨단산업 발전을 위한 원천기술의 확보에 있었다. 2000년대에는 지금까지 선진국을 따라가는 추격 시대에서 과학기술 선도 국가로서 우리나라 미래 성장 동력 창출과 삶의 질 제고를 위한 과학기술의 중요성이 부각되고 있다. 한편 1980년대까지는 정부가 과학기술 중장기 계획을 입안하고 실행을 주도해 정부가 주도하는 정책연구의 학습 과정이었다고 한다면, 1990년대 이후에는 대학과 연구기관의 역할이 확대되고, 대기업의 참여뿐만 아니라 일반 대중의 과학기술에 대한 관심의 증가로 정책연구 입안 과정에서 민간의 참여가 크게 확대되었다(민철구 외, 2007). 구체적인 과학기술정책의 등장은 1960년대 후반 과학기술진흥법의 제정과 독립적인 과학기술행정부처인 과학기술처의 설립 이후 본격화되었다.

과학기술정책을 둘러싼 환경은 과학기술이 국가 경제에 미치는 영향의 증가와 첨단기술의 등장, 그리고 정보와 지식이 부가가치 창출의 원천인 지식 기반 사회로의 급속한 전환으로 정부·기업·개인 등 모든 경제 주체의 생활 방식과 사회 시스템에 많은 변화를 가져오고 있다. 이러한 과학기술 환경 변화로 기존의 정부 주도의 과학기술정책에 대한 대안적 패러다임의 모색 작업이 다양하게 일어나고 있다(Lundvall, 1992; Etzkowitz & Leydesdorff, 2000). 최근 과학기술정책 연구 분야에서도 관심 영역으로 부상하고 있는 과학기술정책 거버넌스와 총체적인 과학기술정책론(Holistic S&T Policy), 국가혁신체제론(National Innovation System)적 과학기술 접근 등도 이러한 맥락에서 이해될 수 있다(성지은·송위진, 2007). 1990년대 후반 이후 질적 성장에 대한 관심이 증대하면서 근본적으로 투입 요소의 생산성을 향상시키는 기술혁신(technology innovation)에 대한 관심과 더불어 기술혁신을 촉진하기 위한 혁신 주도형 경제 구축을 위한 과제가 주목을 받고 있다. 이 장에서는 국가혁신체제의 구성 요소를 중심으로 거버넌스적 관점에서 우리나라 과학기술정책의 역사적 맥락과 거버넌스 구조의 현황을 살펴보고자 한다.

과학기술정책의 역사와 맥락 연구를 위한 시대 구분은 앞서 논의한 바와 같이 경제적 상황에 대한 분석이 동시에 이뤄져야 한다. 1950년대 이후 과학기술 환경 변화에 따른 세계적인 과학기술 발전은 크게 3단계로 구분해 볼 수 있다. 제1단계는 1950년부터 1970년 말까지로 냉전 체제 하의 정치적 목적에서 기초과학 강조 시기다. 제2단계는 1980년부터 1990년 말까지의 시기로 경제적 목적에서 핵심 산업기술을 개발하던 시기이며, 제3단계는 2000년 이후 현재까지 과학기술의 사회적 목적과 사회 혁신을 지향하는 시기로 구분해 볼 수 있다. 우리나라의 경우도 같은 맥락에서 시대 구분이 가능하며, 지금까지 목적에 따라 다양한 시대 구분을 하고 있다. 이 연구에서는 우리나라 과학기술정책 총괄 부처의 설립과 변화를 중심으로 1단계는 경제개발정책과 아울러 관료 중심의 본격적인 과학기술정책 수립이 이뤄진 1960~70년대로 과학기술처가 설립된 시기의 과학기술정책 형성기, 2단계는 과학기술처에서 과학기술부로 과학기술정책 총괄 부처의 승격이 이뤄지고, 연구개발 프로그램을 통한 전략적인 과학기술정책의 수립이 이뤄진 관료와 전문가들의 협력이 이뤄지기 시작한 1980~90년대의 도약기 그리고 3단계는 다양한 참여가 과학기술정책 과정에 이뤄지기 시작한 시기이며, 과학기술부의 부총리 시대로 2000년대 이후 현재까지로 구분했다.

제 2 절 우리나라 과학기술정책의 발전 과정

우리나라의 과학기술정책은 그동안 국가 발전 목표와 전략의 변화에 대응한 많은 변화를 겪어 왔으며, 이러한 변화는 여러 국면으로 나눠 볼 수 있다. 빠른 경제성장과 산업화를 통해 과학기술정책은 경제사회적 수요에 맞게 재조정되어 왔다(과학기술부, 2002).

1 1950년대~70년대: 과학기술정책 기반 형성기

1) 해방 후 1950년대

1945년 해방 당시 한국의 과학기술 유산은 전통 과학기술뿐, 현대적 과학기술 및 연구기관은 거의 없었다. 당시 과학기술 관련 기관으로는 일제가 남긴 이공계 대학인 경성제대 이공학부 및 의학부와 몇 개의 전문학교를 포함한 교육기관과 중앙공업연구소, 중앙지질조사소, 농산물검사소를 포함한 관영 연구시험기관이었으며, 과학기술 인력은 100여 명 정도의 과학자와 1,000여 명의 기술자가 전부였다(과학기술처, 1987). 해방 후 3년간의 미군정 기간 중 군정 청산 하에 기술 인력 양성을 위한 중앙교육기술위원회, 농사개량원이 설립되었으나 군정 말기인 1948년 7월에 문교부 내에 과학기술국을 설치했으며, 상공부에는 수산국을 설치했다.

1948년 8월 15일 정부 수립 후 과학기술 인재 양성을 위한 과학교육에 많은 관심을 기울였으나 6·25전쟁으로 다시 원점으로 되돌아갔다. 전후 과학기술 현황은 국방과학연구소, 중앙공업연구소, 지질조사소, 중앙관상대, 중앙화학연구소, 국립과학관 등 과학기술 관련 연구기관들이 있었으나 국방과학연구소를 제외하면 실질적인 연구가 이뤄지지 못하고 있었다. 정부의 과학기술 육성을 위한 직접적인 노력은 1956년 2월 워싱턴에서 한미 간 원자력의 비군사적 사용에 관한 협정에 따라 원자력 이용 기술을 도입하기 시작했다. 1956년 3월 문교부 기술교육국에 원자력과를 신설해 구체화했다. 1958년 원자력법의 제정으로 1959년1월 원자력을 개원했으며, 산하에 원자력연구소를 서울공대에 설립했다. 최초의 과학행정의 정책 결정기구인 대통령 직속의 원자력위원회가 구성되었으며, 원자력원은 과학기술을 전담한 최초의 독립된 정부기구가 되었다(과학기술처, 1987). 우리나라 과학기술 행정의 역사에 원자력연구소의 설립이 갖는 의미는 몇 가지 중요한 역할을 했다. 최초의 현대적 연구시설을 갖춘 연구기관으로 국내 관련 분야 연구자들을 위한 구심점 역할을 했으며, 외국의 연구기관들과의 유기적인 유대를 가져 국제 협력의 창구 역할을 했다.

2) 1960년대 초 경제기획원 기술관리국 시대

1960년대 과학기술 행정의 주요 부처와 담당부서는 경제기획원 기술관리과였다. 기술관리과는 1959년 부흥부 내에 설치된 기술관리실이 1961년 경제기획원으로 흡수된 조직이다. 아울러 제1차 기술진흥 5개년계획의 수립으로 과학기술 행정의 일원화를 위해 경제기획원에 기술관리국을 설치했다. 당시 과학기술 행정은 경제기획원의 기술관리국과 원자력원의 두 기구로 구분되어 있었으나 각 부처 산하기관들과는 제도적인 연관성을 가지고 있지 않았다. 따라서 종합적인 조정이 어렵고, 국제 협력의 경우 원자력원을 통해 이뤄지고 있었으나 특정 분야만 이뤄지고, 전체적인 과학기술 협력에는 한계가 있었다.

한국 정부가 과학기술 육성을 경제발전계획의 일환으로 본격적으로 추진하기 시작한 것은 1960년대부터다. 1962년 군사정부의 제1차 경제개발 5개년계획의 착수와 더불어 경제기획원 기술관리과를 중심으로 국가 전체 과학기술 발전을 위한 제1차 과학기술진흥 5개년계획을 수립했다. 이 계획은 우리나라 과학기술 진흥을 위한 우리나라 최초의 계획으로 과학기술진흥법, 기술사법, 직업훈련법의 제정에 바탕이 되었다. 1962년 제1차 기술진흥 5개년계획의 수립 과정에서 산·학·연 전문가들로 구성된 40여 명으로 구성된 과학기술정책자문위원회의 자문 역할이 컸다. 경제기획원 기술관리국은 1961년 인력개발 5개년계획(1962~1966)을 수립하고, 1963년에 종합과학기술연구소의 설립 계획을 수립했다. 1966년 2월 한국과학기술연구소가 설립되면서 한국 과학기술 발전에 많은 기여를 했다. 한국과학기술연구소의 설립은 1965년 박정희 대통령의 방미 중 미국 존슨 대통령과의 지원 협약으로 그 이듬해인 1966년 2월 '연구소 설립 및 운영에 관한 한미 공동지원사업 계획협정서'에 조인함으로써 설립되었다. 한국과학기술연구소(KIST)의 설립은 한국 과학기술 발전에 중요한 의미를 갖는다(과학기술처, 1987). 첫째는 한국 최초의 현대적인 과학기술 종합연구기관이었다는 점에서 그 후 생겨난 대덕연구단지 등 대부분의 정부출연연구기관들의 모 연구기관 혹은 모델연구기관으로서의 역할을 했다. 둘째는 처음으로 계약연구 제도가 정착되기 시작했으며, 셋째는 적극적인 해외의 우수 과학기술자들의 유치로 한국 과학기술연구의 획기적인 전환을 이루는 데 구심체 역할을 했다.

3) 1960년대 후반 과학기술처의 설립 및 주요 과학기술정책

1967년 4월 국무총리 직속으로 독립적인 과학기술행정 전담부서인 과학기술처가 설립되었다. 이로 인해 과학기술정책 수립이 본격화되고, 장기계획 및 법제 정비 등 과학기술 기반을 확립하는 계기가 되었다. 당시 과학기술 행정기관인 경제기획원의 기술관리국과 원자력원의 종합 조정의 한계에 대한 문제점에 대해 행정개혁조사위원회의 지적과 경제기획원도 2차 과학기술 5개년계획(1967~1971)에서 과학기술 행정을 전담할 독립부서의 필요성을 지적하는 등의 계기가 되었다. 옛 원자력원 청사에서 개청한 과학기술처는 2실(기획관리실, 연구조정실), 2국(진흥국, 국제협력국)과 산하에 원자력청, 국립지질조사소 및 중앙관상대를 두는 조직으로 출범했다.

최초 독립 과학기술 행정부처로서 과학기술처가 가장 먼저 추진한 과학기술정책 중의 하나는 우리나라 과학기술 장기 목표를 수립하고 개발전략을 수립하는 것이었다. 과학기술개발 장기종합계획(1967~1986)이 1967년에 착수해 1968년에 완성했다. 이 계획의 목표는 1980년대에 한국의 과학기술이 '자주 개발 능력의 강화로 중진 공업국가군에서 최상위 수준에 도달'을 목표로 했다. 목표 달성을 위한 개발 전략으로 ① 선진 기술 도입의 촉진과 흡수, ② 과학기술 인력의 개발화 활용, ③ 민간기술 개발 활동의 조성, ④ 국제 분업적이며 특성 있는 기술 개발 등으로 설정했다. 중점 개발 분야로 금속요업 재료 기술, 기계·화공장치 설계 기술, 전자재료 기술, 농수산 육종 가공처리 기술, 해양과학 기술 등을 설정했다. 한편 경제발전에서 차지하는 과학기술 인력의 중요성을 인시하고 장기 인력 수급계획을 수립했고, 과학기술 영재를 양성하기 위해 특수이공계 대학원인 한국과학원을 1971년에 설립했다. 두 번째는 체제 정비와 종합 조정 기능의 강화다. 과학기술 행정의 기초가 될 법령 정비 작업으로 과학기술진흥법 시행령, 한국과학기술연구소 육성법 등 50여 건의 법령을 제정했다.

실질적인 과학기술 종합 조정은 이뤄지지 못했다. 경제기획원에서 과학기술 관련 사업계획을 포함해 국가 전체의 경제개발종합계획을 조합 조정하고 있고, 국무총리 직속기관인 기획조정실은 각 부처의 기본 운영계획을 조정하고 있어 과학기술처의 종합 조정 능력은 발휘될 수 있는 제도적 여건이 갖춰지지 않았다. 따라서 각 부처별 과학기술 관련 투자사업들은 과학기술 중장기계획에 따른 우선순위와 상관 없이 별도로 시행되었다.

과학기술처의 설립으로 최초로 과학기술 행정을 위한 독립부처가 설립됨으로써 우리나라 과학기술 정책설계 및 집행구조의 많은 변화가 일어났다. 수준 1에서의 상위 차원의 범부처적 정책으로는 과학기술처를 국무총리실 산하에 둠으로써 부처 이상의 상위 차원의 과학기술 행정을 펼칠 수 있는 제도적 설계를 하고 있으나 실질적으로는 국무총리실을 통한 과학기술정책의 종합 조정이 이뤄지기보다는 경제정책의 하위 정책으로 경제기획원과 국무조정실의 조정에 의해 정책이 결정 및 집행되는 형태로 유지되었다. 과학기술개발 장기종합계획이나 과학기술진흥법 및 인력계획 등은 범부처적인 차원에서 기획되고 만들어졌다. 수준 2에서의 정책설계 및 집행구조는 독립부처 설립의 의미가 크고, 부처 간의 협력이나 조정을 기구나 실질적인 정책 수단은 발견되지 않았다. 수준 3에서의 과학기술 정책설계 및 집행구조는 관련 부처 산하에 연구기관을 두고 직접 관리하고 중간기구를 두지 않았다. 다만 과학기술처는 관련 연구기관들을 문교부 등으로부터 이관받았다. 주요 사업으로는 1968년부터 과학기술 진흥 장기계획과 종합 기본정책의 기초자료를 얻기 위해 과학기술 연구활동 조사를 실시해 현재까지 계속되고 있다. 수준 4에서의 실질적인 연구 수행 주체들의 상황은 더욱 열악했다. 실질적인 연구 활동을 하고 있는 기관으로는 국·공립연구기관 67개 민간연구기관 7개였으며, 국·공립연구기관 중 농업 부문이 40개로 1967년 농학 부문에 지출된 연구비는 11억 3천여만 원으로 이는 국·공립연구기관의 연구비의 50%를 차지했다. 과학기술처는 국내 연구기관에 매년 1억 3천만 원 정도의 연구비를 용역계약을 통해 지원해 많은 연구자가 연구사업을 통한 연구 수행의 형태를 갖춰가기 시작했다. 연구 주체의 측면에서 중요한 계기는 1969년 완공해 본격적인 연구 활동을 시작한 한국과학기술연구소의 활동이다. 선진국 수준의 현대적 연구 장비와 해외 유치 과학자 등 우수한 연구진을 갖추고, 한국의 선도 연구기관으로서의 역할을 수행했다. 한국과학기술연구소는 정부의 보조금이 아닌 출연금의 형태로 지원을 받아 정부로부터의 관여를 배제해 자율적인 연구가 가능하도록 제도적인 장치를 만들었다. 그러나 실질적으로 정부의 직접적인 관여로부터 벗어나기는 어려웠던 것으로 나타났다.

4) 1970년대: 초기 과학행정의 시도

1970년대의 가장 큰 과학기술정책 집행구조의 변화는 과학기술 행정 독립부처로서 과학기술처를 중심으로 전략산업 연구기관의 설립과 기술 도입의 자유화 등 과학기술 기반의 강화를 위한 정책들이 실행되었다. 상위 차원의 과학기술정책의 수준 1에서의 변화는 1972년 국무총리를 의장으로 하는 종합과학기술심의회의 설치가 이뤄졌다. 과학기술정책의 최고 정책조정 기구로서의 역할을 했다(과학기술처, 1987). 1973년도 대덕연구학원도시 건설 추진계획, 장기 인력 수급 계획 및 정책 방향, 1979년도 전국민과학화운동 기본계획, 국가연구사업 추진계획을 심의·의결했다.

부처 차원의 수준 2에서 정책으로는 1970년대에는 과학기술처를 중심으로 한 정책이 입안 및 집행이 이뤄졌으며, 과학기술정책 관련 부처 간의 활발한 협력과 교류는 이뤄지지 않았다. 우선 산업계의 연구개발을 촉진시키기 위해 1972년에 기업의 기술 개발 투자에 대한 재정·금융 및 세제상의 혜택을 골자로 하는 기술개발촉진법을 제정했다. 이 법으로 대기업이나 기술 도입 업체에 대한 일종의 기술개발 의무화제도를 적용해 기업의 연구개발 참여를 유도했다. 1970년대 후반부터는 모방기술에의 의존을 벗어나 창조적인 우리 고유의 기술 개발의 필요성을 인식하고 기초연구에 대한 국가적 지원정책을 추진했다. 한편 중화학공업정책이 본격화되면서 선진 기술의 원활한 도입을 위해 1978년 제1차 기술 도입 자유화 조치를 단행했고, 1979년에 2차 기술 도입 자유화 조치를 단행했다. 기업의 기술 개발 촉진은 1972년 기술개발촉진법과 1973년 기술용역육성법의 제도적인 기반으로 1970년대 후반 이후 활성화되어 갔다. 아울러 해방 이후 6·25전쟁 등을 거치면서 1960년대 초까지는 주로 선진국으로부터 기술 원조를 받았으나 국내 기술 발전에 큰 기여를 하지 못한 것으로 나타났다. 따라서 국제 기술 협력 강화와 새로운 기술 협력정책의 필요성으로 1972년에 국제 기술협력 5개년계획을 수립해 과학자 국제 교류와 협력을 강화했다.

같은 맥락에서 1977년에 기초과학 육성을 위해 한국과학재단을 설립했다. 한국과학재단의 설립은 수준 3에서의 처음으로 정부와 연구기관 및 민간 사이의 중간조직의 설립을 의미하며, 그후 많은 다양한 중간조직이 생겨나기 시작했다. 동시에 1971년 서울연구개발단지의 발족과 1974년의 대덕연구단지의 조성도 이 시기에 일어난 우리나라 과학기술 발전에 중요한 특징과 계기를 마련해 준 정책 중의 하나다. 수준 4의 연구 수행기관 및 참여 수준에 관해서는 우선 정부가 기술 개발을 주도해 산업기술 분야별로 전문화된 공공연구기관을 설립하고 연구소 운영의 자율성 등을 골자로 하는 특정연구기관 육성법을 제정했다. 이 법에 따라 1976년에 한국선박연구소, 한국전자기술연구소, 한국기계금속연구소, 한국화학연구소, 1978년에는 해양개발연구소가 한국과학기술연구소의 부설연구기관으로 설립되었다. 따라서 연구개발 체제가 종래 국·공립시험연구기관 중심에서 재단법인 형태의 정부출연연구기관 중심으로 전환되었다. 아울러 1974년부터 대덕연구단지 조성으로 초기 정부출연연구기관들을 대덕연구단지에 인위적으로 결집시키게 되었다. 한국선박연구소, 한국표준연구소, 한국핵연료개발공단, 한국화학연구소, 한국종합에너지연구소, 인삼연구소 및 한국통신연구소 등 7개 공공연구기관과 쌍용중앙연구소, 럭키중앙연구소, 한양석유화학연구소 등 3개 민간 연구소와 충남대가 입주하게 되었다(과학기술처, 1987).

혁신 주체들 및 민간의 참여 차원에서 과학심의관과 민간 전문가들로 구성된 '기술협력조정위원회'의 설립을 통한 국제 협력 정책 수행 과정에서 민간 전문가들의 의견 수렴을 위한 과정이 만들어졌다. 아울러 과학 풍토 조성을 주요 정책의 하나로 설정하고 다양한 정책 수단을 강구했다. 국민과학화운동의 대표적인 정책으로 국민과학화운동 전개와 학술 활동의 지원이다. 국민과학화운동은 1973년 대통령의 연두 기자회견에서 강조한 '전국민과학화운동'을 계로 과학기술처가 각 부처의 사업을 종합하고 한국과학기술진흥재단을 통해 과학 지식 보급 활동을 활발하게 전개하고 한국과학기술단체총연합회의 새마을기술봉사단 등의 활동을 통해 이뤄졌다. 특히 1972년 과학기술자들이 새마을기술봉사단을 조직해 농어민 소득을 증대시키기 위해 전문가들과 농어촌과의 결연 관계를 맺고 농업의 과학화를 지원했다. 1970년대의 과학화운동은 1920년대 일제 시대의 자발적인 과학 대중화 운동보다는 정부 주도로 이뤄진 운동으로 공업화 역기능을 최소화하고 고도산업사회에의 대비를 위한 수단이라고 할 수 있다. 다만 정부 주도이기는 하지만 일반의 과학기술 참여를 위한 시도라는 점에서 의의를 갖는다.

2 1980~90년대: 과학기술정책의 도약기

1) 1980년대

1970년대 말 세계 에너지 파동을 겪으면서 1980년대 초부터 우리나라 경제와 과학기술정책은 새로운 전환기를 맞이하게 된다. 국내외 정치·경제·사회적인 환경 변화와 본격적인 기술보호주의 시대에 기술 우위의 국가정책의 추진이다. 첨단

기술을 둘러싼 국가 간의 기술 경쟁이 치열해지면서 종래 우리나라의 노동 집약적이며 기능 집약적인 산업에서 벗어나 이제 기술 집약적인 산업으로의 전환을 통한 새로운 정책 방향 전환의 필요성이 강력하게 요구되었다.

따라서 수준 1에서 국가혁신체제의 최상위 차원에서 대통령이 주재하는 '국가과학기술회의'를 두어 국가 과학기술 목표를 설정하고 장단기 투자 규모를 정하는 한편, 대통령을 자문하는 연구개발심의회를 두어 연구개발 과제 선정 및 우선순위 결정에 관여했다. 1982년부터는 대통령이 주재하는 '기술진흥확대회의'를 설치해 최고책임자의 관심과 국가적 차원의 적극적인 기술우위정책이 추진되었다. 기술진흥확대회의는 관련 부처 장관과 연구기관장. 산업계 대표들이 분기별로 참석해 기술 인력, 생산성 향상 등의 주요 정책을 논의함으로써 기술 개발을 추진하는 구심체로서의 역할을 했다. 과학기술처 외 관련 부처들의 과학기술사업에의 참여는 1980년대까지는 상공부(공업기술 개발사업)와 체신부(정보통신 개발사업)만이 연구개발 프로그램의 운영을 통해 참여하고 있었다.

1980년대 과학기술정책 방향을 첫째, 기술 집약적인 경공업, 둘째, 기술 집약적인 중공업, 셋째, 연구 집약적인 첨단산업기술에 두었다(과학기술처, 1987). 핵심전략기술로 정밀화학, 반도체, 컴퓨터, 기계기술 등을 우선적으로 추진했고, 항공기술, 금속소재, 고분자, 생물공학, 의료전기전자 기타 국민복지 기술 등을 국책 과제로 선정했다.

부처 차원의 과학기술정책은 새로운 연구개발 체제의 정비다. 1980년 11월 '연구개발 체제 정비와 운영 개선 방안'의 발표를 통해 정부부처 산하에 있던 16개 연구기관(과기처 5, 상공부 5, 동자부 3, 재무부 2, 체신부 1)을 8개 대단위 연구소로 통합했다.[1] 아울러 많은 정부출연연구기관의 설립으로 인한 중복 연구, 과열 경쟁, 연구기관 부처 분산, 연구기관 간의 협조 문제 등의 문제점을 해소하기 위한 국가적 차원에서의 종합 조정 및 관리를 위한 정책적 노력이 이뤄졌다. 둘째는 핵심 전략기술의 개발을 위한 국책연구 개발사업의 추진이다. 특히 1982년부터 시작된 '특

1) 새로운 대규모 8개 연구소 조직: 한국과학기술원(한국과학기술연구소와 한국과학원 통합), 한국에너지연구소(원자력연구소와 핵연료개발공단), 한국동력자원연구소(자원개발연구소와 종합에너지연구소통합), 한국기계연구소(금속기계시험소와 선박연구소), 한국표준연구소(표준연구소), 한국전기통신연구소(전자기술연구소, 전기기기시험연구소, 통신기술연구소 통합), 한국화학연구소(화학연구소) 및 한국인삼연초연구소(인삼연구소와 연초연구소).

정연구개발사업'은 우리나라 최초의 국책연구 개발사업으로 과학기술정책 변화의 큰 계기를 마련해 주었으며, 특히 국가의 전략적인 분야에 대한 연구개발사업을 통한 지원이라는 의미도 갖는 것이다. 특히 핵심 기술의 토착화를 위한 국책사업을 조직적으로 추진하고 기업 주도의 기술 개발 체제를 정착시키기 위해 대기업에 1개사 1연구소 설립을 하도록 하고, 중소기업은 분야별 연구 조합 형성을 하도록 유도했다. 셋째는 고급 인력의 양성 및 확보를 위한 정부의 정책적 지원이다. 고급 인력의 공급을 위해 과학기술원과 정부출연연구소를 통해 특별 양성하고, 해외에서 활동하는 고급 인력의 유치를 적극적으로 추진했다. 이외에 국비 및 차관을 통해 해외기술 연수사업을 적극적으로 추진했다.

우리나라 국가연구개발사업은 국가 차원의 과학기술 행정 체제가 자리를 잡기 시작했던 1982년 과학기술부가 특정 연구개발사업을 추진하면서 시작했으며, 선진국의 기술보호주의 강화와 함께 신기술 개발 경쟁에 뒤처지지 않기 위한 국가 전략으로 특정 연구개발사업을 추진했다. 1980년대는 정부의 선도적인 연구개발 투자를 통해 기술 개발의 견인 역할을 수행한 시기였으나 대부분의 기술 개발 투자는 선진국 기술의 모방 소화 개량을 위한 추격형(catch-up) 전략에 입각한 기술개발 투자가 이뤄진 시기다. 연구소가 안정적인 연구 활동을 할 수 있는 연구비 지원을 위해 특정 연구개발사업은 출연연구기관이 수행하게 함으로써 연구기관들의 연구 활동 활성화에 중요한 계기를 마련했다. 그러나 이러한 정부출연연구기관 중심의 국가연구개발사업의 운영으로 대학이나 산업계의 협력적 참여가 없는 연구 수행으로 인한 문제점을 야기했다. 이 사업의 가장 중요한 성과는 대규모 국가 연구개발 프로젝트를 통해 대형 장기의 국가적 협동 연구의 뿌리가 내리기 시작했다는 점이다. 그리고 정부연구개발사업을 통해 연구기관과 기업의 공동 연구를 이끌어냄으로써 우리나라의 첨단산업이 뿌리를 내리는 데 이바지했다.

산업기술개발 지원정책으로는 1980년에 들어 그동안 단순 모방의 외국 기술 도입에 의한 수출 드라이브 정책을 통한 양적 성장은 더 이상 성장을 기대하기 어려워 기술 개발을 통해 상품의 질과 부가가치의 향상을 위한 정책적 지원이 이뤄졌다. 산업정책의 대표적인 예는 기업연구소 육성정책이다. 세제와 금융상의 지원, 연구요원의 병력 혜택과 해외 연수 확대, 연구개발출연금 지원, 대기업 연구소 지원 및 중소기업 연구조합 참여 유도, 신기술 투자에 대한 지원 등이 포함되어 있다.

기업부설연구소의 수는 1981년 53개에서 1986년 290개로 증가했다.

과학기술 인력 양성사업의 경우는 우리나라 산업구조가 노동 집약적인 산업에서 기술 집약적인 산업으로 전환됨에 따라 인력의 수요에서도 양에서 질을 위주로 하는 구조적인 변화로 새로운 산업 구조의 인력 수요에 부응하기 위한 정책적인 방향 전환을 모색했다. 일반대학원 교육의 질적인 강화, 한국과학기술원의 인재 양성 기능 확장, 해외 과학기술 두뇌 유치 확대, 과학기술대학의 신설 등의 인력 양성 정책들이 이 시기에 이뤄졌다.

기초연구의 육성정책은 1980년대 들어 치열한 첨단기술 개발 경쟁과 이에 따른 기초연구의 기술혁신에 미치는 영향의 중요성에 대한 인식의 증대 등에 따라 기초연구에 대한 정책적인 관심이 증가하게 되었다. 우리의 경우 1970년대 말까지 기술도입과 모방 기술에 치중해 기초과학 육성에는 소홀해 연구 기반을 구축하지 못하고 기초연구 능력 수준도 매우 낮았다. 따라서 기초연구 육성정책을 제5차 5개년계획에 반영했다(과학기술처, 1987). 한국과학재단기금을 200억 원으로 확충해 기초과학 연구 투자 재원 확대, 대학의 기초과학 연구 활동 강화를 위한 탁월성 중심의 연구집단 형성 유도 지원, 기초과학 분야 연구비 증대 및 연구정보 교류 지원, 외국의 대학 및 연구기관과 기술 학술 교류 강화 등의 기초과학 지원정책들이 만들어졌다.

2) 1990년대

1990년대의 국가 전체적인 혁신 체제상의 큰 변화는 다른 한편 새로운 모습의 과학기술 행정 체제가 구축되었다(최영락, 2003). 우선 과학기술의 발전을 더욱 가속화하기 위해 1993년에 대통령 주재 하의 과학기술진흥회의가 설치되었다. 또 국가과학기술자문회의를 1991년에 설치해 대통령에게 과학기술에 대한 전문적 정책자문을 하도록 하고 있다. 그리고 1998년 국가과학기술위원회를 설치해 국가 과학기술 발전과 정책 방향을 수립을 점검하는 한편, 각 부처 과학기술정책을 종합 조정하는 역할을 하도록 했다. 또한 과학기술 관련 정책들을 종합적으로 추진하고 조정할 수 있도록 과학기술처를 과학기술부로 위상을 격상시켰다. 이 시기는 최고 통수권자를 위한 과학기술 자문 및 과학기술정책에의 참여를 위한 상위 체제의 구축이 체계적으로 이뤄진 시기다.

아울러 범국가적인 차원에서의 이 시기의 주요 과학기술정책 수단으로는 1997년 '과학기술 혁신을 위한 특별법'의 제정이 이뤄졌다(홍형득 외, 2007). 이 법은 향후 5년간 우리나라가 21세기에 과학기술 선진국으로 부상할 수 있도록 총체적인 발전의 토대를 만들고자 했던 것으로 우리나라 과학정책 발전에 큰 의미를 가진다. 이 법의 제정 목적을 실천하기 위한 범부처 계획인 '과학기술혁신 5개년계획'을 수립했으며, 계획에서 역점을 두고 있는 10대 부문별 계획을 수립했다.[2)]

1990년대 우리나라 과학기술정책 특징 중의 하나는 국가연구개발사업에 많은 부처가 새롭게 참여했다는 점이다. 기존의 과학기술부, 산업자원부, 정보통신부, 국방부 이외에 환경부, 보건복지부, 건설교통부, 농림수산부, 교육부 등이 참여했다.

한편 대학의 기초연구를 지원하기 위한 한국과학재단과 학술진흥재단의 연구비 규모도 크게 확대되었으며, 연구개발사업들을 중심으로 한 중간조직으로서의 역할을 활발하게 했다. 이 시기에는 1980년대에 출범한 국가연구개발사업들의 규모가 확대되었고, 특히 창의적 연구 및 장기 연구를 지원하는 사업의 증가 등 새로운 차원의 연구개발사업들이 늘어난 것이 특징이다. 1992년부터 2001년까지 10년간의 한시적인 대규모 전략적인 사업인 선도기술 개발사업(일명 Han 프로그램)은 특정 제품 및 기반기술 분야에서 세계 일류 수준의 기술력을 확보하기 위해 범부처적으로 추진한 사업이다. 또 2010년대 초반 선진국과 어깨를 나란히 할 만한 미래 전략기술 확보를 모토로 중장기 대형 국가 연구개발 프로젝트인 '21세기 프런티어 연구개발 사업'이 1999년에 범부처적으로 추진되었다. 1997년부터 기존 기술의 연장선상이 아닌 과학에 직접 뿌리를 두어 새로운 기술 혁신의 싹을 탐색・발아시키기 위해 추진한 연구개발사업으로 창의적 연구 진흥사업을 추진했다(과학기술처, 1997). 이 사업에서의 중점 지원 대상 분야는 크게 ① 현상 및 원리 규명 또는 새로운 창조 분야(신규 연구 영역의 개척 또는 획기적인 응용 가능성을 제시하기 위한 연구), ② 새로운 과학기술 탐색・발아 분야(선진국에서 태동 단계에 있는 새로운 과학기술의 연구 분야 중 창의적인 아이디어로 경쟁이 가능한 연구), ③ 기존 과학기술 한계 극복 분야(기존 기술 발전 경로상의 한계를 돌파할 수 있는 아이디

2) 10대 부문계획: ① 정부 연구개발 투자재원의 확대 계획, ② 중점국가 연구개발사업 추진계획, ③ 기초연구 진흥 및 이공계 대학의 연구 활성화, ④ 과학기술 인력 양성 및 활용계획, ⑤ 엔지니어링 기술 진흥, ⑥ 민군 겸용 기술 개발, ⑦ 기업의 기술 개발지원, ⑧ 과학기술교육 내실화 및 시설 확충, ⑨ 과학기술 하부 구조 구축, ⑩ 사회간접자본 관련 기술 개발.

어 연구)로 구분했다.

그리고 국가지정연구실사업과 함께 고급두뇌 양성과 세계 수준의 대학원의 육성을 목표로 추진하는 두뇌한국 21(BK-21)사업이 1999년부터 새롭게 추진되었다.

1990년대에는 대학 연구가 크게 활성화되었다(최영락, 2003). 특히 1980년대 말부터 추진되어 온 대학의 기초연구의 활성화를 위한 우수과학연구센터(SRC)와 우수공학연구센터(ERC)를 집중적으로 육성했다. 이 밖에도 민간 부문의 기술 개발 활동을 지원하기 위한 지원제도 개선, 공공연구기관의 연구 역량 제고, 기술 집약형 벤처기업의 육성, 대덕연구단지의 완공, 방사광 가속기와 한빛 플라즈마 발생장치 등 첨단 대형 연구장비의 설치, 창의적 과학기술 인재 양성, 지방 기술혁신 거점 육성, 과학기술 국제화 등 다양한 사업이 이뤄졌다.

이처럼 1990년대에는 최고책임자의 과학기술정책 과정에의 참여를 위한 결정기구와 자문기구가 설립되고, 앞에서 본 바와 같이 1980년대부터 그동안의 연구개발사업에 참여해 온 과기처, 정통부, 산자부 외에 환경부, 교육부, 중기청 등 다른 부처들도 연구개발사업을 적극적으로 추진하는 등 국가연구개발사업의 기능적 및 구조적 분화가 이뤄진 시기다. 아울러 범부처 연구개발사업인 사업인 선도기술 개발사업을 추진하면서 '선택과 집중'에 입각한 국가 연구개발 전략의 모습이 갖춰진 시기다.

3 2000년대 이후: 과학기술정책의 발전기

2000년대는 새로운 정치경제적 환경에서 각계의 요구가 분출되면서 각자의 이해를 바탕으로 세력화하고, 그 경향이 과학기술정책 결정 체계에 반영된 시기다(홍형득 외, 2007). 이 시기의 특징적인 현상 중 하나는 민간 부문이 급속하게 역량이 확대되고 과학기술정책 분야에서도 시민사회의 성숙이 본격화되고, 적극적인 참여가 이뤄지기 시작한 시기다.

2000년대 들어 과학기술정책 체제의 가장 큰 변화는 2004년 최초로 과학기술부를 부총리 부서로 승격하고, 과학기술혁신본부의 설립, 대통령을 의장으로 하는 국가과학기술위원회 및 과학기술장관회의, 국가과학기술자문회의 등 상위 차원의 국가 과학기술정책 조정을 통한 국가과학기술정책의 효율적인 결정과 집행 구조를 갖추고자 했고, 아울러 과학기술 평가 체제 및 예산 배분 기능 강화를 통해 효율적인 과학기술 예산 배분이 가능하도록 체제를 갖췄다. 특히 참여정부에서 시도한 과학기술 행정 체제 개편은 과학기술 중심사회 구축이라는 국가의 국정 기조를 구체화하고, 과학기술부와 과학기술혁신본부에서 범부처적인 과학기술 혁신정책을 기획, 조정, 평가하도록 재설계되었으며, 과학기술 혁신 현안 과제를 신속하게 토의하고 결정하기 위한 과학기술관계장관회의를 신설·운영해 왔다. 한편 국가 연구개발 예산 편성의 전문성을 제고하고 전략적 투자와 집행을 위해 국가과학기술위원회에 국가연구개발사업에 대한 예산 조정 및 배분권을 부여했다. 과학기술정책 설계의 재조정 및 과학기술부 장관을 부총리로 승격하고 과학기술혁신본부의 설립 등을 핵심으로 하는 과학기술 행정 체제의 개혁 등과 같은 과학기술 부처의 위상 강화와 자율성 강화를 위한 새로운 시험적인 제도들이 시도되었다. 그러나 지나친 제도와 지나친 조정이라는 비판을 받을 정도로 제도의 효율적인 운영 여부는 향후의 제도 정착 여부에 달려 있다.

2008년 새로운 정부의 등장 후 정부조직 개편 과정에서 과학기술부는 해체되어 교육과학기술부와 지식경제부로 나뉘었다.[3] 그러나 그동안 과학기술정책 주관 부처인 과학기술부가 신설되는 지식경제부와 교육과학기술부로 나뉘면서 과학기술의 중요성과 역할 등을 고려해 단순 교육 논리에 의한 기초과학이나 산업 논리로 과학기술정책 설계 가능성에 과학기술계의 반발을 불러왔다.

2000년대 가장 대표적인 과학기술정책의 설계 및 정책 내용은 2003년의 '참여정부 과학기술 기본계획', 2004년의 'NIS 구축 전략', 그리고 2006년의 '국가 R&D Total Road Map'에서 파악할 수 있다. 2003년 참여정부는 '과학기술 중심사회 구축'을 주요 국정과제로 하고, 이를 통해 국민소득 2만 달러 시대를 여는 '제2의 과학기술 입국 실현'을 정책 목표로 설정했다(과학기술부, 2003). 그리고 이 목표를

3) 지식경제부는 기존의 산업자원부를 중심으로 과학기술부와 정보통신부의 정책기획 업무를 합쳐진 부처다. 기초과학 부문을 제외한 과기부의 연구개발(R&D) 정책을 한 부처에서 담당하게 됨에 따라 기초 단계에서부터 연구개발을 거쳐 제품 개발과 시장까지의 일관된 지원 체계를 갖추게 되었다고 하나 종합적인 과학기술 행정의 실종 가능성도 있을 수 있다. 따라서 지식의 생산과 유통 과정을 포함해 산업 간의 융합 흐름에 효율적으로 대처하고 민간과 더불어 신산업을 창출할 수 있는 전주기적인 혁신 체제의 구축과 제도의 정비가 이뤄져야 할 것이다.

달성하기 위해 과학기술 투자 확대와 더불어 특히 기초연구 투자를 확대하고, 과학기술 인력 양성을 위한 다양한 프로그램 설치 및 교육 개선과 활용의 질적 향상, 동북아 R&D허브 구축을 위한 정책적인 노력, 지역 과학기술 혁신을 위한 지방대학 및 연구개발 거점 조성, 민간 기술 개발 지원을 위한 사업 확대, 과학기술 생산성 제고를 위한 하부구조 고도화, 과학기술 문화 확산 등의 다양한 정책들이 추진되었다.

표 13-1 참여정부의 과학기술 기본계획의 과학기술 10대 중점 추진 과제

미래 성장 엔진 창출	1. 국가전략 과학기술의 선택적 집중 개발
기초 체력 강화	2. 창의적 혁신 역량 제고를 위한 기초과학·연구 진흥 3. 지식 기반 사회를 선도할 과학기술 인력 양성
국제화 지방화	4. 과학기술의 국제화 및 동북아 R&D 허브 구축 5. 국가 균형 발전을 위한 지방 과학기술 혁신
혁신 체제 선진화	6. 과학기술 투자의 확충 및 효율성 제고 7. 산업계 기술 역량 제고를 위한 민간기술 개발 지원 8. 과학기술 생산성 제고를 위한 하부 구조 고도화
국민 참여 확대	9. 사회적 수요에 부응하는 과학기술의 역할 증대 10. 국민과 함께 하는 과학기술 문화 확산

자료: 재정경제부 등(2003). 참여정부의 과학기술 기본계획.

2004년 1월 '과학기술 중심사회 구축' 추진 과제를 발전시켜 '국가기술혁신체제(NIS) 구축 방안'을 수립하고, 주체 혁신, 요소 혁신, 성과·확산 혁신, 체제 혁신, 기반 혁신 등 총 5개 분야에 30개 중점 추진 과제를 도출해 내었으며 각 세부 과제로 66개 과제를 도출했다. 특히 NIS 구축을 위한 30대 과제의 도출은 기존 과학기술정책에 대한 새로운 의미를 부여하고, 참여정부 출범 이후 추진된 일련의 과학기술정책을 총결산하는 의미를 갖는다. 그동안의 과학기술 행정 체제, 핵심 과학기술 인력 양성, 차세대 성장 엔진을 위한 기술 개발 등을 부분적으로 수정하고, NIS 구축 과제라는 통합적인 하나의 틀 속에 기존의 정책을 재정리한 계획이다. 국가 'R&D TRM(Total Road Map)'은 2006년 수립한 국가연구개발사업의 중장기 발전을 위한 투자 및 추진전략계획이다. 향후 15년 정도 기간의 국가 R&D사업의 특

표 13-2 NIS 중점 추진 과제

혁신 분야	중점 추진 과제	주관(협조)부처
주체 혁신	(1) 기업의 기술개발 활동 촉진	기획단(재경, 과기, 산자, 정통)
	(2) 혁신형 중소·벤처기업 육성	산자(정통, 중기)
	(3) 대학의 혁신역량 강화	교육(과기, 산자)
	(4) 연구회 · 출연(연) 혁신 체제 정립	과기(기예처)
요소 혁신	(5) 국가 연구개발 투자의 효율성 제고	과기(기예처)
	(6) 핵심 과학기술 인력 양성	교육(과기, 산자, 정통)
	(7) 산업계 수요를 반영한 공학교육 및 직업교육 혁신	교육(과기, 산자)
	(8) 우수 학생의 이공계 진학 촉진	과기(교육)
	(9) 초 · 중등 과학교육 혁신	교육(과기)
	(10) 기술자격제도 개선 및 계속교육 시스템 강화	기획단(과기, 노동, 건교, 산자,교육)
성과 · 확산 혁신	(11) 차세대 성장 엔진을 위한 기술 개발	산자(정통, 건교, 복지, 해양, 과기)
	(12) 핵심 부품 · 소재의 자립 및 세계적 공급기지화	산자(정통, 과기)
	(13) 미래 핵심 원천 기술 확보	과기(산자, 정통, 복지, 농림)
	(14) 거대과학 및 공공복지 기술 개발 확대	과기(건교, 복지, 해양, 환경, 농림, 산자, 정통, 국방)
	(15) 에너지 기술 개발 및 안정적 수급 체계 확립	산자
	(16) 기술 혁신 확산 및 전주기적 신기술 산업화 촉진	산자(정통)
	(17) 산업기술 혁신 지원 인프라 확충	산자(정통, 과기)
	(18) 대덕 R&D특구 및 산업 혁신 클러스터 육성	과기(산자,정통, 균형위)
체제 혁신	(19) 산-학-연 협력 시스템 활성화	산자(정통, 과기, 교육)
	(20) 글로벌 연구개발 시스템 구축	과기(산자, 정통)
	(21) 국가 과학기술'종합정보시스템 구축 · 활용	과기(산자, 정통)
	(22) 성과 중심의 평가 · 관리 체제 구축	과기(기예처)
	(23) 과학기술 행정 및 조정 시스템 강화	과기(혁신위)
기반 혁신	(24) 과학기술 기반 일자리 창출	기획단(과기, 산자, 정통, 노동, 행자)
	(25) 이공계 병역대체복무제도 개선	기획단(국방, 과기, 산자)
	(26) 이공계 전공자 공직 진출 확대	기획단(행자)
	(27) 과학기술인 보상 체제 강화	과기(특허)
	(28) 과학문화 확산	과기(정통, 산자)
	(29) 과학기술 친화적 사회풍토 확립	과기
	(30) 과학기술의 사회적·윤리적 책임성 강화	과기(복지)

자료: 과학기술부(2008).

성화와 효율화를 목표로 한 국가 R&D사업의 중장기적인 비전과 전략으로서 R&D 사업 기획·평가·예산 배분의 기본 지침으로서의 성격을 가진다. 이 계획에 나타난 국가 R&D사업 투자 전략으로는 단기적으로는 차질 없이 성장 동력 확충을 뒷받침하고 중장기적으로는 삶의 질 향상 등 사회적 수요에 적극 대응한다는 전략이다. 구체적으로 2만 달러 시대 안착기(현재~향후 5년)에는 성장 동력 확충에 주력하며, 사회적 수요에 대응하는 투자 포트폴리오로 점진적 조정에 초점을 두고, 3만 달러 시대 추동기(6년 후~15년)에는 성장 원천 확충과 함께 삶의 질 향상 등 사회적 수요에 적극 대응하는 투자 포트폴리오를 구성한다는 전략이다.

국가 R&D사업 추진 전략은 ① 기초 및 원천 기술 중심의 사업을 확대하고 기초·응용·개발의 연구 단계별 산·학·연의 전략적 역할 분담, ② 산업 간, 기술 분야 간 융합 수요에 따른 원천 기술 축적 및 기술 경쟁력 강화, ③ 대형 연구 장

표 13-3 Total Roadmap과 과학기술 기본계획, NIS 구축 전략의 특징

	Total Roadmap	제1차 과학기술 기본계획	국가기술 혁신체제(NIS) 구축
기간	▪ 향후 15년 정도	▪ 2003년~2007년(5년간)	–
성격	▪ 국가 R&D사업의 중장기적인 비전과 전략으로 R&D사업 기획·평가·예산 배분 기본 지침	▪ 참여정부의 과학기술정책을 범부처적으로 종합하고 체계화하기 위한 법정계획	▪ 참여정부의 국가기술 혁신체제 구축을 위한 기본 방향 제시
비전과 목표	▪ 국가 R&D사업의 효율화와 특성화	▪ 과학기술 중심사회 구축을 통한 제2의 과학기술 입국 실현	▪ 혁신 주도형 경제구조 확립, 과학기술 중심사회 구축
주요 내용	▪ 국가 R&D 역량, 해외 동향, 관계 부처 계획 등 분석 ▪ 국가 특성화 기술 분야 선정 ▪ 시기별 R&D 투자 우선 순위 설정 ▪ 국가 R&D 관련 중장기 재원배분 구조 개편 방향	▪ 미래 성장 엔진 창출을 위한 16개 전략기술 개발 과제 제시 ▪ 과학기술 역량 제고와 사회적 역할 강화를 위한 62개 정책 과제 제시	▪ 혁신 주도형 성장을 견인할 국가기술 혁신 체제의 비전 및 목표, 추진 방향 제시 ▪ 주체, 요소, 성과·확산, 체제, 기반 등 중점 추진 과제 제시
특징	▪ 좀 더 장기적인 시계(time horizon)로 R&D 투자 우선순위 등 구체적인 기술 개발 전략을 제시	▪ 시행 기간(5년) 동안의 기술 개발 목표와 전략 개략적 제시 ▪ R&D전략 인력 양성, 제도 개선, 과학문화 육성	▪ 국가 R&D 혁신을 위한 범정부 차원의 추진 전략을 혁신 분야별로 제시

자료: 과학기술부(2006).

비 · 시설 등으로 연구개발 체계의 전략적 구축, ④ 세계 시장에서 기술 선점(경제적 공헌)과 삶의 질 향상(사회적 수요 해결)을 위한 특성화 기술을 발굴해 국가 연구개발사업을 중장기적으로 특성화하며, ⑤ 특성화 기술 등에 기반한 국가 전략사업 기획 및 추진으로 주요 정책 현안에 신속하게 대응한다는 계획이다. 2000년 이후 주요 과학기술 중장기계획들의 내용을 비교하면 〈표 13-3〉과 같다.

제 3 절 우리나라 과학기술정책 발전 과정의 특징

1 국가 경제 발전 과정에서 산업 구조의 전환 및 연구개발 투자

우리나라 경제 발전 과정에서 산업구조는 경공업으로부터 중화학공업 그리고 첨단산업으로의 급격한 전환이 이뤄졌다(최영락, 2003). 이를 10대 수출상품의 변화를 통해 살펴보면 〈표 13-4〉와 같다. 1960년에는 광산물, 텅스텐, 견사 등 1차 상

표 13-4 한국의 10대 수출상품 변화

(단위: %)

순위	1960년대	1970년대	1980년대	1990년대	2000년대
1	광산물(13.0)	섬유류(40.8)	섬유류(28.8)	의류(11.7)	반도체(15.1)
2	텅스텐(12.6)	합판(11.0)	전자제품 (11.4)	반도체(7.2)	컴퓨터(8.4)
3	견사(6.7)	가발(10.8)	철강제품(9.0)	신발(4.6)	자동차(7.7)
4	무연탄(5.8)	철광석(5.9)	신발(5.2)	조선(4.3)	석유화학(5.5)
5	오징어(5.5)	전자제품(3.5)	조선(3.5)	영상기기(4.1)	조선(4.8)
6	활어(4.5)	야채류(2.3)	합성수지제품(3.3)	철강판(3.8)	무선통신기기(4.7)
7	흑연(4.2)	신발(2.1)	금속제품(2.3)	인조섬유(3.6)	철강판(2.8)
8	합판(3.3)	연초및동제품(1.6)	합판(2.0)	컴퓨터(3.3)	의류(2.7)
9	쌀(3.3)	철강제품(1.5)	원양어류(2.0)	음향기기(3.0)	인조섬유(2.1)
10	강모(3.0)	금속제품(1.5)	전기기기(1.9)	자동차(3.0)	전자부품(2.1)

자료: 한국무역협회, 최영락(2003) 재인용.

품이 1970년에는 섬유, 합판, 가발 등 경공업제품이 주축을 이뤘다. 1980년에는 경공업제품이 주류를 이루면서 철강, 조선 등 중화학제품이 부상했으며, 1990년에는 경공업제품과 중화학제품이 중심을 이루는 가운데 반도체, 컴퓨터 등 첨단제품이 부상했다. 그리고 2000년대에는 반도체, 컴퓨터, 무선통신기기 등 첨단제품이 주축을 이루고 있다. 이와 같은 한국 경제의 비약적인 성장에 과학기술 요소가 매우 중요한 역할을 했다.

1963년 이래 우리나라 연구개발비에 대한 투자는 〈표 13-5〉에서 보는 바와 같이 총 연구개발비는 2006년 273,457억 원이며, 이는 1962년 12억에 비해 엄청 많이 증가를 한 수치이며, 10년 단위의 증가율도 급격하게 증가해 왔다. 마찬가지로 인구 만 명당 연구개발비는 1963년 0.4억에서 2006년 5,662억 원으로 증가했다. GDP 대비 연구개발비 비중은 1963년에 0.2%에서 2014년 4.29%로 세계 1위 수준으로 증가했다.

표 13-5 우리나라 연구개발에 대한 투자

연도	총 연구개발비 (억 원)	GDP 대비 연구개발비 비중 (%)	인구 만 명당 연구개발비 (억 원)
2006	273,457.0	3.2	5,662.0
2000	138,485.0	2.4	2,946.0
1995	94,406.0	2.4	2,093.6
1990	32,105.0	1.7	748.9
1985	11,552.0	1.4	283.1
1980	2,117.0	0.6	55.5
1975	427.0	0.4	12.1
1970	105.0	0.4	3.3
1965	21.0	0.3	0.7
1963	12.0	0.2	0.4

자료: 과학기술부 통계자료.

2 국가 과학기술 역량 발전의 단계와 특징

앞에서 살펴본 바와 같이 우리나라 과학기술 발전 단계를 시기적으로 크게 3단계로 구분한다면, 초기 단계인 1970년대 말까지는 새로운 독자적인 과학기술 행정이 생성된 초기 단계로 관료 중심의 전통적 거버넌스 시기라고 할 수 있다. 2단계인 1980~90년대까지는 국가 경제사회의 환경 변화에 따른 과학기술의 변화와 국가 차원의 다양한 과학기술정책들이 나타난 시기로 관료와 전문가 협력을 통한 전통적 거버넌스 시기다. 과학기술 전문가 집단의 등장과 관련 부처들이 본격적으로 연구개발사업에 참여하게 되는 시기이며, 국가 간 무한 기술 경쟁으로 모방기술을 넘어 창의적인 기술 우위의 정책들이 나타나게 된 시기다. 2000년부터의 3단계는 과학기술정책 과정에서 혁신 주체들의 다양한 참여를 통한 참여 거버넌스가 실험되는 시기다. 과학기술정책에서 정부관료, 기업 종사자, 대학에서의 전문가, 시민 및 시민단체의 참여가 본격적으로 이뤄지고 있다. 과학기술 역량 발전 궤적 차원에서의 우리나라 과학기술 수준은 모방 단계에서 혁신 초기 단계로 진입하고 있으며(재정경제부 외, 2003), 지속적인 과학기술 중시정책을 추진해 단기간에 모방 단계에서 내재화 단계를 거쳐 혁신 초기 단계로 진입했다. 특히 반도체, LCD 등의 분야를 중심으로 세계적인 수준의 기술혁신을 이룩했다.

그림 13-1 한국의 과학기술 역량 발전 궤적

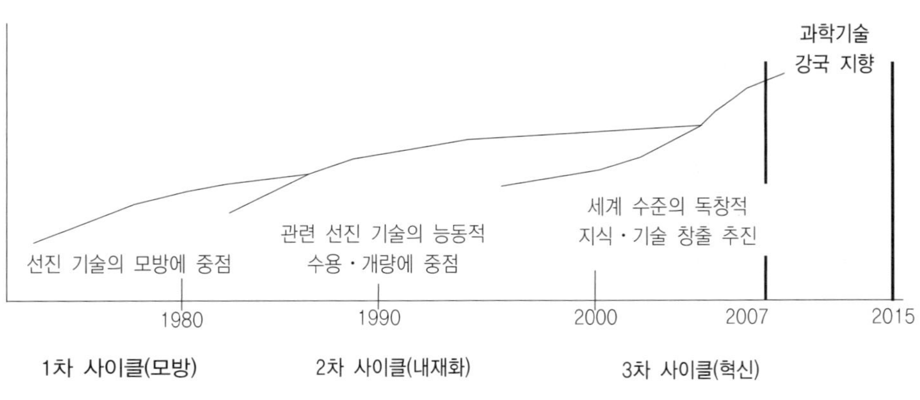

자료: 재정경제부 외(2003). 참여정부 과학기술 기본계획. 수정.

3 과학기술 발전 단계별 목표와 정책 수단

1962년 경제개발 5개년계획에서 주요 국가 발전 목표는 수입 대체산업과 경공업의 발전을 통한 산업화 기반을 수립하는 것이었다. 따라서 대부분의 과학기술 전략은 기술 개발 인프라를 구축하는 데 두었다. 1967년 종합적인 과학기술정책의 수립 및 집행을 위해 과학기술처를 설립하고, 이를 뒷받침하기 위한 과학기술진흥법을 제정했다. 1970년대는 중화학공업과 같은 더욱 자본 및 기술 집약적인 산업에 정책의 초점을 두면서 제조업 분야의 비약적인 성장으로 이어지게 되었고, 한국 경제 성장에 광범위하게 영향을 미치게 되었다. 지속적인 능력 있는 과학기술자의 수요를 충족시키기 위해 과학기술정책은 관련 분야 과학기술 교육 확대에 초점을 두었으며, 기계공학·선박·화학·해양·전자 및 전기공학 분야의 정부출연연구기관들을 설립했다.

한편 산업의 기술 수요를 충족시키기 위한 노력의 일환으로 도입 기술의 내재화를 위한 제도적 메커니즘 개선에도 정책적인 노력을 기울였다. 1980년대 과학기술정책은 기술 집약적인 산업과 산업 생산성 향상을 위한 구조적인 조정이 이뤄진 시기다. 이러한 목적 달성을 위해 유능한 과학기술자들의 확보를 위한 정책적인 노력의 일환으로 대학원 교육의 강화, 해외 훈련 프로그램의 확대 및 해외 우리 연구원들의 국내 초빙 등의 정책적인 지원이 이뤄졌다. 1982년부터 공공복지 및 원천기술을 중심으로 한 국가 연구개발사업을 시작했으며, 이들 프로그램이 공공연구개발에 대한 주요 지원 수단이 되었다. 이 시기의 다른 중요한 과학기술정책에서의 현상은 기업들의 연구개발 투자가 시작되었다는 것이다.

1990년대는 한국 과학기술에서의 도전과 기회의 시대로 한국 정부는 국가 과학기술 능력의 강화에 대한 국제 사회적인 흐름과 경쟁으로 인한 어려움을 인지하고, 과학기술에 대한 지원을 강화하기 시작했다. 기술 선진국으로의 발전을 위해 다양한 정책 수단을 강구했다. 이 시기에 과학기술혁신특별법의 제정, 과학기술혁신 5개년계획, 선도기술개발사업(HAN Project), 창의연구사업 등을 포함한 광범위한 혁신정책들을 수립했다(〈표 13-6〉 참조).

표 13-6 우리나라 과학기술 발전 단계별 목표와 정책 수단

기간	제1단계 (1950~1979년)	제2단계 (1980~1999년)	제3단계 (2000년 이후)
주요 목표	산업화 기반 조성 중화학공업	기술 집약적 산업과 산업생산성 향상	지식 기반 첨단산업 육성
정책 수단	과학 주도 공공 부문 연구기관 육성	기술 주도 기업연구기관 및 대학연구조직 육성	수요 주도 혁신 주체 간 네트 혁신 클러스터 육성
기술 개발	모방기술	도입 기술 내재화	창조적 원천 기술
우선순위 결정 방식	정치 · 과학 top-down	기술 · 산업 top-down	사회 · 정치 bottom-up
투자 기술	원자력, 우주, 화학	전자, 컴퓨터, 통신	과학기술 융합
실행 단위	정부 지원사업	연구 협력 · 유인 프로그램	TF, 학제간 프로그램

자료: 과학기술정책연구원(2003).

4 국가연구개발사업의 전개와 부처들의 참여 과정

우리나라 국가연구개발사업은 국가 차원의 과학기술 행정 체제가 자리를 잡기 시작했던 1982년 과학기술처가 특정 연구개발사업을 추진하면서 시작되었다. 선진국의 기술보호주의 강화와 함께 신기술 개발 경쟁에 뒤처지지 않기 위한 국가 전략으로 특정 연구개발사업이 추진되었다. 1980년대는 정부의 선도적인 연구개발 투자를 통해 기술 개발 견인 역할을 수행한 시기였으나 대부분의 기술 개발 투자는 선진국 기술의 추격형(catch-up) 전략에 입각한 기술 개발 투자가 이뤄진 시기다. 1990년대에는 특히 과학기술 분야에서 '선택과 집중'에 입각한 국가연구 개발 전략의 체계적인 수립이 이뤄진 시기이며, 산자부 · 환경부 · 교육부 · 중기청 · 정통부 등 다른 부처들도 연구개발사업을 적극적으로 추진하는 등 국가연구개발사업의 역할 및 기능에 따라 기능적 분화가 이뤄지고, 필요한 기술 분야별, 연구개발 단계별 구조적 분화가 이뤄졌다. 1990년대 후반 이후 2000년대는 IMF 경제위기를 거치면서 벤처 육성정책 추진과 관련 부처 연구개발 예산이 빠르게 증가하고 있다.

표 13-7 우리나라 국가 R&D 사업 변천 단계 및 주요 특징

변천 단계	출범기(1980년대)	다기화(1990년대)	전략화(2000년대)
주요 특징	• 최초의 정부연구개발사업으로 특정 연구개발사업 출발 • 핵심 산업기술 국산화 • 출연(연) 중심 기술 공급	• 정부연구개발사업 다기화 • 첨단기술 개발 • 민간 주도 기술 개발 • 기업연구소 설립 붐	• 종합기획 · 조정평가를 위한 과학기술 행정 체제 개편 – 과학기술 부총리 체제 출범 • R&D사업의 대형화
주요 사업	특정연구개발사업 G7기술개발사업(범부처) 창의연구개발사업(과기부) 21C 프론티어사업(과기부) NRL(과기부) 원자력연구개발사업(과기부) 산업기술개발사업(산자부) 정보통신개발사업(정통부) 환경연구개발사업(환경부) 보건의료개발사업(보건복지부) 농업기술개발사업(농림부) 건설교통연구개발사업(건설교통부)		

자료: 재정경제부 외(2003). 참여정부 과학기술기본계획.

제 4 절 전망 및 발전 방향

국가 발전을 위한 바람직한 사회에서의 과학기술은 경제 발전을 위한 기반이 될 수 있어야 하고, 과학기술정책은 과학기술과 경제 체제 간의 선순환 구조를 만들기 위한 구체적인 수단과 방법을 의미한다. 따라서 과학기술정책의 핵심 이슈는 과학기술 활동이 어떻게 경제사회적인 구조에 영향을 미치고, 이러한 영향력을 어떻게 개선시킬 것인지에 관한 것이다(홍사균, 2004).

지금까지 우리나라의 과학기술정책 구조와 내용은 1967년에 과학기술진흥법 제정과 과학기술처 신설 등을 통해 법과 조직의 정비 등이 이뤄졌고, 1970년대 들어서 과학기술 발전을 위한 터전을 만들었다. 이 시기에는 과학기술 행정에 관한 제도 정비, 과학기술 교육 및 훈련의 강화, 국제 기술 협조 활동의 강화 등의 노력이 이뤄졌다. 그러나 이 때까지만 해도 한국의 과학기술은 선진국의 첨단기술을 도입하는 데 정책적 초점이 두어졌다. 에너지 파동과 1980년 이후 세계적인 기술 경쟁과 보호주의로 점차 기술 개발 체제를 모방에서 창조적 과학기술에 바탕을 둔 산업의 고도화를 추진하게 되었다. 1990년대에는 정부뿐만 아니라 기업 및 대학연구기관들의 과학기술에의 적극적인 참여를 유도해 다양화하고 있으며, 기술 우위의 정책 기조를 유지하고 있다.

한편 과학기술이 국가 경제에 미치는 영향과 그 비중이 커지면서 전 세계적으로 중요한 정책 어젠다로 부상하고, 우리나라는 모방형에서 혁신형으로 과학기술정책의 패러다임이 변화되면서 과학기술의 혁신을 통한 국가 경쟁력의 향상이 국정 수행의 매우 중요한 우선순위를 점하게 되었다. 특히 과학기술정책의 경우 그동안 국가 경쟁력 제고와 과학기술을 통한 국민의 생활의 질 향상을 위해 국가 과학기술정책 거버넌스 구조에 대한 논란이 지속적으로 있어 왔다. 2000년대 이후 지식기반 경제에 적합한 새로운 과학기술정책 패러다임의 요구에 따라 과학기술정책 체제를 근본적으로 변화시키고, 혁신 클러스터 형성 등 지식 및 네트워크 기반의 과학기술 육성정책을 강화해 가고 있다. 이처럼 해방 이후 우리나라 과학기술정책은 과학기술 행정 체제 개편 및 정부연구기관 설립과 기술 개발 투자 지원 기업화를 지원하는 기술 개발 지원정책에 이르기까지 다양하게 실시되고 있다. 경제 발전 단계와 환경 변화에 따라 과학기술 정책 방향과 수단도 바뀌어 왔으며, 그동안 국가 발전에 많은 기여를 해왔다. 그러나 우리나라 과학기술정책 추진 과정에는 다양한 제도의 복잡한 산재, 장기적 비전이나 종합 측면에서의 정책이 형성되기보다는 단기적이고 정치적 수요에 따라 만들어지는 경향이 있어 왔다. 이에 따라 정책 간에 상충되거나 모순되는 경우도 있으며, 결과적으로 정책의 실효성이 낮은 경우가 많았다.

특히 우리나라 과학기술정책이 하드웨어 중심의 제도와 조직 개편과 연구개발 주체의 육성과 자원 확대에 초점을 둔 정부 주도의 적극적 과학기술 진흥정책(positive promotion policy)을 추진해 왔기 때문에 대통령을 비롯한 정부관료의 역할과 영향이 많았다. 1990년대 들어 주요 선진국들을 비롯한 세계적으로 공통적인 행정개혁 흐름인 협력적·분권적 국정 운영(governance) 체제로의 전환으로 인해 우리나라의 과학기술정책 방향도 그간 폐쇄적 관료 중심의 정책에서 개방적이고 활발한 시민 참여를 통한 과학기술정책의 이행으로 변화되기 시작했다. 그러나 현실적으로는 여전히 각 부처별 과학기술정책 수립은 여전히 폐쇄적·기술 관료주의적 성격의 정책 행태들이 많았다.

2005년도 골드만 삭스의 2050년 한국 경제에 관한 보고서는 우리나라의 예상 GDP는 2050년 3조 6천 840억 달러로 세계 13위 수준이고, 1인당 소득 수준은 2050년 8만 1천 462달러로 세계 2위 수준에 도달할 것으로 예측하고 있다. 그러나 장기적인 목표 달성과 단기적으로 우리나라가 국민소득 3만 달러를 달성하기 위해서는 새로운 성장 동력의 확보와 기간 산업의 고도화가 이뤄져야 하고, 특히 새로운 성장 동력의 확보와 기간산업의 고도화는 특히 첨단 과학기술의 역할이 결정적인 역할을 할 것으로 보인다. 따라서 국가 또는 국제 간의 과학기술을 균형 있게 발달시켜 인류 사회에서의 과학기술의 기여와 역할을 충분히 할 수 있도록 과학기술에 대한 정책이 요구되고 있다. 오늘날은 선·후진국 구분 없이 전 국가적 차원에서 과학기술정책을 지원하고 추진하고 있다. 이런 현상은 빠른 속도로 발전하는 과학기술이 국가 경제 발전 및 국민복지 향상을 통한 국가 전체적인 경쟁력에까지 영향을 미치기 때문이다.

제 14 장 우리나라 과학기술 행정 체제 변화와 거버넌스

제 1 절 최근(1998~2012) 과학기술 행정 체제 요소의 변화

1998년부터 2012년까지 세 번의 정권 교체기에 우리나라 과학기술 행정 체제는 〈표 14-1〉에서 보는 바와 같이 부처 상위기관으로 국가과학기술위원회는 위원장이 대통령이었던 시기와 행정위원회로서 장관급 위원장 시기(2011)로 구분할 수 있으며, 전담 부처는 과학기술처의 신설(1967)에서 과학기술부(1998) 승격, 과학기술부 총리 및 과학기술혁신본부(2004), 교육과학기술부(2008), 미래창조과학부(2013) 등으로 이어져 오고 있다.

표 14-1 과학기술 행정 체제 요소의 변화

구분	국민의 정부 (1998~2002)	참여정부 (2003~2007)	실용정부 (2008~2012)
과학기술 행정 체제	과학기술처를 과학기술부로 승격(1998)	과학기술부 부총리급, 과학기술혁신본부 출범(2004)	교육과 과학통합 교육과학기술부 출범 국가과학기술위원회 상설 행정위원회로

R&D 투자 (예산)	2002년(6.1조)	2007년(9.8조)	2011년(14.7조)
R&D 예산 조정 및 평가	과학기술부 – 조사, 분석 · 평가제도	과학기술혁신본부 – R&D사업 평가/사전조정/예비타당성제도	국가과학기술위원회 기획재정부 의존
주력 기술	6T (IT에 주력)	신성장 동력 (IT 및 BT에 주력)	융합, 기초 · 원천 기술에 주력, 녹색기술
출연(연) 거버넌스	연구회 설립, 출연(연) 총리실 이관	과학기술 출연(연) 혁신본부 이관	과학기술 출연(연) 교과부 및 지경부로 이관, 기초과학연구원 설립

제 2 절 각 정권별 과학기술 행정 체제

1 김대중 정부(1998~2002)

국민의 정부(1998~2002) 시기 과학기술 행정 체제는 과학기술처를 과학기술부로 승격(1998)했다. 그리고 5개 연구회를 설립해 정부부처로부터 연구기관의 분리하고, 연구회를 총리실 산하기관으로 위치시켰다(1999). 이 시기 과학기술 행정 체제에서 과학기술 분야와 산업기술 행정 분야의 문제점으로 제기되었던 부분은 다음과 같이 네 가지 측면에서 살펴볼 수 있다(김현구, 1999).

첫째, 여러 부처로 분산된 과학기술정책 기능에 대한 주무부처인 과학기술부의 총괄 · 조정 역할의 수행 부족이다.

둘째, 과학기술정책의 수립과 집행을 둘러싼 관련 부처들 간의 영역 다툼이다. 특히 산업자원부와 과학기술부 간에 기술 개발 업무를 둘러싼 구조적 갈등과 정보산업 업무를 둘러싼 산업자원부와 정보통신부의 부처 간 대립이 심각한 문제로 나타났었다.

셋째, 과학기술과 산업 간의 연계 체제가 취약해 산업 현실에 바탕을 둔 기술정책의 수립이 어렵다는 문제다.

넷째, 과학기술 인력 양성 체제가 제대로 확립되지 못해 전반적인 고학력 인력의 과잉에도 불구하고 최첨단 산업 분야의 기술·기능 인력이 절대적으로 부족했다는 점이다.

그림 14-1 국민의 정부 과학기술 행정 체제

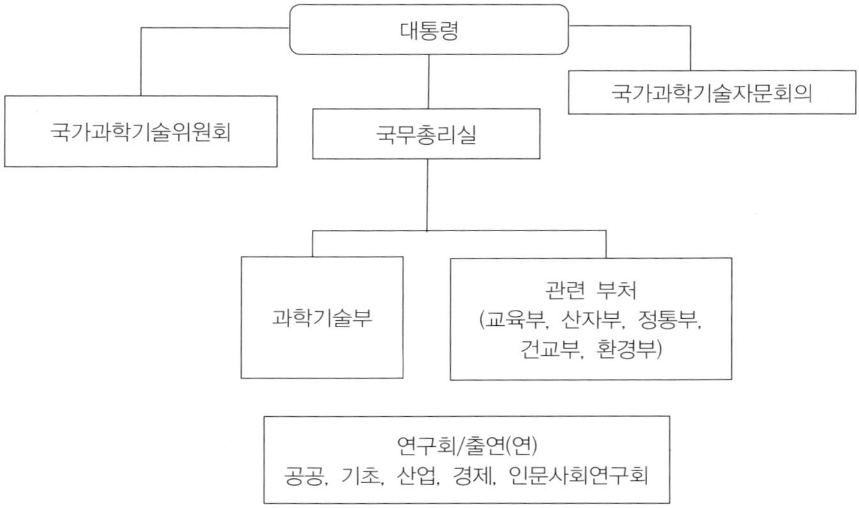

2 노무현 정부(2002~2007)

참여정부(2002~2007)의 과학기술 행정 체제를 보면 과학기술부를 부총리급으로 격상시키고, 2004년도에 과학기술혁신본부의 설립을 통해 조정 및 부처 간 연계 강화가 이뤄졌다. 그리고 과학기술혁신본부에 과학기술예산의 조정권을 부여하고 대통령을 위원장으로 하는 과학기술위원회의 간사 역할을 수행하도록 했다. 그리고 과학기술 관련 부처 장관으로 구성된 과학기술장관회의가 발족했다.

참여정부는 과학기술, 산업, 인력을 연계하고, 전문성의 추구와 관련 부처 간의 연계 강화를 시도했다. 특히 과학기술 행정 체제를 개별 부처 중심에서 국가혁신체제 중심으로 체계화했다.

그림 14-2 참여정부 과학기술 행정 체제

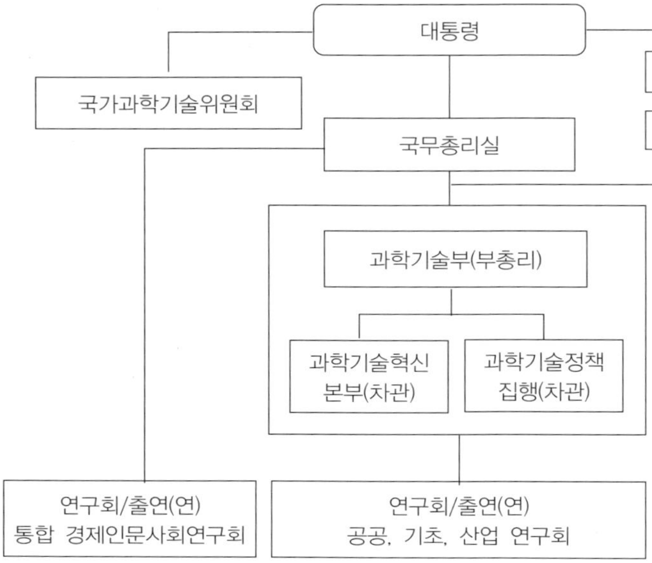

주: 2004년 과학기술혁신본부 설립 이후.

3 이명박 정부(2008~2012)

실용정부(2008~2012)에서의 과학기술 행정 체제는 작은 정부론을 전제로 한 대부처주의, 개인과 기업의 자유와 창의 존중이라는 정부 개편 방향을 설정했다.

실용정부 과학기술 행정 체제의 주요 변화는 〈표 14-2〉에서 보는 바와 같이 ① 과학기술혁신본부를 폐지하고 연구개발 예산에 대한 종합조정권을 기획재정부로 이양, ② 국가과학기술위원회의 구조와 기능을 행정위원회로 성격을 전환, ③ 대부처주의에 입각한 부처 통합에 따른 연구관리 전문기관, 정책연구기관 등 부처 산하기관의 통합, ④ 기존 공공기술연구회를 폐지하고, 과학기술 분야 두 연구회인 기초기술연구회와 산업기술연구회의 교과부 및 지경부 산하로 편입해 각 부처 산하에 두었던 출연연을 다시 두 개 부처 산하로 이전시켰다.

실용정부에서는 참여정부에서 과학기술부가 수행하던 업무가 기획재정부, 지식경제부, 교육과학기술부의 3개 부처로 분리되어 수행되었다.

실용정부 출범기의 조직 개편 논리는 중앙정부의 역할이 비대하고 독점적이어서 민간의 활력과 지방자치를 저해한다고 보았으며, 영역별 · 기능별 편제로 인해 업무의 중복이나 사각지대가 발생한다는 문제 의식에서 출발했다(김성수, 2013). 이에 따라 실용정부의 정부조직 개편 방향은 대부처주의와 기능 재편으로 설정되었다. 과학기술부를 폐지해 교육과학기술부로 통합하고 산업자원부를 지식경제부로 확대 개편하면서 정보통신부를 폐지해 통합했다. 이는 교육과 기초연구를 연

그림 14-3 실용정부 과학기술 행정 체제

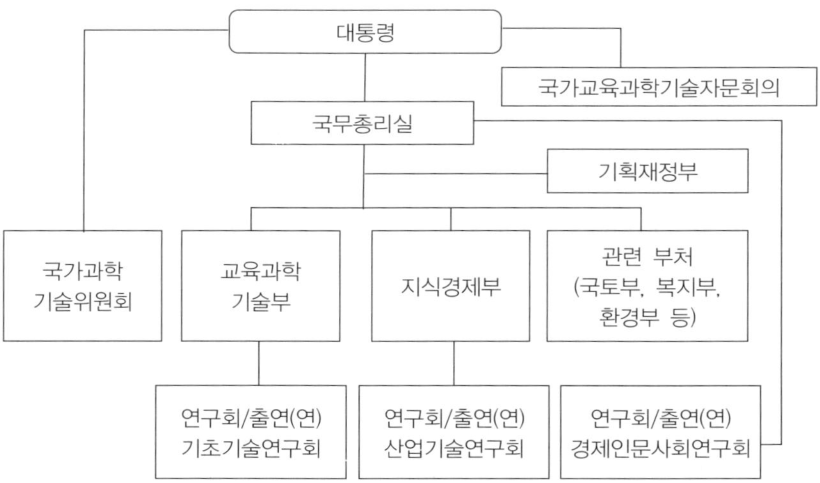

표 14-2 실용정부 과학기술 관련 조직 개편 내용

이전		개편
기획예산처 + 재정경제부	⇨	기획재정부
농림부 + 해양수산부 일부	⇨	농수산식품부
교육인적자원부 + 과학기술부	⇨	교육과학기술부
노동부	⇨	고용노동부
정보통신부	⇨	지식경제부, 방송통신위원회 등

표 14-3 과학기술부 소관 업무의 이관 현황

– R&D 예산 조정·배분, 특정 평가	⇒	기획재정부
– 신기술 인증·지원 – 전략기술 수출 승인 – 엔지니어링 기술 지원 – 대덕연구개발특구 육성·지원	⇒	지식경제부
– 기초과학 지원 – 원자력 진흥 및 안전 – 과학기술정책 수립 등	⇒	교육과학기술부

계·강화한다는 원칙과 지식 집약적 경제 발전을 뒷받침하기 위한 과학기술의 강화라는 명분하에 단행된 정부조직 개편이다.

그러나 실용정부의 과학기술 행정 관련 정부조직 편제의 문제는 대부처주의에 따른 부처 내 종합 조정 등의 부작용, 부처할거주의의 지속, 국정 조정 기능의 비효율성, 기획 기능과 집행 기능의 혼선 등의 문제가 지적되었다.

4 박근혜 정부(2013~2017)

박근혜 정부(2013~2017)의 과학기술 행정 체제는 과학기술부와 국가과학기술위원회, 참여정부의 정보통신부의 기능 일부를 통합한 거대 과학기술 전담 부처로 미래창조과학부가 신설되었으며 국가과학기술위원회(국과위)의 조정 기능이 폐지되었다. 국가 성장 동력의 핵심축인 ICT를 포함한 과학기술을 창조경제의 원천으로 보고, 교과부, 국과위, 지경부, 방통위의 기능을 통합한 미래창조과학부를 출범시켰다. 이처럼 현 정부의 과학기술 전담 부처로서 미래부는 역대 과학기술 집행 부처 중에서 가장 규모가 큰 부처로 과학기술 행정 체제의 통합적 성격이 강화된 반면 조정 기능이 약화되었다.

박근혜 정부의 과학기술 행정 체제의 주요 변화는 〈표 14-4〉에서 보는 바와 같이 ① 교육과학기술부, 국가과학기술위원회, 지식경제부, 방송통신위원회의 기능을 통합한 미래창조과학부의 출범, ② 조정기구인 국가과학기술위원회의 폐지 및 국

그림 14-4 박근혜 정부 과학기술 행정 체제

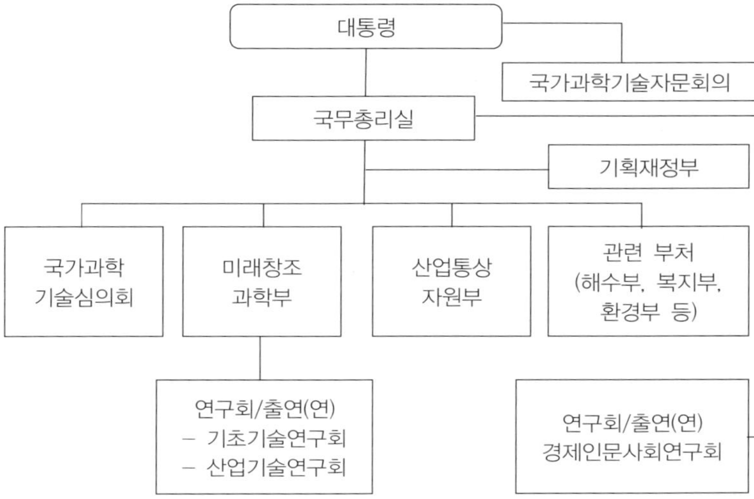

표 14-4 현 정부 과학기술 조직 관련 개편

실용정부	주요 업무	박근혜 정부
교과부	기초 원천 연구, 거대과학 과기 인력 양성	미래부
	산학 협력	미래부
	원자력 진흥	산업부
원자력안전위원회	원자력 안전	미래부
국가과학기술위원회	과학기술정책 총괄	미래부
지식경제부	산업기술 R&D	산업부
	신성장 동력 육성	

가과학기술심의회로 명칭이 변경, ③ 기존 교육과학기술부 산하 기초기술연구회와 지식경제부 산하 산업기술연구회가 미래창조과학부 소관으로 변경 등이다.

행정위원회지만 과학기술 조정 역할을 담당하던 국가과학기술위원회는 2013년 3월 이후 국무총리 소속의 국가과학기술심의회로 명칭이 변경되어 폐지되고 관련 기능은 미래창조과학부로 이관되었다. 장관급 미래부의 출범과 함께 국과위 기능이 미래부로 이관됨에 따라 조정 기능은 약화되었다는 것이 일반적인 시각이다. 특히 과학기술 예산 배분 기능이 국과위에서 기획재정부로 기능 조정으로 예산 배분 과정에서 예산 관료의 영향력이 증대되고, 참여정부의 과학기술혁신본부와 실용정부의 국가과학기술위원회로 이어지던 민간 전문가의 참여 기회의 제약, 연구회 등 출연연구기관의 자율성을 확보 노력 약화, 조정 기능보다는 집행 기능을 중심으로 한 과학기술행정 조직 개편 등이 특징이다. 그리고 부처 간 업무에서의 논란은 기존 교육과학기술부 산학 협력 기능은 미래부로 이관되었으나 인력 양성은 교육부 소관이며, 지식경제부에서 미래부로 이관되는 산업기술 R&D는 산업기술연구회에 해당하는 정부출연기관과 연구개발특구 등에 한정되고 산업기술 R&D는 이관되지 않았다(김성수, 2013).

제 3 절 과학기술정책 거버넌스 구조의 쟁점 비교

우리나라 과학기술행정 거버넌스에 관한 쟁점 분석은 2012년 말 정권 교체기 과학기술 행정 체제 개편 논의 과정에서 관련 기관들의 기관별 입장과 문제 진단 및 대안 제시의 세 가지 차원에서 이뤄졌다. 분석 대상은 대과연(2012) 차기 정부의 바람직한 과학기술 정부조직 연구, 과실연(2012)의 '차기 정부 국정과제 및 정부조직 제안', 공학한림원(2012)의 '대한민국의 새로운 50년, 과학기술로 연다', 서울대 국가미래전략연구팀(2012)의 '차기 정부의 국정과제: 미래 과학기술 행정 체제 연구', 행정학회(2012)의 '차기 정부조직 개편의 원칙과 방향 연구'에서 제기한 문제들을 종합했다. 이러한 과학기술 행정조직과 관련된 이유는 중기적으로 등장하는 경향이 있다.

1 과학기술 행정 체제 문제 진단

여기에서는 1부에서 살펴본 바와 같이 과학기술정책 거버넌스 모형의 네 가지

수준별로 제기된 문제들을 종합했다. 과학기술정책 거버넌스 구조의 문제점에 대한 인식과 지적을 보면 포괄적인 문제 의식을 나타내는 경우가 많아 각 수준별로 구분할 때 포함되지 않는 부분이 있다.

1) 상위 수준(level 1)

상위 수준(level 1)에서의 문제점은 주로 부처 상위 수준에서의 조정 기능과 관련된 것으로 국과위 역할과 기능, 그리고 위치 차원에서 논의되고 있다.

국과위 R&D 기능 조정 및 설립 취지에 맞는 역할 및 과기부 폐지로 인한 컨트롤 타워 부재를 공통적으로 문제로 제기하고 있다. 국가과학기술위원회는 종전의 과학기술혁신본부와는 달리 많은 기능을 기획재정부에 의지하고 있으며, 출연연에 대한 거버넌스 확보의 어려움 등의 취약성을 안고 있다는 점을 지적했다. 그리고 국과위가 예산 배분 및 우선순위 조정 역할과 국가과학기술정책 조정 업무 미흡 등 설립 취지에 맞는 역할이 부재하다는 점이 지적되었다.

2) 부처 수준(level 2)

부처 수준(level 2)에서의 문제는 대부분이 과기 전담 부처의 부재와 관련되어 있다. 교과부의 한 지붕 두 가족 문제로 교육 현안에 치중하는 문제와 과학기술 관련 중앙행정기관의 다원화로 인한 중복의 문제, 즉 R&D 기능의 분산 문제를 지적했다. 그리고 과학기술정책 기능이 교육정책에 묻혀 지지부진했진 점과 교육 현안에 과학기술이 매몰되었다는 점과 교과부내 과학기술정책과 국가과학기술위원회의 중복과 혼란이 나타나는 점을 지적했다. 그리고 국가 R&D 기능의 분산으로 교육과학기술부 외 지식경제부, 국토해양부, 보건복지부, 환경부 등 부처별로 추진되는 산업기술 및 정책에 대한 종합 조정 기능이 필요하고 부처별 응용 기술의 투자 집중은 기초 원천 기술 개발에 대한 장기 투자 및 핵심 인력 양성의 소홀로 이어진다는 점을 문제로 지적되었다. 우리나라 과학기술 연구사업 수행 체제는 대부분의 부처에서 부처마다 산하에 다양한 형태의 연구지원기관을 두고 연구비를 지원하고 있는 것이 특징이다.

3) 중간조직 수준(level 3) 및 연구기관 수준(level 4)

현행 과학기술 행정 체제에 대한 문제 진단은 주로 수준 1, 2에 집중되어 있으며, 상대적으로 관심이 적게 나타나고 있다. 중간조직 수준(level 3)에서는 연구재단 소속 및 운영 등의 문제를 지적했고, 연구기관(level 4) 수준에 대해 대학, 출연연, 기업 등 다양한 연구 수행 주체별 연구 인력 유동성이 경직되어 있다는 점이 지적되었다.

기타 문제점으로 대과연(과총)은 과학기술에 대한 관료 통제, PBS 문제를, 과실연은 과학기술 발전을 위한 환경이 제대로 조성되지 않았던 점, 부처의 잦은 간섭, 불안정한 연구비, 단기적 성과 요구로 인한 창의적 연구환경의 저해, 부실한 연구관리 시스템 등이 문제점으로 지적되었다.

수준별 과학기술 행정 제체의 문제점을 종합하면 상위 수준에서는 국과위 기능과 역할에 대해서, 부처 수준에서는 과학기술 전담 부처의 부재와 국가 R&D 기능의 분산 문제를, 중간조직 수준에서는 연구관리 기관의 소속 및 운영에 대해, 각 연구기관 수준에서는 인력의 유동성과 관련된 문제들이 제기되었다.

2 과학기술 행정 체제 대안 비교

과학기술 행정 제체에 대한 각 주체들이 제안한 각 수준별 대안들은 〈표 14-5〉와 같으며, 대체적인 대안들이 비슷하고 크게 벗어나지 않는 형태를 보이고 있다.

1) 상위 수준(level 1) 대안

상위 수준(level 1)에 대한 대안은 국과위의 역할 및 위상 강화를 제안하고 있다. 구체적으로 R&D 예산 배분, 정책 조정, 컨트롤 타워 역할 등 국과위의 위상과 역할 강화를 주문하고 있다.

기관 A는 국가 R&D예산 배분과 조정에서 국과위의 평가 및 사전 조정 기능 유지, 강화를 제안했고, 기관 B는 국과위는 미래국가발전전략을 위한 통합적 과학기술 기본계획을 수립하고, 범부처 과학기술 예산 배분 조정, 국가연구개발사업 평

표 14-5 과학기술 행정 제체의 수준별 문제

구분 / 수준	기관 A	기관 B	기관 C	기관 D	기관 E
상위 수준 (level 1)	국과위 R&D 기능 조정 문제	과학기술부 폐지로 인한 컨트롤 타워 부재	국과위 기능의 취약성	- 이중적 고위정책 조정 체계 - 국가 미래 발전을 위한 기획 기능 부족	- 국과위 설립 취지에 맞는 역할 부재
부처 수준 (level 2)	- 교과부 한지붕 두 가족 - 과기 전담 중앙행정기관 다원화로 인한 중복(R&D 기능 분산)	-	- 과학기술 정책 기능이 교육 정책에 묻힘. - 정통부의 폐지로 IT정책의 정체성 문제	- 대부처주의 한계 - 부처 간 할거주의와 수평적 조정 체계 미흡	- 교육 현안에 과학기술이 매몰 - 교과부 과기정책과 국과위의 중복 - 국가 R&D 기능 분산
중간조직 (level 3)	연구재단 소속 및 운영 등의 문제	-	-	-	-
연구기관 (level 4)	-	연구 수행 주체별 연구인력 유동의 경직성	-	-	-

가, 출연연 통합관리 등 과학기술의 대융합 시대에서 모든 부처의 혁신역량을 강화하고 미래 국가 발전을 위한 범부처적 종합 조정 기능의 필요성을 제안했다. 기관 C는 상위 정책 조정 체제의 위상과 정당성을 확립해야 한다는 수준에서 국과위가 정책 조정 및 컨트롤 타워 역할을 담당해야 하며, 기관 E는 국가과학기술정책 종합기획, 부처별 정책 조정, 국가과학기술 우선순위 조정, 과학기술 예산 배분 등 국가 과학기술 분야의 컨트롤 타워 역할을 수행하고 정부출연연구기관의 종합 조정 및 국가 어젠다를 부여하는 역할을 수행하는 것으로 국과위의 개편 방안을 제안했다.

다만 기관 B는 국과위를 부총리급 전문 부처로, 행정학회는 국과위 총리실 산하 순수위원회조직으로 전환할 것을 제안하고 있으며, 기관 E는 대통령을 위원장으로 하는 위원회 조직으로 환원할 것을 제안했다.

2) 부처 수준(level 2) 대안

부처 수준(level 2)의 제안은 과학기술 관련 총괄 행정부처의 신설을 공통적으로 제안하고 있다. 기관 A는 과학기술, 정보통신 등 정책 총괄 행정부처 설치 관련 세 가지 안을 제안했는데, 1안은 교과부 고등교육 + 연구개발, 2안은 1안 +정보통신 R&D 기능, 3안은 과학기술 + 산업기술 + 국과위 일부 기능 등 세 개의 안으로, 고등교육과 연구개발, 정보통신, 산업기술의 포함 여부를 중심으로 구분하고 있다. 기관 B는 연구개발부, 기업혁신부, 정보미디어부의 신설을 제안했고, 기관 C는 IT를 포함, 과학기술의 장기적 비전에 입각해 국가적 정책을 체계적으로 수립, 수행할 중심 조직의 필요성을 주장했다. 행정학회는 과학기술부, 정보통신부, 통상산업부의 신설을 제안했으며, 기관 E는 기초과학기술 분야와 정보통신 분야의 R&D 기능 융합과 각 부처에 흩어져 있는 기초 핵심 과학기술 개발과 진흥 업무를 통합하는 과학기술미래부의 신설을 제안했다.

3) 중간조직 수준(level 3) 대안

중간조직 수준(level 3)에서의 제안은 연구회 및 연구관리기관의 기능 측면에서 제안의 초점을 두고 있다. 기관 A는 연구관리기관의 전문성 및 독립성 강화, 즉 연구관리기관 블록 예산 편성권 및 집행 자율권 부여를 제안했으며, 과실연 역시 연구관리기관에 블록 예산 편성권 부여를 제안했다. 기관 C는 연구기획관리기구 등 중요한 중간조직들이 단순한 대행자의 위치를 넘어 전문성과 효율성, 윤리성에 입각해 제 기능을 실질적으로 수행할 수 있는 집행 시스템을 갖춰야 하며, 난립·방만한 운영이 되지 않도록 관리가 강화되어야 한다고 제시했다.

특징적인 제안 중의 하나는 기존에 논의되어 왔던 기관 A의 양 연구회 폐지와 국과위 소속 국가연구개발원 설립안이다.

4) 연구기관 수준(level 4) 대안

연구기관 수준(level 4)에서의 제안은 연구 수행 주체별 미션과 역할의 재정립 및 재검토, 연구 자율성과 상호 연계성 확대에 제안의 초점이 맞춰져 있다. 기관 A는 총액예산제도, 연구자율성 확대 그리고 연구 수행 주체별 연구 미션 재정립 및 경력 개발 체제 및 평가 체계 수립과 상호 연계성을 강화할 수 있는 인력 교류 프로그램 등 확대 등을 제안했다. 과실연 역시 각 연구 수행 주체별 미션을 재정립하고 상호 연계성을 강화할 수 있는 정책 지원 강화, 즉 연구조직별 미션에 부합하는 경력 개발 체제 및 평가 체계를 수립하고 인력 유동성을 제고하는 인력 교류 프로그램 확대를 제안했다. 기관 C는 과학기술계 공공연구소와 정부출연연의 미션과 역할을 명확히 차별화해야 한다고 제시했는데, 즉 정부출연연은 주요 국가적 과제의 해결을 책임지는 중심축으로서의 역할을 수행하고, 대학은 창의적 인재 육성과 기초연구를 수행하며 기업은 산업화 기술 개발에 집중해야 한다고 제시했다. 또한 글로벌 연구네트워크 차원에서 신(新) 산·학·연 복합체를 조성해 국가 성장 엔진으로서의 역할을 담당하도록 지원해야 한다고 제안했다. 기관 E는 정부출연연의 새로운 거버넌스 구축 측면에서 정부출연연구기관 임무의 재정립, 정부출연연의 단일 법인화, 국가 중장기 과학기술 연구개발 기획과 전략에 연계성 부여, 효율적인 운영 체제 정비, 연구개발 기획, 예산 분배 과정에서의 일관성과 전문성 확보, 연구 단위의 독립성과 자율성 부여로 고유 목적을 수행할 수 있는 연구환경 조성 등을 제안했다.

5) 과학기술 행정 체제 개편 논의 대안 비교

주요 과학기술단체의 개편 논의 및 대안에 대한 입장을 보면 기관 A는 집행 부처 중심의 과기 전담 부처 신설로, 현행 국과위에 대한 직접적인 언급은 없는 상황이었다. 과실연은 국과위 기능·위상 강화, 연구개발부(교과부 과기 기능+지경부 R&D 일부 기능) 신설을 제안했으며, 기관 C는 국과위 기능·위상 강화 의견을 보이나 과기부 부활에는 부정적인 의견을 나타냈었다.

기관 D는 국과위를 총리 산하에 두는 것을 제외하고는 국과위의 성격(행정위, 자문위), 과기부 부활 여부 등은 학자마다 다소 차이를 보였다. 그리고 기관 E는 기초과학과 정보통신 분야 R&D를 총괄하는 과학기술미래부 신설, 국과위 위원장을 대통령으로 격상하고 사무국은 대통령실 내에 설치할 것을 제안했다.

과학기술 행정 체제 개편의 대안 논의에서 각 수준별 제안은 상위 수준(level 1)의 경우 국과위의 위상과 역할 강화에 대한 제안이, 부처 수준(level 2)에서는 과학기술 관련 또는 총괄 행정부처의 신설이 필요하다는 제안이 주를 이루고 있는 모습을 볼 수 있다. 그리고 중간조직 수준(level 3)에서는 연구회 등 연구관리기관의 블록 예산 편성권 부여에 대한 제안이, 연구기관(level 4) 수준에서는 연구 수행 주체별 역할 재정립 및 연구 자율성 확보, 상호 연계성 확대에 제안의 초점을 두

표 14-6 수준별 과학기술 행정 제체의 제안

수준＼기관	기관 A	기관 B	기관 C	기관 D	기관 E
상위 수준 (level 1)	국가 R&D예산 배분과 조정에서 국과위의 평가 및 사전 조정 기능 유지, 강화	국과위 역할 강화 (부총리급)	국과위의 정책 조정 및 컨트롤 타워 역할 담당(위상 강화)	– 국과위 총리실 산하 순수위원회조직으로 전환,	국과위 위상 강화–위원장 대통령
부처 수준 (level 2)	총괄행정부처 설치 – 1안: 교과부 고등교육+연구개발 – 2안: 1안+정보통신 R&D 기능 – 3안: 과학기술+산업기술+국과위 일부 기능	연구개발부, 창의교육부, 기업혁신부, 정보미디어부 신설	– 과기정책 수립, 수행 중심 조직 필요 – 국가 혁신역량 증대를 위한 체제 구축	– 과학기술부, 정보통신부, 통상산업부 신설	–과학기술미래부 신설: 기초과학기술 분야와 정보통신기술 분야 융합
중간 조직 (level 3)	– 양 연구회 폐지 및 국과위 소속(가칭) 국가연구개발원 설립 – 연구관리기관의 전문성 및 독립성 강화: 블록 예산 편성권	연구관리기관에 블록 예산 편성권 부여	대행자의 위치를 넘은 집행 체제 구축 (연구기획 등 중간 조직의 효율적 개편)		–
연구기관 (level 4)	– 출연연 단일법인화 – 연구 자율성 확대 – 연구 수행 주체별 연구 미션 재정립 및 평가 체계, 상호 연계 강화	연구 수행 주체별 미션 재정립 및 상호 연계성 강화 정책 지원	– 출연연과 공공연구소의 역할 재검토 – 출연연 운영 안정성, 자율성 강화 – 신(新) 산・학・연 복합체 조성		출연연 역할재정립–국가적 미션 부여 출연연의 단일법인화, 국과위 산하로 편입

고 있는 것으로 나타났다.

3 과학기술정책 거버넌스 논의의 정책적 시사점

2012년 말부터 정권 교체기에 쟁점이 되었던 우리나라 과학기술정책 거버넌스 구조의 문제점들을 현행 과학기술정책 거버넌스가 수용하고 있는지를 비교해 볼 수 있었다. 우리나라 과학기술 행정 체제 개편과 관련해 항상 등장했던 쟁점은 상위 컨트롤 타워 문제, 과학기술 관련 부처 간 역할 문제, 연구회와 재단 등의 중간 조직 문제, 그리고 연구 수행 주체인 출연연과 산학연의 역할 문제 등이다. 정권 교체기에 등장한 행정 체제 개편에 대한 다양한 쟁점들이 다 수용되기에는 현실적인 어려움이 있다.

과학기술 행정 체제를 4개의 수준별 쟁점을 중심으로 살펴볼 수 있다. 가장 상위 수준의 정책 결정과 조정 측면인 수준 1의 경우 과학기술부의 낮은 위상과 총괄 및 조정 기능의 취약, 과학기술정책 기능에 대한 총괄·조정 역할: 과학 예산편성권과 기획조정권 여부, 국가과학기술위원회 출범, 과학기술부총리제 도입 필요성 등을 제안했다. 그러나 현 정부의 과학기술 행정 체제는 이러한 주장들이 거의 반영되지 못해 총괄 및 조정 기능의 취약이 문제점으로 지적되고 있다.

부처 측면의 수준 2는 과학기술 전담 부처 및 위상, 관련 부처 간 주도권 경쟁 및 중복으로 유관 부처들 간 업무 중복과 갈등, 경쟁 유발은 계획이나 중복 투자 등의 부정적 효과를 발생시킬 수도 있으며, 과학기술과 산업 및 전문인력 개발의 연계 부족으로 과학과 기술, 산업 및 인력의 연계에 대한 사항이 주요 쟁점으로 부각되었다. 수준 2에서는 기존 과학기술, 정보통신 및 국가과학기술위원회의 조정 기능이 포함된 미래창조과학부의 설립으로 과학기술 전담부처의 설립으로 일정 부분 수용되었다.

구체적인 정책 개발과 운영적 측면의 수준 3에서는 연구회 운영과 관련된 사항으로 출연연 관리, 실질적인 조정권이나 예산권 부재, 부처와 관계 소원 등을 들 수 있다. 그리고 부처별 연구관리기관 문제가 쟁점이 되었다. 이 수준에서 현행 과학기술 행정 체제는 기초기술연구회와 산업기술연구회가 미래창조과학부 소관으로 변경되어 각 부처별로 연구회와 산하 연구기관을 관리하는데서 오는 문제의 일부를 과학기술 전담 부처 산하로 이관했다.

마지막으로 실질적인 연구 수행기관과 이들 간의 관계인 수준 4에서는 지속적인 출연연구소에 대한 개편 논의가 이뤄지는데, 이는 연구원들의 사기 저하와 불만, 이공계 기피 현상의 원인이 되는 문제가 되기도 했다. 그러나 현행 과학기술 행정 체제에서도 대학 및 출연연 역할 재정립과 산·학·연 연계에 대한 쟁점이 지속적으로 나타나고 있다.

과학기술 행정 체제 개편 논의의 특징은 크게 네 가지로 구분할 수 있다.

첫째는 논의의 초점이 정부조직 상부구조 개편에만 관심을 두고 있다는 점이다(조만형, 2008). 초점이 거시적인 조직구조 개편에 치중되어 있는데, 특히 상부구조(level 1)과 부처 수준(level 2)에 초점이 맞춰져 있어, 하위 연구회 및 각 부처의 연구개발 관리조직이나 대학 및 연구기관 등 연구개발 수행 주체의 역할 및 기능에 대한 관심은 상대적으로 부족하다고 할 수 있다. 특히 우리나라 과학기술 발전에서 정부 중심의 정책 드라이브와 정부출연연의 역할과 비중이 크기 때문에 출연연 거버넌스와 대학의 역할 등에 대한 논의가 동시에 이뤄져야 할 것이다.

둘째는 부처조직 재편 중심의 하드웨어적인 조직구조 논의 중심으로 이뤄지고 있다는 점이다. 하드웨어적인 조직구조, 특히 부처조직의 재편 중심의 거시적인 논의가 진행되고 있고, 과학기술 행정 체제의 작동 메커니즘에 대한 분석과 운영에 대한 미시적인 논의가 부족하다고 볼 수 있다.

셋째는 과거 혹은 현행 과학기술 행정 체제 문제점으로부터 대안을 모색하고 있다는 점이다. 2012년 들어 봇물처럼 터져나온 과학기술 행정 체제 개편 논의의 대부분은 과거 과학기술 행정 체제 혹은 현행 체제의 문제점을 중심으로 그 대안을 찾고 있어 과학기술의 특성과 발전을 고려하고, 미래에 대비하는 기능과 거시적인 기획 · 조정 강화, 과학기술 맥락과 환경 변화에 대한 고려가 부족하다. 특히 정부 역할 재조명과 민간 부문을 포함한 개방형 거버넌스 구축에 관한 논의가 부족한 상황이다.

넷째는 새로운 제도의 도입 중심으로 논의되고 있어 제도나 기존 제도들 간의 부정합에 대한 논의가 부족하다. 새로운 제도의 도입을 중심으로 논의가 이뤄지고 있기 때문에 적합한 제도나 제도들 간의 부정합에 대한 논의는 이뤄지지 않고 있는 것이다.

과학기술 행정 체제 개편 논의는 그동안 반복적으로 제기되었던 행정 체제 개편의 주요 쟁점들이 다시 재현되고 있으며, 새로운 미래 지향적 대응은 소홀히 하는 경향이 존재한다고 할 수 있다.

제 4 절 우리나라 과학기술정책 거버넌스 구조

1 정책 조정 메커니즘

정책 조정 메커니즘은 가장 높은 수준(level 1)의 범부처적 정책 조정 및 정책 결정과 부처 역할 중심 차원(level 2)의 조정에 초점이 있다. 연구 수행 주체들 간의 조정인 level 3과 4는 참여 메커니즘 부문에서 논의하고자 한다.

1) 수평적 조정 메커니즘

현행 우리나라 과학기술정책의 형성 및 집행 과정에서의 조정 메커니즘은 과학기술 행정 체제는 정권이 바뀔 때마다 변해 왔다. 2004년 이후 새로운 과학기술 행정 체제의 도입을 중심으로 한 국가혁신체제의 개편 및 구조적 변화를 도모했으나 2008년 이명박 정부 출범 시 부처 개편에서 국가과학기술위원회와 교육과학기술부 그리고 산업자원부 체제를, 그리고 현 박근혜 정부에서는 [그림 14-5]에서 보는 바와 같이 국가과학기술위원회를 폐지하고, 미래창조과학부를 신설해 과학기술 전담 부서로서의 역할을 하고 있다. 첫째, 범부처적 정책 조정 및 정책 결정 차원에서는 미래창조과학부가 국가과학기술위원회 기능과 과학기술정책 및 과학기술 혁신 관련 산업·인력, 지역기술 혁신 분야 조정 기능을 수행한다. 둘째, 미래전략 수석비서관의 신설로 과학기술 관련 부처 사업과 예산을 통합 조정하는 기능을 하도록 하고 있다.

이처럼 과학기술 조정기관으로 미래창조과학부를 비롯해 국가과학기술자문회의 등의 의견 조율기관이 존재한다. 또, 대통령 미래전략 수석비서관과 청와대 행정부서, 국무조정실, 기획재정부 및 국회 예결위 등도 과학기술정책 결정에 영향을 미치고 있다. 그러나 현행 체제상의 문제는 "당장 조정기관이 불확실한 것이 가장 큰 문제"라는 것이다.

상위 차원(level 1) 조정 체계에서의 두 번째 이슈는 과학기술 자문기구의 역할과 기능이다. 우리나라의 대표적인 과학기술 자문기구는 1991년 설립된 국가과학

그림 14-5 우리나라 과학기술정책 거버넌스 구조(2016년)

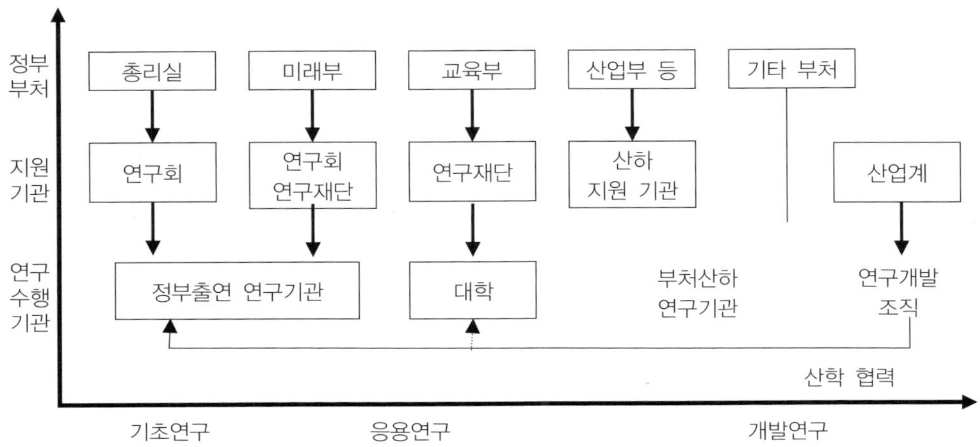

기술자문회의로 과학기술 분야의 중요 사안에 관해 대통령의 자문에 응하도록 되어 있다. 그리고 과학기술부나 기타 연구개발 관련 부처에서 정책평가위원회 등의 정기적인 자문기구나 관련 전문가회의 등의 비정기적인 회의 등을 통해 다양한 과학기술 관련 자문 통로가 구축되어 있다. 그러나 자문 구조의 양적 팽창에 비해, 실질적인 자문 구조가 구축되어 있지 않다는 점이 문제점이다. 국가과학기술자문위원들의 소속별 분포가 대학교수들에게 과도하게 치중되어 있으며, 연구기관이나 산업계 대표들도 연구소장이나 대표이사들로 연구 현장의 요구를 담아내는 데 한계가 있다는 것이다.

두 번째 부처 역할 중심 차원(level 2)에서의 조정은 참여정부는 2004년 과학기술부총리제의 도입으로 상대적으로 중요도가 낮았던 부처 간 조정을 용이하게 하고 과학기술정책을 국정 운영의 핵심으로 추진했으나, 이명박 정부는 과학기술부와 교육부를 통합해 교육과학기술부를 신설했으며, 박근혜 정부에서 다시 미래창조과학부로 개편해 조정 기능을 하도록 하고 있다. 그러나 실질적인 조정 기능이 이뤄질 수 있도록 제도적인 뒷받침이 필요하다. 최근 정부의 정책적 노력은 주로 조직 설립, 제도 정비에 초점이 두어져 있으며, 지나치게 복잡한 상위 지배구조로 실질적인 조정이 이뤄지지 않고, 연구 현장의 자율성 침해와 거래 비용의 과다 등의 문제점에 대한 지적이 지속적으로 있어 왔다. 특히 과학기술정책 조정 관련 제도 과잉 문제와 제도와 체제 간의 부정합성 문제 해결을 위한 노력이 필요하다.

현행 우리나라 과학기술정책 체제는 2004년 과학기술부총리 체제와 과학기술종합조정 체제의 구축에 이어 교육부와 과학기술부의 통합을 거쳐 과거의 국가과학기술부와 정보통신부 등의 관련 부서의 기능을 통합한 미래창조과학부와 지역의 창조경제혁신센터의 새로운 체제 정착을 위한 과도기적 과정에 있다. 이러한 새로운 체제의 성공 여부는 앞으로의 제도의 정착을 통해 실질적인 효과가 나타날 수 있도록 환경 구축 등 실질적인 노력이 전제되어야 한다.

2) 수직적 조정 메커니즘: 과학기술정책 집행 및 연구 지원 구조

수직적 조정 메커니즘은 정부와 연구 수행 주체 사이 관계 차원에서의 구조를 의미한다. 여기서는 특히 정부와 연구 수행 주체 사이의 독립성 및 연구비 지원 구조와 관련된 이슈들이 논의된다. 우리나라는 공공 연구의 대부분을 출연연구기관을 중심으로 한 기술 개발이 이뤄져 정부와 출연연구기관의 관계 및 독립성 등의 변화가 수직적 조정 메커니즘에서의 중요한 이슈를 형성해 왔다. 그동안 개별 부처 산하의 출연연구기관들을 1999년 연구기관의 부처로부터의 독립성을 갖고 범부처적인 활용 체제와 자율책임 경영 체제의 발전을 위해 정부와 연구기관의 중간에 연구회를 설립해 연구기관들을 지원하고, 총리실 산하기관으로 이관했다.[1] 그러나 여전히 정부부처로부터 직접적인 감독 통제를 받는 경영 지배 구조 하에서 자율책임 경영을 기대하기가 어려운 구조다. 출연연구기관들의 지배 구조 역시 [그림 14-6]에서 보는 바와 같이 매우 다중인 평가 및 감독 구조로 인해 연구기관의 연구 창의성과 자율성을 저해하고 있다(대덕넷, 2006.12). 출연연의 지배구조는 우선 인력 관리와 기본사업비는 기획재정부의 감독을 받는다. 연구기관의 기본사업비 차등화 문제도 기획재정부 예산실 통제를 받으며, 기관장 연봉 차등화 역시 국무총리 산하 국무조정실이 감독한다. 기관의 경상운영비 차등화는 각 정부 부처 소관이다. 연구소 사업계획과 예산 심의는 국가과학기술연구회가 감독한다. 정기적인 감사원

1) 연구회는 2004년부터 과학기술부(과학기술혁신본부) 산하로 이관되었으나, 2008년 다시 지경부와 교과부 산하로 분리되었다가 박근혜 정부에 들어 2013년부터 다시 미래창조과학부 산하로 이관되었으며, 과학기술 분야 연구회는 2014년부터 기초기술연구회와 산업기술연구회가 국가과학기술연구회로 통합되었다.

그림 3-2-6 정부출연연구기관들의 다중 평가 및 감독관리 체계

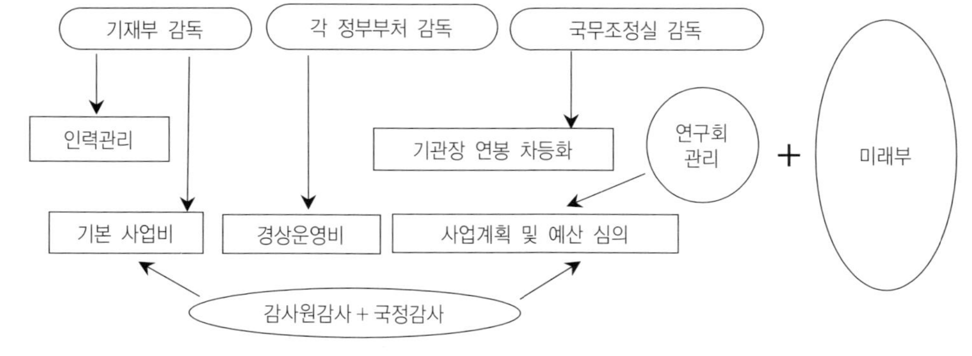

감사와 국정감사가 매년 연구 현장에 직·간접적으로 영향력을 미치고 있다.

연구회 체제를 가지고 있는 영국, 독일 등과 달리 우리나라는 정부와 연구기관 사이의 연구회에서 연구 예산을 배분하지 않고, 정부로부터 직접 혹은 부처 산하 재단을 통해 연구비가 지원되기 때문에 정부부처의 연구개발사업 지원을 중심으로 연구비 배분 체제를 분석하는 것이 바람직할 것이다. 한국의 정부연구개발사업은 1980년대에는 소규모 과제 중심의 연구개발사업이 많았나 1990년대 들어 점차 대형 연구개발사업 중심으로 연구개발사업이 확대되기 시작했다(김계수·이민형, 2003). 1992년에 범부처사업인 선도기술 개발사업(G7)을 추진했고, 1999년에 창의연구사업, 국가지정연구실사업 및 21세기 프런티어사업 등의 대규모 전략 개념을 도입한 사업들을 추진했다. 특히 창의연구사업 등은 연구비 지원 형태의 변경 등 새로운 시도가 이뤄진 사업이다. 1996년 PBS제도의 새로운 예산 배분 체제의 도입으로 기존의 연구비 개념을 상당 부분 변화시키고, 창의연구사업과 프런티어사업 등은 기존 연구 지원이 연구기관 중심에서 창의적 연구팀 중심으로 전환되면서, 연구비 배분 및 사업 형태에서 많은 변화가 이뤄졌다.

한국은 1999년도에 연구 기능별로 5개의 연구회를 신설하고, 기존에 개별 정부부처가 관장하던 19개 이공계 연구기관을 3개 연구회 산하의 기관으로 배속시키고 정부출연 연구기관들의 관리감독권을 연구회로 이관하고, 국무총리실 소속으로 배치시키는 등 극적인 출연연 지배 구조에 대한 개혁을 실시했다.[2] 연구회 체제로 중

간감독자로서의 연구회의 역할과 정부 위임에 의한 정부출연연구기관의 '자율과 책임 경영'이 실현될 수 있는 기반 구축을 시도했다. 이러한 관리 체제의 개편으로 출연연구기관은 범부처적 공동 활용과 다중감독 체제로 전환하게 되었으며, 국가기술 목표 체계의 구축과 새로운 관리 방식을 적용한 연구개발사업의 개발과 효과적인 예산 배분 체제의 적용에 많은 노력을 기울였다.

영국과 독일의 연구회 운영에 대한 벤치마킹을 통해 등 양 국가의 혼합 형태의 연구회 체제를 도입해, 정부출연연구기관의 관리감독 체계 개편이 이뤄졌다. 특히, 공공 부문의 많은 연구 활동을 관장하는 영국 연구회(Research Councils)의 성공적인 운영 사례는 우리나라의 연구회 도입에 많은 참고가 되었다. 그러나 2004년 12월 과학기술부 장관을 부총리로 격상시키고 과학기술 분야 정책 조정을 위한 과학기술혁신본부를 설립하면서 총리실 산하의 5개 연구회 중 과학기술 분야 3개 연구회(기초기술, 공공기술, 산업기술연구회)는 과학기술부의 과학기술혁신본부로 이관했다. 2008년 과학기술혁신본부를 폐지하고, 교육부와 과학기술부를 통합해 교육과학기술부를 신설하고 연구회를 공공기술연구회를 폐지하고, 기초 및 산업연구회는 교육과학기술부(기초기술연구회)와 산업자원부(산업기술연구회)로 반분해 관리되도록 했다. 박근혜 정부에서는 미래창조과학부의 설립으로 기초기술연구회는 미래부에, 산업기술연구회는 산업부에서 관리되도록 했으나, 2014년 두 연구회를 국가과학기술연구회로 통합해 미래창조과학부에서 관리하도록 했다.

우리나라의 경우 1990년대 후반 이후 연구개발사업 추진 체제에서도 큰 변화가 일어난 시기다(김계수 · 이민형, 2003). 1990년대와 2000년대 대표적인 국가연구개발사업인 선도기술개발사업(1992~1999)과 21세기 프런티어 연구개발사업(1999~)의 특징을 통해 그 변화를 파악할 수 있다.[3] 선도기술 개발사업이 정부가 주도적으

2) 1999년 정부출연연구기관의 고비용 저효율 구조의 개혁과 조직 · 인력의 감량 추진, 시장 원리에 입각한 경쟁 체제의 도입 및 성과 중심의 정부출연금 지원과 연구기관의 자율성 확대 및 책임성 확보를 위해 감독관청을 각 부처에서 국무총리실로 일원화해 5개연구회(인문사회연구회, 경제사회연구회, 기초기술연구회, 산업기술연구회, 공공기술연구회)를 설립했다.

3) 21세기 프런티어 연구개발사업(21C Frontier R&D Program)은 선도기술 개발사업(일명 G7프로젝트) 등을 통해 확보한 연구력을 최대한 활용, 2010년경 선진국과 대등한 전략기술을 집중 개발하기 위해 1999년부터 시작한 중장기 대형 프로젝트로 과학기술혁신본부가 예산 배분 및 사업 운영을 총괄한다. 현재 22개 사업단이 운영 중이며, 2004.10월 부총리 체계 출범에 따라 기초 · 원천기술 분야 외 6개 사업단을 산자부와 정통부로 이관해 과기부(16개), 산자부(5개), 정통부(1개)에서 각각 운영하고 있다. 기술 분야별로는 BT 8개, IT 3개, NT 3개, ET 4개, 기타 4개가 선정되

로 기획해 경쟁적으로 공모 배정하는 방식의 사업인데 반해 21세기 프런티어 연구개발사업은 정부가 지명하는 창의적인 개별 과학기술자가 주도적으로 기획해 하위과제 책임자를 선정하는 방식으로서 예산 배분 권한을 대폭적으로 전문가에게 위임하는 형태의 연구 지원 유형이다. 선도기술 개발사업은 정부 주도의 연구개발사업인데 반해 21세기 프런티어사업은 전문가 주도의 사업이며, 이러한 사업 추진 체제의 변화는 한편으로는 과학기술자에게 기획과 예산 배분 등의 참여 기회를 부여했다는 점에서 특징적이며, 새로운 시도라고 할 수 있다. 21세기 프런티어사업 추진에서 또 하나의 중요한 특징은 사업 책임자에게 전적인 예산배분권과 참여자 선택권을 부여하고 있어 그동안 정부 주도적인 기획을 과학기술 전문가에게 위임한다는 점에서 참여의 폭과 연구자의 자율성을 보장하기 위한 새로운 시도라고 할 수 있다.

2 정책 참여 메커니즘

시민사회가 성장한 서구의 여러 나라나 선진국들과는 달리, 우리나라는 시민사회 발전의 역사적 경험이 짧고 시민사회가 아직 그다지 성숙해 있다고 보기는 어렵다. 과학기술자 역시 한국 사회의 특수성을 반영하고 있어 개인적인 참여는 이뤄지나 집단적인 사회 참여는 소극적이어서, 사회적 참여가 활발한 선진국의 과학기술자 사회와는 상당히 다른 특성을 보이고 있다.

과학기술정책 분야에의 참여 메커니즘은 크게 세 가지 유형별 현황을 중심으로 살펴보면 첫째는 과학기술 관련 참여 부처의 다양화 및 다원화되고 있다는 것이다. 우리나라 국가연구개발사업은 1982년 과학기술부가 특정연구개발사업을 추진하면서 시작했으며, 1990년대에는 범부처사업인 선도기술 개발사업(G7프로젝트)을 추진하면서 '선택과 집중'에 입각한 국가 연구개발 전략의 모습이 갖춰진 시기다. 이때는 정통부, 산자부, 환경부, 교육부, 중기청 등 다른 부처들도 연구개발사업을 적극적으로 추진하는 등 국가연구개발사업의 기능적 및 구조적 분화가 이뤄진 시기다. 1990년대 후반 이후 2000년대는 IMF 경제위기를 거치면서 벤처 육성 정책 추

었다(과학기술부 홈페이지, www.most.go.kr).

진과 환경부, 건교부, 교육부, 산자부의 연구개발 예산이 매우 증가했으며, 참여정부 들어서서 국가 균형 발전정책이 적극적으로 추진되면서 지역 기술 혁신 촉진을 위한 국가 연구개발 예산이 급격하게 증가한 시기다. 한편 지방대학·중소기업·연구소 간 협력 연구 활성화로 지방의 기술혁신 역량이 강화되고 있으며, 지방 R&D 비중(R&D 예산 대비 비율)은 2003년 27%에서 2006년 36.2% 다시 2007년에는 40%로 증가되었다.

둘째는 대기업을 중심으로 민간 부문의 참여의 확대다. 연구개발 투자비를 기준으로 한 정부와 민간의 R&D 투자 비율은 〈표 14-7〉에서 보는 바와 같이 2014년 현재 75% 대 23%로 민간이 정부보다 월등히 많은 연구개발 투자를 하고 있다. 주체별 연구비 사용 비율은 역시 기업에서 가장 많은 연구비를 사용하고 있으며, 특히 다른 선진국들에 비해 대학의 연구비 사용 비율이 상대적으로 낮은 것이 특징이다. 이공계 박사급 인력의 절대 다수를 보유하고 있는 대학에서의 적극적인 연구개발 활동에의 참여 유도를 위한 노력이 필요하다.

셋째는 시민사회의 참여다. 그동안 우리나라의 과학기술정책은 1960년대 후반 강력한 정부의 지원과 관심 아래 정부 주도의 발전을 이뤄왔다. 과학기술을 경제

표 14-7 국가별 연구개발투자의 산업 및 정부 비율(2014년)

국가	R&D 투자 -2014				
	투자 비율		주체별 연구비 사용 비율		
	산업	정부	기업	대학	정부
핀란드	53.5	27.7	67.7.7	22.9	8.6
프랑스	55.0	35.2	64.8	20.6	13.1
독일	65.4	29.1	67.9	17.3	14.8
일본	77.3	16.0	77.8	12.6	8.3
한국	**75.3**	**23.0**	**78.2**	**9.0**	**11.2**
스웨덴	61.0	28.3	67.0	29.0	3.7
영국	46.5	28.8	64.4	26.1	7.8
미국	60.9	27.7	70.6	14.2	11.2
EU	54.3	33.1	63.2	23.2	12.6
OECD 합계	60.6	28.3	68.5	17.9	11.2

자료: OECD(2015). ST Indicators.

성장의 주요 수단으로 인식하면서 더욱이 기술을 천시해 오던 오랜 전통을 깨고, 과학기술인 우대 및 과학기술 지원제도를 대폭 늘려가고 있다. 그런 가운데 엘리트 중심, 공급자 중심의 과학기술정책이 지배하면서 시민 참여는 사실상 제한되어 왔다고 할 수 있다(과학기술부, 2002). 특히 다양한 과학기술 장기계획이 수립되어 있지만 수립 과정에서 다양한 시민의 참여를 통한 국민적 합의 도출 과정이 생략된 채 이뤄지는 많은 정책실험이나 체제 개편을 위한 노력들은 시스템 실패로 나타날 가능성이 높다. 국가는 각 부처, 연구기관, 관련 전문가의 참여와 의견 수렴을 통한 수요 중심의 국가종합과학기술계획을 수립하고, 모든 국가 연구개발사업은 이 계획에 의거해 배분 수행되도록 제도화해야 한다.

과학기술기본법의 제정과 정책 투명성과 합리성을 담보하기 위해 참여를 명시하고 기술영향평가를 제도화했으며, 실제 현장에서도 정부와 과학기술계, 그리고 시민단체들의 참여의 폭이 확대되어가고 있으며, 많은 프로그램에서 이러한 시민의 참여가 제도화되어가고 있다. 시민합의회의나 과학상점과 같은 시민 참여 프로그램이 등장하고 있다(홍성만, 2004).

시민 참여 문제에서 최근의 한국 과학기술정책 거버넌스 구조는 정부와 과학기술자, 시민 등 과학기술 관련 이해관계자 모두가 참여하는 참여 메커니즘이 제도화되어 있지 못했다. 일부 사업의 경우 정책 결정 초기 과정에서 일부 과학기술자들을 참여시키고, 사회적 문제가 발생했을 경우 과학기술자들은 배제된 채 시민단체와만 정치적 협상을 벌이는 구조로 이뤄져 왔다(과학기술정책연구원, 2005). 이처럼 정부와 과학기술자 간의 협력 관계의 파트너십은 정부가 필요할 때 필요한 집단만을 선택해 협의하는 구조였다는 것이다. 한편 하나의 시민단체가 사회의 많은 이슈에 대해 참여하고 정책 결정 과정에 영향을 미치려고 하는 시민단체의 백화점식 운동 방식이다. 백화점식 시민운동의 문제점은 정책 결정 과정에서 전문성 결여의 문제점이 있다. 전문성 결여는 합리적 정책 결정을 위한 타협보다는 감성적이고 집단적인 대결 과정을 초래하기가 쉬운 것이 현재까지의 과학기술정책 과정에서의 문제점이다(박상욱 외, 2005).

제 15 장 우리나라 과학기술 및 혁신 기반

제 1 절 과학기술 기반

과학 기반(science base)을 파악하기 위한 지표로는 논문 수가 가장 많이 활용되는데, 우리나라 과학기술 논문 발표 건수 및 논문의 피인용 횟수를 보면 〈표 15-1〉과 같다. 우리나라 과학기술 논문 발표 건수는 지속적인 증가세를 보이고 있는데 1990년 1,600건에서 2011년 44,000여 건으로 약 20년간 2,689%의 급격하게 증가했다. 각 시기별로 보면 1990년 1600건에서 2000년 13,000여 건으로 739%의 매우 높은 증가를 보였으며, 2000년 대비 2005년 증가율 역시 106%로 높게 나타났다. 세계 총 논문 수 기준으로 우리나라 논문의 세계 점유율을 보면 2000년 2%에서 2005년에는 3%로 2011년에는 4%로 지속적으로 점유율이 높아지고 있으며, 1990년 논문 발표 세계 34위에서 2000년대 들어 16위로 상승했고, 2005년 이후에는 11위를 유지하고 있는 것으로 나타났다.

논문의 질적 수준은 논문의 피인용 횟수를 통해 파악할 수 있는데 과학기술 논문 1편당 최근 5년간 평균 피인용 횟수를 보면 1986~1990년의 경우 1.23회에서 1996~2000년 1.91회로 10년간 55% 증가한 것으로 나타났다. 2005년에는 피인용 수가 2.79회로 증가했으며 2010년 이후 3회 이상으로 증가했다. 1990년(1986~1990)

대비 2011년(2007~2011) 피인용 횟수 증가율은 206%로 나타났고 세계 순위[1]는 2000년 33위를 제외하면 30위를 유지하고 있는 것으로 나타났다.

우리나라 논문 발표 및 피인용 현황을 통해 과학 기반을 분석한 결과 논문 수의 양적인 성장이 매우 높게 나타나고 있음을 알 수 있다. 논문 발표 수의 증가율과 세계 순위 지표를 논문의 질적 수준을 나타내는 피인용 횟수의 증가율 및 순위와 비교했을 때 양적인 성장에 비해 상대적으로 질적인 성장의 정도와 속도가 낮은 것을 알 수 있다.

표 15-1 한국 과학 기반(논문)

구분		1990년	2000년	2005년	2010년	2011년
논문 발표	발표 수(건)	1,603	13,461	27,839	39,834	44,718
	세계 점유율(%)	0	2	3	3	4
	세계 순위	34	16	11	11	11
구분		1986~1990년	1996~2000년	2001~2005년	2006~2010년	2007~2011년
피인용	피인용 수	1.23	1.91	2.79	3.57	3.77
	세계 순위	30	33	30	30	30

자료: NTIS과학기술통계서비스(http://sts.ntis.go.kr).

연구 주체 및 6T별 논문 게재 현황은 〈표 15-2〉에서 보는 바와 같이 2007년의 경우 대학이 77%로 대부분을 차지하고 있고, 그 다음이 출연연이 15%를 차지하고 있다. 2013년의 경우는 대학 72%, 출연연이 20%를 차지하고 있어 대학 편중 현상이 완화되고 있고, 특히 출연연의 논문 게재 비율이 증가하고 있는 것이 특징이다. 6T별 논문 수는 2007년의 경우 BT 분야가 45%로 가장 많고, IT가 20%, NT 분야가 19% 등의 분포를 보이고 있으나 2013년의 경우 BT 분야가 46%, ET 분야 18%, NT 분야 18%, IT가 14%로 2007년에서 2013년 사이 ET 분야의 논문 증가율이 가장 높고, IT 분야의 비중이 줄고 있는 것이 특징이다.

특허는 신기술을 이해하는 데 중요한 기술정보이며, 과학기술 활동으로 인해 발생된 대표적인 기술적 성과다. 또한 국가 또는 기업의 기술 수준과 기술혁신의

1) 발표 논문 수 10,000편 이상인 국가를 대상으로 한 순위.

표 15-2 연구 주체 및 6T별 논문 게재 현황

논문 게재 현황 (단위: 건)		2007년	2009년	2011년	2013년	2007~2013년 증감률(%)
연구 수행 주체별	국공립연	429	724	745	697	62.50
		2.29			2.58	
	출연연	2,968	3,535	3,936	5,440	83.28
		15.84			20.11	
	대학	14,561	18,998	20,526	19,586	34.51
		77.70			72.40	
	기업	568	553	587	793	49.33
		3.02			2.93	
	정부부처	8	8	3	24	181.75
		0.04			0.09	
	기타	207	356	485	512	147.38
		1.10			1.89	
	합계	18,741	24,174	26,282	27,052	
6T별	IT	2,580	3,314	3,284	3,312	28.36
		20.48			14.68	
	BT	5,793	8,622	9,678	10,544	82.02
		45.98			46.73	
	NT	2,415	4,198	4,509	4,062	68.18
		19.17			18.00	
	ST	219	259	358	377	71.70
		1.74			1.67	
	ET	1,571	2,529	3,355	4,207	167.74
		12.47			18.65	
	CT	20	44	60	61	209.54
		0.16			0.27	
	합계	12,599	18,966	21,244	22,563	

주: ( ) 안은 비중.
자료: NTIS.

방향 등을 측정 및 분석하는 데 가장 널리 사용되는 지표다. 기술 기반은 특허 정보를 바탕으로 분석할 수 있는 세계 특허 정보는 주로 미국 특허청에 등록된 특허

와 OECD에서 국가별 특허 건수를 비교하기 위해 개발한 유럽 특허청(EPO), 일본 특허청(JPO), 미국 특허청(USPTO)에 모두 등록되어 있는 삼극 특허(triadic patent families) 지표 등이 활용되는데, 특허 현황을 미국 특허청 등록 특허 기준으로 보면 〈표 15-3〉에서 보는 바와 같다.

연도별 특허 건수(미국 특허청 등록 특허)[2]를 통해 기술 기반을 살펴보면 지속적인 증가세를 보이고 있는데 1990년 200여 건에서 2012년 1,3000여 건으로 증가해 5,765%의 매우 높은 증가율을 보이고 있다. 특히 1990년 대비 2000년 증가율이 1,375%로 높게 나타났으며, 다음으로 2005년 대비 2010년 증가율이 167%로 높게 나타났다. 해외 협력 정도를 알 수 있는 한국 특허 중 외국인 지분이 존재하는 특허 수를 보면 협력 정도가 지속적으로 증가하고 있는 모습을 볼 수 있는데 2000년대 들어 특허 수 대비 해외 협력 비중이 가장 높은 시기는 2012년으로 나타났고, 이전 시기 대비 해외 협력 증가율이 가장 높은 시기는 2005년 대비 2010년으로 116%의 높은 증가세를 보였다. 그리고 2000년 대비 2005년과 2010년 대비 2012년의 경우 전체 특허 증가율보다 해외 협력 증가율이 더 높은 시기로 나타났다. 협력 국가는 미국이 대부분을 차지하고 있으며, 2000년대 초반까지는 일본과의 협력이 더 많았으나 이후 EU 국가와의 협력이 더 많아진 모습을 볼 수 있다.

표 15-3 한국의 기술 기반(특허 등록 수)

(단위: 건)

구분	1990년	2000년	2005년	2010년	2012년
특허 수	230	3,393	4,448	11,876	13,491
해외 협력	12	134	187	404	568
일본	2	25	18	42	46
미국	8	97	140	239	328
EU	2	7	17	48	55

자료: OECD.StatExtracts(http://stats.oecd.org).

연구개발 단계별 및 6T 분야별 국내 등록 특허 수는 2007년의 경우 개발연구

2) 각 국가별 특허 데이터: OECD.StatExtracts(http://stats.oecd.org)에서 미국 특허청(Patent grants at the USPTO) 특허 데이터를 기준으로 등록 연도별(date of grant) 정리한 것으로 해외 협력은 해당 국가별 특허 중 외국인 지분(foreign ownership of domestic inventions)에 대한 값임.

관련 특허가 53%고 가장 많고, 그 다음이 응용연구 33%, 기초연구 11%순이었으나 2013년이 경우는 개발연구 특허가 41%, 그 다음이 기초연구 28%, 응용연구 24%로 기초연구 관련 특허 비중이 증가한 것이 특징이다. 특히 기초연구의 경우 325%로 가장 많은 특허 등록 수가 증가한 것으로 나타났다. 6T 분야별 특허 등록 수는 2007년의 경우 IT 분야가 53%로 가장 많고, BT 19%, ET 14% 순이었으나 2013년의 경우는 IT 분야가 33%로 그 비중이 대폭 줄고, BT 26%, ET 25% 등으로 증가한 것이 특징이다.

표 15-4 연구개발 단계 및 6T 분야별 특허 등록 현황(국내)

특허 등록 현황 (단위: 건)		2007년	2009년	2011년	2013년	2007~2013년 증감률(%)
연구개발 단계별	기초연구	940	733	2,028	3,998	325.49
		11.67			28.25	
	응용연구	2,665	1,360	2,434	3,516	31.94
		33.09			24.85	
	개발연구	4,328	2,186	2,798	5,861	35.41
		53.75			41.42	
	기타	119	321	729	775	549.25
		1.48			5.48	
	합계	3,649.76	2,093	4,462	7,567.1	
6T별	IT	3,238	1,655	2,278	3,827	18.21
		53.35			33.26	
	BT	1,189	727	1,572	3,044	155.98
		19.59			26.45	
	NT	649	445	840	1,273	96.12
		10.70			11.06	
	ST	87	127	178	220	152.54
		1.44			1.91	
	ET	860	555	1,217	2,974	245.61
		14.18			25.85	
	CT	45	29	58	168	273.59
		0.74			1.46	
	합계	6,068	3,538	6,143	11,506	

제 2 절 혁신 기반

혁신 기반(innovation base)은 연구개발비와 연구자 현황을 통해 분석했다. 이를 위해 OECD 데이터[3]를 이용해 각 국가별 혁신 기반을 파악했다. 혁신 기반은 국가혁신체제의 성격과 경쟁력을 표현하는 가장 기본적인 요소들로서 연구 인력과 과학기술 투자 측면에서 살펴볼 수 있다. 연구개발 투자 총액은 한 국가의 연구 활

표 15-5 한국의 혁신 기반

구분		1990년	2000년	2005년	2010년	2012년
국내 총연구 개발비 GERD	백만 달러 PPP $	–	18,574.19	30,618.33	52,100.35	65,394.37
	인구당 (current PPP $)	–	395.13	636.05	1,054.44	1,307.77
	GDP 대비 비중	–	2.30	2.79	3.74	4.36
	GDP 대비 정부 재원 비중	–	0.55	0.64	1.00	–
	정부 투자 비중	–	23.94	23.02	26.75	–
	해외 투자 비중	–	0.06	0.71	0.22	–
GDP 대비 기초연구 지출 비중		–	0.29	0.43	0.68	–
연구자	연구 인력 수	–	108,370	179,812	264,118	–
	노동가능인구 천 명당 수	–	4.90	7.57	10.67	–

자료: OECD.StatExtracts(http://stats.oecd.org)

3) -연구개발비
국내총연구개발비: Gross Domestic Expenditure on R&D GERD (million current PPP $)
인구당 국내총연구개발비: GERD per capita population (current PPP $)
GDP 대비 비중: GERD as a percentage of GDP
GDP 대비 정부 재원 비중: Government-financed GERD as a percentage of GDP
정부 지원 비중: Percentage of GERD financed by government
해외 투자 비중: Percentage of GERD financed by abroad
GDP 대비 기초연구 지출 비중: Basic research expenditure as a percentage of GDP
- 연구자
연구자: Total researchers
노동가능인구 천 명당 연구자 수: Total researchers per thousand labour force

동 규모를 나타내는 대표적인 지표다. 즉, 연구개발비는 새로운 지식을 획득하거나 기존 지식을 활용해 새로운 방법을 찾아내기 위한 창조적인 연구개발 및 탐구 활동으로 상업화하기 이전 단계까지의 모든 과정의 투자 금액을 포함한다(Frascati Manual, OECD, 2002).

우리나라의 국내 총 연구개발비(GERD)는 2000년 185억 달러에서 2012년 653억 달러로 10여년간 252% 증가했다. 시기별로 꾸준한 증가세를 보였으며, 2005년 대비 2010년 70%의 증가율을 보여 2000년대 평균 60~70%의 증가세를 보이고 있다. 인구당 연구개발비는 2000년 395달러에서 2012년 1,300달러로 231% 증가했다. GDP 대비 국내 총 연구개발비의 비중은 2000년대 2%대에서 2010년 3.7%로 2012년에는 4.3%로 비중이 점차 증가하는 추세를 보이고 있으며, 지난 10여년간 차지하는 비중이 89% 증가했다. 총 연구개발비에서 GDP 대비 정부 재원이 차지하는 비중은 2000년대 0.55%, 0.64%로 1%대 미만이었으나 2010년 들어 1%로 증가해 정부재원 비중이 소폭 증가하는 모습을 볼 수 있다. 연구개발비에서 정부 투자 비중은 2000년대에는 23%에서 2010년 26%로 증가했으며, 해외 투자가 차지하는 비중은 2000년 0.06%에서 2005년 0.71%로 비중의 절대 규모는 작지만 1,080%의 매우 높은 증가율을 보였다. 하지만 2010년 비중이 다시 감소했으며 해외 투자가 차지하는 비중은 1% 미만으로 전체적으로 낮은 비중을 보이고 있다. 그리고 GDP 대비 기초연구의 지출 비중은 0.2~0.6%로 기초연구에 대한 투자가 점차 증가세에 있는데 2005년 0.43%로 2010년에는 0.68%로 58% 증가해 기간 중 2005년 대비 2010년 증가폭이 좀 더 크게 나타났다.

연구 인력의 규모는 2000년 10만 여명에서 2005년 17만 명, 2010년에는 26만여 명으로 증가해 지난 10년간 143%의 연구 인력 증가율을 보이고 있다. 노동가능인구 천 명당 연구자 수는 2000년 4.9명에서 2005년 7.5명으로, 2010년에는 10.6명으로 지속적으로 증가하고 있으며, 전체 연구자 증가폭보다는 낮지만 10년간 117%의 높은 증가율을 보이고 있다.

구체적으로 연구개발 단계, 연구 수행 주체 및 6T별 투자 현황은 〈표 15-6〉에서 보는 바와 같다. 연구개발 단계별 투자 현황은 2013년의 경우는 개발연구에 35%, 기초연구에 21%를 투자하고 있어 2002년, 개발 51%와 기초연구에 18%에 비해 기초연구에 대한 투자를 증대하고 있는 것으로 나타났다. 2001년에서 2013년

표 15-6 한국의 R&D 투자 현황

투자 현황 (단위: 억 원, %)		2002년	2005년	2008년	2011년	2013년	2002~2013년 증감률(%)
연구 개발 단계별	기초연구	8,767	13,575	19,398	31,220	36,689	318.49
		18.6%	17.43	17.64	21.02	21.69	
	응용연구	13,956	14,651	19,895	22,499	24,603	76.3
		29.7%	18.81	18.10	15.15	14.55	
	개발연구	24,261	30,884	41,436	53,091	59,944	147.08
		51.6%	39.64	37.69	35.74	35.44	
	기타		18,795	29,206	41,717	47,903	
			24.13	26.57	28.09	28.32	
	합계	46,984	77,904	109,936	148,528	169,139	
연구 수행 주체별	국·공립연	4,572	4,408	6,225	7,319	8,198	79.29
		9.7%	5.66	5.66	4.93	4.85	
	출연연	19,450	34,081	45,526	57,099	69,923	259.5
		41.4%	43.75	41.41	38.44	41.34	
	대학	10,609	18,273	26,555	37,672	39,718	274.37
		22.5%	23.46	24.15	25.36	23.48	
	대기업	1,463	3,914	9,627	13,861	8,608	488.55
		3.1%	5.02	8.76	9.33	5.09	
	중소기업	6,126	8,285	11,787	18,469	21,926	257.93
		13.0%	10.63	10.72	12.43	12.96	
	정부부처			2,603	3,744	4,477	
						2.65	
	중견기업			2.37	2.52	6,608	
						3.91	
	기타	4,764	8,944	7,613	10,363	9,681	103.22
		10.1%				5.72	
	합계	46,984	77,904	109,936	148,528	169,139	
6T별	IT	10,851	14,748	17,259	26,468	29,742	174.1
		49%	36.36	27.95	29.61	30.26	
	BT	4,515	10,967	17,257	25,808	28,770	537.25
		20.4%	27.04	27.95	28.87	29.28	
	NT	1,592	3,191	5,072	6,415	6,744	323.49
		7.2%	7.87	8.22	7.18	6.86	
	ST	1,845	4,270	8,016	7,015	7,354	298.63
		8.3%	10.53	12.98	7.85	7.48	
	ET	3,054	6,842	13,463	22,533	24,163	691.33
		13.8%	16.87	21.81	25.21	24.59	
	CT	287	541	673	1,148	1,498	421.54
		1.3%	1.33	1.09	1.28	1.52	
	합계	22,143	40,559	61,740	89,387	98,272	

자료: NTIS 과학기술통계서비스(http://sts.ntis.go.kr).

사이의 증가율은 기초연구에 대한 투자 증가율이 318%로 가장 높고, 개발연구는 147% 증가했다. 연구 수행 주체별 투자 현황은 2013년의 경우 출연연이 41%로 가장 높고, 그 다음 대학이 23%로 높게 나타났으며, 2002년의 경우도 비슷한 비중으로 나타났다. 증가율은 대기업의 투자율이 488%로 증가되었으며, 그 다음으로는 대학이 274%, 출연연 259% 등의 순으로 투자가 증가된 것으로 나타났다. 2013년 6T별 투자 현황은 IT 분야에 30%로 가장 높고, 그 다음으로 BT 분야에 29%, ET 분야에 24%의 순으로 투자되고 있다. 반면 2002년에는 IT 분야에 49%로 가장 높고, BT 분야에 20%가 투자되었다. 2002년에 비해 2013년에 투자 비중은 ET 분야에의 투자가 691%로 가장 많이 증가한 것으로 나타났으며, 그 다음으로 BT 분야에 대한 투자가 537%로 가장 많은 증가율을 보인 것으로 나타났다.

제 3 절 과학기술 혁신역량

미래창조과학부와 KISTEP이 매년 OECD 30개 회원국을 대상으로 한 국가 과학기술 혁신역량 평가(자원, 활동, 네트워크, 환경, 성과 차원) 결과를 토대로 우리나라 과학기술 혁신역량을 살펴보면 다음과 같다(미래창조과학부KISTEP, 2015).[4]

한국의 과학기술 혁신역량 순위는 [그림 15-1]에서 보는 바와 같이 2009년 이후 꾸준히 상승하고 있으며, 순위는 2014년 7위로 10위권 내에 안정적으로 머무르고 있다. 2006년 이후 연평균 증가율은 2.1%로 OECD 평균 연평균 증가율 0.9%보다 높다.

자원, 활동, 네트워크, 환경, 성과 부문별 우리나라 과학기술 혁신역량은 [그림 15-2]에서 보는 바와 같이 2014년의 경우 활동과 자원, 성과 부분에서 OECD 평균보다 높은 수준을 보이고 있으며, 특히 활동 부문이 2위로 강점인 반면 환경 부문은 23위로 매우 취약해 순위의 부문 간 편차가 크다. 아울러 강점 영역인 활동 부문은 전년 대비 1단계 상승한 반면 약점인 환경 부문은 전년 대비 3단계 하락해 강

4) 이 절은 미래창조과학부 · KISTEP(2015). 2014년 국가 과학기술 혁신역량 평가 내용은 관련 부분을 요약 정리한 것임.

그림 15-1 한국의 과학기술 혁신역량 지수 및 순위 변화

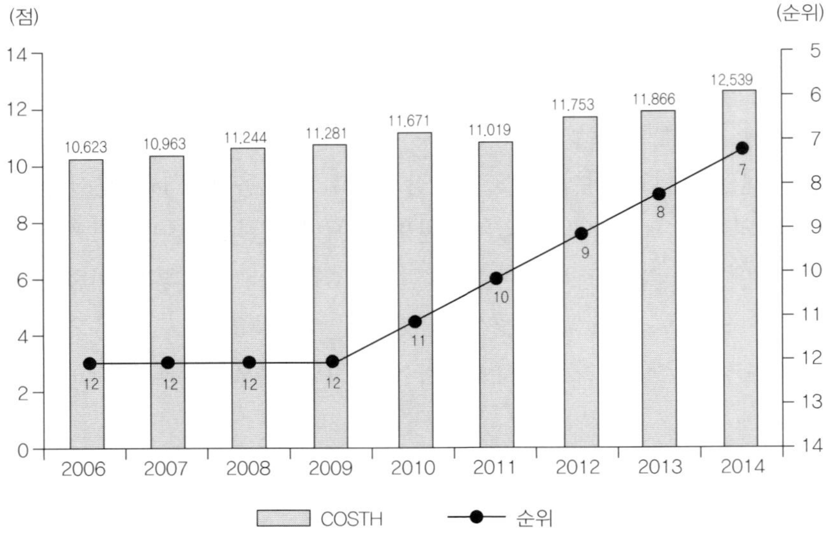

자료: 미래창조과학부 · KISTEP(2015).

그림 15-2 한국의 부문별 혁신역량 종합

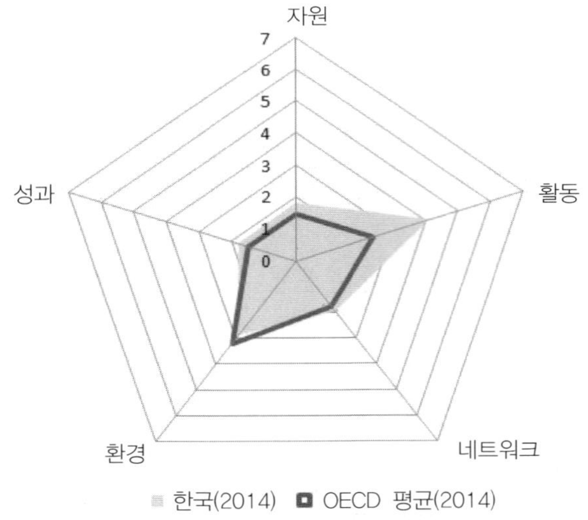

자료: 미래창조과학부 · KISTEP(2015).

그림 15-3 5대 부문별 상대 수준 변화 추이

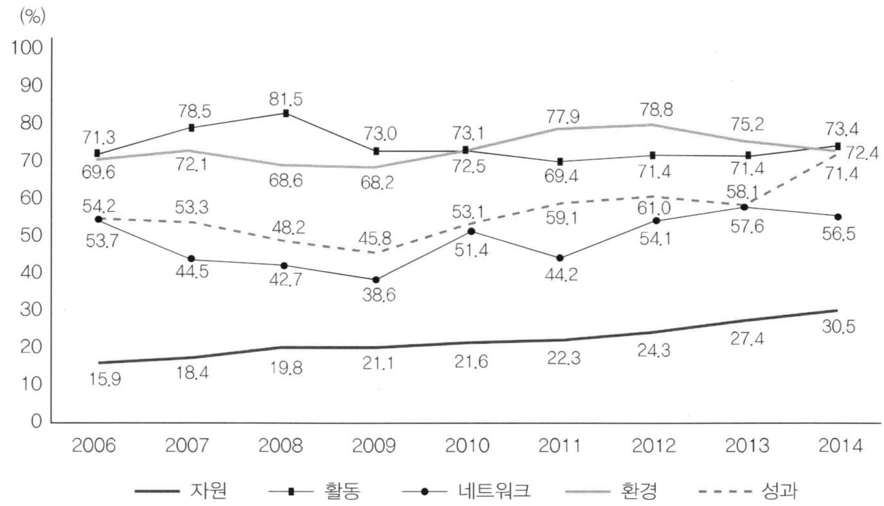

점 부문과 약점 부문 간 격차가 커지고 있는 것이 또한 특징이다.

5개 부문별 1위국 대비 수준은 [그림 15-3]에서 보는 바와 같이 활동, 환경, 네트워크 부문이 70% 이상으로 높고, 다음으로 성과, 자원순으로 나타났다. 특히 네트워크 부분이 지속적으로 상승하고 있는 것이 특징이다.

자원 부문 우리나라 과학기술 혁신역량을 보면 〈표 15-7〉과 같이 인적 자원, 조직, 지식자원 항목이 각각 6위, 8위, 7위로 고르게 우수한 수준을 보이고 있다.

인적 자원은 전년 대비 5단계 상승한 6위를 차지하고 있으며, 이는 OECD 국가들의 평균보다 높은 수준이며 최고 수준의 국가를 100으로 보았을 때 우리나라의 인적 자원 항목의 상대 수준은 76.9%이다. 최근 우리나라의 인적 자원 항목 지수가 꾸준히 상승하고 있는데, 이는 인구 만 명당 연구원 수와 인구 중 이공계 박사 비중 지표의 점수 및 순위 개선에 의해 견인되고 있다. 조직 차원은 순위는 8위를 유지하고 있으나 OECD 국가들의 평균보다 낮은 수준이며 항목의 상대 수준도 10% 미만으로 우수한 조직 육성에 좀 더 적극적인 관심이 요구되는 부분이다. 지식자원 항목은 전년 대비 1단계 상승한 7위를 차지하고 있으나 OECD 평균보다 낮은 수준이며 상대 수준도 8.7%에 불과한 상황이다.

표 15-7 자원 부문 과학기술 혁신역량

항목	지표	한국 순위					상대 수준*	상위 3국
		10년	11년	12년	13년	14년		
인적 자원	총 연구원 수	5	5	4	4	4	25.1	미국, 일본, 독일
	인구 만 명당 연구원 수	7	7	5	5	4	83.6	핀란드, 아이슬란드, 덴마크
	인구 중 이공계 박사 비중	22	22	23	24	22	40.3	스위스, 스웨덴, 독일
	소계	14	15	12	11	6	76.9	미국, 핀란드, 스웨덴
조직	미국특허 등록 기관 수	9	7	7	7	7	4.8	미국, 일본, 독일
	세계 상위 대학 및 기업 수	8	8	10	8	9	10	미국, 일본, 영국
	소계	8	8	8	8	8	7.4	미국, 일본, 독일
지식 자원	최근 15년간 SCI 논문 수(STOCK)	11	11	11	10	10	8.8	미국, 영국, 독일
	최근 15년간 특허 수(STOCK)	6	6	6	5	5	8.6	미국, 일본, 독일
	소계	8	8	8	8	7	8.7	미국, 일본, 독일

주: *1위 국가의 수치를 100으로 할 경우, 우리나라의 수준.
자료: 미래창조과학부 · KISTEP(2015).

활동 부문은 〈표 15-8〉에서 보는 바와 같이 혁신역량 영역 중 가장 높은 수준을 보이는 영역으로 전년도 3위에서 1단계 상승한 2위이며, 활동 부문 1위국인 미국과의 상대 수준은 73.4%로 5개 부문 중 가장 격차가 작으며, OECD 평균 상대 수준(42.7%)보다 높은 수준이다. 연구개발 투자 항목의 상대 수준이 92.4%로 OECD 평균 상대 수준(46.0%)보다 높은 강점 영역이다. 창업 활동 항목(0.612점)은 OECD 평균(0.647점)보다 낮은 수준이다.

우리나라의 네트워크 부문은 〈표 15-9〉에서 보는 바와 같이 전년 대비 1단계 상승한 11위이며, 상대 수준은 71.4%로 OECD 평균 상대 수준(63.4%)보다 높은 수준이다. 우리나라는 산 · 학 · 연 협력(1.075점, 상대 수준 98.4%) 항목이 OECD 평균(0.520점, 상대 수준 47.6%)을 상회하는 강점 영역인 반면, 기업 간 협력 및 국제 협력 항목의 상대 수준은 각각 26.2%, 35.9%이며, 순위는 각각 22위, 15위를 차

표 15-8 활동 부문 과학기술 혁신역량

항목	지표	한국 순위					상대 수준*	상위 3국
		2010	2011	2012	2013	2014		
연구개발투자	연구개발 투자 총액	5	5	4	4	4	14.4	미국, 일본, 독일
	GDP 대비 연구개발 투자 총액 비중	4	3	2	1	1	100	한국, 핀란드, 스웨덴
	연구원 1인당 연구개발 투자	14	14	14	13	13	38.4	스위스, 미국, 독일
	산업부가가치 대비 기업 연구개발 투자 비중	4	5	2	2	1	100	한국, 핀란드, 일본
	GDP 대비 정부 연구개발 예산	5	5	4	2	2	97.9	핀란드, 한국, 아이슬란드
	소계	5	4	3	2	2	92.4	미국, 한국, 핀란드
창업활동	창업활동지수 (TEA)	16	13	10	15	19	30.7	멕시코, 미국, 캐나다
	GDP 대비 벤처 캐피털 투자 금액 비중	17	18	18	18	6	30.5	미국, 캐나다, 헝가리
	소계	18	18	15	22	12	30.6	멕시코, 미국, 아이슬란드

주: * 1위 국가의 수치를 100으로 할 경우, 우리나라의 수준.
자료: 미래창조과학부 · KISTEP(2015).

표 15-9 네트워크 부문 과학기술 혁신역량

항목	지표	한국 순위					상대 수준*	상위 3국
		2010	2011	2012	2013	2014		
산학연 협력	연구원 1인당 산 · 학 · 연 공동 특허 건수	4	3	2	2	2	57.9	일본, 한국, 벨기에
	정부 · 대학의 연구개발 비중 기업 재원 비중	11	12	14	11	14	49.7	터키, 독일, 헝가리
	소계	9	9	7	3	2	98.4	독일, 한국, 일본
기업 간 기술 협력		24	24	22	23	22	26.2	핀란드, 덴마크, 스위스
국제 협력	연구원 1인당 국제 공동 특허 수	16	13	15	16	16	16.9	스위스, 룩셈부르크, 아일랜드
	GDP 대비(해외 투자+ 외국인 투자) 비중	20	17	16	22	13	45.5	아일랜드, 헝가리, 룩셈부르크
	소계	18	15	16	19	15	35.9	아일랜드, 스위스, 룩셈부르크

주: * 1위 국가의 수치를 100으로 할 경우, 우리나라의 수준.
자료: 미래창조과학부 · KISTEP(2015).

지하고 있어 낮은 역량을 보이고 있다.

환경 부문은 5개 부문 중 우리나라 과학기술 역량 중 가장 취약한 부문이다. 〈표 15-10〉에서 보는 바와 같이 지원제도 항목의 지수 및 상대 수준은 최근 3년간 하락 추세이며, 상대 수준도 40% 미만 수준으로 하락했다. 최근 우리나라의 지원제도 분야 순위는 24위~28위권으로 낮은 상태다. 문화 항목의 상대 수준은 43.4%로 OECD 국가들의 평균 상대 수준인 60.6%에 미치지 못한 상황이며, 문화 항목을 구성하는 두 개의 지표 모두 하위권에서 등락을 거듭하고 있다. 지원제도와 문화 항목 등 제도적 기반 및 장기적 노력이 필요한 인식 수준 역시 낮은 것으로 나타났다.

표 15-10 환경 부문 과학기술 혁신역량

항목	지표	한국 순위					상대 수준*	상위 3국
		2010	2011	2012	2013	2014		
지원제도	기업 연구개발비 중 정부 재원 비중	15	14	14	16	18	34.2	체코, 헝가리, 스페인
	지식재산권 보호 정도**	24	24	24	25	26	24.2	스위스, 독일, 덴마크
	소계	27	25	25	24	28	37.8	미국, 오스트리아, 뉴질랜드
문화	새로운 문화에 대한 태도**	29	27	26	25	26	34.9	아일랜드, 네덜란드, 캐나다
	학교에서 과학교육이 강조되는 정도**	17	15	18	17	18	36.5	핀란드, 스위스, 캐나다
	소계	28	22	22	20	23	43.4	캐나다, 아일랜드, 네덜란드

주: * 1위 국가의 수치를 100으로 할 경우, 우리나라의 수준.
**는 설문 지표
자료: 미래창조과학부 · KISTEP(2015).

2014년도 우리나라의 성과 부문 순위는 〈표 15-11〉에서 보는 바와 같이 전년 대비 3단계 하락한 12위를 차지하고 있으며, 상대 수준은 56.5%로 OECD 평균 상대 수준인 47.6%보다 높은 수준이다. 우리나라 성과 부문의 순위 하락은 지식 창출 항목의 하락으로 인해, 2010년 이후 지속적으로 하락하고 있는 것으로 나타났다. 특히 지식 창출 항목 상대수준(33.7%)의 경우 OECD 평균(35.6%)을 하회하고 있다. 국가 연구개발 투자의 지속적이고 안정적인 확대로 인한 양적 확대에 비해 성과 측면의 연구개발 효율성은 상대적으로 취약한 것으로 체계적 성과관리를 통한 질적 제고 방안을 강구할 필요성이 높다.

표 15-11 성과 부문 과학기술 혁신역량

항목	지표	한국 순위					상대 수준*	상위 3국
		2010	2011	2012	2013	2014		
경제적 성과	국민 1인당 산업부가가치	23	22	22	22	21	15.9	룩셈부르크, 노르웨이, 스위스
	하이테크산업의 제조업 수출액 비중	2	2	1	1	1	100	한국, 스위스, 프랑스
	연구개발 투자 대비 기술 수출액 비중	27	26	27	26	26	0.6	아일랜드, 룩셈부르크, 네덜란드
	소계	8	8	7	7	7	53.3	아일랜드, 프랑스, 스위스
지식 창출	연간 특허 수	4	4	4	4	4	12.9	미국, 일본, 독일
	연간 R&D 투자 대비 특허 건수	6	5	6	5	6	46.5	일본, 미국, 스위스
	연구원 1인당 SCI 논문 수 및 인용도	30	30	29	29	29	0.4	스위스, 네덜란드, 스웨덴
	소계	11	10	12	13	15	33.7	미국, 일본, 스위스

주: *1위 국가의 수치를 100으로 할 경우, 우리나라의 수준.
자료: 미래창조과학부 · KISTEP(2015).

참고 문헌

국내 문헌

고윤미 · 김민기 · 박노언 · 차두원 (2012). 주요 강소국의 과학기술 정책 및 행정체계에 관한 연구. 「*KISTEP R&D Inside*」 창간호.

공학한림원 (2012). 대한민국의 새로운 50년, 과학기술로 연다.

과실연 (2012). 차기 정부 국정과제 및 정부조직 제안.

과학기술부 (2002). 과학기술정책에 민간 참여 확대 방안 연구. 정책연구보고서.

——— (2003). 「참여정부의 과학기술기본계획(안)」.

——— (2004). 국가과학기술 혁신체제 개편 방안.

——— (2005). 과학기술부총리 체제 1년의 성과와 과제.

——— (2006). 국가 R&D사업 TRM.

——— (2008). 「과학기술 40년사」.

과학기술부 · 한국과학기술기획평가원 (2008). 2007년 과학기술연구개발활동조사보고서.

과학기술처 (1987). 「과학기술행정 20년사」.

과학기술정책연구원 (2003). 「사회발전과 과학기술: 21세기 유럽의 연구 및 혁신정책」.

——— (2010). 과학기술정책 기획 네트워크 활성화 방안.

교육과학기술부 (2010). 주요국의 과학기술정책 동향. 교육과학기술부.

——— (2011). 정부출연(연) 선진화를 위한 제도 개선 방안 연구.

국가과학기술위원회 (2009). 「선진국의 과학기술 관련 종합조정체계 및 주요 정책동향 분석」.

——— (2012). 2011년 국가 과학기술 혁신역량 평가.
국가미래전략연구팀 (2012). 차기 정부의 국정과제: 미래 과학기술 행정 체제 연구. 서울대.
국방기술품질원 (2011). 국방정보기술 조사·분석·평가 발전 방안 연구.
권기창·배귀희 (2006). 과학기술정책의 거버넌스 변화. 「한국정책과학학회보」. 10(3): 27-53.
권명화 (2013). 「주요국 성과지향적 R&D예산 조정배분 체계의 활용 방안 연구」. 한국과학기술기획평가원.
기초기술연구회 (2009a). 국내외 공공연구기관의 운영 및 연구인력 현황 조사와 분석.
——— (2009b). 기초기술연구회 소관 연구기관의 중점 연구 분야 분석.
김계수·이민형 (2003). 국가 과학기술 종합조정시스템과 연구회 운영시스템 발전 방안. 과학기술정책연구원.
김계환·온기운·장태석 (2013). 독일 제조업 경쟁력 요인 분석과 시사점. 산업연구원.
김관보 외 (2007). 경제산업 분야 기능효율화 방안. 행정자치부.
김동근·안승구 (2010). 「일본의 과학기술 연계 시책 추진 현황과 정책적 시사점」. 한국과학기술기획평가원 조사자료.
김민기·고윤미·박노언·차두원 (2012). 강소국의 과학기술정책 및 행정체계 비교분석: 핀란드, 싱가포르, 이스라엘을 중심으로. 한국과학기술기획평가원 ISSUE PAPER 2012-06.
김석관 (2009). 개방형 혁신이 공공부문에 주는 전략적 시사점. 「*STEPI Insight*」 제28호.
김석준 외 (2002). 「거버넌스의 이해」. 대영문화사.
김성수 (2013). 미래창조과학부: 과학기술 행정체제의 진화와 역행. 「한국사회와 행정연구」. 24(2): 509-539.
김애경 (2005). 지식경제에서의 숙련 형성과 제도적 보완성. 「사회경제평론」. 25: 43-77.
김영호 (1997). 「국가기술혁신체제의 확립 방안」. 경북대학교.
김정흠 (2005). 「기술혁신의 경제학」. 시그마프레스.
김정흠 외 (1997). 「고비용·저효율구조 극복을 위한 기술혁신 대책」. 국가과학기술자문회의.
김인수 (1995). 기업학습 능력.
김종범 (1993). 「과학기술정책론」. 대영문화사.
김현구 (1999). 산업정책기구 개편의 평가와 대안: 경영진단조정위원회의 안을 중심으로. 한국행정학회 특별세미나 발표논문집: 135-159.
김현민 (2010). 재정성과주의 관점의 R&D사업 성과평가 방안 연구. 한국과학기술기획평가원.
노화준 (2008). 「정책평가론」. 법문사.
노환진 (2009). 정부의 관련 정책 방향. 한국과학기술단체총연합회 정부출연(연)의 바람직한 역할 방향과 효율화 일류화 추진 방안에 관한 종합토론회 자료.
대한민국과학기술대연합(2012). 차기 정부의 바람직한 과학기술 정부조직 연구.
미래창조과학부·KISTEP(2015). 2014년 국가 과학기술 혁신역량 평가.
민철구 외(2002). 「대학연구시스템의 활성화 방안」. 과학기술정책연구원.
——— (2007). 창조적 과학기술인력 양성을 위한 대학연구시스템 혁신. 과학기술정책연구원.
민철구·홍형득·홍정임(2006). 「과학기술부 총리체제 2년의 성과와 과제에 관한 인식조사」. 과학기술정책연구원.
박경진(2008). 「과학기술정책론」. 오름.
박기영(2006). 과학기술혁신을 위한 정부조직 개편의 배경과 의미. 2006 한국기술혁신학회 추계발표대회 논문집.
박범순·김소영 엮음(2015). 「과학기술정책」. 한울.
박상욱(2005). 「과학기술정책 전문인력양성 프로그램 기획 연구」. 국가과학기술자문회의.
박상욱 외(2005). 혁신 주체의 참여를 통한 과학기술 거버넌스 구축 방안. 과학기술정책연구원.
박수경(2011). 프랑스의 기술·혁신정책 동향. 한국산업기술진흥원.
박수동 외(2009). 2008년도 주요국의 R&D 투자 동향 분석에 관한 연구. 한국과학기술기획평가원.
박용태(1994). 「산업별 기술혁신 패턴의 비교분석」. 과학기술정책관리연구소.
박중구(2006). 「과학기술 진흥 현안분석 및 정책의 효율성 제고 방안」. 국가과학기술자문회의.
산업기술연구회(2008). 국가 R&D 시스템 변화에 대응한 산업기술연구회 및 소관 출연(연) 운영체제 발전 방안.
——— (2012). 핀란드 과학기술 정책 및 행정체계 분석.
서정해(2001). 「지역혁신을 위한 정책과제」. 대통령자문 정책기획위원회.
성경모(2013). 프랑스 과학기술정책의 이해. STEPI WORKING PAPER SERIES 2013-01.
성소미 외(2001). 「과학기술정책 및 사업예산 조정체계의 효율성 제고 방안」. 한국개발연구원.
성지은(2008). 독일 과학기술 행정체제의 변화와 정책적 시사점. 「과학기술정책」. 172: 84-99.
——— (2010). 세계 주요국의 과학기술 혁신정책 조정체계와 최고 조정기구 비교분석. STEPI Working Paper.
——— (2012). 과학기술 조정체계의 변화분석: 일본, 미국, 핀라드 과학기술 조정체계를 중심으로.
성지은·송위진(2007). 총체적 혁신정책의 이론과 적용. 한국기술혁신학회 춘계학술대회 발표 논문.

성지은 · 송위진 · 정병걸 · 장영배 (2010). 「미래지향형 과학기술혁신 거버넌스 설계 및 개선 방안」. 과학기술정책연구원.

성지은 · 장영배 (2008). 영국 과학기술 행정체제 개편의 내용과 의미, 「과학기술정책」. 169: 79-87.

손병호 (2004). 미 연방정부의 연구개발 프로그램 성과관리: PART를 중심으로, 「과학기술정책」. 146: 83-100.

손충근 · 임석재 (2012). 국가연구개발사업비 집행 · 관리 선진화 방안에 관한 연구.

송용일 (2006). 미래 과학기술의 정책 방향. 「물리학과 첨단기술」.

송위진 (2004). 「국가혁신체제에서 정부의 역할과 기능」. 과학기술정책연구원.

——— (2006). 「기술혁신과 과학기술정책」. 르네상스.

송위진 외 (2004). 「새로운 국가혁신체제 구축 방안에 관한 연구」. 대통령자문 정책기획위원회.

——— (2007). 「탈추격형 기술혁신체제의 모색」. 과학기술정책연구원.

신태영 외 (2000). 생물산업 발전 기반 조성을 위한 5개년계획 수립 연구. 과학기술정책연구원 · 산업자원부.

안승구 (2013). 「주요국의 국가연구개발사업에 대한 사전평가제도 현황 분석: 미국, 캐나다의 사례를 중심으로」. 한국과학기술기획평가원.

영국대사관 (2007). 영국2008/09 회계연도 Pre-Budget 발표 자료.

오세홍 (2012). 지역 중심의 맞춤형 R&D 거버넌스 구축 방안 연구. 한국과학기술기획평가원.

윤진효 · 류건우 (2009). 개방형 혁신(Open Innovation)의 이론과 현상에 관한 탐색 연구. 「통상정보연구」. 11(2): 203-230.

이가종 (1992). 기술혁신과 정치경제체제. 「과학기술정책동향」. 2(18): 3-7.

이공래 (2000). 「기술혁신이론 개관」. 과학기술정책연구원.

——— (2004). 「지역기술 혁신체제에서의 공공연구기관의 역할과 발전 방향」. 과학기술정책연구원.

이공래 · 성태경 (2009). 「융합기술 혁신을 위한 산학협력 활성화 방안」. 과학기술정책연구원.

이길우 · 이도형 · 김홍범 · 박소희 · 황덕규 · 김동환 (2010) 「정부연구개발사업의 평가 및 관리체계에 관한 연구: 영국 사례 분석과 한국에의 시사점」. 한국과학기술기획평가원.

이도형 (2013). 미국 산학연 협력의 공공-민간 파트너십 모델과 시사점: 미국의 정책 동향을 중심으로. 한국과학기술기획평가원.

이명석 (2002). 거버넌스의 개념화: '사회적 조정'으로서의 거버넌스. 「한국행정학보」. 36(4): 321-338.

——— (2006). 거버넌스 이론의 모색: 민주행정이론의 재조명. 「국정관리연구」. 1(1): 36-

63.
이명진 외 (2009). 「주요국의 국가혁신 체제 동향 및 특성 조사분석」. 과학기술정책연구원.
이석민 (2008). 국가혁신체제와 국가의 역할: 미국과 독일의 과학기술정책을 중심으로. 서울대학교 정치학박사 논문.
이성덕 (2005). 「미국 IT R&D 시스템의 기획 · 조정체제 분석」. 정보통신진흥연구원.
이승종 (2006). 거버넌스와 시민참여. 「국정관리연구」. 1(1): 64-82.
이우성 (2005). 혁신정책의 범위 설정과 분석체계 정립에 관한 연구: 핀란드와 한국 혁신정책에 대한 사례 적용.
이장재 (1998). 지방과학기술 행정체제의 과제와 대응. 「과학기술정책」. 116: 18-36.
이장재 · 현병환 · 최영훈 (2011). 「과학기술정책론: 현상과 이론」. 경문사.
이재억 · 임채윤 · 김왕동 · 김동규 (2003). 세계적 일류기업을 향한 기술혁신전략. 과학기술정책연구원.
임종대 외 (2008). 「독일 이야기: 통일 독일의 사회와 현실」. 거름출판사.
임채성 (2004). 「유럽 강소국 국가혁신 시스템의 특징과 시사점」. 과학기술정책연구원.
장영배 · 성지은 · 이민형 (2007). 권역별 과학기술정책 동향조사 분석사업(2차 연도); 주요국 과학기술 혁신 거버넌스의 사례분석. 과학기술정책연구원.
장용석 (2006). 미국의 IT R&D정책 동향, 「해외 IT R&D Policy 동향분석」.
전정환 · 서용윤 · 김문수 (2012). 개방형 혁신을 위한 개방형 로드맵의 개발. 「기술혁신학회지」. 15(1): 1-27.
정근하 외 (2013). 「과학기술 기획 및 정책 관련 주요 용어의 개념 정립 연구」. 한국과학기술기획평가원.
정보사회진흥원 (2007). IT동향분석 및 전략기획 연구: 2007년도 연구개발 결과보고서.
정보통신기술진흥센터 (2015). 심층보고서: 주요 국가의 혁신기관 운영 현황과 특징 분석. 「해외 ICT R&D 정책동향」. 2015년 3호.
정복철 (2007). 「과학기술 거버넌스와 시민사회 정치 패러다임 모색」. 과학기술정책연구원.
정선양 (1999). 지역혁신체제 구축 방안. 「과학기술정책」. 199: 79-98.
정선양 외 (2006). 산업기술정책의 합리적 운영 방안.
정성영 · 전효리 (2010). 공공 R&D 분야의 개방형 혁신 도입 방안 연구. 「과학기술법연구」. 16(1): 189-216.
정용덕 (2006). 거버넌스와 국가 역량. 「국정관리연구」. 1(1): 9-35.
재정경제부 외 (2003). 참여정부 과학기술기본계획.
조만형 (2007). 과학기술정책 추진체제의 발전 방향. 한국행정학회 추계학술대회 발표 논문.
조성환 (2005). 거버넌스 개념의 재정립. 한국행정학회 동계학술발표논문집.
조용희 (2009). 핀란드의 산업기술 R&D 성과분석(II). 「기술정책리포트」.
조현대 · 성태경 · 이대희 · 엄미정 · 돈윤승 · 김선우 · 황용수 (2005). 미래전략산업 육성을 위한 차세대 기술혁신 방식: 분석 및 전략 제언. 과학기술정책연구원.
조현대 외 (2006). 「BT분야 혁신기반 실태분석 및 선진화 방안」. 과학기술정책연구원.
——— (2007). 「국내외 공공연구시스템의 변천과 우리의 발전과제」. 과학기술정책연구원.
주독한국대사관 본분관 · KIST Europe · 재독한국과학기술자협회 · 한국연구재단 (2013). 독일의 과학기술 정책 및 연구개발 추진 동향.
차두원 (2008). 과학기술 주요 선진국 과학기술 행정체제, 「과학과 기술」. 2월호.
최문정 (2009). 「주요국의 과학기술계 정부연구기관 정책 동향 조사」. 한국과학기술기획평가원.
최석식 (2011). 「과학기술정책론」. 시그마프레스.
최영락 (2003). 한국의 과학기술정책. 「물리학과 첨단기술」: 43-47.
최유성 (2005). 지방자치단체 규제정비 방식의 현황과 개선 방안에 관한 연구. 「규제연구」. 14(1): 3-35.
최지선 외 (2013). 국가연구개발 시설 · 장비 법제화 연구 제2권: 해외의 국가연구개발 시설 · 장비 관리 정책 동향 및 입법례 조사-프랑스와 일본을 중심으로. 과학기술정책연구원.
하민철 · 김영대 (2009). 공공연구기관 거버넌스 구조의 제도적 변화: 과학기술 분야 정부출연연구기관을 중심으로. 「정부학연구」. 15(2): 7-43.
한국과학기술기획평가원 (2010). 핀란드의 과학기술 행정체계 및 주요 관리기관. KISTEP.
한국에너지기술평가원 (2012). 독일 R&D 체계. 한국에너지기술평가원 홈페이지 전문자료.
한인섭 · 김정렬 · 이도형 · 서상원 (2010). 정책도구의 재인식을 통한 산업정책 연구의 강화. 「대한정치학회보」. 18(1): 227-248.
행정학회 (2012). 차기 정부 조직개편의 원칙과 방향 연구.
홍사균 (2004). 과학기술정책연구의 체계적 접근: 일반체계이론에 의한 국가혁신체계의 재조명. 과학기술정책연구원.
홍성만 (2004). 과학기술정책에서 신거버넌스의 대두: 시민참여적 프로그램 활성화. 한국행정학회 동계학술대회.
홍성주 · 홍창의 (2015). 독일의 연구개발 시스템 현황 분석과 한국과의 비교 시사점. 「*STEPI Insight*」. 제166호.
홍형득 (2003). 산학협력 활성화를 위한 산학 연계 전략 수립에 관한 연구. 「한국지역개발학회지」. 15(1): 9.
——— (2004). 영국 과학기술 연구지원 시스템의 특징과 정책적 시사점: 이중 지원 시스템(Dual Supporting System)을 중심으로, 「정책분석평가학회보」. 15(4): 259-284.
——— (2007). 우리나라 국가혁신 체제의 거버넌스 구조와 특징분석. 「한국행정논집」. 19(3): 555-579.
——— (2008). 아시아 지역 과학기술 혁신기반에 관한 비교 분석: 한국, 일본 및 대만을

중심으로. 「한국행정논집」. 20(4): 1105-1133.
———(2011). 「모험연구 평가체계 확립에 관한 연구」. 한국연구재단.
———(2012). 「과학기술 분야 정부출연연구기관의 융합연구 활성화 방안에 관한 연구」. 기초기술연구회 · 산업기술연구회.
———(2015). 북미권역 과학기술 · ICT 협력전략. 미래창조과학부.
———(2016). 국가연구개발 사업평가 실효성 제고 방안에 관한 연구. 미래창조과학부.
홍형득 외 (2007). 「미래 한국사회와 과학기술」. 과학기술단체총연합회.
홍형득 · 조만형 (2005). 한국과 영국의 연구지원시스템 비교연구. 「한국행정논집」. 17(3): 960.
황용수 외 (2003). 「과학기술 행정체제의 발전 방향 연구: 선진국 과학기술 행정체제 분석과 시사점을 중심으로」. 과학기술정책연구원.
———(2004). 「과학기술 행정체제의 발전 방향에 관한 연구」. 과학기술정책연구원.
황윤원 · 윤광석 (2000). 과학기술정책 결정체제 연구를 통한 과학기술 발전 방안. 「한국공공관리학보」. 14(1): 227-255.
황준영 (2009). 「국가 R&D과제 평가 개선에 대한 연구」. 한국과학재단.
KIAT EU기술협력거점 (2011). 2011년 독일 연방정부 R&D예산안 분석. 한국산업기술진흥원.
KOTRA (2013). 선진국의 미래산업 육성정책. 「Global Market Report」 13-008.
KUSCO (2011). 「미국의 과학기술(S&T) 행정시스템 및 연구개발(R&D) 지원체계」.
Thomson ISI · 한국과학기술원 (2011). SCI 논문분석 결과.

국외 문헌

AAAS (2008). Analysis of R&D in the FY2009 Budget.
Abernathy, W. & Utterback, J. M. (1978). Patterns of Industrial Innovation. *Technology Review*. June/July, 41-48.
Andersson, T. (1998). Managing a Systems Approach to Technology and Innovation Policy. *STI Review*. 22.
Arnold, Erik et al. (2003). *Research and Innovation Governance in Eight Countries*. A Meta-Analysis of Work Funded by EZ(Netherland) and RCN(Norway). Technopolis.
Arnold, E. & Guy, K. (1997). *Technology Diffusion Programmes and the Challenge for Evaluation*. OECD Conference.
Barney, J. (1991). Firm Resources and Sustained Competitive Advantage. *Journal of*

Management. 17(1).

Barzelay, M. (1992). *Breaking through Bureaucracy*. Berkely: University of California Press.

BMBF (2007). Notification of the Administrative Agreement between the Federal and Länder Governments on the Establishment of a Joint Science Conference(GWK Agreement) of 19 September.

——— (2014). Federal Report on Research and Innovation 2014. Abstract.

Boden, Rebecca, Cox, Deborah, & Nedeva, Maria (2006). The Appliance of Science? *New Public Management and Strategic Change*.

Bozeman, B. & Crow, M. (1990). The Environments of U.S. R&D Laboratories: Political and Market Influences. *Policy Sciences*. 23: 25-56.

Brooks, H. (1994). The Relationship Between Science and Technology. *Research Policy*. 23: 477-486.

Bunge, M. (1966). Technology as applied science. *Technology and Culture*. 7: 329-347.

Caracostas, P. & Muldur, U. (1998). *Society, the Endless Frontier: A European Vision of Research and Innovation Policies for the 21st Century*. European Communities.

Carlsson, B. & Jacobsson, S. (1994). Technological systems and economic policy: the diffusion of factory automation in Sweden. *Research Policy*. 23: 235 - 248.

——— (1997). Diversity Creation and Technological Systems: a Technology Policy Perspective. In C. Edquist (ed.). *Systems of Innovation: Technologies, Institutions and Organizations*. London: Pinter Publishers.

Carter, C. F. & Williams, B. R. (1957), *Technical Progress: Factors Governing the Speed of Application of Science*. London: Oxford University Press.

Casper, S. (2000). Institutional Adaptiveness, Technology Policy and the Diffusion of New Business Model. *Organization Studies*. 21(5): 887-914.

Casper, S. & Soskice, D. (2004). *Sectoral Systems of Innovation and Varieties of Capitalism: Explaining the Development of High Technology Entrepreneur in Europe*. In Malerba(2004): 348-387.

Chesbrough, Henry W. (2003). *Open innovation: The New Imperative for Creating and Profiting From Technology*. Boston, MA: Harvard Business School.

——— (2004). Managing Open Innovation. *Research Technology Management*. Jan-Feb: 23-26.

——— (2006). Open Innovation: A New Paradigm for Understanding Industrial Innovation. In Henry W. Chesbrough et al. (eds.). *Open Innovation: Researching a New Paradigm*. Oxford: Oxford University Press.

Chesbourgh, Henry W., Vanhavebeke, Wim, & West, Joel (2006). *Open Innovation: Researching a New Paradigm*. Oxford University Press.

Chung, S. (1996). *Technologiepolitik für neue produktionstechnologien in Korea und Deutschland*. Heidelberg: Physica-Verlag.

Cohen, W. M. & Levinthal, D. A. (1989). Innovation and Learning: The Two Faces of R&D: Implications for the Analysis of R&D Investment. *Economic Journal*. 99: 569-596.

——— (1990). Absorptive Capacity: A New Perspective on Learning and Innovation. *Administrative Science Quarterly*. 35(September): 128-152.

Cohen, W. M., Nelson, R. R., & Walsh, J. P. (2002). Links and Impacts: The Influence of Public Research on Industrial R&D. *Management Science*. 48(1): 1-23.

Cooper, R. G. (1980). Project New Prod: Factors in New Product Success. *European Journal Marketing*. 14(5).

Crow, M. M. & Bozeman, B. (1991). R&D Laboratories in the United States: Structure, Capacity, and Context. *Science and Public Policy*. 11(5): 165-179.

——— (1998). *Limited by Design: R&D Laboratories in the U.S. National Innovation System*. New York: Columbia University Press.

Crow, M. M., Emmert, M. A., & Jacobson, C. I. (1990). Government-supported industrial research institutes in the United States. *Policy Studies Journal*. 19(1): 59-74.

Cruz-Castro, L. & Sanz-Menendez, L. (2007). New Legitimation Models and the Transformation of the Public Research Organizational Field. *International Studies of Management and Organization*. 37(1): 27-52.

Dalum, B., Johnson. B., & Lundvall, B. (1992). Public Policy in the Learning Society. In B. Lundvall (ed). *National System of Innovation: Toward a Theory of Innovation and Interactive Learning*. Pinter Publishers.

David, P. A. & Foray, D. (1995). Accessing and Expanding the Science and Technology Knowledge Base. *STI-Review*. 16: 13-68.

DIUS (2008). Subject area and destination of R&D and SET expenditure.

Dodson, M. & Bessart, J. (1996). *Effective Innovation Policy: A New Approach*.

Dosi, G. (1982). Technological paradigms and technological trajectories. A suggested interpretation of the determinants and directions of technical change. *Research Policy*. 11(3): 147-162.

Dye, Thomas R. (1987). *Understanding Public Policy*. 6th ed. Englewood Cliffs. N.J.: Prentice-Hall.

Edquist, C. (1997). *Systems of Innovation: Technologies, Institutions and Organizations*.

Cassel.

——— (2005). Systems of Innovation. *The Oxford handbook on innovation.* Oxford University Press, New York and Oxford. Encyclopedia of Higher Education. Oxford: Pergamon Press.

Ergas, Henry (1987). Does Technology Policy Matter? In Bruce R. Guile & Harvey Brooks (eds.). *Technology and Global Industry: Companies and Nations in the World Economy.*

Erik, Arnold et al. (2003). *Research and Innovation Governance in Eight Countries.* Technopolis.

Erick, A., Patries, B., & Patrick, K. (1996). Good ideas in Programme Management for Research and Technological Development Programmes, Project HS-02 Report. Brighton: Technopolis.

Etzkowitz, H. & Leydesdorff, L. (2000). The Dynamics of Innovation: From National Systems and Model to a Triple Helix of University-Industry-Government Relations. *Research Policy.* 29: 109-123.

EU (2002). Innovation Tomorrow : Innovation Policy and the Regulatory Framework, Making Innovation an Integral Part of the Broader Structural Agenda. for Research and Technological Development Programmes, Project HS-02.

Feibleman, J. K. (1961). Pure science, applied science, technology, engineering: an attempt at definitions. *Technology and Culture.* 2: 305-317.

Foray, D. (1994), Production and Distribution of Knowledge in the New Systems of Innovation: the Role of Intellectual Property Rights. *STI-Review.* 14: 119-152.

Foray, D. & Lundvall, B. (1996). The Knowledge-Based Economy. In OECD. *Employment and Growth in the Knowledge-based Economy.* Paris.

Freeman, C. (1982). *The Economics of Industrial Innovation.* London. Frances Printer.

——— (1987). *Technological Policy and Economic Performance: Lessons from Japan.* Pinter Publishers.

——— (1988), Japan: A New National System of Innovation?, In G. Dosi et al. (eds.). *Technical Change and Economic Theory.* London: Printer Publishers.

Freeman, C. & Perez, C. (1988). Structural Crises of Adjustment, Business Cycles and Investment Behavior. In G. Dosi, C. Freeman, R. Nelson, G. Silverberg, & L. Soete (eds). *Technical Change and Economic Theory.* London: Pinter Publishers.

Freeman, C. & Soeete, L. (1997). *The Economics of Industrial Innovation.* (3rd ed.). The MIT Press.

——— (1998). *The Economics of Industrial Innovation.* Pinter.

Freeman, J. L., Porter, M. E., & Stern, S. (2002). The determinants of national innovative capacity. *Research Policy*. 31: 899-933.

Friedrich, C. J. (1963). *Man and his government: An empirical theory of politics*. New York, NY: McGraw-Hill.

Furman J. L., Porter, M. E., & Stern, S. (2002). The determinants of national innovative capacity. *Research Policy*. 31: 899-933.

Garfield, E. (1979). *Citation indexing: its theory and application in science, technology and humanities*. New York: Wiley.

Gibbons, M., Limoges, C., Nowotny, H., Schwartzman, S., Scott, P., & Trow, M. (1994). *The New Production of Knowledge*. The Dynamics of Science and Research in Contemporary Societies. Sage.

Giesecke, S. (2000). The Contrasting Role of Government in the Development of the Biotechnology Industry In the US and Germany. *Research Policy*. 29: 205-223.

Graves, A. (1987). *Comparative trends in automotive research and development*.

Harrold, R. (1992). Resource allocation. In B. R. Clark, M. Hauknes, & G. Neave(eds). (1999). *Technological Infrastructures and Innovation Policies*. STEP.

Hauknes, M. (1999). *Technological Infrastructures And Innovation Policies*. STEP.

HM Treasury (2007). Budget 2007-Economic and Fiscal Strategy Report and Financial Statement and Budget Report.

――― (2008). Budget 2008-Economic and Fiscal Strategy Report and Financial Statement and Budget Report.

Imai, K., Nonaka, I., & Takeuchi, H. (1985). Managing the new Product Development Process: How Japanese Firms Learn and Unlearn. In K. Clark, R. Hayes, & C. Lorenz (eds.). *The Uneasy Alliance*. Boston: Harvard Business School.

Jessop, B. (2000). Governance Failure, In G. Stoker(ed.). *The New Politics of British Local Governance*. St. Martin Press.

Johnson, B. (1992). Institutional Learning, In B. A. Lundvall (editor). *National Systems of Innovation: Towards a Theory of Innovation and Interactive Learning*. London: Pinter Publishers.

Johnson, B. & Gregerson, B. (1994). Systems of innovation and economic intrgration. *Journal of Industry Studies*. 2(2): 1-18.

Joly, P. B. & Mangematin, V. (1996). Profile of Public Laboratories, Industrial Partnerships and Organization of R&D: The Dynamics of Industrial Relationships in a Large Research Organization. *Research Policy*. 25(6): 901-922.

Jones, C. I. (1995). R&D-Based Models of Economic Growth. *Journal of Political Eco-*

nomy. 103: 759-784.

Justman, M. & Teubal, M. (1995). Technological Infrastructure Policy (TIP): Creating Capabilities and Building Markets. *Research Policy*. 24: 259-281.

Kelly, P. & Kranzberg, M. (1978). *Technological Innovation: A critical Review of Current Knowledge*. San Francisco, CA: San Francisco Press.

Klevorick, A. K., Levin, R. C., Nelson, R. R., & Winter, S. G. (1993). On the Sources and Sificance of Interindustry Differences in Technological Opportunities. *Research Policy*: 185-205.

Kline, S. J. (1985). Innovation is not a linear process. *Research Management*. 28(4): 36-45.

Kline, S. J. & Rosenberg, N. (1986). An Overview of Innovation. In R. Landaw & N. Rosenberg (eds.). *The Positive Sum Strategy*, Washington D. C.: National Academy Press.

Kohler-Koch, B. & Eising, R. (eds.) (1999). *The Transformation of Governance in the European Union*. London: Routledge.

Koizumi, Kei (2014). *OSTP and U.S. Federal Science and Technology Policy*.

Kooiman, J. (2000). Societal Governance: Levels, Modes, and Orders of Social-Political Interaction. In J. Pierre (ed.). *Debating Governance*. Oxford University Press.

Kooiman, J. ed. (1993). *Modern Governance: New Government -Society Interactions*. London: Sage.

Kuhlmann, S. & Edler, J. (2003), Scenarios of technology and innovation policies in Europe: Investigating future governance. *Technological Forecasting and Social Change*. 70(7): 619-637.

Langrish, J., Gibbons, M., Evans, W. G., & Jevons, F. R. (1972). *Wealth from Knowledge*. Macmillan.

Lasswell, Harold D. & Kaplan, A. (1970). *Power and Society*. New Haven: Yale University Press.

Leydesdorff, L. & Etzkowitz, H. (1998). The Triple Helix as a Model for Innovation Studies. *Science & Public Policy*. 25(3): 195-203.

Link, Albert N. & Tassey, Gregory (1987). *Strategies for Technology-Based Competition*. Lexington. MA: Lexington Books.

Lundvall, B. (1988). *Innovation as an Interactive Process: from User-Producer Interaction to the National System of Innovation*. In G. Dosi, C. Freeman, R. Nelson, G. Silverberg, & L. Soete (eds.) (1996). *Technical Change and Economic Theory*. Pinter.

———(1992). *National System of Innovation-Toward of Innovation and Interactive Learning*. Pinter.

Machlup, F. (1980). *Knowledge: Its Creation, Distribution and Economic Significance*. Princeton University.

Malerba, F. (1998). *Public Policy and Industrial Dynamics: An Evolutionary Perspective. ISE Report Project. Systems of Innovation Research Program*. Department of Technology and Social Change.

Mansfield, E. (1985). How Rapidly Does New Industrial Technology Leak out?. *Journal of Industrial Economics*. 34: 217-223.

Marin, Bernd & Mayntz, Renate (1991). Introduction; Studying policy networks. In Marin Bernd & Mayntz Renate (ed.). *Policy Networks; Empirical evidence and theoretical considerations*. Campus Verlag; Westview Press.

Mayntz, R. (2003). From Government to Governance. Summer Academy on IPP.

Mei-Chih, Hu & Mathews, J. A. (2005). National innovative capacity in East Asia. *Research Policy*. 34: 1322-1349.

Metcalfe, J. S. (1995). Technology Systems and Technology Policy in an Evolutionary Framework. *Cambridge Journal of Economics*. Vol 19.

———(2001). Technology and Economic Development: a Comparative Perspective. CRIC Working Paper. No 10.

Metcalfe, J. S. & Georghiou, L. (1998). Equilibrium and Evolutionary Foundations of Technology Policy. *STI Review*. No. 22.

Miller, W. L. & Morris, L. (1999). *4th Generation R&D: Managing Knowledge, Technology, and Innovation*. New York: John Wiley & Sons, Inc.

Mole, V. & Elliot, D. (1987). *Enterprising Innovation: An alternative approach*. London: Frances Printer.

Montgomery, C.(ed.) (1995). *Resource-based and Evolutionary Theories of the Firm: Towards a Synthesis*. Kluwer Academic Publishers.

Mowery, D. C. (1992). International Collaborative Ventures and the Commercialization of New Technologies. In N. Rosenberg, R. Landau, & D. C. Mowery (eds.). *Technology and the Wealth of Nations*, Stanford: Stanford University Press.

Mowery, D. C. & Rosenberg, N. (1979). The Influence of Market Demand Upon Innovation: A Critical Review of Some Recent Empirical Studies. *Research Policy*. 8(2): 2-153.

Myers, M. B. & Rosenbloom, R. S. (1996). Rethinking the Role of Industrial Research. In R. S. Rosenbloom & W. J. Spencer (eds.). *Engines of Innovation: US Industrial*

Research at the End of an Era. Harvard Business School Press. Boston.

Myers, S. & Marquis, D. G. (1969). *Successful industrial innovations: a study of factors underlying innovation in selected firms.* Washington, D.C.: National Science Foundation.

Nelson, R. R. (ed.) (1993). *National Systems of Innovation: A Comparative Study.* Oxford: Oxford University Press.

Nelson, R. R. & Rosenberg, N. (1993). Technical Innovation and National Systems, R. R. Nelson (ed.). *National Systems of Innovation-Comparative Analysis,* Oxford: Oxford University Press.

Nelson, R. R. & Winter, S. (1982). *An Evolutionary Theory of Economic Change.* Massachusetts, Cambridge: Harvard University Press.

NSF (2013). *Science and Engineering Indicators 2012.*

OECD (1981). The Future of University Research. Paris.

——— (1990). Proposed Standard Method of Compiling and Interpreting Technology Balance of Payments Data: TBP Manual 1990. The Measurement of Scientific and Technological Activities Series. Paris.

——— (1999). Managing National Innovation Systems.

——— (1992). Technology and the Economy.

——— (1997). National Innovation Systems.

——— (2002). Science, Technology, and Industry Outlook.

——— (2006). Government R&D Funding and Company Behaviour, Measuring behavioral additionality.

——— (2006). ST Indicators.

——— (2007). Governance of Innovation System.

——— (2011). Main Science and Technology Indicators 2011-1.

Osborne, D. & Gaebler, T. (1992). *Reinventing Government: How the Entrepreneurial Spirit is Transforming the Public Sector.* New York: Plume.

OSTP (2009). Memorandum for FY 2009 Interagency R&D Priorities.

O'Toole, Laurence J., Jr. & Meier, Kenneth J. (1999). Modeling the Impact of Public Management: Implications of Structural Context. *Journal of Public Management Research and Theory.* 9(4): 505-526.

Park, H. W., Hong, H. D., & Leydesdorff, L. (2005). A Comparison of The Knowledge -Based Innovation Systems In The Economies Of South Korea And the Netherlands Using Triple Helix Indicators. *Scientometrics.* 65(1): 3-27.

Parkkari, Tuomas (2009). *Implementing National Innovation System Continuities and*

Reforms —*A case study.* Finland. RIC.

Patel, P. & Pavitt, K. (1998). National System of Innovation under Strain: The Internationalisation of Corporate R&D. SPRU Electronic Working Papers Series No. 22. Science Policy Unit. University of Sussex. U.K.

Pavitt, K. (1991). What Makes Basic Research Economically Useful?. *Research Policy.* 20: 109-119.

——— (1997). The Social Shaping of the National Science Base. SPRU Electronic Working Papers Series. 5.

——— (2002). System Routines in the Business Firm: What Corporate Tasks Should They be Accomplishing. *Industrial and Corporate Change.* 11(1).

Peters, B, Guy (1996). *The Future of Governing: Four Emerging Model.* Kansas City: University Press of Kansas.

——— (1998). With a Little Help from our Friends: Public-Private Partnerships as Institutions and Instruments. In J. Pierre(ed). *Partnerships in Urban Governance: European and American Experience.* London: Macmillan.

Peters, B. G. & Pierre, J. (1998). Governance without Government? Rethinking Public Administration. *Journal of Public Administration Research and Theory.* 8(2): 223-243.

Pierre, John (2000). *Understanding Governance, Debating Governance.* edited by John Pierre. Oxford University Press.

Porter, M. (1990). *The Competitive Advantage of Nations.* London: Macmillan.

PREST (2002). *Assessing the Socio-Economic Impacts of the Framework Programmes.* University of Manchester. Report, Brighton: Technopolis.

Rhodes, R. A. W. (1996). The New Governance: Governing without Government. *Political Studies.* 44: 652-667.

Romer, P. (1990). Endogenous Technological Change. *Journal of Political Economy.* 98: S71-S102.

Rose, N. (1996). The Death of the Social? Re-figuring the Territory of Government. *Economy and Society.* 25: 327-356.

Rosenau, J. & Czempiel, E. (1992). *Governance without Government: Order and Change in World Politics,* 1-29. Cambridge University Press.

Rosenberg, N. & Nelson, R. (1994). American Universities and Technical Advance in Industry. *Research Policy.* 23: 323-348.

Rothwell, R. (1976). Innovation in Textile Machinery: Some Significant Factors in Success and Failure. *Science Policy Research Unit. Occasional Paper Series.* No 2,

June.
———(1992). Developments Towards the Fifth Generation Model of Innovation. *Technology Analysis & Strategic Management.* 1(4).
———(1993). System networking: toward the fifth generation innovation process.
Rothwell, R. & Zegveld, W. (1985). *Reindustrialization and Technology.* London: Longman.
Salter, A. J. & Martin, B. R. (2001). The Economic Benefits of Publicly Funded Basic Research: a Critical Review, *Research Policy,* 30: 509-532.
Saviotti, P. P. (1998). On the Dynamics of Appropriability of Tacit and Codified Knowledge. *Research Policy.* 26: 843-856.
Schartinger, D., Schibany, A., & Gassler, H. (2001). Interactive Relations Between Universities and Firms: Empirical Evidence for Austria. *Journal of Technology Transfer.* 26: 255-268.
Schmoch, U. (1999). Interaction of Universities and Industrial Enterprises in Germany and the United States-a Comparison. *Industry and Innovation.* 6(1): 51-68.
Schmookler, J. (1966). *Invention and Economic Growth.* Cambridge. Massachusetts: Harvard University.
Senker, J., Balaz, K., & Thorsteinsdottir, H. et al. (1999). *European Comparison of Public Research Systems.* Final report of the TSER Project Changing Structure, Organisation and Nature of European PSR Systems. Brighton: SPRU.
Skolimowski. H. (1966). The structure of thinking in technology. *Technology and Culture.* 7: 371-383.
Smith, K. (1995). Interactions in Knowledge Systems: Foundations, Policy Implications and Empirical Methods. *STI-Review.* 16: 69-102.
———(1998). System Approaches to Innovation: Some Policy Issues. ISE Report Project. Systems of Innovation Research Programme. Department of Technology and Social Change.
Stoker, Gerry (1998). Governance as Theory: Five Propositions. *International Social Science Journal.* 50(1): 17-28.
———(2006). Public Value Management: A New Narrative for Networked Governance?. *American Review of Public Administration.* 36(1): 41 - 57.
Stoneman, Paul (1987). *The Economic Analysis of Technology Policy.* Oxford: Clarendon Press.
Tassey, G. (1991). The Functions of Technology Infrastructure in a Competitive Economy. *Research Policy.* 20: 345-361.
———(1992). *Technology Infrastructure and Competitive Position.* Norwell. Mass:

Kluwer Academic Publishers.
——— (1997). *The Economics of R&D Policy*. Westport. CT: Quorum Books.
Technopolis-Group et al. (2002). The Governance of Research and Innovation an International Comparative Study.
Teece, D., Pisano, G., & Shuen, A. (1997). Dynamic Capabilities and Strategic Management. *Strategic Management Journal*. 18(7).
Teubal, M. (1997). A catalytic and evolutionary approach to horizontal technology policies (HTPs). *Research Policy*. 25: 1161-1188.
Teubal, M. et al. (1996). *Technological Infrastructure Policy: An International Perspectiven*. Dordrecht: Kluwer Academic Publishers.
Tidd, J., Bessant, J., & Pavitt, K. (1997). *Managing Innovation: Integrating Technological, Market and Organizational Change*. John Wiley & Sons.
Tushman, M. & Anderson, P. (1986). Technological discontinuities and organizational environment. *Administrative Science Quarterly*. 31: 439-456.
Tushman, M. & Nadler, D. (1986). Organizing for innovation. *California Management Review*. 28(3): 74-92.
Utterback, James M. & Abernathy, William J. (1975). *A Dynamic Model of Process and Product Innovation*. Omega, 3-6, December. 639-656.
Van Raan, A. F. J. (ed.). (1988). *Handbook of Quantitative Studies of Science and Technology*. Elsevier.
Whitley, R. D. (1984). *The Intellectual and Social Organization of the Sciences*. Oxford: Oxford University Press.
Williams, D. (2001). Macro-Policy and Cumulative Effects: Elements Necessary to Move from Government to Governance. paper presented at 14th annual PAT-Net Conference. Changing Discourses: Democracy, Institutions and Civil Space. Leiden Universit., The Netherlands. June 21-23.
Williamson, Oliver E. (1985). *The Economic Institutions of Capitalism*. New York: Free Press.
Woolthuis, R., Lankhuizen, M., & Gilsing, V. (2005). A system failure framework for innovation policy design. *Technovation*. 25: 609-619.
Wybo, P. Heere(ed.) (2004). From Government to Governance: The Growing Impact of Non-State Actors on the International and European Legal System. Proceedings of the Hague Joint Conferences.

USPTO: http://www.uspto.gov/web/offices/ac/ido/oeip/taf/cst_utlh. htm

핀란드 과학기술정보서비스 www.research.fi
NSTC홈페이지, http://www.ostp.gov/cs/nstc
NTIS과학기술통계서비스(http://sts.ntis.go.kr)
OECD.StatExtracts(http://stats.oecd.org)
OSTP홈페이지, http://www.ostp.gov
OMB홈페이지, http://www.whthehouse.gov/omb
http://www.britishcouncil.org/science-gost

찾아보기

ㅇ

ㅈ

ㅊ

ㅋ

홍형득(洪熒得)

- 서강대학교 정치외교학과 졸업(정치학사)
- 성균관대학교 대학원 행정학과 졸업(행정학석사, 행정학박사)
- University of Manchester(UK) 과학기술정책대학원(Policy Research in Engineering, Science and Technology: PREST) 졸업(정책학박사)
- 현재 강원대학교 행정학과 교수

- 한국행정학회 부회장 역임
- 한국정책학회 부회장 역임
- 한국정책학회 과학기술정책연구회 회장 역임
- 미국 Rutgers University(뉴저지 주립대학교) 교환교수 역임
- 국가과학기술심의회 평가전문위원회 위원(현)
- 한국경제인문사회 연구회 연구기관 평가단 위원
- 행정고등고시, 입법고시 등 출제 위원 역임
- 국방부, 국토부, 농촌진흥청 등 자체평가위원 역임
- 강원대학교 기획처장 역임
- 강원도 주민자치회공동의장 역임
- 한국생명공학연구원 기술정책실 역임
- 한국연구재단 기초연구본부 ICT.융합연구단 전문위원 역임
- 행정자치부 지방공기업 혁신단 위원 역임
- 주요 관심 분야는 과학기술정책, 연구개발 평가 및 정보화 정책 분야이며, 최근 연구논문으로는 "과학기술 정보 및 기식흐름 분석을 위한 네트워크 분석"(2006), "우리나라 국가혁신체제의 거버넌스 구조와 특징"(2007), "산업단지의 혁신 클러스터로서의 입지 여건과 시범단지의 효과분석"(2008), 글로벌 과학기술지식 네트워크의 지형 변화에 관한 연구: G20 국가를 대상으로(2013) 등이 있다. 〈E-mail: hdhong@kangwon.ac.kr〉

과학기술정책론

펴낸날 제1판 제1쇄 2016년 4월 25일
지은이 홍형득
펴낸이 임춘환
펴낸곳 도서출판 대영문화사
주소 서울특별시 용산구 청파로 61길 5(청파동 1가) 제일빌딩 2층
등록 1975년 12월 26일 제3-16호
전화 (02)716-3883, (02)714-3062
팩스 (02)703-3839
홈페이지 http://www.dymbook.co.kr

ISBN 978-89-7644-553-7
값 20,000원